DOMUS UNIVERSITATIS 1650

VERÖFFENTLICHUNGEN
DES INSTITUTS FÜR EUROPÄISCHE GESCHICHTE MAINZ
ABTEILUNG UNIVERSALGESCHICHTE
HERAUSGEGEBEN VON KARL OTMAR FREIHERR VON ARETIN
BEIHEFT 3

DEUTSCHLAND UND RUSSLAND IM ZEITALTER DES KAPITALISMUS 1861—1914

1. DEUTSCH-SOWJETISCHES HISTORIKERTREFFEN IN DER BUNDESREPUBLIK DEUTSCHLAND MAINZ, 14.—21. OKTOBER 1973

HERAUSGEGEBEN VON
KARL OTMAR FREIHERR VON ARETIN UND WERNER CONZE
BEARBEITET VON
CLAUS SCHARF

FRANZ STEINER VERLAG GMBH · WIESBADEN
1977

DEUTSCHLAND UND RUSSLAND IM ZEITALTER DES KAPITALISMUS 1861—1914

1. DEUTSCH-SOWJETISCHES HISTORIKERTREFFEN IN DER BUNDESREPUBLIK DEUTSCHLAND MAINZ, 14.—21. OKTOBER 1973

HERAUSGEGEBEN VON
KARL OTMAR FREIHERR VON ARETIN UND WERNER CONZE

BEARBEITET VON
CLAUS SCHARF

FRANZ STEINER VERLAG GMBH · WIESBADEN
1977

CIP-Kurztitelaufnahme der Deutschen Bibliothek

Deutschland und Rußland im Zeitalter des Kapitalismus: 1861–1914 / 1. Dt.-Sowjet. Historikertreffen in d. Bundesrepublik Deutschland, Mainz, 14.–21. Okt. 1973. Hrsg. von Karl Otmar Frh. von Aretin u. Werner Conze. Bearb. von Claus Scharf. – 1. Aufl. – Wiesbaden: Steiner, 1977.

(Veröffentlichungen des Instituts für Europäische Geschichte Mainz: Abt. Universalgeschichte: Beih. 3)
ISBN 3-515-02695-9

NE: Deutsch-Sowjetisches Historikertreffen in der Bundesrepublik Deutschland ⟨01, 1973, Mainz⟩; Aretin, Karl Otmar Frh. von ⟨Hrsg.⟩; Scharf, Claus [Bearb.]

Satz: Hoffmann, Darmstadt. Druck: Rohr-Druck Hildebrand GmbH, Kaiserslautern.

Printed in Germany.

INHALTSVERZEICHNIS

VORWORT

Vom 14. bis 21. Oktober 1973 fand in den Räumen der Akademie der Wissenschaften und der Literatur in Mainz das erste deutsch-sowjetische Historikertreffen in der Bundesrepublik Deutschland statt. Veranstaltet wurde die Tagung vom Verband der Historiker Deutschlands, der dem Institut für Europäische Geschichte in Mainz die Organisation des Treffens übertragen hatte. Auf Einladung des Verbandes nahmen sieben sowjetische und achtzehn deutsche Historiker an dem Kolloquium teil. Das Thema und die organisatorischen Bedingungen des Treffens hatten die Herren Karl Dietrich Erdmann und Karl Otmar Freiherr von Aretin bei einem Besuch in Moskau im Juni 1972 in Gesprächen mit dem Nationalkomitee der Historiker der Sowjetunion vereinbart.

Mit welchen Absichten und Hoffnungen die Historiker der beiden Länder ihren wissenschaftlichen Dialog eröffnet haben, dokumentieren die Eröffnungsansprachen von Akademiemitglied Professor Dr. Aleksej L. Naročnickij, dem Leiter der sowjetischen Delegation, und von Professor Dr. Werner Conze, dem damaligen Vorsitzenden des Verbandes der Historiker Deutschlands, in dem vorliegenden Band. In seiner Ansprache wies Herr Naročnickij auf die „Russische Historikerwoche" hin, die, organisiert von Otto Hoetzsch, 1928 in Berlin stattgefunden hatte. Als Teilnehmer der damaligen Veranstaltung erinnerte auch Professor Dr. Fritz T. Epstein in einem kurzen Grußwort an diesen Höhepunkt in den Beziehungen zwischen deutschen und sowjetischen Historikern in der Zeit der Weimarer Republik.

Das Thema der Tagung „Deutschland und Rußland im Zeitalter des Kapitalismus 1861–1914" erwies sich vor allem aus drei Gründen als besonders günstig für ein erstes Kolloquium zwischen Historikern aus der Sowjetunion und aus der Bundesrepublik: Es gehört nicht zu den am meisten umstrittenen Themen und erlaubt doch die Präsentation unterschiedlicher Forschungsmethoden und -ergebnisse. In beiden Ländern hat die Erforschung gerade dieses Zeitraums, wie die Vorträge belegen, in den letzten Jahren gute Fortschritte gemacht, so daß sich ein Austausch von Informationen und Auffassung wirklich lohnt. Schließlich verlangt das Thema sowohl die Erörterung der bilateralen Beziehungen zwischen beiden Staaten als auch die Erprobung von vergleichenden und typologischen Forschungsansätzen.

In einer angenehmen Gesprächsatmosphäre wurden vier Tage lang die Referate diskutiert, die schon vorher den Teilnehmern des Kolloquiums zugeschickt worden waren und nur in Thesenform zum Vortrag gelangten. Alle Beiträge wurden simultan gedolmetscht. Sie ließen vielfältige Übereinstimmung in den Ergebnissen und Auffassungen der sowjetischen und der deutschen Historiker erkennen, zeigten aber auch, daß die z. T. erheblichen Meinungsunterschiede sehr sachlich festgestellt werden können.

In der deutschen Öffentlichkeit fand die Veranstaltung große Beachtung. Der damalige Bundesminister des Auswärtigen, Herr Walter Scheel, richtete ein Grußwort an die Teilnehmer. Herr Dr. Bernhard Vogel, jetzt Ministerpräsident von Rheinland-Pfalz, hielt als Kultusminister des gastgebenden Landes eine Begrüßungsansprache zur Eröffnung der Tagung. Für die Stadt Mainz hieß Herr Bürgermeister Dr. Anton Maria Keim die Teilnehmer willkommen. Journalisten mehrerer großer Zeitungen und ein Fernsehteam waren während des Kolloquiums anwesend und berichteten wiederholt von seinem Verlauf. Das Land Rheinland-Pfalz, die Stadt Mainz, die Sektkellerei C. A. Kupferberg und das Institut für Europäische Geschichte gaben Empfänge für die Teilnehmer der Tagung. Im Anschluß an das Kolloquium besuchten die Historiker die Stadt Trier, wo sie von Herrn Oberbürgermeister Josef Harnisch begrüßt wurden. Besichtigungen in Oppenheim und Worms sowie ein Besuch der BASF in Ludwigshafen rundeten das Programm ab.

All denen, die zum Gelingen des ersten deutsch-sowjetischen Historikertreffens in der Bundesrepublik beigetragen haben, hat der Verband der Historiker Deutschlands zu danken, insbesondere Herrn Bundespräsidenten Walter Scheel und Herrn Ministerpräsidenten Dr. Bernhard Vogel. Zu Dank verpflichtet sind wir auch dem Kultusministerium des Landes Rheinland-Pfalz, das die Tagung finanziell unterstützte, und der Landesregierung von Rheinland-Pfalz, die für die Teilnehmer einen Empfang veranstaltete. Die Deutsche Forschungsgemeinschaft ermöglichte durch ihren Zuschuß die Durchführung des Treffens, wofür Herrn Dr. Wolfgang Treue und Frau Dr. Doris Schenk, der damaligen Referentin und dem heutigen Kulturattaché der deutschen Botschaft in Moskau, stellvertretend für alle ihre Mitarbeiter gedankt sei. Wir danken auch der Stadt Mainz, insbesondere Herrn Bürgermeister Anton Maria Keim, für die freundliche Begrüßung und einen gemütlichen Abend nach Mainzer Art sowie Herrn Oberbürgermeister Josef Harnisch für seine Begrüßung und den Mitarbeitern der Stadt Trier und des Karl-Marx-Hauses für ihre sachkundigen Führungen. Dem Präsidenten der Akademie der Wissenschaften und der Literatur, Herrn Professor Dr. Heinrich Bredt, danken wir für seine Begrüßungsansprache, ihm und seinen Mitarbeitern außerdem für die Gastfreundschaft, die sie der Tagung gewährten.

Entscheidend für das Gelingen der Veranstaltung war die reibungslose Verständigung zwischen den sowjetischen und deutschen Kollegen, wofür wir den beiden Dolmetschern, Herrn Horst Lange und Herrn Dr. Ernst Staffa, viel zu danken haben. Den Mitarbeitern des Instituts für Europäische Geschichte, Frau Dr. Armgard Gräfin zu Dohna geb. von Reden, Herrn Dr. Hans-Jürgen Schröder und Herrn Claus Scharf, sowie den Mitarbeitern des Instituts für Osteuropakunde der Universität Mainz, Herrn Dr. Ulrich Haustein und Herrn Dr. Gerhard Wagner, danken wir für ihre vielfältige praktische Mithilfe.

In Moskau war 1972 vereinbart worden, daß die Referate und Diskussionsbeiträge der bilateralen Kolloquien jeweils im gastgebenden Land veröffentlicht werden sollen. Im Einverständnis mit dem Verband der Historiker Deutschlands und dem Nationalkomitee der Historiker der Sowjetunion hat das Institut für Europäische Geschichte in Mainz die Edition besorgt. Der Deutschen Forschungsgemeinschaft ist dafür zu danken, daß sie die Arbeiten zur Vorbereitung der Veröffentlichung, die sich als recht schwierig erwiesen, mit einem Zuschuß unterstützte.

Mehrere Autoren ergänzten ihre Referate, insbesondere im Anmerkungsteil, noch nachträglich. Die Übersetzungen der Vorträge der sowjetischen Historiker mußten für die Drucklegung teilweise erheblich überarbeitet werden. Alle Kolloquiumsteilnehmer autorisierten ihre Diskussionsbeiträge, die sowjetischen Historiker außerdem die deutschen Übersetzungen ihrer Referate und Diskussionsbeiträge. An den Übersetzungen der Vorträge aus dem Russischen waren Herr Horst Lange und Herr Dr. Ernst Staffa beteiligt. Frau Imme Fournell übersetzte die Diskussionsbeiträge der sowjetischen Historiker. Alle Texte wurden vom Bearbeiter des Bandes überprüft. Die numerierten Anmerkungen sind Anmerkungen der Autoren und Diskussionsteilnehmer, während die Anmerkungen mit Buchstaben innerhalb der Diskussion vom Bearbeiter eingefügt wurden, um den Informationswert des Bandes zu erhöhen.

Die Beziehungen zwischen den deutschen und den sowjetischen Historikern haben sich seit dem ersten Treffen in Mainz 1973 positiv weiterentwickelt. Im April 1975 wurde in Leningrad auf Einladung des Nationalkomitees der Historiker der Sowjetunion ein zweites Kolloquium veranstaltet, das den deutsch-sowjetischen Beziehungen 1917/18–1933 gewidmet war. Gegenwärtig bereiten beide Seiten das dritte Treffen vor, das vom 13. bis 18. März 1978 in München stattfinden wird. Zwei Themen stehen auf dem Programm: „Geschichte, Theorie und Methodologie der Geschichtswissenschaft in Deutschland und Rußland, insbesondere der Historismus“ sowie „Europa zwischen Revolution und Restauration unter Hervorhebung der russischen und der deutschen Politik 1797–1815“.

Der Verband der Historiker Deutschlands sieht in diesem wissenschaftlichen Informations- und Meinungsaustausch, bei dem die unterschiedlichen Auffassungen nicht verwischt werden sollen, eine wichtige Aufgabe. Beide Seiten haben 1973 im Abschlußkommuniqué der Mainzer Tagung den Willen bekundet, ihre Zusammenarbeit auch auf andere Gebiete auszudehnen. Einzelne Impulse sind bereits von den ersten offiziellen Begegnungen ausgegangen. Orientiert man sich jedoch an dem Ziel, daß aus den verbesserten Kontakten zwischen den beiden Verbänden vor allem Forschung und Lehre in der Sowjetunion und in der Bundesrepublik wissenschaftlichen Gewinn ziehen sollen, so bleibt noch viel zu tun. Der vorliegende Band bietet Ergebnisse sowjetischer und deutscher historischer Forschungen dar, zeigt das Bemühen beider Seiten, voneinander zu lernen und unterschiedliche Standpunkte sachlich zu vertreten, und dokumentiert darüber hinaus, daß in Mainz ein Grundstein für den Ausbau der Beziehungen zwischen den Historikern der Sowjetunion und der Bundesrepublik Deutschland gelegt wurde.

Mainz und Heidelberg, im Juli 1977

Karl Otmar Freiherr von Aretin *Werner Conze*

In einer Periode vermehrter fachlicher Kontakte zwischen der Bundesrepublik Deutschland und der Sowjetunion ist die Aussprache zwischen den Historikern beider Länder von besonderer Bedeutung. Das Zustandekommen dieses ersten deutsch-sowjetischen Historikertreffens nach dem Kriege signalisiert die Bereitschaft beider Seiten, auch die in vieler Hinsicht kontroverse Interpretation der Entwicklung der Beziehung zwischen Deutschland und Rußland in den wissenschaftlichen Dialog einzubeziehen.

Die Bundesregierung begrüßt diese Intensivierung der schon bei früheren Gelegenheiten, zuletzt anläßlich des internationalen Historikerkongresses in Moskau, zwischen namhaften Historikern unserer Länder geknüpften Kontakte als einen wichtigen Beitrag zur weiteren Normalisierung unserer Beziehungen. Voraussetzung der Entspannung ist schließlich, daß auf beiden Seiten Vorurteile beseitigt und liebgewordene Vereinfachungen überprüft werden. Die Geschichtswissenschaft spielt hierbei eine ganz entscheidende Rolle.

Ich wünsche dieser Begegnung deutscher und sowjetischer Historiker viel Erfolg und hoffe, daß mit ihr der Anfang für eine engere Zusammenarbeit auf dem Gebiet der Geschichtswissenschaft gemacht wird.

Bundesminister des Auswärtigen

Es ist für mich eine große Freude und Ehre, die Teilnehmer des Ersten Deutsch-Sowjetischen Historikertreffens als Kultusminister in der rheinland-pfälzischen Hauptstadt begrüßen zu können. Ich bin überzeugt, daß von diesem Kongreß wertvolle Impulse ausgehen werden, die die weitere Verständigung zwischen unseren Völkern beschleunigen können. Unterschiedliche Ansätze in der wissenschaftlichen Methodik und verschiedene gesellschaftspolitische Standorte können und dürfen Begegnungen zwischen Wissenschaftlern unserer beiden Staaten nicht ausschließen. Vielmehr zeigen gerade sie die besondere Notwendigkeit solcher Begegnungen auf!

Den Teilnehmern des Ersten Deutsch-Sowjetischen Historikertreffens in Mainz wünsche ich einen guten Erfolg ihrer Tagung.

Kultusminister

ERÖFFNUNGSANSPRACHEN

PROFESSOR DR. WERNER CONZE, HEIDELBERG
Vorsitzender des Verbandes der Historiker Deutschlands

Meine verehrten Damen und Herren!

Im Namen des Verbandes der Historiker Deutschlands eröffne ich dieses erste sowjetisch-deutsche Historikertreffen. Ich danke allen denen, die an dem Zustandekommen dieses Kongresses hilfreich beteiligt gewesen sind, zunächst und an erster Stelle unseren Gästen aus der Sowjetunion. Denn aufgrund der erfreulich verlaufenen Verhandlungen, die im vorigen Sommer in Moskau stattgefunden haben, ist es möglich geworden, daß wir heute hier zusammenkommen. Unser Dank gilt sodann allen denen, die auf unserer Seite durch ideelle und materielle Hilfe dazu beigetragen haben, daß wir die Tagung durchführen können: Der Regierung und dem Herrn Kultusminister des Landes Rheinland-Pfalz, der Deutschen Forschungsgemeinschaft, der Stadt Mainz und nicht zuletzt der Akademie der Wissenschaften und der Literatur, die uns diesen schönen Raum für unsere Sitzungen zur Verfügung gestellt hat.

Wir sind uns alle, so nehme ich an, der Bedeutung der Tatsache bewußt, daß heute zum ersten Mal ein deutsch-sowjetisches Historikertreffen auf dem Boden der Bundesrepublik Deutschland stattfindet. Als ich zu dieser Tagung nach Mainz fuhr, erinnerte ich mich einer Diskussion zwischen italienischen und sowjetischen Historikern, die in der Geschichte der europäischen Geschichtswissenschaft m. E. noch heute einen hervorragenden Platz beanspruchen darf. Sie steht mit unserer heutigen Veranstaltung in einem inneren Zusammenhang. Worum handelte es sich dabei? Im Jahre 1961 fand in der Rivista Storica Italiana eine Auseinandersetzung zwischen den italienischen Historikern Momigliano und Rossi um das Problem des sog. Historismus statt. Dieser Historismus wurde als in der Krise begriffen bezeichnet. Derartige Äußerungen waren damals zeittypisch. Häufig wurde vom Ende, von der Krise oder auch vom Elend des Historismus bzw. des Historizismus gesprochen. In die Auseinandersetzung zwischen den beiden genannten italienischen Historikern griff damals überraschend, wie ich glaube die sowjetische Historikerin Jachimovič ein. Sie nahm kritisch Stellung und erklärte, daß die Historiker der Sowjetunion an einer solchen Krise oder gar an einem Ende des Historismus nicht nur nicht teilhätten, sondern im Gegenteil die Prinzipien des Historizismus festhielten und weiterentwickelten, freilich nicht desjenigen der „deutschen historischen Schule", sondern des Historizismus im Sinne des Marxismus-Leninismus. Aus der Intervention von Frau Jachimovič entstand eine lebhafte Auseinandersetzung zwischen weiteren italienischen und sowjetischen Historikern, an der u. a. Venturi von italienischer sowie Diligenskij und Družinin von sowjetischer Seite teilnahmen. Ich möchte einige Bemerkungen zu jener Diskussion hier anfügen.

Der italienisch-sowjetische Streit ging damals um unterschiedliche Begriffe des gleichen Wortes (Historismus bzw. Historizismus). Der Wortidentität standen gegensätzliche begriffliche Deutungen gegenüber. Derartigen Situationen sind wir auf internationalen Kongressen immer wieder ausgesetzt. Wollen Historiker verschiedener Sprachen, Nationen und politischer Systeme zum gegenseitigen Verstehen vorstoßen, so müssen die Gefahren irreführender Äquivokationen vermieden und die Begriffe nicht nur definiert, sondern in ihrer Geschichtsabhängigkeit und Wandelbarkeit, in ihrer Vielverwendbarkeit und damit ihrer historischen Relativität erkannt werden. Das ist schwierig, aber unerläßlich, denn der Historiker ist auf die Sprache in all ihrer Vielfalt und Vieldeutigkeit angewiesen.

Der Rede von der Krise des Historismus hielten die sowjetischen Diskussionspartner damals eine ungebrochene Zuversicht vom Wert der Geschichte und der Geschichtswissenschaft entgegen. In der Tat: Geschichte, Geschichtswissenschaft und Geschichtslehre stehen in der Sowjetunion hoch im Kurs. Man weiß dort, welchen politischen Wert Geschichte hat und daß Gegenwartsnähe und Zukunftserfassen von historischer Kenntnis, vom Erforschen und vom Deuten der Vergangenheit abhängen. In dieser Erkenntnis wissen wir deutschen Historiker uns mit den sowjetischen Historikern einig, unbeschadet der Frage, wie wir die Geschichte im ganzen und jeweils im einzelnen verstehen und deuten. Wir wissen, daß in der Deutung und im Verständnis der Geschichte zwischen uns erhebliche Differenzen bestehen. Wir sind aber der Meinung, daß wir gerade deswegen den Weg zum wissenschaftlichen Gespräch suchen müssen. Vergangene Geschichte ist unumkehrbar, sie kann nicht mehr verändert oder nach unseren Wünschen umgemodelt, sie kann auch nicht beliebig verschwiegen oder verdrängt werden. Sie liegt, soweit die Quellen reichen, für Historiker offen, und die Historiker haben daher das Bedürfnis, miteinander sich um Klärung zu bemühen, alte Kontroversen rationaler Betrachtung zu unterwerfen und Verkrustungen des Bewußtseins aufzubrechen. Die Historiker der Bundesrepublik sind im übrigen gerade jetzt mit vorwärtsweisenden Auseinandersetzungen um ihre geschichtswissenschaftlichen Grundlagen beschäftigt. Sie haben die alten Klagen um die Krise der Geschichtswissenschaft und des Geschichtsbewußtseins im allgemeinen hinter sich gelassen. Sie betonen, daß Verlust der Geschichte Realitätsverlust ist und daß Geschichtsunterricht nicht aufgegeben werden kann.

Die hier vertretenen Historiker der Sowjetunion und der Bundesrepublik Deutschland treffen sich also in einer Zeit, in der die Bemühungen der Geschichtswissenschaft beider Staaten lebhaft fortschreiten und demgemäß das Bedürfnis nach Austausch, Information, Aussprache und gegenseitiger Anregung notwendigerweise im Wachstum begriffen ist. In unserer modernen Welt, die aufgrund vielfältiger, besonders technischer Bedingungen immer enger zusammenwächst, braucht es kaum betont zu werden, daß die Geschichte nicht mehr isoliert als Nationalgeschichte oder in sonstigen Absonderungen betrachtet werden kann. Auch wenn selbstverständlich die Forschungspraxis immer wieder auf Themen der eigenen Nation oder des eigenen Staates gerichtet ist und gerichtet sein wird, so kann doch solche Forschung nicht gedeihen, wenn der Blick nicht geweitet und die Bereitschaft zum übernationalen Vergleich nicht vorhanden ist.

Die Historiker der Nationen der Erde treffen bekanntlich alle fünf Jahre zu einem internationalen Kongreß zusammen, deren letzter in Moskau stattfand und deren nächster 1975 in San Francisco abgehalten werden wird. Auf diesen Kongressen wird jeweils gewissermaßen ein großer Markt veranstaltet, auf dem Forschungsergebnisse, Meinungen, Thesen, Herausforderungen geboten und mannigfache persönliche und wissenschaftliche Beziehungen angeknüpft oder fortgesetzt werden. Der hohe Wert dieser Weltkonferenzen ist unbestritten. Doch hat sich immer mehr eine andere Form internationaler wissenschaftlicher Begegnung herausgebildet, die von vielen als fruchtbarer angesehen wird: kleine Kolloquien oder Symposien einer begrenzten Zahl von Historikern mehrerer oder nur zweier Nationen, die dann intensiv und ohne großen Aufwand miteinander reden können. Ein solches Kolloquium im kleinen Kreis ist nun auch hier geplant. Wir hoffen, daß die Begrenztheit der Zahl und die Beschränkung auf ein klar umrissenes Thema Voraussetzungen für ein gutes Gelingen, gegenseitige Anregungen und Fortsetzung der angeknüpften Beziehungen bieten werden. Die Thematik ist, wie mir scheint, gut geeignet für eine zweiseitige wissenschaftliche Aussprache. Im Beispiel einer historischen Epoche, d. h. der durch Liberalisierung, Industrialisierung und Wirtschaftswachstum gekennzeichneten Jahrzehnte vor 1914, soll es sich um eine doppelte Fragestellung handeln: 1. um den Vergleich des Modernisierungsprozesses in beiden Ländern und 2. um die Beziehungen in der sich zuspitzenden Konkurrenz der großen Mächte vor dem Ersten Weltkrieg, für die der – keineswegs eindeutige – Begriff oder das Schlagwort des Imperialismus sich eingebürgert hat.

Ich sprach soeben von der Eigenart und Fruchtbarkeit kleiner wissenschaftlicher Kolloquien als Mittel internationaler wissenschaftlicher Beziehungen und reihte unser Mainzer Treffen in diesen Typus ein. So zutreffend das ist und so stark wir hoffen, daß wir die wissenschaftliche Intensität und Intimität erreichen werden, die solchen Begegnungen eigentümlich sein sollte, so ist doch andererseits zu betonen, daß dieses Kolloquium auch noch in anderer Hinsicht charakterisiert zu werden verdient. Sie sehen auf der Einladung, daß es das erste Historikertreffen zwischen Historikern der Sowjetunion und der Bundesrepublik Deutschland ist. Das ist von großer Bedeutung, und es hat eine über unseren engeren Kreis hinausgehende starke Beachtung gefunden. Zwar hat es an Kontakten zwischen sowjetischen und deutschen Historikern bisher nicht gefehlt, umsomehr als das Fach der osteuropäischen Geschichte bei uns in fast allen Universitäten vertreten und daher das Bedürfnis zu engeren Beziehungen allein schon deswegen stark entwickelt ist. Doch sollte es nicht darum gehen, daß nur Spezialisten der osteuropäischen Geschichte bei uns, der deutschen Geschichte bei Ihnen in der Sowjetunion an wissenschaftlichem Austausch interessiert sein sollen. Das, was wir hier anstreben, ist mehr als nur die Begegnung von Spezialisten. Ich erinnere in diesem Zusammenhang an eine Konferenz in Moskau 1965, auf der Historiker aus der Bundesrepublik zum ersten Mal nach dem Kriege Vorträge gehalten haben, aus Anlaß der 20jährigen Wiederkehr des Kriegsendes. Ein solches Ereignis blieb aber damals noch vereinzelt. Aufs Ganze gesehen sind die Berührungen und Begegnungen von Historikern bisher viel zu gering gewesen. Solche Abstinenz ist aber m. E. gegen das Interesse auf beiden Seiten gerichtet. Daher sind wir dankbar, daß wir heute hier zum ersten Mal in einer solchen Form zusammenkommen können, nachdem auf dem Internationalen Historikertag in Moskau 1970 die Kollegen Erdmann, Vizepräsident des Internationalen Komitees der Historiker, und der verstorbene damalige Vorsitzende des Nationalkomitees der Historiker der UdSSR Guber übereingekommen waren, dem Gedanken sowjetisch-deutscher Arbeitskonferenzen näherzutreten. Daraus folgte eine Einladung der Moskauer Akademie im Sommer vorigen Jahres, an der von unserer Seite die Kollegen Erdmann und v. Aretin in Vertretung meines Amtsvorgängers Theodor Schieder teilgenommen haben. Das Ergebnis ist das Programm, das Sie vor sich sehen, und das Zusammentreffen hier zu dieser Tagung.

Wir erleben also damit heute den Abschluß und das Ergebnis dieser Bemühungen. Wir haben die Freude, unsere sowjetischen Kollegen in Mainz begrüßen zu können, und im Namen des Verbandes der Historiker Deutschlands versichere ich, daß wir glücklich über das erreichte Ergebnis sind. Es kam spät, aber ganz gewiß nicht zu spät. Wir hoffen, ja wir sind davon überzeugt, daß das heurige Treffen nicht etwa ein einmaliges Ereignis bleiben wird, sondern das erste Glied einer Kette. Wir werden uns bemühen, gemeinsam zu überlegen, in welcher Weise die Zusammenarbeit verstärkt und fortgeführt werden kann, sowohl in solchen Arbeitskonferenzen wie auch auf andere Weise. Wenn ich hiermit das erste Treffen von Historikern der Sowjetunion und der Bundesrepublik Deutschland eröffne, so habe ich bereits ein nächstes Treffen und damit den Fortgang der in diesen Tagen hoffentlich fruchtbar ablaufenden Diskussionen im Blick.

AKADEMIEMITGLIED PROFESSOR DR. ALEKSEJ L. NAROČNICKIJ, MOSKAU

Leiter der Delegation des Nationalkomitees der Historiker der Sowjetunion

Sehr geehrter Herr Kultusminister!
Sehr geehrter Herr Bürgermeister!
Sehr geehrter Herr Präsident der Akademie der Wissenschaften!
Sehr geehrter Herr Vorsitzender des Verbandes der Historiker Deutschlands!
Werte Kollegen!
Meine Damen und Herren!

Unser Treffen ist das erste bilaterale Kolloquium der Historiker der Sowjetunion und der Bundesrepublik. Es ist erfreulich, hervorheben zu können, daß dieses Treffen als eine Folge der Erweiterung der Kontakte zwischen unseren Völkern und unter den Bedingungen einer grundsätzlichen Wendung zur Normalisierung der Beziehungen zwischen unseren Staaten stattfindet. Bekanntlich hat diese Normalisierung die Berücksichtigung der historisch entstandenen Realitäten der internationalen Lage in der Welt und in Europa zur Voraussetzung.

Die gegenseitigen Besuche der führenden Parteifunktionäre und Staatsmänner unserer Länder, des Generalsekretärs des ZK der KPdSU Leonid Brežnev und des Bundeskanzlers Willy Brandt, sowie die dabei unterzeichneten Abkommen schaffen neue Perspektiven für die wissenschaftliche Zusammenarbeit und den Meinungsaustausch insbesondere auch für die Historiker der UdSSR und der Bundesrepublik Deutschland.

Nach den schweren Jahren des Krieges und der Verwüstungen, die die Hitlerinvasion unserem Lande zugefügt hatte, begegneten sich die Historiker der Sowjetunion und der Bundesrepublik lange Zeit nur auf multilateralen Symposien und Kongressen. Nur selten fuhren einzelne sowjetische Historiker zu wissenschaftlichen Forschungsaufenthalten in die Bundesrepublik. Sehr selten kamen auch Fachleute der Geschichtswissenschaft aus der Bundesrepublik in unser Land. Die Durchführung dieses bilateralen Kolloquiums der Historiker beider Länder bedeutet einen wichtigen Schritt vorwärts in der Entwicklung unserer Zusammenarbeit und unserer Kontakte.

Ausgehend von dem Streben, das wechselseitige Verständnis zwischen unseren Völkern zu fördern, sieht das Regierungsabkommen über die kulturelle Zusammenarbeit zwischen der Sowjetunion und der Bundesrepublik bekanntlich auch die Verbesserung und Erweiterung der Zusammenarbeit auf dem Gebiete der Wissenschaft und des Bildungswesens vor. Das Abkommen betont die Absicht, die gegenseitigen Besuche der Wissenschaftler, die Vortragsreisen von Professoren, die Durchführung von wissenschaftlichen Forschungen, die Teilnahme an Kongressen, Konferenzen und Seminaren, auch mit dem Ziel des gegenseitigen Kennenlernens, auszudehnen. Alle meine Kollegen und ich haben den herzlichen Wunsch, an der Entwicklung und am Ausbau der bilateralen wissenschaftlichen Beziehungen und Diskussionen teilzunehmen. Dem Minister des Auswärtigen, Herrn Walter Scheel, danken wir für sein Grußwort im Programm unseres Kolloquiums, Herrn Kultusminister Dr. Bernhard Vogel, Herrn Bürgermeister Anton Keim und dem Präsidenten der Akademie der Wissenschaften und der Literatur, Herrn Professor Dr. Heinrich Bredt, für ihre freundlichen Worte der Begrüßung. Desgleichen danken wir dem Vorsitzenden des Verbandes der Historiker Deutschlands, Herrn Professor Dr. Werner Conze, für seine freundliche Eröffnungsrede.

Die Verbindung zwischen den Entwicklungen der Geschichtswissenschaft in unseren Ländern hat ihre eigene lange Geschichte. In den vergangenen Jahrhunderten wie auch zu Beginn des 20. Jahrhunderts entstanden bekanntlich viele ähnliche Probleme für die Historiker der verschiedenen Richtungen in Rußland wie in den deutschen Staaten und später im Deutschen Reich. Die konservative Historiographie mit ihren adlig-dynastischen Tendenzen außer acht lassend, möchte ich betonen, daß die liberalen Historiker beider Länder großes Interesse für die Rolle des Staates in der Wirtschafts- und Sozialgeschichte, für die Entwicklung der kapitalistischen Industrie, für die Erfahrungen der Bauernbefreiung, für die Arbeiterbewegung in beiden Ländern und für viele Fragen, die die öffentliche Meinung bewegten, hatten.

In der Entwicklung des sozialistischen historischen Denkens in Deutschland und Rußland spielte der Marxismus eine hervorragende Rolle. Seine Weiterentwicklung erfuhr er in den Ideen von V. I. Lenin, die einen bestimmenden Einfluß auf die Geschichtswissenschaft in der Sowjetunion und in einer Reihe anderer sozialistischer Länder ausüben sollten. V. I. Lenin maß der Erforschung des historischen Prozesses im ganzen und der vergleichenden Analyse der Geschichte einzelner Länder, der Bestimmung einander ähnlicher typischer Züge wie auch der Besonderheiten ihrer

Entwicklung große Bedeutung bei. Ausgehend von den Zielen des revolutionären Kampfes studierte er vergleichend und unter Berücksichtigung der Besonderheiten der Epoche die Erfahrungen der Revolution von 1848 in Deutschland und von 1905 in Rußland. Große Aufmerksamkeit schenkte er der agrarischen und der industriellen Entwicklung beider Länder. In der Entwicklung des Kapitalismus in der Landwirtschaft unterschied er den „preußischen“ und den „amerikanischen“ Weg. Er deckte die gemeinsamen Züge des Imperialismus wie auch seine Besonderheiten in verschiedenen Ländern, darunter in Deutschland und Rußland, auf.

Nach der Großen Sozialistischen Oktoberrevolution siegte in Rußland die marxistisch-leninistische Richtung in der Entwicklung der Geschichtswissenschaft. Ganz anders waren die herrschenden Tendenzen der historischen Forschung in der Weimarer Republik. Aber das schloß die wissenschaftlichen Kontakte keineswegs aus. Die Verbindungen zwischen den Historikern beider Länder waren damals zwar nicht sehr umfangreich, aber sie erfuhren doch eine gewisse Entwicklung. Die ablehnende Haltung zum Versailler Friedensvertrag, der die Schuld für die Entstehung des Ersten Weltkrieges allein Deutschland auferlegt hatte, rief in der Weimarer Republik ein reges Interesse für die sowjetischen Veröffentlichungen der diplomatischen Akten hervor, die die Verantwortlichkeit aller imperialistischen Regierungen für die Vorbereitung und Entfesselung des Krieges von 1914–1918 enthüllten. Bekanntlich arbeiteten deutsche und sowjetische Historiker zusammen an der Vorbereitung der deutschen Ausgabe einiger Bände der Serie „Die Internationalen Beziehungen im Zeitalter des Imperialismus“.

Ein großes Interesse für die Geschichte Rußlands und der Sowjetunion zeigte in Ihrem Lande vor allem der bekannte Historiker Otto Hoetzsch. Er war ein Verfechter guter Beziehungen zwischen Deutschland und Rußland und behandelte vergleichsweise objektiv eine Reihe von Problemen der russischen Geschichte. Hoetzsch war Initiator der Gründung der „Deutschen Gesellschaft zum Studium Rußlands“, die sich zum 100. Jahrestag der Völkerschlacht bei Leipzig von 1813 konstituierte. Trotz seiner ablehnenden Haltung gegenüber der Sowjetmacht in Rußland war er gegen den Friedensschluß von Brest-Litowsk und hielt daran fest, daß Deutschland eine „Ostorientierung“ brauche. Schon seit 1919 trat er für friedliche Beziehungen mit Sowjetrußland ein, er unterstützte aktiv den „Geist von Rapallo“, nahm eine führende Stellung in der „Deutschen Gesellschaft zum Studium Osteuropas“ ein und publizierte viele Dokumente zur Geschichte der russisch-preußischen Beziehungen in den 60er Jahren des vorigen Jahrhunderts. Wiederholt besuchte Hoetzsch die UdSSR. Er spielte die entscheidende Rolle bei der Organisation einer „Deutsch-sowjetischen Historikerwoche“ in Berlin 1928. In deren Verlauf wurde ein Abkommen über die Zusammenarbeit zwischen den Archiven Preußens und der RSFSR unterzeichnet, das den deutschen Historikern die Möglichkeit eröffnete, Dokumente aus sowjetischen Archiven bei der Vorbereitung der bekannten Edition „Die auswärtige Politik Preußens“ zu benutzen, während das Marx-Engels-Institut in Moskau einige Materialien zur Geschichte des Marxismus und der revolutionären Bewegung aus den preußischen Archiven erhielt. Eben damals entstand in den Gesprächen zwischen M. Pokrovskij und O. Hoetzsch das Projekt einer deutschsprachigen Serie von Quellenveröffentlichungen zur Geschichte der internationalen Beziehungen des 20. Jahrhunderts aus den sowjetischen Archiven. Seine Arbeiten sicherten Hoetzsch den Ruhm eines der „besten Kenner Rußlands“ und eines Verfechters guter Beziehungen mit der UdSSR.

Für einige Dokumentenpublikationen wurde in den sowjetischen Archiven Material gesammelt, das in Deutschland sogar noch in den 30er Jahren herausgegeben wurde, aber die Herrschaft des Faschismus fügte der Entwicklung der Geschichtswissenschaft unermeßlichen Schaden zu und unterbrach die Verbindungen zwischen den Gelehrten beider Länder.

Nach der Niederlage des Faschismus, als unter den Nachkriegsbedingungen die zwei deutschen Staaten entstanden, begannen sich die Verbindungen und die Zusammenarbeit zwischen den Historikern der UdSSR und der DDR systematisch zu entwickeln und zu festigen. Sie gründen sich auf die Gemeinsamkeit der methodologischen Ausgangspositionen und der Forschungsproblematik, besonders auf dem Gebiete der Geschichte der Arbeiterbewegung, des Aufbaus der sozialistischen Gesellschaft, der Geschichte des Zweiten Weltkriegs, der Klärung vieler anderer Fragen und des historischen Prozesses insgesamt. Diese Zusammenarbeit findet ihren Ausdruck in der fruchtbaren Arbeit der bilateralen Kommission der Historiker der UdSSR und der DDR, die lange Zeit der kürzlich verstorbene bekannte Gelehrte Akademiemitglied V. M. Chvostov leitete. Gemeinsam werden eine Reihe von Arbeiten und Sammelbänden vorbereitet. Als ein Beispiel erwähne ich die von Historikern der DDR und der UdSSR gemeinsam durchgeführte vergleichend-historische Erforschung des Prozesses der Entwicklung des Kapitalismus in Deutschland, Rußland, England, Frankreich und den USA. Unter den sowjetischen Gelehrten nahm an dieser Arbeit der hervorragende Sachkenner Akademiemitglied N. M. Družinin teil.

Gleichzeitig mit der Entwicklung der Zusammenarbeit mit den Historikern der DDR und der anderen sozialistischen Länder haben die sowjetischen Historiker ausgedehnte Kontakte zu den Historikern kapitalistischer Staaten, Frankreichs und anderer westlicher Länder. Alle zwei Jahre finden Treffen zwischen französischen und sowjetischen, italienischen und sowjetischen Historikern statt. Es gab auch Treffen zwischen englischen und sowjetischen Historikern. Geschichtswissenschaftliche Kolloquien fanden 1972 zwischen amerikanischen und sowjetischen Historikern und zwischen indischen und sowjetischen Historikern statt.

Wir hoffen darauf, daß unser Treffen den Meinungsaustausch und die systematische Erweiterung der Verbindungen zwischen den Historikern der UdSSR und der Bundesrepublik fördern wird. Wir wollen diese Kontakte entwickeln, ungeachtet des Unterschieds in den Auffassungen von den wesentlichen theoretischen und methodologischen Grundlagen der Geschichtswissenschaft und von konkreten Problemen. Unsere Geschichtswissenschaft steht auf den Positionen des Marxismus-Leninismus, aber wir sind bestrebt, das Faktenmaterial und viele Ergebnisse, die die historische Literatur anderer Richtungen darlegt, zur Kenntnis zu nehmen und zu durchdenken, wissenschaftliche Diskussionen und den Austausch von Meinungen durchzuführen. Wir sind der Auffassung, daß die Zeit gekommen ist, daß die sowjetischen Historiker die Forschungsergebnisse ihrer Kollegen in der Bundesrepublik besser kennen sollten und daß die Historiker der Bundesrepublik mehr Nutzen aus einem tieferen und unmittelbaren Studium der sowjetischen historischen Arbeiten ziehen sollten.

Wichtig ist es, einander direkt besser kennenzulernen, ohne die tendenziösen Informanten von dritter Seite wie einige der professionellen „Sowjetologen" oder „Ostforscher", die unterschiedslos und ohne Überprüfung die Ergebnisse der sowjetischen Historiker ablehnen und bis heute die Kenntnisse über unser Land aus Memoiren und anderen Schriften der weißen Emigranten und der Trotzkisten oder aus anderen voreingenommenen antisowjetischen Quellen schöpfen.

Unserer Meinung nach liegt auf den Historikern ein Großteil der Verantwortung für die Entwicklung des wechselseitigen Verstehens und der Festigung des Friedens zwischen den Völkern. Wir sind sehr daran interessiert, daß unsere Kollegen aus der Bundesrepublik das gewaltige Material besser kennen und objektiv beurteilen lernen, das die sowjetischen Historiker zur Geschichte unseres Landes, zur Großen Sozialistischen Oktoberrevolution, zur Geschichte der Gründung der UdSSR gesammelt und bearbeitet haben, daß sie sich mit den Dokumentenveröffentlichungen und Forschungen über die Entwicklung der sozialistischen Gesellschaft in unserem Lande, mit den sowjetischen Forschungen über die ganze Geschichte der Innen- und der Außenpolitik der UdSSR und der Unionsrepubliken vertraut machen.

Offensichtlich ist auch die Zeit gekommen, daß unsere Fachleute die Arbeiten der Historiker der Bundesrepublik gründlicher studieren sollten. Ein großes Interesse haben bei uns z. B. schon die Arbeiten von Professor Fritz Fischer und seinen Schülern über die Politik Deutschlands während des Ersten Weltkriegs hervorgerufen. Viele Ergebnisse aus diesen Forschungen finden wir wohlbegründet. Es gibt viele Probleme, für die ein Meinungsaustausch, Diskussionen und ein gegenseitiges Bekanntwerden mit den Erträgen der historischen Forschungen in beiden Ländern sehr nützlich wären. Dazu gehören z. B. einige Probleme der Methodologie der Geschichte, Fragen der Genesis des Kapitalismus in beiden Ländern, die Entwicklung der Agrarverhältnisse, die Bauernkriege, die Aufklärung des 18. Jahrhunderts, die Feudalverhältnisse in Deutschland und Rußland, die sowjetisch-deutschen Beziehungen in den Jahren der Weimarer Republik, die russisch-deutschen Beziehungen 1762–1862 und viele andere Probleme.

Es gibt noch ein wichtiges Gebiet für weitere Kontakte und eine künftige Zusammenarbeit. Das ist der Unterricht der Geschichte unseres Landes in der Bundesrepublik und der Geschichte Ihres Landes in der UdSSR. Die sowjetische Öffentlichkeit beunruhigt die Tatsache, daß die Geschichte Rußlands und der Sowjetunion in einer Reihe von Lehrbüchern, die in der Bundesrepublik in Gebrauch sind, unserer Meinung nach häufig nicht objektiv und mit gravierenden Abweichungen von der historischen Wahrheit interpretiert wird. Bei uns wird darüber viel geschrieben. Das Abkommen für die kulturelle Zusammenarbeit zwischen unseren Ländern sieht vor, daß beide Seiten „eine solche Darstellung der Geschichte, der Geographie und der Kultur des anderen Landes in den Schulbüchern" anstreben werden, „die ein besseres gegenseitiges Verständnis fördert". Natürlich ist das ein besonderes Problem. Es erfordert andere Begegnungen und spezielle Erörterungen, aber es ist zu wünschen, daß unser Kolloquium einen beschleunigten Beginn auch dieser Arbeit fördern möge.

Es freut uns, daß wir anläßlich unseres Treffens in die rheinischen Gebiete der Bundesrepublik kommen konnten, die durch eine reiche Geschichte und durch hervorragende Kultur- und Kunstdenkmäler berühmt sind. Wir wissen, daß die Stadt Mainz ein wichtiges Zentrum für die Entwicklung der Geschichtswissenschaft ist. Hier ist der Sitz der Akademie der Wissenschaften und der Literatur und des Instituts für Europäische Geschichte. Die Geschichte dieser Stadt zog wiederholt die Aufmerksamkeit unserer Wissenschaftler auf sich. Insbesondere erforschten sowjetische Historiker eingehend die gesellschaftliche Bewegung in diesem Gebiet in den Jahren der Französischen Revolution.

Möge unser Kolloquium ein guter Anfang für unsere weitere Zusammenarbeit werden!

IVAN D. KOVAL'ČENKO, MOSKAU

DIE AGRARVERHÄLTNISSE UND DIE BAUERNBEWEGUNG IN RUSSLAND AM ENDE DES 19. UND ZU BEGINN DES 20. JAHRHUNDERTS

Der Hauptinhalt des sozialökonomischen Fortschrittes in Rußland am Ende des 19. und zu Beginn des 20. Jahrhunderts war die Beschleunigung der kapitalistischen Entwicklung. Es war eines der wichtigsten Merkmale dieses Fortschrittes, daß der Charakter der Agrarverhältnisse dabei eine sehr große Rolle spielte und daß die Bauernfrage im Kampf für die bürgerlich-demokratischen Umgestaltungen einen führenden Platz einnahm. V. I. Lenin, der der gründlichen Untersuchung der Agrarverhältnisse und der Bauernfrage große Aufmerksamkeit schenkte, faßte die Ergebnisse dieser Analyse zusammen, als er Ende 1907 schrieb: „Die Agrarfrage bildet die Grundlage der bürgerlichen Revolution in Rußland und bedingt die nationale Besonderheit dieser Revolution."[1] Diese Lage war dadurch bedingt, daß sich die Agrarverhältnisse in Rußland durch scharfe innere Widersprüche auszeichneten und einen starken Einfluß auf den Verlauf der ganzen gesellschaftlichen Entwicklung ausübten. Die gesellschaftliche Bedeutsamkeit dieser Widersprüche verstärkte sich dadurch, daß in dieser ganzen Zeitspanne der überwiegende Teil der Bevölkerung des Landes in der Landwirtschaft beschäftigt war.

Die Agrarentwicklung in Rußland in der zweiten Hälfte des 19. Jahrhunderts und zu Beginn des 20. Jahrhunderts stand vor allem unter dem Einfluß einer intensiven Entwicklung des Industriekapitalismus. In vielem war sie auch von den Tendenzen der Agrarentwicklung in der vorangegangenen, der feudalen Epoche und vor allem von den Bedingungen der Abschaffung der Leibeigenschaft abhängig.

Der Zusammenbruch der Leibeigenschaft in Rußland war durch den ganzen Verlauf der historischen Entwicklung vorherbestimmt. Sowohl die Krise des feudalen, von der Leibeigenschaft geprägten Wirtschaftssystems als auch die Herausbildung der Voraussetzungen und die Entstehung der neuen, kapitalistischen Ware-Geld-Beziehungen erreichten in Rußland Mitte des 19. Jahrhunderts eine solche Tiefe und einen solchen Aufschwung, daß die Liquidierung der Leibeigenschaft unvermeidlich wurde. In Rußland entbrannten eine harte gesellschaftlich-politische Auseinandersetzung und ein Klassenkampf, in deren Mittelpunkt die Probleme der Bedingungen und Methoden der Abschaffung der Leibeigenschaft und die Wege der historischen Entwicklung des Landes standen. Das Kräfteverhältnis in diesem Kampf war so,

[1] *W. I. Lenin*, Werke (Hier und im folgenden wird nach der vierzigbändigen Ausgabe zitiert, die 1955–1966 vom Institut für Marxismus-Leninismus beim Zentralkomitee der SED herausgegeben wurde und deren Texte nach der vierten russischen Ausgabe ins Deutsche übertragen wurden. C. Sch.), Bd. 13, Berlin 1963, S. 426.

daß aufgrund des spontanen Charakters des Kampfes der Bauernschaft und des Fehlens einer revolutionären Klasse, die fähig gewesen wäre, diesen Kampf zu leiten, das Lager der Gutsbesitzer und der Bourgeoisie die Oberhand gewann. Die Leibeigenschaft wurde nicht infolge einer Revolution, sondern durch eine von oben durchgeführte Reform abgeschafft.[2]

Insgesamt war die Reform von 1861 ein historischer Kompromiß. Einerseits wurde sie im Interesse der Gutsbesitzer durchgeführt und konsolidierte das Grundeigentum der Gutsbesitzer, die ökonomische und politische Macht des Adels. Andererseits gewährte die Reform den Bauern die persönliche Freiheit mit Land, d. h. sie erhielt auch die kleine bäuerliche Wirtschaft. Die Ablösungszahlungen der Bauern für das zugeteilte Land bahnten den Weg zur Umwandlung der Bauernwirtschaft in eine selbständige Form der gesellschaftlichen Produktion. Mit anderen Worten: Die Reform, durchgeführt von der Selbstherrschaft mit Unterstützung und im Interesse der Gutsbesitzer, hat die Bauernwirtschaft als eine selbständige Form der gesellschaftlichen Produktion weder beseitigt noch beseitigen oder zumindest in den Hintergrund drängen können. Der erwähnte Ausgang der Reform war sowohl durch die objektiven Bedingungen der Agrarentwicklung des Landes in der vorangegangenen Epoche als auch durch jenen – zwar spontanen, aber zähen und mächtigen – Kampf bestimmt, den die Bauernschaft in der Periode der Vorbereitung der Aufhebung der Leibeigenschaft führte.

In ihrem Endergebnis war die Reform zwar eine sehr begrenzte, aber doch eine fortschrittliche, ihrem Wesen nach bürgerliche historische Erscheinung. Der Hauptausdruck der Fortschrittlichkeit jener Veränderungen, die sich im Agrarbereich infolge der Aufhebung der Leibeigenschaft vollzogen, war das Wachstum der Produktivkräfte. Seine Ergebnisse sind am Beispiel des Ackerbaus – des Hauptzweigs der Landwirtschaft des Landes – gut zu erkennen. Die Dynamik der Reinerträge an Getreide und Kartoffeln pro Kopf der Bevölkerung im Europäischen Rußland zeigt sich wie folgt (in Pud):

Jahre	Getreide	Kartoffeln	Insgesamt[3]
1802–1811	27,3	–	27,3
1851–1860	21,3	2,2	22,0
1883–1887	24,1	4,0	25,4
1900–1905	25,3	7,8	27,9
1909–1913	30,1	11,6	34,0

Aus der Tabelle ist ersichtlich, daß das Niveau der Ackerbauproduktion Mitte des 19. Jahrhundert im Vergleich zum Beginn des Jahrhunderts merklich gesunken war, was zu den Kennzeichen der Krise des feudalen, auf der Leibeigenschaft basierenden Wirtschaftssystems gehörte. In der Periode nach der Reform erlebte die Ackerbauproduktion einen steilen Aufstieg. Man darf dabei nicht außer acht lassen, daß dieser Aufstieg auch auf die Erweiterung der landwirtschaftlichen Produktion in Sibirien und anderen Gebieten des asiatischen Teils Rußlands zurückzuführen ist.

[2] Vgl. *P. A. Zajončkovskij*, Otmena krepostnogo prava v Rossii, izd. 3-e Moskau 1968.

[3] Bei der Verrechnung von Kartoffeln und Getreide wurden 3 Pud Kartoffeln 1 Pud Getreide gleichgesetzt. 1 Pud = 16,3 Kilogramm.

Eine Besonderheit der Entwicklung der landwirtschaftlichen Produktion in Rußland im Vergleich zu anderen, vor allem westeuropäischen Ländern war der extensive Charakter dieser Entwicklung. So wuchsen die Getreideerträge hauptsächlich durch die Ausdehnung der Saatflächen und nicht durch die Steigerung der Ertragfähigkeit. Ein solcher Weg war durch die natürlichen Faktoren und durch das Vorhandensein ausgedehnter unerschlossener Flächen mit fruchtbarem Boden bedingt und in ökonomischer Hinsicht durchaus berechtigt.

Die soziale Grundlage der fortschreitenden Entwicklung der landwirtschaftlichen Produktion in Rußland nach der Reform waren die bürgerlichen Verhältnisse. Die Beseitigung des Monopols des Adels auf die kostenlose Arbeit der Leibeigenen, die Gewährung der persönlichen Freiheit an die Bauern und die Trennung der bäuerlichen Wirtschaft von der Wirtschaft des Gutsbesitzers (wenn sie auch bei weitem nicht vollständig war) bahnten einerseits den Weg für die Umgestaltung des ganzen Bereichs der Agrarverhältnisse auf bürgerliche Art und Weise und machten sie sogar unvermeidlich. Andererseits schufen sie Bedingungen für die Entwicklung des Industriekapitalismus.

Die Reform „rückt nicht die Warenform des Arbeitsprodukts, sondern die Warenform der Arbeitskraft an die erste Stelle; sie sanktionierte nicht die Herrschaft der Warenproduktion, sondern bereits die der kapitalistischen Produktion".[4] „In dem Maße, wie der Bauer sich von der Gewalt des Fronherrn löste, in demselben Maße geriet er unter die Macht des Geldes, in die Verhältnisse der Warenproduktion, und wurde von dem sich bildenden Kapital abhängig."[5]

Die allgemeinen Veränderungen bei der Herausbildung und Konsolidierung des Agrarkapitalismus in der Zeit nach der Reform kann man nach dem Grad der Spezialisierung und der Marktfähigkeit der landwirtschaftlichen Produktion, nach dem Einsatz von Maschinen und der Anwendung von Lohnarbeit beurteilen.

Zu Beginn des 19. Jahrhunderts war die Marktfähigkeit des Ackerbaus in Rußland sehr niedrig. In den am meisten entwickelten Gebieten überstieg sie nicht 10 bis 12 Prozent der Brutto-Getreideernte. Die Gesamtmasse des Warengetreides belief sich durchschnittlich auf ungefähr 140 Mill. Pud im Jahr, was nur 4 Pud pro Kopf der Bevölkerung ausmachte. Bis zur Mitte des 19. Jahrhunderts stieg die Marktfähigkeit ungefähr auf 18 Prozent. Die marktfähige Getreidemenge belief sich dabei auf rund 350 Mill. Pud (oder 6 Pud pro Kopf der Bevölkerung).

Für die Zeit nach der Reform war ein intensiver Prozeß der Spezialisierung und des Wachstums der Marktfähigkeit des Ackerbaus kennzeichnend. Vor dem Ersten Weltkrieg erreichte die Marktfähigkeit des Ackerbaus ungefähr 30 Prozent der Brutto-Getreideernte. Mindestens 1,5 Milliarden Pud Getreide oder 12 Pud pro Kopf der Bevölkerung gelangten zum Verkauf. Die Hauptmasse des Warengetreides kam aus den am weitesten entwickelten Ackerbaugebieten: den südlichen Steppen, dem Südosten und dem Kaukasusvorland.[6] Der Hauptverbraucher von Warengetreide im Inland war der Nichtschwarzerde-Industriegürtel des Zentrums und

[4] *Lenin,* Werke, Bd. 1, Berlin 1961, S. 515.

[5] *Lenin,* Werke, Bd. 17, Berlin 1963, S. 106.

[6] *V. Z. Drobižev, I. D. Koval'čenko, A. V. Murav'ev,* Istoričeskaja geografija SSSR, Moskau 1973, S. 215.

des Nordwestens. Dieser Landesteil führte mehr als 500 Mill. Pud Getreide ein. Der Getreideexport war im schnellen Wachstum begriffen. Zu Beginn des 20. Jahrhunderts führte Rußland alljährlich rund 600 Mill. Pud Getreide aus.

Neben dem Ackerbau entwickelten sich gegen Ende des 19. Jahrhunderts Gebiete einer marktfähigen Fleisch- und Milchviehzucht, der Rübenzuckerproduktion, des Anbaus von Kartoffeln und technischen Kulturen.

Die Entwicklung der Warenproduktion brachte die Bildung eines einheitlichen allrussischen Agrarmarktes in den ersten Jahrzehnten nach der Reform zum Abschluß.

In der Epoche nach der Reform wurden in die landwirtschaftliche Produktion beschleunigt modernere Werkzeuge und Maschinen eingeführt. Die Dynamik der inländischen Produktion und der Anwendung von Landmaschinen ist in der folgenden Tabelle zu erkennen[7]:

Jahre	Inländische Produktion von Landmaschinen in Rubeln	Gesamtanwendung von Landmaschinen in Rubeln
1876	2 329 000	3 957 000
1894	9 445 000	14 639 000
1913	60 508 000	109 200 000

Offenkundig wuchs sowohl die Produktion als auch die Gesamtanwendung von Landmaschinen in einem hohen und sich beschleunigenden Tempo.

Schließlich kam in Rußland nach der Reform in der Landwirtschaft die Lohnarbeit in wachsendem Maße zur Anwendung.[8] Mitte des 19. Jahrhunderts waren in der russischen landwirtschaftlichen Produktion – hauptsächlich im Süden und Südosten des Europäischen Teils – ungefähr 750 000 Lohnarbeiter beschäftigt, d. h. eine äußerst geringe Zahl. Ende der 80er Jahre waren es bereits 3,5 Millionen. Zu Beginn des 20. Jahrhunderts wuchs ihre Zahl auf rund 4,5 Millionen und vor dem Ersten Weltkrieg auf ungefähr 5 Millionen. Damit sind nur jene Personen berücksichtigt, für die die Lohnarbeit in der Landwirtschaft die Hauptbeschäftigung war. Außerdem gab es eine breite Schicht von Tagelöhnern.

Nach der Reform vollzog sich also in Rußland eine schnelle Entwicklung des Kapitalismus in der Landwirtschaft. Gegen Ende des 19. Jahrhunderts wurde der allgemeine Charakter der Agrarstruktur vollkommen bürgerlich.

Das war die eine Seite der agrarischen Entwicklung nach der Reform. Es gab aber auch einen anderen, nicht weniger wesentlichen Aspekt, der ebenfalls durch die Bedingungen der Reform von 1861 bewirkt war. Da die Reform von den Guts- und Seelenbesitzern durchgeführt wurde, bewahrte sie zahlreiche feudale Überreste, während sie die Bauern direkt beraubte. Im Ergebnis der Reform büßten die Bauern einen bedeutenden Teil des Bodens ein, den sie vor der Reform genutzt hatten. In den inneren Gouvernements trennten die Gutsbesitzer bis zu 20 Prozent der bäuerlichen Anteile zu ihren Gunsten ab.

[7] *Lenin,* Werke, Bd. 3, Berlin 1956, S. 217; *P. N. Peršin,* Agrarnaja revoljucija v Rossii, kn. 1, Moskau 1966, S. 64.

[8] *Peršin,* Agrarnaja revoljucija, kn. 1, S. 120–129.

Für das ihnen zugeteilte Land mußten die Bauern eine immense Ablösung leisten, die den Marktpreis dieses Bodens bei weitem überstieg (der Preis betrug rund 550 Mill. Rubel, während die Ablösung sich auf mehr als 850 Mill. Rubel belief). Die Bauern mußten dabei auch das Darlehen tilgen, das sie zu einem hohen Zins beim Übergang zur Ablösung vom Staat erhalten hatten. Im Ergebnis zahlten die ehemaligen Gutsbauern bis 1906, als die Ablösungszahlungen abgeschafft wurden, 1,5 Mrd. Rubel und alle Bauern zusammen 2,5 Mrd. Rubel. Die Reform wahrte den feudalen ständischen Charakter sowohl des Gutsbesitzes als auch des bäuerlichen Grundbesitzes. Die Bauernschaft blieb ein abgabenpflichtiger rechtloser Stand, der sich in einer sehr starken ökonomischen und sonstigen Abhängigkeit von den Gutsbesitzern und vom Staat befand. Im Dorf blieb die Gemeinde mit der ihr eigenen ausgleichenden Bodennutzung, der Zwangssaatfolge, der Gesamthaftung und anderen Einschränkungen der wirtschaftlichen und sonstigen Freiheit und Initiative der Bauern bestehen.

All das hinderte in höchstem Maße den produktionstechnischen und den sozialökonomischen Fortschritt sowohl im Dorfe als auch im Lande insgesamt. Ungeachtet eines hohen Tempos der Einführung von Maschinen blieb somit das produktionstechnische Niveau der Landwirtschaft äußerst niedrig. Es genügt der Hinweis, daß vor dem Ersten Weltkrieg nur 4,5 Prozent aller Privatwirtschaften, darunter vor allem Gutswirtschaften, mehr als 10 Stück Arbeitsvieh hatten, d. h. imstande waren, mit eigenen Mitteln eine Großproduktion zu betreiben.[9] Zur selben Zeit kam im Europäischen Rußland durchschnittlich eine Sämaschine auf 220 Desjatinen, eine Mähmaschine auf 106 Des. und eine Dreschmaschine auf 155 Des. der Saatflächen[10], d. h. die Landwirtschaft basierte immer noch vorwiegend auf primitiven Werkzeugen und der Handarbeit. Bei ungünstigen Witterungsverhältnissen führte das oft zu verheerenden Mißernten und zur Hungersnot von Millionen Bauern. Der Verlauf der bürgerlichen Agrarentwicklung verlangsamte sich stark. In einer Periode von über fünfzig Jahren siegte in Rußland kein bestimmter Entwicklungstypus des Agrarkapitalismus. Im Unterschied zu Deutschland, wo sich bereits in der zweiten Hälfte des 19. Jahrhunderts der sogenannte „preußische" Typ des Agrarkapitalismus durchsetzte, ging in Rußland auch noch zu Beginn des 20. Jahrhunderts der Kampf darum, „welche Gestalt dieses bürgerliche Regime annehmen soll".[11]

Bis zur Sozialistischen Oktoberrevolution herrschten in der Agrarordnung Rußlands unentwickelte Formen des Kapitalismus und waren feudale Überreste des Leibeigenschaftsrechts weit verbreitet. Selbstverständlich bewirkte dies alles zusammen scharfe soziale Konflikte, geriet die Agrarfrage in den Vordergrund des gesellschaftlichen Lebens im Lande und wurden bürgerlich-demokratische Umgestaltungen dringend erforderlich.

So waren die allgemeinsten Kennzeichen der Agrarentwicklung Rußlands nach der Reform. Nachstehend möchten wir die konkreten Phänomene und Tendenzen dieser Entwicklung analysieren.

9 *A. M. Anfimov,* Krupnoe pomeščič'e chozjajstvo Evropejskoj Rossii (konec XIX – načalo XX veka), Moskau 1969, S. 69.

10 *Peršin,* Agrarnaja revoljucija, kn. 1, S. 71. 1 Desjatine = 1,09 Hektar.

11 *Lenin,* Werke, Bd. 16, Berlin 1962, S. 384.

Zu den konkret-historischen Faktoren, die die Besonderheiten der bürgerlichen Agrarentwicklung in Rußland nach der Reform bestimmten, gehören vor allem der Charakter der Grundbesitzverhältnisse und die damit zusammenhängende Rolle der Bauern- und der Gutswirtschaft in der landwirtschaftlichen Produktion sowie die Bedingungen und Traditionen dieser Wirtschaftsformen.

Vor der Reform hatte der feudale Grundbesitz in Rußland in zwei Hauptformen bestanden: als adliges Privateigentum und als staatliches Eigentum. Adelsbesitz war seinem Typ nach auch der Grundbesitz der Mitglieder der Zarendynastie (die sogenannten Apanagen).

Die Gutsbauern, die Staatsbauern und die Apanagebauern waren lediglich feudale Nutzer von Anteilen und mußten dafür diese oder jene Leistungen entrichten (in Form von Fronarbeit, Geld- oder Naturalzins).

Eine wichtige Besonderheit Rußlands war die ungleichmäßige Verteilung des adligen Grundbesitzes auf dem Territorium des Landes. Besonders hoch war sein Anteil in den westlichen Gebieten (im Baltikum, in Litauen, Belorußland und in der Ukraine rechts des Dnepr). Bedeutend war er auch im Nordwesten, im Zentrum, am Mittellauf der Wolga und in den Steppengebieten des Südens. Im Südosten und im Uralgebiet war seine Rolle gering. Im Norden, im Kaukasusvorland und in Sibirien fehlte er faktisch überhaupt. Dort überwog der staatliche Grundbesitz. Die Geographie des adligen Grundbesitzes in der Feudalzeit prägte wesentlich auch den Verlauf der Agrarentwicklung nach der Reform.

Eine andere Besonderheit der Grundeigentumsverhältnisse der feudalen Periode war die weite Verbreitung der gemeindlichen Formen der Bodennutzung. Die bäuerliche Gemeinde existierte fast in allen Gebieten Rußlands. Ihre Rolle in den Grundeigentumsverhältnissen und im ökonomischen Leben des Dorfes war jedoch in den einzelnen Gegenden unterschiedlich. In den westlichen Gebieten (im Baltikum, in Litauen, in der West-Ukraine und in der Moldau) existierte z. B. das Hofsystem der bäuerlichen Bodennutzung. Im Besitz der Gemeinde befanden sich lediglich einige gemeinschaftlich genutzte Landanteile (Weiden, Wald usw.). Die Bodenzuteilung an die Bauern erfolgte dabei unter Berücksichtigung des wirtschaftlichen Wohlstands des jeweiligen Bauern, und das Anteilland wurde nicht aufgesplittert, sondern an einen der Familienangehörigen vererbt. Infolgedessen existierte in jenen Gegenden eine breite Schicht von leibeigenen Bauern, die entweder keine Eigenwirtschaft oder eine von sehr geringem Umfang besaßen. Um solche Bauern ausbeuten zu können, mußten die Gutsbesitzer eigenes Inventar und Arbeitsvieh halten, d. h. bei den Gutsbesitzern bildete sich hier die Tradition der Wirtschaftsführung nicht nur auf der Grundlage der Bauernwirtschaft, sondern auch auf der eigenen produktionstechnischen Basis heraus.

Anders war die Lage in den zentralen Gebieten sowie in Ostbelorußland, in der Steppe des Südens und in einigen Gebieten der Ukraine links des Dnepr. Dort dehnte sich die Gemeindebodennutzung auf alle Kategorien des Bauernlandes aus. Im Prinzip hatte jeder Bauer das Recht auf Boden. Das Land wurde entsprechend der zahlenmäßigen Stärke jeder Familie aufgeteilt, was seine häufige Umverteilung bewirkte. Im Dorf herrschte das Prinzip der Gesamthaftung beim Ableisten der verschiedenen Pflichtigkeiten für Gutsbesitzer und Staat. Die Dorfgemeinde und der Gutsbesitzer waren daher an der Erhaltung der wirtschaftlichen Selbständigkeit einer möglichst großen Zahl von Bauern interessiert. Im Ergebnis eines ganzen Systems von Maßnahmen war die Schicht der Bauern ohne Land und eigene Wirtschaft hier viel dünner als im Westen Rußlands. Das machte es den Gutsbesitzern möglich, bis zur Aufhebung der Leibeigenschaft ihre Wirtschaft auf die Arbeit, das landwirtschaftliche Inventar und das Zugvieh der Bauern zu stützen. Die Gutsbesitzer dieser Gebiete besaßen praktisch keine eigene Produktionsbasis und sammelten kaum Erfahrungen in der Wirtschaftsführung mittels der Ausbeutung von Bauern, die über keine Produktionsmittel verfügten. Selbstverständlich wirkte sich das auf die Agrarentwicklung nach der Aufhebung der Leibeigenschaft aus.

Nach der Reform stellte sich der Grundbesitz in Verbindung mit der Ablösung durch die Bauern in hauptsächlich drei Formen dar: Anteilland, Privatgrundbesitz und Staatsland. Ihr Verhältnis zueinander erfuhr am Ende des 19. und zu Anfang des 20. Jahrhunderts keine wesentlichen Veränderungen. Die Angaben der Grundbesitzstatistiken aus den Jahren 1877 und 1905 zeigen, daß im Europäischen Rußland auf das Anteilland entsprechend 33,6 und 35,1 Prozent, auf das Privatland 29,9 und 25,8 Prozent und auf das Staatsland 36,5 und 39,1 Prozent des gesamten Bodens entfielen.[12]

Die Hauptmasse des Staatslandes bestand aus Waldmassiven im Norden und im Uralgebiet. Riesige Flächen von Staatsland befanden sich in Sibirien. In den westlichen Gebieten war der Anteil des Staatslandes sehr gering.

Der Prozentsatz des Anteillandes aller Kategorien der Bauern (der ehemaligen Guts-, Staats- und Apanagebauern) im Bodenfonds der einzelnen Regionen wuchs in der Richtung von Westen nach Osten und Südosten. Während er in den westlichen Gebieten 30 bis 40 Prozent betrug, umfaßte er im Wolgagebiet, in den Steppen des Südens und im Südosten des Europäischen Rußlands rund drei Fünftel des Bodenfonds. Noch höher war dieser Anteil im Kaukasusvorland und in den erschlossenen Gebieten Sibiriens.

Da sich der Bestand des Anteillandes nur unwesentlich und dann hauptsächlich durch die Zuteilung von Staatsland an Übersiedler änderte, während die Bevölkerungszahl auf dem Lande wuchs, ging die Ausstattung der Bauern mit Anteilland schnell zurück. So betrug bei allen Kategorien der Bauern der Anteil des geeigneten Bodens pro männliche Seele: 1860 4,8 Desjatinen; 1880 3,5 Des.; 1900 2,6 Des., d. h. er ging fast um die Hälfte zurück.[13] Angesichts des extensiven Charakters der Bodennutzung bewirkte das eine akute Landnot der Bauernschaft.

Der Besitz des Anteillandes hatte auch in der Periode des Kapitalismus einen ständischen, halbfeudalen Charakter. Vor der Agrarreform Stolypins (1906) fehlte nicht nur die Freiheit für den Kauf und Verkauf von Anteilland zwischen den Ständen, sondern auch der innerständische Kauf und Verkauf von Anteilland war stark eingeschränkt. Es kam natürlich zur Konzentration dieses Landes als eines Wirtschaftsobjekts in den Händen der am meisten begüterten Bauernschichten, doch

[12] *N. A. Proskurjakova,* Razmeščenie i struktura dvorjanskogo zemlevladenija Evropejskoj Rossii v konce XIX – načale XX veka, in: Istorija SSSR 1973, 1, S. 60.

[13] Očerki istorii SSSR 1861–1904, Red.: S. S. Dmitriev, Moskau 1960, S. 74.

geschah das nicht durch Kauf und Verkauf, sondern durch die Verletzung des der gemeindlichen Nutzung eigenen Prinzips der ausgleichenden Umverteilung von Anteilland und durch die weite Verbreitung der Verpachtung von Anteilland.

Wichtig ist die Frage nach der Rolle der Dorfgemeinde in den Grundbesitzverhältnissen der Bauern in Rußland nach der Reform. Nach den Angaben von 1905 besaßen im europäischen Teil des Landes 77 Prozent der bäuerlichen Höfe das Anteilland gemeinschaftlich und 23 Prozent zu individueller Nutzung. Im Ergebnis der Stolypinschen Agrarreform, zu deren Hauptzielen die Beseitigung des Gemeindeeigentums am Boden gehörte, besaßen im Jahre 1917 43 Prozent der bäuerlichen Höfe den Boden im Rahmen der Dorfgemeinde und 57 Prozent zu individueller Nutzung. Die individuelle Bodennutzung verbreitete sich dabei außerhalb der westlichen Gebiete, wo sie seit alters existierte, besonders stark in den Gebieten mit dem am höchsten entwickelten Agrarkapitalismus, vor allem in den Steppen des Südens.[14]

Das Gemeindeeigentum am Boden schränkte natürlich die Herausbildung freier, bürgerlicher Formen des Grundbesitzes ein und hemmte die Entwicklung des Agrarkapitalismus. Davon ausgehend darf man jedoch nicht die Dorfgemeinde in Rußland nach der Reform nur als eine negative Erscheinung bewerten und ihre Rolle in den Grundeigentumsverhältnissen und in sonstigen Beziehungen mit der Rolle des Gutsbesitzers in der Epoche des Feudalismus identifizieren, wie es nicht selten in der modernen bürgerlichen (vor allem der amerikanischen) Geschichtsschreibung geschieht.[15] Erstens unterschied sich der Gemeindelandbesitz grundsätzlich vom feudalen Gutsbesitz, bei welchem sowohl die Dorfgemeinde als auch der Bauer lediglich Bodennutzer, nicht aber Eigentümer waren. Das Gemeindeeigentum am Boden nach der Reform kann zur Kategorie des sogenannten geteilten Bodeneigentums gerechnet werden.[16] Der Boden gehörte hier gleichzeitig der Gemeinde und dem Bauern. Der Bauer konnte z. B. auf das Anteilland verzichten oder bei der individuellen Ablösung des Anteillandes die Zuteilung an einer anderen Stelle verlangen. Auch hatte der Bauer das Recht, die Dorfgemeinde zu verlassen, obwohl dies sehr erschwert war. Die Umverteilungen des Bodens wurden immer seltener vorgenommen. Zweitens spielte die Dorfgemeinde trotz ihrer antiquierten Züge auch eine bestimmte positive Rolle. Obwohl sie den Gutsbesitzern und Beamten unterstellt war, bildete sie eine eigentümliche Form von lokaler Bauernorganisation. Die Dorfgemeinde schloß in bestimmtem Maße die Hauptmasse der Bauern zusammen und begünstigte deren Kampf für ihre Interessen. Damit erklärt sich nämlich das Scheitern des Stolypinschen Kurses zur Beseitigung der Dorfgemeinde. Wäre die Gemeinde lediglich ein Zwangsinstitut gegenüber den Bauern gewesen, so wäre sie schnell zerfallen. In der Zeit bis 1916 verließen lediglich 2 478 000 Bauernfamilien

14 *Peršin,* Agrarnaja revoljucija, kn. 1, S. 97–99.

15 Vgl. z. B. den Sammelband: *W. S. Vucinich* (Hrsg.), The Peasant in Nineteenth Century Russia, Stanford (Calif.) 1968; dazu die Analyse: *I. D. Koval'čenko, N. B. Selunskaja,* Amerikanskie istoriki o russkom krest'janstve XIX v., in: Istorija SSSR 1971, 5, S. 195–213.

16 *A. L. Šapiro,* O prirode feodal'noj sobstvennosti na zemlju, in: Voprosy istorii 1969, 12, S. 57–72.

oder 22 Prozent der Gesamtzahl der Dorfgemeindemitglieder die Gemeinde. Diesen 22 Prozent der Bauernhöfe gehörten nur 14 Prozent des Gemeindelandes. Meist erfolgte dieser Austritt unter starkem administrativen Druck.[17]

Die Dorfgemeinde nach der Reform war also eine widerspruchsvolle und komplizierte Erscheinung, deren Charakter und Rolle nicht einseitig bewertet werden dürfen.

Der Privatgrundbesitz in Rußland nach der Reform war ebenfalls nicht gleichartig, sondern hatte folgende Struktur. Es gab einen privaten oder persönlichen und einen gemeinschaftlichen Eigentumstyp, d. h. individuelles Eigentum sowie Eigentum von Gesellschaften und Genossenschaften. Nach den Angaben von 1877 befanden sich 97,4 Prozent und nach den Angaben von 1905 84,5 Prozent des Privatbodens in persönlichem Eigentum. Das Wachstum des gemeinschaftlichen Eigentums erfolgte vor allem durch den Kauf des Bodens durch bäuerliche Gesellschaften und Genossenschaften. Der persönliche Privatgrundbesitz zerfiel in mehrere ständische Kategorien: das Land des Adels, der Bauern, der Kaufleute, der Kleinbürger usw.

Das hervorstechende Merkmal des Privatgrundbesitzes in Rußland war seine außerordentlich hohe Konzentration. Nach den Angaben aus dem Jahre 1905 entfielen vom Privatgrundbesitz im Europäischen Rußland (von mehr als 50 Desjatinen) auf die Besitzungen mit mehr als 1 000 Des. 65,7 Prozent. In Deutschland umfaßten solche Besitzungen (1907) lediglich 5,2 Prozent des Bodens. Die Konzentration des Adelslandes war noch höher. Im selben Jahr 1905 waren in den Besitzungen von mehr als 1 000 Des. 72 Prozent des gesamten Adelslandes konzentriert. Auf die 700 größten adligen Grundbesitzer (Besitzungen mit über 10 000 Des.), die nur 0,5 Prozent aller Privatgrundbesitzer (mit über 50 Des.) ausmachten, entfielen dabei 26 Prozent ihres ganzen Landes und 40 Prozent der Besitzungen mit mehr als 1 000 Des.[18]

Der adlige Grundbesitz hatte also in Rußland einen ausgeprägten Latifundiencharakter, d. h. er war halbfeudal. Mit Recht betonte Lenin: „Man wird schwerlich in Europa und sogar in der ganzen Welt ein Land finden, wo der fronherrliche Großgrundbesitz in so ungeheuerlichem Ausmaß erhalten geblieben ist."[19] Obwohl zu Ende des 19. und zu Beginn des 20. Jahrhunderts die Fläche des großen adligen Grundbesitzes schneller als die des mittleren und kleinen abnahm[20], war die Herrschaft der Latifundien bei weitem nicht untergraben.

Gemeinsam war allen Formen des Privatgrundbesitzes, daß formell die Freiheit für den Kauf und Verkauf von Boden, für seine Bewegung und Mobilisierung existierte. Gerade diese Ländereien bildeten den marktfähigen Bodenfonds. Die tatsächliche Lage der unterschiedlichen Kategorien des Privatgrundbesitzes war jedoch bei weitem nicht gleich. Vorrangig waren die privilegierten Positionen des Adels-

17 *S. M. Dubrovskij*, Stolypinskaja zemel'naja reforma. Iz istorii sel'skogo chozjajstva i krest'janstva Rossii v načale XX veka, izd. 3-e, Moskau 1963, S. 199.

18 *Anfimov*, Krupnoe pomeščič'e chozjajstvo, S. 27–29.

19 *Lenin*, Werke, Bd. 19, Berlin 1965, S. 183.

20 Von 1877 bis 1905 verringerten sich im Europäischen Rußland (ohne das Uralgebiet) die Flächen des kleinen adligen Grundbesitzes (bis 100 Des.) um 16 Prozent, die des mittleren (100–1 000 Des.) um 23 Prozent und die des großen (über 1 000 Des.) um 36 Prozent.

grundbesitzes. Dieser Umstand übte einen sehr starken Einfluß auf den Charakter der Grundeigentumsverhältnisse aus, weil der adlige Grundbesitz erstens im Laufe der ganzen Periode eine führende Stellung im System des Privatgrundbesitzes innehatte. So entfielen auf den Adel im Jahre 1877 78,4 Prozent, 1905 51,2 Prozent und 1911 44,5 Prozent aller Privatländereien. Zweitens waren die Adelsländereien die Quelle der Entstehung der eigentlich bürgerlichen Formen des Grundbesitzes, die im privaten Grundbesitz der Bauern, Kaufleute, Kleinbürger und anderer nichtprivilegierter Besitzer bestanden. Die Adelsländereien waren auch die Hauptquelle der Bodenpacht.

Die wichtigste fortschrittliche Besonderheit in der Bewegung des Privatgrundbesitzes in Rußland nach der Reform war die Beschleunigung des Zerfalls des halbfeudalen adligen Grundbesitzes und die Herausbildung des bürgerlichen Grundbesitzes. Die absolute Größe des adligen Grundbesitzes belief sich im Jahre 1863 auf 84 Mill., 1887 auf 69,3 Mill., 1905 auf 49,6 Mill. und 1911 auf 43 Mill. Des.[21] Die Reduzierung belief sich im Jahresdurchschnitt in den Jahren 1863–1887 auf 0,7 Prozent, 1887–1905 auf 1,6 Prozent und 1905–1911 auf 2,2 Prozent. Der Privatgrundbesitz der nichtprivilegierten Stände umfaßte im Jahre 1877 ungefähr 20 Mill., 1905 48 Mill. und 1911 54 Mill. Des., d. h. er wuchs in einem sehr hohen Tempo. Besonders schnell erweiterte sich der private Grundbesitz der Bauern. 1877 besaßen sie ungefähr 7 Mill. Des. (rund 7,5 Prozent des privaten Landes), 1905 25 Mill. Des. (25,5 Prozent) und 1911 bereits 30 Mill. Des. (30,5 Prozent).[22] Zu Beginn des 20. Jahrhunderts gehörte den Bauern mehr von dem gesamten privaten Grundbesitz als allen anderen nichtprivilegierten Ständen. Der Bauer war der Hauptträger der bürgerlichen Formen des Grundbesitzes geworden.

Trotz des intensiven Zerfalls des adligen Grundbesitzes und trotz der Herausbildung von Formen des bürgerlichen Bodeneigentums war dieser Prozeß sogar gegen Ende der kapitalistischen Epoche noch sehr weit von einer Vollendung entfernt. Unter den herrschenden Bedingungen konnte er sich auch überhaupt nicht vollenden. Die Hauptursache dafür war die privilegierte Lage des adligen Grundbesitzes, jener mächtige Schutz und die Unterstützung, die ihm der autokratische Staat erwies. Diese Hilfe schloß ein ganzes System von finanziellen und anderen Maßnahmen ein.

Wie wohl in keinem anderen Land Europas fand in Rußland der staatliche Bodenkredit weite Verbreitung. Bis 1914 wurden an alle Bodenkreditbanken, die staatlichen und die privaten, 58,2 Mill. Desjatinen Privat- und Anteilland verpfändet und dafür 3 410 Mill. Rubel Hypothekendarlehen ausgegeben. Davon wurden an die staatlichen Banken, die Adels- und die Bauernbank, 30,5 Mill. Des. Land verpfändet und dafür 2 220 Mill. Rubel ausgegeben, d. h. auf sie entfiel mehr als die Hälfte aller Hypotheken und Darlehen.

Die Adelsbank diente voll und ganz der Unterstützung des Grundbesitzes und der Wirtschaft des Adels. Bis 1914 wurden dort 14,4 Mill. Des. der Adelsländereien, d. h. ein Drittel ihrer Gesamtfläche, verpfändet; dafür wurden 823 Mill. Rubel zu im Vergleich mit anderen Banken vorteilhafteren Bedingungen ausgegeben. Die

21 *Peršin,* Agrarnaja revoljucija, kn. 1, S. 80 f.

22 *Anfimov,* Krupnoe pomeščič'e chozjajstvo, S. 40.

Bauernbank, die an die Bauern hypothekarisch gesicherte Darlehen für den Kauf derselben Privatländereien, d. h. der Adelsländereien, gewährte, hatte das Ziel, nicht so sehr den Kauf des Bodens durch die Bauern zu fördern, als vielmehr den Gutsbesitzern zu helfen, ihn vorteilhaft zu verkaufen. Bis 1914 wurden an die Bank 16,2 Mill. Des. Bauernland verpfändet, für das insgesamt 1 298 Mill. Rubel Darlehen ausgezahlt wurden.[23]

Die Tätigkeit der Adelsbank und der Bauernbank zeugt sehr anschaulich von der einseitigen Klassenpolitik der Selbstherrschaft zugunsten des Adels sowie von dem scharfen Antagonismus, der für die Grundbesitzverhältnisse in Rußland kennzeichnend war. In der Tat erhielt der Adel riesige Summen, die in die Wirtschaft investiert oder zu anderen Zwecken benutzt werden konnten, während die Bauern eine immense Schuld aufnehmen mußten, um das für sie äußerst notwendige Land zu erwerben, und ihre Darlehen gelangten dabei an dieselben Adeligen!

Damit erschöpften sich die Funktionen der Adels- und der Bauernbank nicht. Sie dienten als mächtige Hebel für die Steigerung der Bodenpreise. Im ersten Jahrzehnt des 20. Jahrhunderts stiegen die Bodenpreise im Europäischen Rußland im Vergleich zu den 1880er Jahren auf das 2,4fache. Besonders hoch waren die Bodenpreise in den Gebieten mit der größten Ausdehnung des adligen Grundbesitzes.[24] Das hatte zwei Folgen: eine günstige für den Adel und eine negative für die Bauern. Besonders hohe Bodenpreise in Gebieten mit hoher Konzentration der Adelsländereien und ihr schneller Anstieg führten dazu, daß die „Bodenmacht" des Adels unter Berücksichtigung des Bodenwerts höher war als der Anteil der adligen Ländereien am sogenannten Bodenfonds. Mithin war die Minderung der Bedeutung des Adelsgrundbesitzes geringer, als die Verringerung der Fläche dieses Grundbesitzes vermuten läßt. Das ist aus folgenden Angaben gut zu erkennen.[25]

Jahre	Anteil des adligen Grundbesitzes am Gesamtfonds des Europäischen Rußlands (in Prozent)	
	Bodenfläche	Bodenwert
1877	23,3	28,7
1905	15,9	21,3

Der wertmäßige Anteil des Adels am Gesamtbodenfonds war im Jahre 1877 um 23 Prozent und im Jahre 1905 um 34 Prozent höher als der flächenmäßige. Von 1877 bis 1905 ging der Anteil des adligen Grundbesitzes flächenmäßig um 32, wertmäßig aber nur um 26 Prozent zurück.

Es gibt noch ein Moment. Der schnelle Bodenpreisanstieg führte dazu, daß trotz einer intensiven Verringerung der Bodenfläche, die dem Adel gehörte, dessen ökonomische Macht insgesamt nicht abnahm, sondern beträchtlich wuchs. Wenn im Jahre 1877 der Gesamtwert des Adelslandes im Europäischen Rußland 1,5 Mrd. Rubel ausmachte, so betrug er im Jahre 1905 bereits 4,3 Mrd. Rubel. Folglich kann

[23] *Anfimov,* Krupnoe pomeščič'e chozjajstvo, S. 319.

[24] *I. D. Koval'čenko,* Agrarnyj rynok i charakter agrarnogo stroja Evropejskoj Rossii v konce XIX – načale XX v., in: Istorija SSSR 1973, 2, S. 47.

[25] *Proskurjakova,* Razmeščenie i struktura, S. 62.

von einer Selbstliquidierung des adligen Grundbesitzes als Ergebnis des Bodenverkaufs, wie sie viele bürgerliche Historiker nach wie vor behaupten, oder gar von einer Verringerung der absoluten Bodenmacht des Adels überhaupt nicht die Rede sein.

Vollkommen anders wirkte sich der schnelle Anstieg der Bodenpreise auf die Bauernschaft aus. Er führte zu erhöhten Ausgaben für den Kauf und die Pacht von Land. Vor dem Ersten Weltkrieg verausgabten die Bauern für den Kauf von Land ungefähr 200 Mill. Rubel jährlich. Zugleich pachteten sie im Durchschnitt 35 Mill. Des. Land, was sie jährlich mehr als 500 Mill. Rubel kostete.[26] Die jährlichen Gesamtausgaben für den Kauf und die Pacht von Land überstiegen somit 700 Mill. Rubel.[27] Diese immensen Summen kamen dabei wiederum in die Taschen des Adels, der sich an der Landnot der Bauern bereicherte. An dem Beispiel zeigt sich besonders deutlich: „Das Monopol des Grundeigentums hemmt die Entwicklung der Landwirtschaft und hält, zum Unterschied von der Industrie, die kapitalistische Entwicklung in der Landwirtschaft auf."[28]

Schließlich muß man an einen anderen wohlbekannten Akt der Selbstherrschaft erinnern, der auf den Schutz des adligen Grundbesitzes abzielte. Es handelt sich um die Stolypinsche Agrarreform. Ohne dem Prozeß der Entstehung des bürgerlichen Grundbesitzes widerstehen zu können, versuchte die Selbstherrschaft, diesen Prozeß gegen das Anteilland der Bauern zu lenken, womit sie den Zerfall des adligen Grundbesitzes aufzuhalten hoffte. Eben dieses Ziel verfolgte der Kurs in Richtung auf die Zerstörung der Dorfgemeinde und die Einbeziehung des Anteillandes in den freien Warenumlauf. Dank dem Widerstand der Bauern scheiterte dieser Kurs. Bis 1917 gelangten in den Warenumlauf insgesamt 4 Mill. Des. Anteilland, d. h. lediglich rund 3 Prozent des Anteillandes nach der Vermessung vom Jahre 1905.[29]

Der adlige Latifundiengrundbesitz und seine Unterstützung durch die Selbstherrschaft waren also eine Quelle der Knechtung und halbfeudalen Unterdrückung der Bauernschaft, die Haupthindernisse auf dem Wege der endgültigen Umgestaltung der Grundeigentumsverhältnisse auf bürgerlichen Grundlagen und der Konsolidierung höherer Formen des Agrarkapitalismus.

Das Gesamtbild der Sozialstruktur des Grundbesitzes im Europäischen Rußland präsentierte sich zu Beginn des 20. Jahrhunderts (Angaben aus dem Jahre 1905) wie folgt.[30]

[26] *Peršin*, Agrarnaja revoljucija, kn. 1, S. 95 f.

[27] Die Größe dieser Summe wird z. B. daraus ersichtlich, daß der Wert des gesamten Getreideexports aus Rußland im ersten Jahrzehnt des 20. Jahrhunderts nur auf 500 Mill. Rubel im Jahr geschätzt wurde.

[28] *Lenin*, Werke, Bd. 22, Berlin 1960, S. 91.

[29] *Peršin*, Agrarnaja revoljucija, kn. 1, S. 81.

[30] *Lenin*, Werke, Bd. 15, Berlin 1962, S. 151.

	Zahl der Besitzungen (in Millionen)	Gesamtbesitz in Des.	Durchschnitt pro Besitzer in Des.
Ruinierte Bauernschaft, die das Joch der gutsherrlichen Ausbeutung zu tragen hat	10,5	75,0	7,0
Mittlere Bauernschaft	1,0	15,0	15,0
Bäuerliche Bourgeoisie und kapitalistischer Grundbesitz	1,5	70,0	46,7
Gutsherrliche Latifundien	0,03	70,0	2333,0
Insgesamt	13,03	230,0	17,6

Diese Angaben veranschaulichen den ökonomischen Hauptwiderspruch der Epoche, den „Widerspruch zwischen dem in unserer Industrie hoch entwickelten, in unserer Landwirtschaft beträchtlich entwickelten Kapitalismus und den *Grundbesitzverhältnissen*, die nach wie vor mittelalterlich, feudalistisch bleiben".[31]

Nur die „Abschaffung des gutsherrlichen Grundeigentums" konnte den Weg für die in ökonomischer Hinsicht freie Entwicklung sowohl des Industrie- als auch des Agrarkapitalismus bahnen.[32] Die Liquidierung des halbfeudalen adligen Grundbesitzes war nicht nur notwendig, weil er den gesellschaftlichen Fortschritt hemmte, sondern auch, weil die bürgerliche Agrarentwicklung auf der Grundlage der Gutswirtschaft in Rußland historisch aussichtslos war. Hier müssen wir auf ein wichtiges Kennzeichen der Agrarentwicklung Rußlands nach der Reform eingehen, das diese Entwicklung von der anderer Länder Europas unterschied.

Sofern sich beim Übergang zum Kapitalismus die gesellschaftlichen Formen der landwirtschaftlichen Produktion in der Regel auf zwei Formen der Wirtschaft – die kleine bäuerliche und die große Gutswirtschaft – beschränkten, konnte sich der Agrarkapitalismus nur auf ihrer Grundlage entwickeln, während alle Erscheinungsformen dieser Entwicklung in zwei Richtungen oder Typen zusammengefaßt werden können: in den bürgerlich-gutsherrlichen (den sogenannten „preußischen") und den bürgerlich-bäuerlichen (den sogenannten „amerikanischen")Typus. Beim Vorhandensein der Gutswirtschaft und der Bauernwirtschaft hing der Weg der bürgerlichen Agrarentwicklung erstens davon ab, welche von ihnen objektiv-ökonomisch besser dazu vorbereitet war, um sich an die Spitze der bürgerlichen Entwicklung zu stellen, und zweitens davon, welche von ihnen die günstigeren konkret-historischen Bedingungen besaß, um ihre Hegemonie in dieser Entwicklung durchzusetzen.

Die Besonderheit Rußlands bestand darin, daß sowohl die Gutswirtschaft als auch die Bauernwirtschaft auf die Führung in der bürgerlichen Agrarentwicklung „Anspruch" erhoben. Das agrotechnische und agrikulturelle Niveau der einen wie der anderen Wirtschaftsform war nicht nur zu Beginn, sondern auch gegen Ende der kapitalistischen Ära ungefähr gleich.[33] Die Kraft der erstgenannten Wirt-

[31] *Lenin*, Werke, Bd. 18, Berlin 1962, S. 62 f.

[32] *Lenin*, Werke, Bd. 12, Berlin 1959, S. 268.

[33] So waren Ende des 19. und Anfang des 20. Jahrhunderts die Roggenerträge auf dem privaten Grundbesitz nur um 20 Prozent höher als auf dem Bauernland. Dazu war ein bedeutender Anteil der Saatflächen in Privatbesitz bäuerlich. Vgl. *Anfimov*, Krupnoe pomeščič'e chozjajstvo, S. 217.

schaftsform bestand also in der Konzentration einer riesigen Bodenmenge sowie in der massiven Unterstützung des Staates. Die zweitgenannte nahm eine dominierende Position in der landwirtschaftlichen Produktion ein. Diesem Umstand muß besondere Aufmerksamkeit gelten.[34]

Vor der Aufhebung der Leibeigenschaft, d. h. in jener Periode, in der das System der Gutswirtschaft auf der Basis der Arbeit von Leibeigenen den höchsten Aufschwung erreichte, entfielen in der landwirtschaftlichen Produktion auf die Gutsbesitzer nur 21,9 Prozent der Saatflächen. In der Periode des Kapitalismus beschleunigte sich die Verringerung dieses Anteils, der im Jahre 1916 nur noch 11,3 Prozent ausmachte. Die übrigen Saatflächen gehörten den Bauern. Die Relationen zwischen den Saatflächen der Gutsbesitzer und denen der Bauern waren in den einzelnen Gebieten unterschiedlich. Besonders hoch war der Anteil der Saatflächen von Gutsbesitzern in den westlichen Gebieten (im Baltikum, in Litauen, in der Ukraine westlich des Dnepr). In der Mitte des 19. Jahrhunderts belief er sich auf 32 bis 39 Prozent, im Jahre 1916 auf 24 bis 28 Prozent. Daran grenzte eine gewaltige Region, die Belorußland, die Schwarzerdezone (das Schwarzerdezentrum, das mittlere Wolgagebiet, die Ukraine östlich vom Dnepr) und die Steppen des Südens umfaßte, wo in der Mitte des 19. Jahrhunderts auf die Gutsbesitzer 18 bis 30 Prozent und im Jahre 1916 8 bis 14 Prozent der Saatflächen entfielen. Im Industriezentrum, im Nordwesten und im Südosten war die Rolle der Gutsbesitzer in der landwirtschaftlichen Produktion noch geringer (zu Beginn des 20. Jahrhunderts: 4 bis 6 Prozent der Saatflächen), während im Norden, im Uralgebiet, im Kaukasusvorland und in Sibirien die landwirtschaftliche Produktion fast ausschließlich durch Bauernwirtschaften vertreten war.

Die Bauernwirtschaft dominierte nicht nur in der Brutto-Ackerbauproduktion, sondern auch auf dem Markte. Das ist besonders wichtig, weil bei der Herrschaft der Warenproduktion gerade jener Typ der Wirtschaft, der die Hauptmasse der Warenproduktion liefert, die Situation auf dem Markt bestimmt und folglich den entscheidenden Einfluß auf den Gesamtverlauf der Agrarentwicklung ausübt.

Mitte des 19. Jahrhunderts lieferten die Gutsbesitzer im Europäischen Rußland etwas mehr als die Hälfte des Marktgetreides (54 Prozent). Ein ausgeprägtes Übergewicht des Marktgetreides aus Gutswirtschaften war für den Westen des Landes sowie für die mittlere Schwarzerdezone kennzeichnend. In den übrigen Gebieten (insbesondere im Süden, im Südosten, im Uralgebiet und in Sibirien) überwog auf dem Markt das Getreide der Bauern. Für die Epoche des Kapitalismus war eine Senkung des Anteils des Getreides aus den Gutswirtschaften und eine Steigerung des Anteils des bäuerlichen Getreides kennzeichnend. Vor dem Ersten Weltkrieg lieferte die Gutswirtschaft in Privatbesitz nur 20 bis 25 Prozent des Marktgetreides. Nur in den westlichen Gebieten nahm zu dieser Zeit die Gutswirtschaft eine führende Stellung auf dem Markt ein, d. h. sie stellte den größeren Teil der Warenproduktion

[34] *I. D. Koval'čenko*, Sootnošenie krest'janskogo i pomeščič'ego chozjajstva v zemledel'českom proizvodstve kapitalističeskoj Rossii, in: Problemy social'no-ėkonomičeskoj istorii Rossii. Sbornik statej. K 85-letiju so dnja roždenija akademika N. M. Družinina, Moskau 1971, S. 171–194.

und bestimmte die Gesamtsituation der Agrarentwicklung dieser Gebiete. In allen übrigen Gebieten herrschte auf dem Markt die Bauernwirtschaft. In den Gebieten des Südostens, des Kaukasusvorlandes, des Uralgebietes und Sibiriens herrschte beinahe ein Monopol der Bauernwirtschaft.

Eine solche Lage war nicht nur für den Ackerbau, sondern auch für andere Zweige der Landwirtschaft kennzeichnend. Im Jahre 1916 besaßen z. B. die Gutswirtschaften nur 5,7 Prozent des gesamten Viehbestandes. Der übrige Teil gehörte den Wirtschaften des bäuerlichen Typs, d. h. den ländlichen Kleinproduzenten.

Die Bauernwirtschaft stellte also objektiv-ökonomisch nach der Reform in Rußland die breitere Grundlage für die bürgerliche Agrarentwicklung dar. Dagegen waren die konkret-historischen Bedingungen günstiger für die Gutswirtschaft. Im Ergebnis entwickelte sich die bürgerliche Agrarentwicklung in zwei Richtungen: der bürgerlich-gutsherrlichen und der bürgerlich-bäuerlichen. Im Vergleich zur vorangegangenen feudalistischen Epoche waren beide Wege ein Fortschritt in der Agrarentwicklung. Die Formen dieses Fortschrittes waren jedoch sehr unterschiedlich und beeinflußten stark das Tempo und die Bedingungen der bürgerlichen Agrarentwicklung. In einer Zusammenfassung umfangreicher konkret-historischer Angaben betonte V. I. Lenin: „Wenn es aber völlig unbestreitbar ist, daß die Entwicklung des Kapitalismus und die Proletarisierung des Dorfes in Rußland ebenso wie in der ganzen Welt unausbleiblich vorwärtsschreiten, so wäre es ein großer Fehler, wollte man sich mit dieser Wahrheit begnügen.

Es gibt Kapitalismus verschiedener Prägung: einen gutsherrlichen, halbfeudalen Kapitalismus mit unzähligen Überresten aller möglichen Privilegien, der äußerst reaktionär und für die Masse unendlich bedrückend ist, und einen Kapitalismus der freien Farmer, der demokratisch, für die Masse weniger bedrückend und mit den wenigsten Überresten von Privilegien behaftet ist.“[35]

Der im Wesen unterschiedliche Charakter der zwei Wege der bürgerlichen Agrarentwicklung bedingte, daß das Leitmotiv der Agrargeschichte Rußlands seit dem Zusammenbruch der Leibeigenschaft der Kampf der gesellschaftlich-politischen und Klassenkräfte um die Wege der bürgerlichen Agrarentwicklung war. Die Entwicklung auf dem gutsherrlichen Wege konnte nur durch bürgerliche Reformen gesichert werden, während zum Triumph des bäuerlichen Weges allein der Sieg einer bürgerlich-demokratischen Revolution führen konnte, die den Gutsbesitz und die Selbstherrschaft stürzte. Die herrschenden Klassen und der Staat, der ihre Interessen zum Ausdruck brachte, richteten ihre Anstrengungen auf die Verteidigung der Interessen der Gutsbesitzer, auf die Schaffung von Bedingungen, die die dominierende Stellung der Gutswirtschaft in der Agrarentwicklung sichern sollten. Alle demokratischen Kräfte kämpften für die Schaffung von Bedingungen für den Sieg des bürgerlich-bäuerlichen, des demokratischen Weges dieser Entwicklung. Das Kräfteverhältnis in diesem Kampf war jedoch so, daß das bürgerlich-gutsherrliche und autokratische Lager die Oberhand gewann. Im Ergebnis überwog in der Agrarentwicklung Rußlands der bürgerlich-konservative, gutsherrliche Weg.

Keinerlei Anstrengungen konnten jedoch die Tendenz einer eigenständigen Ent-

[35] *Lenin*, Werke, Bd. 19, Berlin 1965, S. 368.

wicklung des Kapitalismus auf der Basis der Bauernwirtschaft brechen und diese Wirtschaft den gutsherrlichen Interessen unterwerfen.

Die bürgerliche Entwicklung der Gutswirtschaft in Rußland nach der Reform war durch ausgeprägte geographische Unterschiede gekennzeichnet. In den westlichen Gebieten, in denen die Gutswirtschaft eine vorherrschende Position in der Warenproduktion von landwirtschaftlichen Erzeugnissen einnahm und über eine eigene produktionstechnische Basis verfügte, kam es zu ihrer vergleichsweise schnellen Umgestaltung auf kapitalistische Art und Weise. Breite Schichten landloser Bauern verwandelten sich hier in Tagelöhner und Lohnarbeiter. Gegen Ende des 19. Jahrhunderts herrschten in jenen Gebieten in der Gutswirtschaft kapitalistische Verhältnisse.[36]

Eine andere Region, in der sich in der Gutswirtschaft der Kapitalismus verhältnismäßig schnell konsolidierte, waren die Steppen des Südens. Das wurde dadurch gefördert, daß dort noch vor der Reform infolge des Mangels an leibeigenen Bauern die Lohnarbeit weitgehende Verbreitung fand und daß die Gutswirtschaft ihre eigene Produktionsbasis hatte.

Anders war die Lage in den inneren Gebieten. Die bürgerliche Umgestaltung der Gutswirtschaft ging dort äußerst langsam vor sich, weil sich die Gutsbesitzer erst das landwirtschaftliche Inventar und Arbeitsvieh erwerben und Erfahrungen mit der Ausbeutung von Lohnarbeitern sammeln mußten. Auch die Schicht dieser Arbeiter mußte sich erst herausbilden, was nur bei einer umfassenden und tiefgreifenden sozialen Differenzierung, einem Zerfall der Bauernschaft möglich war. Unter diesen Bedingungen mußte unvermeidlich eine Übergangsform der Gutswirtschaft entstehen, die sowohl die alten gutsherrlichen als auch neue kapitalistische Züge aufwies. Eine solche Form war das sogenannte Abarbeitssystem der Gutswirtschaft, dessen Wesen bekanntlich darin bestand, daß die Bauern mit ihrem Inventar und Arbeitsvieh in der Wirtschaft des Gutsbesitzers die Pacht für das Land sowie verschiedene Kredite, Schulden usw. abarbeiten mußten.

Seiner Form nach war das Abarbeitssystem ein direktes Überbleibsel der Fronarbeit. Mit ihm hingen die Aufrechterhaltung der Knechtschaft, der niedrige Lebensstandard der Bauern, die überkommenen Ackerbaumethoden und die Rückständigkeit auf allen Gebieten zusammen. Zugleich hatte es aber einen bestimmten bürgerlichen Inhalt. „Die Grundlage der Herrschaft ist hier nicht mehr, wie in alter Zeit, der Besitz an Grund und Boden allein, sondern auch noch der Besitz an Geld, dessen der Bauer bedarf (Geld aber ist ein Produkt der warenwirtschaftlich organisierten gesellschaftlichen Arbeit), sowie die ‚Freiheit' des Bauern von den Existenzmitteln", stellte V. I. Lenin fest. „Offensichtlich ist dies ein kapitalistisches, bürgerliches Verhältnis. Die ‚neuen' Züge sind nichts anderes als die ursprüngliche Form der Herrschaft des Kapitals in der Landwirtschaft, eine Form, die sich noch nicht von den ‚altadligen' Fesseln frei gemacht hat, eine Form, die den der kapitalistischen Gesellschaft eigenen Klassengegensatz geschaffen, ihn aber noch nicht fixiert hat."[37]

[36] Vgl. z. B.: Očerki ėkonomičeskoj istorii Latvii, 1860–1900, Riga 1972, Kap. 3.

[37] *Lenin,* Werke, Bd. 1, Berlin 1961, S. 512 f.

Seinem Wesen nach stellte das Abarbeitssystem die ursprüngliche, niedere, unentwickelte Form des Agrarkapitalismus dar. Bis zum Ende des 19. Jahrhunderts war das Abarbeitssystem die herrschende Form in der Gutswirtschaft der meisten Gouvernements des Nordwestens, des Industriezentrums und der mittleren Schwarzerdezone. Die bürgerliche Entwicklung der Gutswirtschaft verlief dort auf dem Wege der Verdrängung des Abarbeitssystems durch das eigentliche kapitalistische System. Bis zum Beginn des 20. Jahrhunderts wurden in dieser Hinsicht bedeutende Fortschritte erzielt. Bis 1917 ist jedoch in jenen Gegenden auch das Abarbeitssystem noch weit verbreitet geblieben. In den meisten Landgütern wurden dabei eigentlich kapitalistische Methoden mit dem Abarbeitssystem in der Wirtschaftsführung verknüpft.[38]

Offenkundig war die bürgerliche Entwicklung der Gutswirtschaft nach der Reform in vielerlei Hinsicht durch die vorangegangenen Formen und Traditionen der Organisation dieser Wirtschaft geprägt.

Die Entwicklung des Kapitalismus in der bäuerlichen Wirtschaft nach der Reform äußerte sich in einer beträchtlichen Beschleunigung des Prozesses der Differenzierung der Bauern, die sich in einen sozialen Zerfall verwandelte. Aus der früher umfangreichen Mittelschicht bildete sich im Dorf einerseits eine Schicht der ländlichen Proletarier, andererseits eine Schicht der ländlichen Bourgeoisie heraus. Die ersten traten als Verkäufer ihrer Arbeitskraft in Erscheinung, die anderen betrieben eine Unternehmerwirtschaft und gingen dabei immer mehr zur Anwendung von Lohnarbeit über. Der widersprüchliche Charakter der sozialökonomischen Struktur der Wirtschaft dieser Gruppen und ihres ganzen Wesens wurde in Lenins grundlegender Untersuchung „Die Entwicklung des Kapitalismus in Rußland" allseitig aufgedeckt. So kamen am Ende des 19. Jahrhunderts nach den Angaben aus 21 Kreisen verschiedener Gouvernements auf 20 Prozent Bauernhöfe, die besonders wohlhabend waren, 43 Prozent der gesamten bäuerlichen Bodennutzung (darunter 74 Prozent des gekauften und 60 Prozent des gepachteten Landes), 47 Prozent der Saatflächen, 45 Prozent des gesamten Viehbestands, 63 Prozent aller Höfe mit Tagelöhnern, 80 Prozent aller vervollkommneten Werkzeuge.

Zugleich entfielen auf 50 Prozent der ärmsten Bauernhöfe nur 24 Prozent der Bodennutzung, 21 Prozent der Saatflächen und 22 Prozent des gesamten Viehbestands. Auf diese Gruppe entfielen 68 Prozent von jenen Bauernhöfen, aus denen Familienangehörige anderswo einen Nebenverdienst suchen mußten, und 80 Prozent des von Bauern verpachteten Landes.[39]

In den 80er Jahren des 19. Jahrhunderts wurde die Differenzierung des Dorfes in Schichten, die der bürgerlichen Sozialstruktur eigen sind, eine vollendete Tatsache. Besonders intensiv verlief dieser Prozeß in Gebieten, in denen die Bauernwirtschaft von der Gutswirtschaft weniger abhängig war und sich freier entwikkelte.[40] Bis zum Ende der Epoche des Kapitalismus erreichten jedoch die Proletarisierung des Dorfes einerseits und die Herausbildung der ländlichen Bourgeoisie an-

[38] *Anfimov,* Krupnoe pomeščič'e chozjajstvo, Kap. 3 u. 4.

[39] *Lenin,* Werke, Bd. 3, Berlin 1956, S. 122–125 (Tabellen).

[40] Vgl. z. B.: *V. G. Tjukavkin,* Sibirskaja derevnja nakanune Oktjabrja, Irkutsk 1966, Kap. 2.

dererseits nicht ihr Abschlußstadium, d. h. die Entstehung einer Schicht von Lohnarbeitern, die ihre eigene Wirtschaft völlig aufgegeben hätten, und die Konzentrierung der Produktion in eigentlich kapitalistischen Farmwirtschaften. Die Ursache dafür waren die erschwerten Bedingungen für die Entwicklung der bäuerlichen Wirtschaft: die Landnot, die riesigen Ablösungszahlungen, die Ausgabe von immensen Mitteln für den Kauf und die Pacht von Land, die einer Knechtschaft entsprechende Abhängigkeit von den Gutsbesitzern, die ständische Unterprivilegierung. All das bremste stark die Entwicklung des Kapitalismus in der bäuerlichen Wirtschaft und führte dazu, daß in Rußland in der bürgerlichen Ordnung dieser Wirtschaft nicht die großkapitalistische, sondern die kleinbürgerliche Form überwog. Zur selben Zeit bestanden die proletarischen Schichten des Dorfes vorwiegend aus Lohnarbeitern mit Anteilland. Die Agrarordnung kann bekanntlich auch bei der Herrschaft der Kleinproduktion durchaus bürgerlich sein, denn der Kleinproduzent war ein Eigentümer und produzierte Ware für den Markt, was ihn mit dem großen Bourgeois verband und vom Lohnarbeiter unterschied.[41] Eine solche Ordnung stellte jedoch die anfängliche, unvollendete Form des Agrarkapitalismus dar.

Im allgemeinen bot zu Beginn des 20. Jahrhunderts die bürgerliche Agrarordnung Rußlands im Hinblick auf das Verhältnis zwischen den beiden Typen der bürgerlichen Entwicklung folgendes Bild. In den westlichen Gebieten vollendete sich im großen und ganzen die bürgerliche Agrarentwicklung auf der Basis der Gutswirtschaft. In den inneren Gebieten verlief ein heftiger Kampf zwischen den beiden Typen der bürgerlichen Agrarentwicklung, wobei die bürgerlich-gutsherrliche Richtung ein Übergewicht besaß. In den südlichen und östlichen Randgebieten des Europäischen Rußlands und in Sibirien war der bürgerlich-bäuerliche Typ der Agrarentwicklung vorherrschend.

Keine der beiden Richtungen der bürgerlichen Agrarentwicklung in Rußland konnte den Sieg davontragen. Der Sieg des bürgerlich-bäuerlichen Typs der Agrarentwicklung war unter den konkret-historischen Bedingungen, ungeachtet der dominierenden Rolle der bäuerlichen Wirtschaft in der landwirtschaftlichen Produktion, unmöglich. Nur eine bürgerlich-demokratische Revolution konnte den Weg zu einem solchen Sieg bahnen. Der Gutswirtschaft fehlten trotz ihrer gewaltigen Ressourcen und der klassenmäßig günstigen Bedingungen die ökonomische Macht und die produktionstechnische Überlegenheit gegenüber der bäuerlichen Wirtschaft. Der Versuch, diese Macht durch die Schaffung einer Schicht von Großbauern zu stärken, wie es die Stolypinsche Agrarreform vorsah, scheiterte. Das bedeutete, daß alle historischen Möglichkeiten für den Sieg des bürgerlich-gutsherrlichen Kapitalismus erschöpft waren.

Somit wurde die Alternative – der Sieg des bäuerlichen oder des gutsherrlichen Kapitalismus –, die seit der Reform im Mittelpunkt der Agrarentwicklung Rußlands gestanden hatte, zum Zeitpunkt des Ausbruchs des Ersten Weltkrieges durch den Verlauf der historischen Entwicklung überholt. Daß der bürgerlich-gutsherrliche Weg der Agrarentwicklung seine Möglichkeiten erschöpft hatte, bedeutete in der Folge durchaus nicht einen leichten Triumph des bürgerlich-bäuerlichen Typs

[41] *Lenin,* Werke, Bd. 1, Berlin 1961, S. 400 f.; Bd. 22, Berlin 1960, S. 93.

der Agrarentwicklung. Der historische Sinn der veränderten Situation bestand darin, daß die weitere Entwicklung des Agrarkapitalismus nur auf der Basis der bäuerlichen Wirtschaft erfolgreich sein konnte, so daß die bürgerlich-demokratische Revolution den einzigen Weg darstellte, der einen erfolgreichen bürgerlichen agrarischen Fortschritt zu sichern vermochte.

Alle demokratischen Kräfte des Landes mit dem Proletariat an der Spitze richteten denn auch ihre Anstrengungen auf die Lösung dieser Aufgabe.

Das waren die Haupttendenzen und -kennzeichen des komplizierten und widerspruchsvollen Verlaufs der Agrarentwicklung Rußlands in der Epoche des Kapitalismus.

*

Die Bauernbewegung in Rußland war in der Epoche des Kapitalismus eine vielgestaltige und komplizierte Erscheinung, die einer besonderen Analyse bedarf. Wir werden deshalb lediglich ihre wesentlichsten Momente berühren.[42]

Vor allem ist zu unterstreichen, daß der Kampf der Bauernschaft in der Epoche des Kapitalismus wie auch in der vorangegangenen Feudalzeit den gesellschaftlichen Ausdruck des Klassenantagonismus auf dem Gebiet der Produktionsverhältnisse darstellte. Das Ausmaß und der Inhalt dieses Kampfes spiegeln erstens voll und ganz die Schärfe und den Charakter dieses Antagonismus wider und waren zweitens mit der allgemeinen Zuspitzung der gesellschaftlich-politischen Auseinandersetzung und des Klassenkampfes im Lande verbunden. Sie stellten keine bloß spontane Explosion aus Verzweiflung oder Racheakte gegen die Übergriffe der Gutsbesitzer und Beamten dar. Um sich davon zu überzeugen, genügt es, die Dynamik der Bauernbewegung zu analysieren. Die Zahl aller Bauernunruhen im 19. und zu Beginn des 20. Jahrhunderts ist aus der folgenden Tabelle zu entnehmen.[43]

1796–1826	1168	1890–1900	627
1827–1857	2240	davon	
1858–1860	1820	1895–1900	418
1861–1869	3817		
davon		1900–1904	670
1861–1863	3242	1905–1907	7165
		1908–1913	3942
1870–1880	319	1917	5782
1881–1889	659		

[42] Die Bauernbewegung jener Periode spiegelt sich in zahlreichen Quellenveröffentlichungen und Untersuchungen wider. Vgl. z. B.: *N. M. Družinin* (Hrsg.), Krest'janskoe dviženie v XIX – načale XX veka. Sborniki dokumentov, Moskau 1959–1968; *B. G. Litvak*, Opyt statističeskogo izučenija krest'janskogo dviženija v Rossii XIX v., Moskau 1967; *S. M. Dubrovskij*, Krest'janskoe dviženie v revoljucii 1905–1907 gg., Moskau 1956; *M. N. Leščenko*, Klassova borot'ba v ukraïns'komu seli v epochu domonopolistyčnoho kapitalizmu, Kiev 1970; *K. I. Šabunja*, Agrarnyj vopros i krest'janskoe dviženie v Belorussii v revoljucii 1905–1907 gg., Minsk 1962.

[43] *A. M. Anfimov*, Krest'janskoe dviženie v Rossii vo vtoroj polovine XIX veka, in: Voprosy istorii 1973, 5, S. 15–31; *S. M. Dubrovskij*, K voprosu ob urovne razvitija kapitalizma v sel'skom chozjajstve Rossii i charaktere klassovoj bor'by v derevne v period impe-

In der ersten Hälfte des 19. Jahrhunderts weitete sich unter den Bedingungen der Verschärfung der Krise des feudalen Systems der Leibeigenschaft die Bauernbewegung aus. Ihr Ausmaß im Verlaufe von 60 Jahren (3 408 Unruhen) hält keinen Vergleich mit dem sechsjährigen Zeitabschnitt der Epoche der Aufhebung der Leibeigenschaft aus, in der der Kampf der Bauern einen ungewöhnlichen Aufschwung nimmt: 5 062 Unruhen in der Zeitspanne 1858–1863. Es liegt auf der Hand, daß es hier nicht einfach um eine Verschlechterung der Lage der Bauern oder um ein Zunehmen der Übergriffe und der Unterdrückung geht, obwohl es diese gab. Es war eine Epoche, in der die gesellschaftlichen Antagonismen eine äußerste Zuspitzung erfuhren, in der im Land eine revolutionäre Situation entstand und ein harter Kampf aller gesellschaftlich-politischen und Klassenkräfte um die Bedingungen der Aufhebung der Leibeigenschaft und um die Wege der weiteren Entwicklung des Landes ausgefochten wurde. Die Bauernschaft blieb in diesem Kampfe nicht unbeteiligt und leistete in ihm einen bedeutsamen Beitrag.

Die Aufhebung der Leibeigenschaft und andere bürgerliche Reformen nahmen den sozialökonomischen Widersprüchen in erheblichem Maße ihre Schärfe oder schwächten sie ab. Die Reform bot einen bestimmten Freiraum für den sozialökonomischen Fortschritt. Eine unvermeidliche Folge war das Nachlassen des Kampfes der Bauernschaft. Bis zum Ende des 19. Jahrhunderts war die Bauernbewegung ziemlich schwach. Seit der zweiten Hälfte der 90er Jahre zeichnete sich die Tendenz zur Ausdehnung des Kampfes der Bauernschaft ab, und in der Epoche des Imperialismus gewann dieser Kampf ungewöhnlich an Umfang und Härte. Die Hauptursachen für eine so starke Verschärfung des Klassenkampfes der Bauernschaft zu Beginn des 20. Jahrhunderts wurzelten vor allem darin, daß die einengenden Bedingungen des agrarischen Fortschritts unter den Voraussetzungen einer verhältnismäßig weiten Entwicklung des Kapitalismus in der bäuerlichen Wirtschaft für die Bauernschaft unerträglich wurden. Der Klassenantagonismus spitzte sich auf dem Lande entscheidend zu. Darüber hinaus vollzog sich eine dem Zeitalter des Imperialismus eigene allgemeine Zuspitzung aller sozialökonomischen und gesellschaftlich-politischen Widersprüche, die zum Ausbruch des revolutionären Kampfes führte. Der Aufschwung der Bauernbewegung in den Jahren 1905–1907 und 1917 zeigt, daß die Bauernschaft in jener Zeit an diesem Kampfe aktiv teilnahm.

Während der ganzen hier behandelten Epoche war also die Bauernschaft, ungeachtet ihres Mangels an Bildung und Klassenbewußtsein, jene gesellschaftliche Kraft, die, wenn auch vor allem spontan, doch aktiv am Kampf für die radikale Lösung von lebenswichtigen Aufgaben der gesellschaftlichen Entwicklung teilnahm. In diesem Sinne war der Kampf der Bauernschaft ohne Zweifel revolutionär.

Der Charakter der Agrarentwicklung in der Epoche des Kapitalismus bestimmte die Hauptrichtungen und den Inhalt der Bauernbewegung. Im Mittelpunkt stand hier die Agrarfrage, deren Wesen im Kampf der Bauernschaft „für die Abschaffung des gutsherrlichen Grundbesitzes und der Überreste der Fronherrschaft im Agrarsystem Rußlands und folglich auch in allen sozialen und politischen Einrichtungen

rializma, in: Osobennosti agrarnogo stroja Rossii v period imperializma, Moskau 1962, S. 5–44.

des Landes" bestand.[44] Das war der erste soziale Krieg, den die gesamte Bauernschaft gegen die Gutsbesitzer führte. In der ganzen Epoche des Kapitalismus blieb er die Hauptlinie der Bauernbewegung. In den Jahren 1910–1913 richteten sich zwei Drittel aller bäuerlichen Aktionen gegen die Gutsbesitzer. Der Hauptinhalt dieser Aktionen war der Kampf um den Boden. Der Kampf nahm stetig an Schärfe zu. Von verhältnismäßig passiven Defensivformen des Kampfes (Gerichtsprozessen, der Weigerung, Pflichtabgaben zu leisten, dem Widerstand gegen Beamte usw.) ging die Bauernschaft seit dem Ende des 19. Jahrhunderts und insbesondere zu Beginn des 20. Jahrhunderts nach und nach zu aktiven, offensiven Formen über: zur Aneignung und Bebauung von Gutsbesitzerland, zur Zerstörung der Herrenhäuser und zur Aufteilung von Zugvieh, Inventar und sonstigem Eigentum der Gutsbesitzer. Die Bauern verlangten die Enteignung der Gutsländereien. Besonders verbreiteten sich solche Kampfformen in der Zeit der Revolution von 1905 bis 1907.[45] Allein im Jahre 1905 wurden mehrere tausend Besitzungen zerstört, und die Gutsbesitzer aus nur 24 Gouvernements hatten Verluste in Höhe von 35 Mill. Rubel zu tragen.[46]

Insgesamt war der erste soziale Krieg auf dem Lande objektiv ein Kampf um den bürgerlich-demokratischen Weg des agrarischen und gesamtgesellschaftlichen Fortschritts.

Die Konsolidierung der bürgerlichen Verhältnisse in der Agrarordnung bewirkte einen Antagonismus zwischen Arbeit und Kapital, zwischen der ländlichen Bourgeoisie und dem ländlichen Proletariat. Er bildete die Grundlage für den Ausbruch des zweiten sozialen Krieges, des Kampfes der vom Kapital ausgebeuteten ärmsten Bauern gegen die kapitalistischen Grundbesitzer und Kulaken. Der zweite soziale Krieg auf dem Lande nahm sowohl infolge des ungenügenden Entwicklungsniveaus des erwähnten Antagonismus als auch vor allem infolge der Unterdrückung der bürgerlichen Verhältnisse durch die halbfeudalen Überreste keinen so starken Aufschwung wie der erste, auch wenn sich seine Ausdehnung erweiterte. Die Hauptrichtungen des Kampfes waren dabei Aktionen gegen die Kulaken und eine Bewegung der Landarbeiter.

Der Kampf gegen das Kulakentum erfuhr einen besonders starken Aufschwung im Zuge der Realisierung der Agrarreform von Stolypin. In den Jahren 1908–1913 wurden mehr als 7 000 Kulakenwirtschaften in Brand gesteckt.[47] Auch zahlreiche andere Aktionen gegen die Kulaken fanden statt. Die Bewegung der Landarbeiter war selbstverständlich besonders umfassend während der Revolution von 1905 bis 1907. Besonders stark war sie im Baltikum. Die Landarbeiter benutzten dort eine typisch proletarische Form des Kampfes – den Streik.

Seinem Charakter nach blieb der Kampf der Bauernschaft auch in der Epoche des Kapitalismus noch in einem sehr hohen Maße spontan und schwach organisiert. Er war noch nicht von politischem Bewußtsein durchdrungen, und die Bauernschaft

[44] *Lenin*, Werke, Bd. 13, Berlin 1963, S. 426.

[45] *V. I. Tropin*, Bor'ba bol'ševikov za rukovodstvo krest'janskim dviženiem v 1905 g., Moskau 1970, Kap. 2.

[46] *Peršin*, Agrarnaja revoljucija, kn. 1, S. 244 f.

[47] *Dubrovskij*, Stolypinskaja zemel'naja reforma, S. 538.

blieb noch monarchistischen Illusionen verhaftet. „Die Bauern erkennen mehr oder weniger, was ihnen not tut, verstehen es aber nicht, ihre Wünsche und Forderungen mit dem gesamten politischen System in Zusammenhang zu bringen", betonte V. I. Lenin, als er im Jahre 1905 die Notwendigkeit der politischen Aufklärung begründete. „Deswegen können sie von politischen Hochstaplern so leicht geprellt werden, die die Frage der politischen Umgestaltungen auf wirtschaftliche ‚Verbesserungen' reduzieren, welche in Wirklichkeit ohne politische Umgestaltungen undurchführbar sind."[48]

Zugleich war die Epoche des Kapitalismus gerade jene Zeit, in der sich im bäuerlichen Selbstbewußtsein radikale Veränderungen vollzogen. Das hing damit zusammen, daß die Bauernschaft, die jahrhundertelang ohne Verbündete gekämpft hatte, die fähig gewesen wären, sie politisch aufzuklären und zu organisieren (die Ideologen der Bauernschaft, die revolutionären Demokraten des 19. Jahrhunderts, konnten eine solche Aufgabe nicht erfüllen, weil ihre Zahl zu gering war), einen solchen Verbündeten und Leiter gewann. Das war die Klasse der Industriearbeiter. Seit dem Augenblick, als die Arbeiterklasse ihre Klasseninteressen und -aufgaben erkannte und einen bewußten Kampf für ihre Lösung begann (das geschah Mitte der 90er Jahre des 19. Jahrhunderts, als die spontane Arbeiterbewegung den Anschluß an den Marxismus fand), beginnt auch die Geschichte des Bündnisses der Arbeiterklasse und der Bauernschaft in Rußland. Die Arbeiterklasse und ihre politische Avantgarde – die marxistisch-leninistische Partei – führten einen unermüdlichen Kampf um die Bauernschaft, für deren politische Aufklärung, Organisation und Geschlossenheit, für ihre Einbeziehung in die revolutionäre Befreiungsbewegung.

Die Entstehung des Bündnisses der Arbeiterklasse und der Bauernschaft wurde von mehreren Umständen begünstigt. Die Arbeiterklasse rekrutierte sich vor allem aus der ruinierten Bauernschaft. Arbeiter, die früher Bauern gewesen waren, übernahmen die Interessen, die Mentalität und die Ideologie des Proletariats, verstanden jedoch auch gut die Belange der Bauernschaft. Dazu verloren viele von ihnen nicht die Bindungen mit dem Dorf. Die Herstellung und die Festigung der Verbindungen der Arbeiter mit der Bauernschaft wurden auch dadurch gefördert, daß in Rußland mehr als die Hälfte der Industriebetriebe, in denen rund 60 Prozent aller Arbeiter beschäftigt waren, in ländlicher Umgebung lagen.[49]

Die Ergebnisse des Kampfes für das Bündnis der Arbeiterklasse und der Bauernschaft zeichneten sich bereits in der Revolution von 1905–1907 deutlich ab. Vor allem stand der ganze Verlauf der Bauernbewegung im engen Zusammenhang mit dem Kampf der Arbeiterklasse. Die Zuspitzung dieses Kampfes führte zum Anwachsen auch der Bauernbewegung. Das ist aus den folgenden Angaben gut ersichtlich.[50]

[48] *Lenin*, Werke, Bd. 8, Berlin 1959, S. 400.
[49] *A. G. Rašin*, Formirovanie rabočego klassa v Rossii, Moskau 1958, S. 207, 418, 438 u. a.
[50] *Tropin*, Bor'ba bol'ševikov, S. 158.

Jahre und Monate	Arbeiter, die an Streiks teilnahmen (in Tausend)	Zahl der bäuerlichen Aktionen
1905		
Januar –März	810	229
April – Juni	481	935
Juli – September	294	474
Oktober – Dezember	1277	1590
Insgesamt 1905	2862	3228
1906		
Januar – März	269	286
April – Juli	648	1581
August – Dezember	190	733
Insgesamt 1906	1107	2600
1907		
April – Juli	327	620

Die Revolution lieferte obendrein zahlreiche Beispiele gemeinsamer Aktionen von Arbeitern und Bauern, der Leitung des Kampfes von Bauern durch Arbeiter. Das Bewußtsein und die Organisiertheit der Bauern wuchsen bedeutend. Die Bauern übernahmen Formen des Kampfes der Arbeiter (Versammlungen, Demonstrationen). Zum ersten Mal entstanden gesellschaftliche Organisationen der Bauern (Allrussischer Bauernbund). In einer Reihe von Fällen trug der Kampf der Bauernschaft dank der Leitung durch die Arbeiter einen ausgeprägt politischen Charakter.[51]

Die Arbeiterklasse und die bolschewistische Partei mußten später noch eine gewaltige Arbeit zur Festigung des Bündnisses der Arbeiterklasse mit der Bauernschaft leisten und den Kampf um die Bauernschaft gegen die liberal-bürgerlichen und kleinbürgerlichen Parteien bestehen. Die Tatsache, daß sich die Bauernschaft auf die Seite des Proletariats stellte, ist ein überzeugender Beweis der Wandlung ihres Bewußtseins.

Das waren einige allgemeine Momente der Bauernbewegung in Rußland in der Epoche des Kapitalismus, soweit sie in diesem Vortrag erwähnt werden konnten.

*

Der Hauptinhalt der agrarischen Entwicklung in Rußland in der zweiten Hälfte des 19. und zu Beginn des 20. Jahrhunderts war die Entwicklung des Kapitalismus. Gegen Ende des 19. Jahrhunderts konsolidierten sich in allen Bereichen der Landwirtschaft kapitalistische Verhältnisse, entstand eine soziale Struktur, wie sie der bürgerlichen Gesellschaft eigen ist. Am Anfang des 20. Jahrhunderts erreichte die Entwicklung des Agrarkapitalismus einen verhältnismäßig hohen Stand. Die Agrarentwicklung in Rußland unterschied sich also ihrem Inhalt nach durch nichts von der Agrarentwicklung anderer Länder Europas, darunter Deutschlands. Im Vergleich

[51] *Tropin*, Bor'ba bol'ševikov, Kap. 2.

zu den hochentwickelten Ländern Westeuropas war in Rußland lediglich das Gesamtniveau der Entwicklung des Agrarkapitalismus niedriger. Zu Beginn des 20. Jahrhunderts kamen in Deutschland, wie die Angaben aus dem Jahre 1907 zeigen, 0,8 Lohnarbeiter auf einen landwirtschaftlichen Betrieb: 5 736 100 Wirtschaften beschäftigten 3 884 500 Lohnarbeiter; in Rußland lautete die entsprechende Kennziffer 0,4 Lohnarbeiter. In Deutschland entfielen im Durchschnitt 4 Lohnarbeiter auf eine Wirtschaft mit 10 und mehr Hektar Ackerland; in Rußland hatten die Guts- und Großbauernwirtschaften ungefähr je drei Lohnarbeiter. Selbstverständlich muß hier der unterschiedliche Stand der Mechanisierung der Landwirtschaft berücksichtigt werden.[52]

Der vorherrschende Typ der bürgerlichen Agrarentwicklung Rußlands hatte viele Ähnlichkeiten mit Deutschland. In Deutschland war die Entwicklungsgrundlage des Agrarkapitalismus die Gutswirtschaft. In Rußland war ebenfalls der bürgerlich-gutsherrliche Weg der Agrarentwicklung vorherrschend. Dort gab es aber auch wesentliche Unterschiede. Während der gesamten analysierten Epoche blieb in Rußland die Bauernwirtschaft die Hauptform der Organisation der landwirtschaftlichen Produktion. Das schuf Voraussetzungen und diente als Grundlage für den bürgerlich-bäuerlichen Weg der Agrarentwicklung. In dieser Hinsicht ähnelte die Agrarentwicklung in Rußland in vielem den Verhältnissen in Frankreich und den USA.[53]

Die Konstellation der ökonomischen, sozialen und politischen Faktoren in der Agrarentwicklung Rußlands war so, daß keine der erwähnten Tendenzen siegen konnte. Die bürgerliche Agrarentwicklung blieb hinsichtlich ihres Typs unvollendet, und in der Agrarordnung des Landes blieben zahlreiche Überreste der Leibeigenschaft erhalten.

Der Kampf der zwei Typen oder Wege der bürgerlichen Agrarentwicklung war jene Hauptbesonderheit, die Rußland von anderen Ländern Europas unterschied und die Spezifik seiner Agrarentwicklung und folglich auch die Besonderheiten der Bauernbewegung prägte.

Der Mittelpunkt der Agrarfrage in Rußland während der ganzen Epoche des Kapitalismus war der Kampf für die Liquidierung der feudalen Überreste, vor allem des gutsherrlichen Grundbesitzes, und für die Schaffung von Bedingungen für den Sieg der bürgerlich-demokratischen, der bäuerlichen Tendenz der Agrarentwicklung. Die bürgerlich-demokratische Revolution, deren Hauptinhalt die Agrarfrage war, blieb in Rußland ein lebenswichtiges Bedürfnis des gesellschaftlichen Fortschritts. Der Hauptkurs des bäuerlichen Kampfes war objektiv direkt auf die Lösung dieser Aufgaben gerichtet. In den westeuropäischen Staaten waren zu jener

[52] *A. Petrušov*, Agrarnye otnošenija v Germanii (po dannym sel'sko-chozjajstvennych perepisej 1882-1939 gg.), Moskau 1945, S. 32 und 101. Dazu die in diesem Vortrag angegebene Literatur.

[53] Eine eingehende Charakteristik der Besonderheiten der Genesis des Kapitalismus in Rußland enthält die Arbeit: *N. M. Družinin*, Besonderheiten der Genesis des Kapitalismus in Rußland, in: *P. Hoffmann* und *H. Lemke* (Hrsg.), Genesis und Entwicklung des Kapitalismus in Rußland. Studien und Beiträge, Berlin 1973, S. 26–62.

Zeit die bürgerlich-demokratischen Tendenzen in der Bauernbewegung im großen und ganzen bereits erschöpft.

Eine wichtige Besonderheit der Bauernbewegung in Rußland war, daß sie an der Jahrhundertwende in eine qualitativ neue Phase trat. Die Bauernschaft fand einen Verbündeten und Leiter, der sich an die Spitze ihres Kampfes stellen und ihn bis zum siegreichen Ende führen konnte. Ein solcher Verbündeter war die Klasse der Industrieproletarier, angeführt von der proletarischen Partei neuen Typs.

Wenn also in sozialökonomischer Hinsicht die Besonderheit Rußlands darin bestand, daß der Kampf der zwei Tendenzen in der Agrarentwicklung die Notwendigkeit der bürgerlich-demokratischen Umgestaltung bedingte, so war in gesellschaftlich-politischer Hinsicht seine Besonderheit, daß an der Spitze des Kampfes für diese Umgestaltung das Proletariat stand.

HANS-JÜRGEN PUHLE, MÜNSTER

DIE ENTWICKLUNG DER AGRARFRAGE UND DIE BAUERNBEWEGUNG IN DEUTSCHLAND 1861–1914

I.

Die Agrarfrage war eine der entscheidenden Machtfragen des preußisch-deutschen Staates vor dem Ersten Weltkrieg in wirtschaftlicher, gesellschaftlicher wie politischer Hinsicht. Die Verteilung des landwirtschaftlichen Besitzes, die Produktionsweisen und die Ertragslage der Betriebe waren ebenso wie die damit zusammenhängenden sozialen und politischen Herrschaftsverhältnisse auf dem Lande aufs engste verknüpft mit der Machtverteilung im preußischen Staat insgesamt sowie der hergebrachten historischen Rolle und der sozialen Funktion der dominierenden, in der Regel getreideproduzierenden ostelbischen Junker und der sich anähnelnden bürgerlichen Großgrundbesitzer in jenem Staat, der sich aufgrund seiner rapide wachsenden Wirtschaftskraft, seiner überwältigenden militärischen Stärke und geschickter Diplomatie schon bald nach dem Amtsantritt Bismarcks als preußischer Ministerpräsident 1862 zur unbestrittenen Hegemonialmacht Mitteleuropas und zum entscheidenden Faktor in der Politik des Norddeutschen Bundes und ab 1871 des Deutschen Reiches entwickelte.[1]

Die beherrschende Stellung Preußens in der deutschen Politik weitete den gesamtpolitischen Einfluß des innerpreußischen, von Großgrundbesitz, Militär und Verwaltung getragenen Herrschaftskartells aus, in dem, trotz der zunehmenden Integration der „jüngeren" westdeutschen Provinzen, insbesondere die ostelbischen Großagrarier immer noch eine unangefochtene Schlüsselposition innehatten. Ihre

[1] Auf Einzelbelege wird hier verzichtet. Vgl. zum Gesamtkomplex die Arbeiten von *H. Rosenberg*, Große Depression und Bismarckzeit. Wirtschaftsablauf, Gesellschaft und Politik in Mitteleuropa, Berlin 1967, und: ders., Probleme der deutschen Sozialgeschichte, Frankfurt/M. 1969, sowie die ausführlicheren Studien des Verfassers: *H.-J. Puhle*, Agrarische Interessenpolitik und preußischer Konservatismus im Wilhelminischen Reich (1893 bis 1914). Ein Beitrag zur Analyse des Nationalismus in Deutschland am Beispiel des Bundes der Landwirte und der Deutsch-Konservativen Partei (1967), 2. Aufl. Bonn 1975; ders., Der Bund der Landwirte im Wilhelminischen Reich, in: *W. Rüegg* – *O. Neuloh* (Hrsg.), Zur soziologischen Theorie und Analyse des 19. Jahrhunderts, Göttingen 1971, S. 145–162; ders., Parlament, Parteien und Interessenverbände 1890–1914, in: *M. Stürmer* (Hrsg.), Das kaiserliche Deutschland, Düsseldorf 1970, S. 340–377; ders., Von der Agrarkrise zum Präfaschismus. Thesen zum Stellenwert der agrarischen Interessenverbände in der deutschen Politik am Ende des 19. Jahrhunderts, Wiesbaden 1972; ders., Aspekte der Agrarpolitik im „Organisierten Kapitalismus". Fragen und Probleme vergleichender Forschung, in: *H.-U. Wehler* (Hrsg.), Sozialgeschichte heute. Festschrift für Hans Rosenberg, Göttingen 1974, S. 543–564; ders., Politische Agrarbewegungen in kapitalistischen Industriegesellschaften. Deutschland, USA und Frankreich im 20. Jahrhundert, Göttingen 1975.

traditionelle Machtstellung resultierte zwar aus den im Laufe einiger Jahrhunderte überkommenen, wenn auch gelegentlich modifizierten, agrarischen Besitz- und Herrschaftsverhältnissen; sie war jedoch in der zweiten Hälfte des 19. Jahrhunderts schon so sehr zum integralen Bestandteil der Institutionen und der politischen Kultur Preußens geworden, daß die gesellschaftliche und politische Privilegierung und Vormacht der ostelbischen Großgrundbesitzer – in vermittelter Form mit eigenem Gewicht – trotz allen Einflußgewinns des Industrie- oder Bankensektors, auch noch in einer Zeit erhalten blieb, in der die ökonomische Bedeutung des ostelbischen Getreidebaus und der Landwirtschaft insgesamt kontinuierlich abzunehmen begann. Die Forschungen von Max Weber, Eckart Kehr, Alexander Gerschenkron, Hans Rosenberg, Wolfram Fischer und Hans-Ulrich Wehler haben das in umfassender Weise deutlich gemacht.

Die „Agrarfrage" muß infolgedessen auf zwei Ebenen – wenn auch in deren enger Verschränkung – diskutiert werden, einmal im Hinblick auf die jeweils aktuellen wirtschaftlichen und sozialen Entwicklungstendenzen des Agrarsektors selbst und zum anderen auf die gesellschaftlichen und politischen Implikationen ihrer Vorgeschichte. Es sind insbesondere die Eigenarten der landwirtschaftlichen Entwicklung auf dem „preußischen Weg" (Lenin) und die traditionelle gesellschaftliche Führungsrolle des ostelbischen Großbesitzes, die zusammen mit dem seit der Jahrhundertmitte forcierten Industrialisierungstempo (1) und den Auswirkungen einer seit dem Ende des 18. Jahrhunderts verschleppten Strukturkrise (2) und unter dem Druck der konjunkturellen Depression zwischen 1873 und 1896 im letzten Viertel des 19. Jahrhunderts die spezifisch preußisch-deutsche (und nirgendwo sonst anzutreffende) Konstellation einer „Agrarfrage" bewirkten. Über die Produkten- und Bodenmärkte war die Integration insbesondere des Großbesitzes in eine auf kapitalistischen Prinzipien beruhende Gesamtwirtschaft beschleunigt und damit auch ihre Krisenanfälligkeit verstärkt worden, wie schon die 1868 von Rodbertus publizierten Zahlen andeuten. Die Konjunkturabschwünge im Verlauf der weltweiten Depression zwischen 1873 und 1896, die die deutsche Landwirtschaft besonders hart am Ende der 70er und Anfang der 90er Jahre trafen, als der Preisverfall für die entscheidenden Monokultur-Produkte der wichtigsten landwirtschaftlichen Produzenten, der ostelbischen Großbesitzer, am größten war (3), bewirkten zudem, daß insbesondere die ostelbische Landwirtschaft gegen Ende des Jahrhunderts nicht nur ohnehin zu den „Verlierern" eines *strukturellen* ökonomischen Entwicklungsprozesses gehörte, sondern überdies auch *in wirtschaftlicher Hinsicht* zusätzlich durch akute Krisen geschwächt war.

Auf der anderen Seite ließen sich spezifische Eigenarten des preußisch-deutschen Staates als Gegenkräfte im Dienste einer organisierten Landwirtschaft in *sozialer* wie *politischer* Hinsicht mobilisieren: Die noch unangefochtene Stellung des grundbesitzenden ostelbischen Junkertums neben Bürokratie und Militär im Herrschaftskartell des preußischen Staates und in einer noch nicht revolutionierten Gesellschaft (4), zusammen mit der preußischen Tradition interventionistischer Politik von Staats wegen (5) und den Eigentümlichkeiten der Bismarckschen Reichsgründung und Politik und den Möglichkeiten, die sie agrarischer Interessenpolitik eröffneten (6), bildeten eine einzigartige und unvergleichbare Konstellation zur Kanalisierung der organisatorischen Anstrengungen agrarischer Politik, die es mit sich brachte, daß schon um die Jahrhundertwende die beherrschenden Tendenzen der Agrarpolitik für die erste Hälfte des 20. Jahrhunderts vorgegeben waren:

(7) – Dominanz des Einheitsverbandes der ostelbischen Großagrarier über die staatlich-korporativen und die kleineren freien landwirtschaftlichen Organisationen;

(8) – Drang zur berufsständisch-korporativen Organisation mit antiparlamentarischer, „mittelständischer" Ideologie;

(9) – Tendenzen zum Bündnis von Großgrundbesitz und Großindustrie gegen die Interessen der Fertigwarenindustrie, der mittleren und kleinen Bauern und der Verbraucher, insbesondere der Arbeiterschaft;

(10) – staatlicher Agrarprotektionismus mit allen Mitteln der Zoll-, Handels-, Steuer- und Preispolitik als einseitige Subvention eines Wirtschaftssektors, verbunden mit

(11) – dem nahezu völligen Fehlen durchgreifender und wirksamer strukturpolitischer Maßnahmen – etwa im Sinne der von Knapp propagierten „Verwestlichung des Ostens" – zur allmählichen Beseitigung der tradierten Strukturkrise.

Auf die kontinuierliche Weiterentwicklung dieser Konstellation im 20. Jahrhundert und ihre langfristigen gesamtpolitischen Auswirkungen (sowie ihren Stellenwert im Spektrum des deutschen Präfaschismus) kann in diesem Zusammenhang nicht näher eingegangen werden. Was jedoch analysiert werden muß, ist der Einfluß dieser Konstellationen des deutschen Agrarsektors auf den bemerkenswerten Umstand, daß es im zunehmend organisierten kapitalistischen System Deutschlands vor 1914 keine nennenswerten Bauernbewegungen mit revolutionären oder wenigstens progressiven Absichten und Programmen gegeben hat. Der deutsche Agrarsektor orientierte sich relativ einheitlich auf der (meistens extremen) rechten Seite des politischen Spektrums.

II.

Wenn man den Durchbruch der Industrialisierung in Deutschland auf die Jahrzehnte zwischen 1850 und 1873 ansetzt und die erste Phase der Hochindustrialisierung mit der insgesamt depressiven und krisenhaften Trendperiode von 1873 bis 1895 identifiziert, dann muß man gleichzeitig feststellen, daß in Deutschland unmittelbar auf die entfaltete industrielle Revolution und eine von den Prinzipien liberaler Marktwirtschaft beherrschte Hochkonjunkturperiode nach der zweiten Weltwirtschaftskrise von 1873 eine Epoche weitreichenden Strukturwandels des Industriekapitalismus folgte, der keineswegs auf den wirtschaftlichen Bereich beschränkt blieb. Stufenweise aufeinander folgend und zunehmend ineinander verschränkt bildeten sich in diesen letzten Jahrzehnten des 19. Jahrhunderts alle wichtigen Kriterien eines organisierten kapitalistischen Systems heraus, das sich bis zum Ende des Ersten Weltkriegs (und besonders noch im Weltkrieg selbst) konsolidierte:

– Zu den bereits in den 60er Jahren sichtbaren und später noch verstärkten vertikalen Konzentrationstendenzen auf dem Industrie- und Bankensektor und

- zu der den (im Gegensatz besonders zu Großbritannien und den USA) traditionellen Interventionsneigungen der preußischen Bürokratie entsprechenden zunehmenden staatlichen Hilfestellung für die privaten Wirtschaftssektoren

kamen unter dem Eindruck der nach zusätzlichen Stabilisierungsmechanismen verlangenden Störungen des ungleichmäßigen Wirtschaftswachstums nach 1873 zunächst

- die Selbstorganisation der Privatwirtschaft unter Einbezug des Agrarsektors in den klassischen pressure groups der „zweiten Stufe" in den 70er Jahren und
- der in direkter Kooperation zwischen Verbänden, Bürokratie und Regierung bewerkstelligte Ausbau der staatlichen Stützungsmaßnahmen zum umfassenden System des „Solidarprotektionismus" Ende der 70er und in den 80er Jahren hinzu.
- Den weiteren Ausbau des Steuerstaats, die Zunahme der öffentlichen Versicherungs- und Dienstleistungen und die um sich greifenden Bürokratisierungs- und Organisationstendenzen, von der Großindustrie, insbesondere den neuen strategischen Wachstumsindustrien (Elektrotechnik, Großchemie, Motorenbau), bis hin zur Arbeiterbewegung, ergänzten seit den 90er Jahren noch
- die schlagkräftigen, sich in stärkerem Maße an die Öffentlichkeit wendenden und in einem allgemeineren Sinne politisch tätigen Interessen- und Agitationsverbände der „dritten Stufe" nach dem Vorbild des Bundes der Landwirte (BdL), die entscheidend dazu beitrugen, das Verhältnis zwischen Regierung, Parlament und Öffentlichkeit (und damit die politische Landschaft und den politischen Stil) nachhaltig zu verändern, und die aufgrund ihrer Intervention im Wahlkampf und in der Presse, im Parlament und in dessen Ausschüssen und der Tätigkeit ihrer Repräsentanten in der kommunalen, regionalen und berufsspezifischen (Kammern etc.) Selbstverwaltung die enge Verklammerung der privaten Wirtschaftssektoren untereinander wie vor allem auch mit den Agenturen der Staatsmacht weiter verstärkten und damit die Entwicklung zum stärker organisierten Kapitalismus vorantrieben.

Dieser Entwicklung entsprach, in der Folge der neuerdings besonders von Michael Stürmer analysierten spezifischen Techniken der „bonapartistischen Halbdiktatur" (Friedrich Engels) Bismarcks, aber noch zusätzlich beschleunigt durch die Schwäche der Regierungsspitze in den 90er Jahren, eine weitere Zunahme der Tendenzen zur Verschränkung der Bereiche (und der Interessen) von „Staat" und „Gesellschaft" und der Polarisierung der sozialen und politischen Kräfte im Reich in die Lager: Demokratisierung und Emanzipation einerseits und status quo andererseits. Der Polarisierungsprozeß wurde noch unterstrichen durch die angesichts des Schreckgespenstes der „umstürzlerischen" Arbeiterbewegung und der grassierenden Revolutionsfurcht zunehmende Integration der vordem weitgehend gouvernemental orientierten „alten" Mittelschichten in militante und oppositionelle Massenorganisationen (wie den BdL).

III.

Das beherrschende Kennzeichen der deutschen Landwirtschaft und der sie betreffenden Politik seit dem letzten Viertel des 19. Jahrhunderts war die beschleunigte Abnahme des Anteils der Landwirtschaft am volkswirtschaftlichen Gesamtaufkommen im Hinblick auf Produktivität, Handelsvolumen, Anzahl der Erwerbstätigen sowie der Agrarbevölkerung im weiteren Sinne, mit einem Wort: der Umschlag im Charakter der deutschen Wirtschaft vom Agrar- zum Industriestaat mit allen Folgewirkungen. Besonders charakteristisch ist außerdem zum einen, daß dieser Prozeß später einsetzte als etwa in England, also die Landwirtschaft auf einer vorgerückteren Entwicklungsstufe traf und zudem auch andere, den spezifisch preußisch-deutschen Bedingungen und Phasen eines politischen Entwicklungsvorgangs zur Vermehrung politischer Partizipation und zur verspäteten Nationalstaatsbildung entsprechende Umweltkonstellationen außerhalb der Landwirtschaft vorfand. Zum anderen lief der Industrialisierungsprozeß in Deutschland gerade aufgrund seiner Verspätung besonders ruckartig, begleitet von starken Spannungen und Störungen, und vor allem in einem wesentlich schnelleren Tempo ab als etwa in Frankreich. Die deutsche Industrialisierung verlief eher gewalttätig als geruhsam.

Der Anteil der in der Landwirtschaft Tätigen an der ökonomisch aktiven Gesamtbevölkerung sank von 43,2 % im Jahre 1882 auf 36,1 % 1895 und 34,7 % im Jahre 1907; der Anteil der Lohnarbeiter an den in der Landwirtschaft Tätigen ging von 1882: 52,1 % auf 34 % im Jahre 1907 zurück (1925: 26,5 %), der der Selbständigen fiel von 46,7 % (1882) auf 25 % (1907). Der Anteil der Landwirtschaft am Bruttoinlandsprodukt (zu konstanten Preisen von 1913) sank von 44,9 % im Durchschnitt der Jahre 1860–1864 auf 29 % um die Jahrhundertwende und 23,4 % im Durchschnitt der Jahre 1910–1913. Der Anteil der landwirtschaftlichen Exporte an der Gesamtausfuhr sank seit der ersten Hälfte der 80er Jahre kontinuierlich von 18,3 % auf nur noch 1 % Mitte der 30er Jahre des 20. Jahrhunderts. Besonders betroffen war bereits im letzten Viertel des 19. Jahrhunderts der Getreidesektor.

Die landwirtschaftlichen Erzeugerpreise insgesamt sanken im Verlauf der weltweiten Agrardepression nach 1873 drastisch ab und erholten sich erst wieder nach 1896, um dann bis zum Ersten Weltkrieg relativ stabil (mit leichter Tendenz nach oben) zu bleiben.[2] Die Zahl der landwirtschaftlichen Betriebe nahm noch kontinuierlich zu, wobei der Hauptanteil auf die Kleinstbetriebe (unter 2 ha), die bei abnehmender Fläche durchweg etwa 60 % aller Betriebe ausmachten, und die Kleinbetriebe zwischen 2 und 20 ha (~ ca. 35 % aller Betriebe) entfiel. Die Zahl der Betriebe über 20 ha stagnierte weitgehend und war nach 1895 sogar rückläufig. Der Anteil der Großgüter über 200 ha (~ 0,2 % aller Betriebe) an der landwirtschaftlich genutzten Fläche lag durchweg bei rund 20 %.[3]

Auf der anderen Seite war der ostelbische Großbesitz seit altersher gekoppelt mit *sozialen* und *politischen* Vorrechten, und die Zugehörigkeit der in der zweiten Hälfte des 19. Jahrhunderts immer stärker homogenisierten junkerlich bürgerlichen Großbesitzerklasse zu den herrschenden Klassen im preußischen Staat garantierte auch dann noch die Wahrung der großagrarischen Interessen in politischer Hinsicht, als die wirtschaftliche Bedeutung des Großbesitzes abnahm. Politische Tradition und „rückwärts gewandte(s) Standesbewußtsein“ (Hans Rosenberg) im Zuge einer durchgreifenden Neu-Feudalisierung des politischen Stils der preußischen Füh-

[2] Vgl. Anlage 2a und 2b, S. 54–59. [3] Vgl. Anlage 1, S. 53.

rungsschichten parallel zur „Verbürgerlichung" und kapitalistischen und marktbezogenen Orientierung der Gutsbesitzer verdeckten wesentliche Elemente der „objektiven Klassensituation".

- Allerdings hatte am Ende des 19. Jahrhunderts die Bedeutung der landwirtschaftlichen Staatsbetriebe (Domänen) in Preußen gegenüber der ersten Jahrhunderthälfte abgenommen; ein erheblicher Teil der vornehmlich in Ostelbien gelegenen Flächen war in Rittergüter verwandelt worden, ein Großteil der Domänenpächter war zu selbständigen Privatunternehmern geworden, oft sogar mit Adelsbrief.
- Besonders gesichert waren die neo-standesherrlichen Fideikommisse, unveräußerlicher Familienbesitz, der in seiner Mehrheit erst nach 1850 entstanden war. 1917 gab es in Preußen noch 1369 Fideikommisse, die mit 2,5 Mill. ha 7,3 % des gesamten Landes umfaßten; 90 % davon waren in adligem Besitz.
- Die beherrschende Institution des ostelbischen Preußen war daneben das Rittergut, das den weitaus größten Anteil am preußischen Großbesitz stellte: 1866 waren 12 150 der 18 197 preußischen Großgüter (über 600 Morgen = 133 ha) Rittergüter gewesen; 1885 waren 32 % der Gesamtfläche der sieben östlichen Provinzen des Landes verteilt auf 6454 Großgüter mit einer Fläche von über 1000 ha, 68 % davon (4 393) in adligen Händen. Am Gutsbesitz hingen entscheidende Privilegien. Zwar waren Patrimonialgerichtsbarkeit und feudale Jagdrechte (zugunsten neo-feudaler) 1848 abgeschafft worden, zwar hatte die Ablösungsordnung von 1850 die Verwandlung verbliebener höriger Leistungen in ein gutsherrliches Recht auf Geld oder Arbeit der – nicht mehr persönlich, aber ökonomisch – Abhängigen ermöglicht, hatten die Kreisordnung von 1872 und die Landgemeindeordnung von 1891 die patrimoniale Polizeigewalt ein wenig eingeschränkt, doch hatten alle Gesetze und Verordnungen (denen die Grundbesitzer selbst im Zuge der Beratungen im Dreiklassen-Landtag die schärfsten Zähne zu ziehen pflegten) die tatsächliche Herrenstellung der Besitzer in ihren Bezirken kaum eingeschränkt: die Rittergüter blieben bis 1927 selbständige Kommunal- und Ortspolizeibezirke, die Besitzer praktisch Richter in eigener Sache, Wahlvorsteher, „Herren im Haus" und oft noch Landräte. Die unangefochtene Weitergeltung der vorsintflutlichen Gesindeordnung zementierte die Abhängigkeit der Landarbeiter vom „Herrn", und die Demokratisierung der Steuerlasten, die 1861 mit der Aufhebung der Grundsteuerfreiheit begonnen hatte, war durch die Miquelschen Finanzreformen in den Jahren nach 1891 praktisch wieder rückgängig gemacht worden.
- Aber obwohl er privilegiert war, befand sich der ostelbische Großgrundbesitz Ende des 19. Jahrhunderts in einer schweren Krise, die vor allem eine lange Zeit verschleppte Strukturkrise der landwirtschaftlichen Betriebe war:
- Die Folgen der „Bauernbefreiung", Regulierung und Ablösungen, der Wegfall des Bauernschutzes und häufiger Besitzwechsel hatten im Laufe des 19. Jahrhunderts im ostelbischen Preußen das Bauerntum dezimiert und die unterbäuerliche Schicht vergrößert, die landwirtschaftlichen Immobilien dagegen zur vermarkteten Ware gemacht und die Großbetriebe zunehmend in die kapitalistische Gesamtwirtschaft integriert. Erhebliche Spekulationen, allzu kurzfristig orientiertes

Gewinnstreben, besonders auch unter den allmählich zunehmenden bürgerlichen Großgrundbesitzern, Desinteresse der Besitzer an den Eigenarten landwirtschaftlicher Produktion, Abneigung gegen notwendige Reinvestitionen im Betrieb und weiterführende Mechanisierung (gefördert noch durch die indirekte Subvention eines billigen und ausreichenden Angebots ausländischer Saisonarbeiter), all das waren Faktoren, die neben jener ruinösen, spätfeudalen ostelbischen Form von *conspicuous consumption* der preußischen Herrenschicht, die schon Fontane beschrieben hat, dazu führten, daß die Verschuldung zunahm und die Zinsrückstände größer wurden. Der Getreide produzierende ostelbische Junker und sein sich anähnelnder bürgerlicher agrarischer Berufsgenosse hatten es sich gegen Ende des Jahrhunderts längst angewöhnt, von der Hand in den Mund zu leben und die strukturellen Probleme weitgehend zu verdrängen, bzw. für sie auf Staatshilfe zu hoffen, die ihnen dann auch zuteil wurde: seit Mitte und Ende der 70er Jahre war der explizite Protektionismus zugunsten der getreideproduzierenden ostelbischen Großagrarier eingeleitet worden, vor allem durch die 1879 eingeführten und bis 1887 verfünffachten Schutzzölle, subventionierte Eisenbahn- und Wasserfrachtsätze, Steuervergünstigungen, Prämien, Exportförderung für Branntwein und Importförderung für Landarbeiter und später auch die Stärkung des Gutsbesitzes im Zuge der Ansiedlungspolitik.

Aufgrund dieser Gesamtkonstellation war die Landwirtschaft Ostelbiens ökonomisch wesentlich mehr als die anderer deutscher Regionen anfällig gegenüber den Auswirkungen der Industrialisierung, an die der Osten mit Ausnahme des Königreichs Sachsen und Oberschlesiens den Anschluß verpaßte, und der bereits 1890 feststellbaren gesamtwirtschaftlichen Dominanz der Industrie sowie gegenüber der industriellen Konkurrenz insbesondere auf dem Kapital- und Arbeitskräftemarkt.

Die ostelbischen Großbetriebe waren außerdem – nicht zuletzt auch aufgrund ihrer Tendenz zur Überproduktion – direkt und kurzfristig abhängig von den landwirtschaftlichen Produktenpreisen, und das heißt angesichts der relativ extensiven monokulturellen Wirtschaftsweise: in erster Linie von den Preisen wie auch den Transportmöglichkeiten für die Hauptgetreidearten, in zweiter Linie für Kartoffeln und Rüben und deren Derivate Schnaps und Zucker. Konjunkturschwankungen auf den Märkten dieser Produkte mußten sie deshalb besonders empfindlich treffen.

– Hinzu war gegen Ende des Jahrhunderts die schwere Konjunkturkrise gekommen: Der Konjunkturabschwung nach 1875, der sich auf dem agrarischen Sektor so richtig erst in der Stockung der Getreidepreise nach 1878 bemerkbar gemacht hatte, hatte die ostelbischen Agrarier unvermittelter und im Ausmaß stärker als die Industrie getroffen. Sie und ihre Ideologen neigten daher zu einer chronischen Überschätzung der kausalen Bedeutung der Preisbildung für die konjunkturellen Wechsellagen und mithin der staatlichen Handels- und Zollpolitik für die Expansion und Richtung der Wirtschaft überhaupt.

Dies vorausgesetzt, hatten die von 1878 bis zum Höhepunkt der Agrarkrise im Jahre 1894 in ihrer Gesamttendenz rückläufigen oder stagnierenden Getreidepreise, zusammen mit der im ökonomischen Gesamtkontext völlig unerheblichen Zollsenkung durch die Caprivischen Handelsverträge ab 1891 den letzten Anstoß zur Organisation eines machtvollen, nicht nur wirtschaftspolitischen Verbandes im Bund der Landwirte Anfang 1893 gegeben. Danach verlor die Konjunkturbewegung verständlicherweise ihren motivierenden Charakter vorerst für die Agrarier: 1902 setzten sie stärkeren Zollschutz durch, obwohl der Aufschwung seit 1898 im Grunde ungebrochen anhielt bis zum Kriegsbeginn.

- Die Auswirkungen der Krise verstärkten insgesamt noch zusätzlich die bereits politisch und sozial präformierte Dominanz der ostelbischen Großbesitzer über die Landwirte und Bauern des deutschen Westens und Südens, die teilweise weniger unter den Auswirkungen der Krise als vielmehr unter den Folgen des großagrarischen Protektionismus litten, der die Futterpreise hochtrieb. Am glimpflichsten waren in der Krise noch die Besitzer der in der Regel geschlossenen, meist großbäuerlichen Güter im Nordwesten und Südosten des Reichs davongekommen. Ihnen machten zwar die trotz weitgehend stagnierender Erträge langfristig steigenden Produktionskosten bei seit den 70er Jahren schubweise fallenden Erzeugerpreisen und die zunehmende Konjunkturabhängigkeit und Krisenanfälligkeit ebenso zu schaffen wie den anderen marktorientierten landwirtschaftlichen Produzenten. Aber immerhin blieb diesen seit Jahrhunderten schon arbeitsintensiven erweiterten Familienbetrieben in der Regel die auf die Rentabilität der Betriebe sich katastrophal auswirkende Bodenzersplitterung durch Erbteilung erspart, die in den vorwiegend mittel- und kleinbäuerlichen Betrieben im südwestdeutschen Raum, im Königreich Sachsen und in Thüringen überwog und die Widerstandskraft der Betriebe gegen hypothekarische Verschuldung und den regionalen Wucher des Zwischenhandels schon längst erheblich reduziert hatte. Außerdem gaben stärker diversifizierter Ackerbau bei gleichzeitiger Viehzucht, eine traditionell freiheitlichere Arbeitsverfassung und der geringere Bedarf an Arbeitskräften, also auch geringere Betroffenheit durch die sogenannte „Landflucht", den westdeutschen Großbetrieben zusätzliche Stabilität auch in der Krise. Dasselbe gilt auch für die Großbauern in den schleswig-holsteinischen Marschen.

Auf die zahlreichen und verschiedenen Aspekte der wichtigen regionalen Differenzierung der deutschen Agrar- und Landarbeitsverfassungen, des Erbrechts, der Produktionsweise, der Bodenqualität, des Anbaus und der Erträge kann hier im einzelnen nicht systematisch eingegangen werden. Vermerkt werden muß aber, daß – etwa im Gegensatz zu Frankreich – in Deutschland die Branchenverbände nicht zu eigenständigem politischen Gewicht gelangten, das die Richtung der organisierten agrarischen Bewegung entscheidend beeinflußt hätte. Die wichtigsten von ihnen, vor allem auf dem Zucker- und Spiritussektor, blieben – bestenfalls – sektoral ausgerichtete *pressure groups* alter Art, die sich bemühten, ihren partikularen wirtschaftlichen Interessen in Zusammenarbeit mit den großen Gesamtverbänden gegenüber Verwaltung und Parlament sowie in den Landwirtschaftskammern Geltung zu verschaffen. Aber sie bedurften gewissermaßen des Schutzes der nicht ausdrücklich branchenspezifischen Gesamtverbände, während es in Frankreich in der Regel umgekehrt war und die Gesamtverbände oft nur durch eine Allianz mit den gut organisierten Sonderinteressenten Revolten von unten ersticken konnten.

- Eine weitere entscheidende Kontinuitätslinie der deutschen Agrarpolitik besteht in der konsequenten Zunahme staatlicher *Interventionspolitik* auf dem landwirtschaftlichen Sektor:

Die Wurzeln dieser Politik reichen weit zurück in die Tradition des preußischen Staates, die ostelbische Kolonisationspolitik, den Bauern- und Güterschutz, der auch in den meisten anderen deutschen Staaten üblich war, die Domänenverwaltung und staatliche Förderung wissenschaftlicher landwirtschaftlicher Gesellschaften und der landwirtschaftlichen Vereine seit Beginn des 19. Jahrhunderts, deren Zusammenschlüsse zu Zentralvereinen auf regionaler Ebene seit Mitte des Jahrhunderts eng mit den Staatsbehörden zusammenarbeiteten und gegen Ende des Jahrhunderts in der Regel und unter staatlicher Hilfestellung in die öffentlich-rechtliche, korporative Berufsstandsorganisation der Landwirtschaftskammern überführt wurden, in Preußen ab 1894, in den anderen Staaten teils früher, teils später, besonders zwischen 1900 und 1906. Die Zentralvereine und Kammern waren bei einer engen Verzahnung privater und öffentlicher Organisationstypen bereits um die Jahrhundertwende längst zu privilegierten Partnern der Staatsmacht geworden, die sich in der Regel *im Rahmen* der Regierungspolitik, aber nicht mehr *gegen* sie, die Interessenabstimmung ex ante zum Ziel setzen, aber, ganz abgesehen von der unübersehbaren Unterwanderung durch die regional jeweils stärkeren freien landwirtschaftlichen Interessenverbände schon seit den 70er, und intensiver noch seit den 90er Jahren, eigene Interessenpolitik kaum noch machen konnten. Dasselbe gilt für die Dachorganisationen des preußischen Landesökonomiekollegiums, das schon 1842 (17 Jahre vor Errichtung des Landwirtschaftsministeriums) gegründet worden war, und den 1872 aus dem Kongreß Norddeutscher Landwirte hervorgegangenen Deutschen Landwirtschaftsrat auf Reichsebene.

Durch die protektionistische Agitation der 70er Jahre und besonders die umfassenden Interventionsforderungen des Bundes der Landwirte seit den 90er Jahren wurden diese Tendenzen noch verstärkt. Die agrarischen Rufe nach der Staatshilfe waren dabei seit dem Ende des 19. Jahrhunderts nicht nur relativ unabhängig von der Konjunkturbewegung; sie waren überhaupt rückwärtsgewandt, rückschrittlich und restaurativ. Gefordert wurde nicht, wie von der Industrie seit den 70er Jahren, temporärer Schutz von Entwicklung zu möglicher Emanzipation und Selbständigkeit, sondern ein umfassendes System der Ausklammerung eines ganzen Produktionssektors aus den sonst geltenden Wirtschaftsmechanismen zwecks Erhaltung des sozialen status quo der Produzenten, und das lediglich mit der Berufung auf die früher bessere Lage der Landwirtschaft, in einer Zeit, für die der Rückgang der Prosperität und der Bedeutung des agrarischen Sektors insgesamt ein entscheidendes Strukturmerkmal und kein Zufall war.

Hier liegt ein entscheidendes Problem für die deutsche Landwirtschaft im Laufe des 20. Jahrhunderts: die Tendenz zum Hochprotektionismus. Statt auf lange Sicht die Produktionsweisen und Betriebsstrukturen abzuändern, rentable Betriebsgrößen herzustellen und den Anbau marktgerecht zu diversifizieren oder zu spezialisieren und die Produktionskosten durch Modernisierung zu senken, Großgeräte genossenschaftlich zu nutzen etc., beschränkte man sich noch bis in die 50er Jahre des 20. Jahrhunderts (in der BRD) im Interesse kurzfristigen Profits im wesentlichen auf vom Staat durchgeführte Eingriffe in die Marktordnung, Subventionen, Preisstützungen etc., also Mittel, die zum Ausgleich konjunktureller Störungen mit verschiedenen Ursachen ausreichen, aber keine strukturellen Unangepaßtheiten und

Brüche dauernd beheben können. Die Lösung der Lebensfragen der deutschen Landwirtschaft wurde permanent verschleppt.

IV.

Unter den agrarischen Verbänden setzte sich nach 1893 der großagrarische Bund der Landwirte binnen kurzer Frist gegenüber den „älteren" Trägern agrarischer Interessenpolitik durch, und zwar sowohl gegenüber den öffentlich-korporativen Standesorganisationen wie auch gegenüber den im Rheinland und Westfalen besonders starken katholischen christlichen Bauernvereinen und gegenüber der noch relativ „honorigen" ostelbischen Vereinigung der Steuer- und Wirtschaftsreformer von 1876, die er gewissermaßen beerbte. Der regional beschränkte Bayerische Bauernbund blieb in sich zerstritten und durch Rivalitäten und Kompromisse geschwächt.

Gegründet in radikaler Opposition zur Caprivischen Industrieförderungs- und Handelsvertragspolitik, entwickelte sich der Bund der Landwirte rasch zu einer Massenorganisation (1894 über 200 000, 1901 über 250 000, 1913: 330 000 Mitglieder), in der die Getreide produzierenden ostelbischen Großgrundbesitzer zwar weniger als 1 % der Mitgliedschaft (gegenüber 75 % Kleinbauern) ausmachten, aber alle Gremien des Vereins und den von Berufspolitikern straff geführten und von Anfang an auf die Bedürfnisse der Wahlkampfführung und Agitation hin konzipierten, von oben nach unten durchorganisierten und ökonomisch selbständigen bürokratischen Apparat beherrschten. Was dem Bund an Geld und direktem Einfluß seiner Führer auf die Regierung und den Gang der wirtschaftspolitischen Entscheidungen zunächst fehlte, ersetzte er durch Einheitlichkeit ohne Richtungskämpfe und Flügelbildung, eine mittels populärer und perfekt an den Mann gebrachter ideologischer Verschleierungsmechanismen manipulierte akklamative Massenbasis im Lande, hochentwickelte Agitationsformen in breit gestreuter Presse und Versammlungen und eine schlagkräftige Organisation der Wahlkämpfe und des parlamentarischen Hilfsdienstes.

Der Bund führte die Wahlkämpfe auf eigene Rechnung, stellte aber nur selten und nach dem Mißerfolg bei den Reichstagswahlen 1903 kaum noch eigene parteilose Kandidaten auf. Er hielt sich an die – zum Teil unter seiner massiven Mitwirkung – von den Parteien aufgestellten Kandidaten, sofern sie sich auf die Prinzipien des Bundes verpflichteten und ein verkapptes imperatives Mandat übernahmen, dessen Einhaltung überwacht wurde. 1898 waren von 397 Reichstagsabgeordneten 118 in fünf Parteien vom BdL verpflichtet; 76 waren Mitglieder des Bundes. 1903 waren es 89, 1907: 138, 1912: 78. Im preußischen Abgeordnetenhaus waren es konstant über ein Drittel der Abgeordneten, 1908 sogar die absolute Mehrheit; etwas weniger in der sächsischen zweiten Kammer (vor 1909).

In Frontstellung gegen Sozialdemokraten und Linksliberale bei nur gelegentlichen und folgenlosen taktischen Wahlabsprachen mit dem Zentrum, vor allem im Rheinland und in Posen, und vor dem endgültigen Bruch im Jahre 1909 zeitweilig engeren Beziehungen zu bestimmten Landesverbänden der Nationalliberalen Partei, vor 1897 in Hannover und danach noch in Bayern und in Westdeutschland, stützte sich der Bund dabei in der Regel auf die unorganisierte Mehrheit der freikonservativen Abgeordneten und ganz und gar auf die Deutsch-Konservative Partei, deren Basisorganisationen, Kandidatenselektion und Politik er in enger organisatorischer und personeller Verflechtung durchweg unangefochten kontrollierte und deren Programmatik und politischen Stil er in den zwanzig Jahren vor 1914 nachhaltig veränderte, was zahlreiche Konservative, vor allem in der grundsätzlich „oppositionellen" Zeit des Bundes vor 1902 in folgenreiche Loyalitätskonflikte gegenüber der Regierung oder herkömmlichen Prinzipien konservativer Politik brachte.

Der BdL hat seit seiner Gründung einen außerordentlich starken Einfluß auf „die ganze Richtung der wirtschaftlichen Gesetzgebung" ausgeübt, wobei ihm die politische Machtstellung und Privilegierung der in ihm organisierten Interessenten in Preußen nachhaltig zugute kam. Daß er darüber hinaus auch im Hinblick auf die sozial- und verfassungspolitischen Fragen von allen Verbänden wohl am stärksten zur Polarisierung der nicht sozialistischen Kräfte beigetragen haben dürfte, daß er auch Gruppen ohne agrarische Interessen – wie die des „alten" Mittelstands – ins agrarische Lager zu ziehen verstand, ist vor allem der außerordentlichen Integrationskraft der militanten neukonservativ-agrarischen, völkisch-nationalen, wirtschaftsharmonistischen Ideologie mit sozialdarwinistischen, mittelständischen und antisemitischen Zügen zuzuschreiben. In diesem aus unterschiedlichen Wurzeln gespeisten Konglomerat verband sich wohldosiert die Rechtfertigung des gesellschaftlichen und politischen status quo mit jenem vehement revolutionären Potential, das der Übergang vom Agrar- zum Industriestaat auch *von rechts* freigesetzt hatte, und das entscheidend dazu beitrug, daß der BdL zum wirkungsmächtigen Vorbild eines neuen Typs politischer Organisation der Besitzenden auf der Grenze zwischen Partei und Verband wurde, in dem reaktionäre Ziele, direktdemokratische Techniken und präfaschistische Ideologie miteinander kombiniert wurden.

Der BdL stand zwischen 1893 und 1902 in zuweilen radikaler Opposition zur Regierung und zum sogenannten „Caprivi-System" und trug entscheidend bei zum Sturz dieses Kanzlers und zur Verabschiedung Marschalls und Boetrichers und zum konservativen Ministerrevirement von 1901, ebenso wie später zum Sturz des Reichskanzlers Bülow, wobei sicherlich auch die Beziehungen führender Agrarier zu hohen Militärchargen in der Umgebung des Kaisers und zum Zivilkabinett eine Rolle spielten. Der Bund mobilisierte in kürzester Zeit fast die Hälfte der Reichstagsabgeordneten gegen die Handelsverträge 1893 und 1894 und setzte die Aufhebung der Staffeltarife und des Identitätsnachweises durch, was zusammen mit dem Einfuhrscheinsystem zur Mehrproduktion anreizte, konnte aber die Fortsetzung der kurzlebigen Caprivischen Außenhandelspolitik zur Belebung der deutschen Exportindustrie und des städtischen Arbeitsmarkts vorerst ebensowenig verhindern, wie er etwa 1894 Waldersee als Kanzler oder Heydebrand als Landwirtschaftsminister durchsetzen konnte. Nach der ihnen von Eugen Richter unterstellten Devise „Lerne zu klagen, ohne zu leiden" forderten die Agrarier ohnehin erheblich mehr, als sie realistischerweise zu bekommen sich ausrechnen konnten.

Das beste Beispiel war der Antrag Kanitz zur Verstaatlichung des Getreideaußenhandels, der feste Preise „auf mittlerer Höhe" garantieren und das Produzentenrisiko einer kleinen Gruppe sozialisieren sollte und den Kanitz selbst einmal als „Vorpostengefecht" qualifiziert hat, oder die Doppelwährung. Die wichtigsten Forderungen des dritten der sogenannten „großen Mittel", der Börsenreform, wurden im Gesetz von 1896 weitgehend berücksichtigt, wenngleich das Verbot des Terminhandels für Getreide in Wirklichkeit noch längere Zeit umgangen werden konnte. Die Agrarier waren jedoch meistens mit dem, was sie am Ende bekamen oder durchsetzen konnten, relativ zufrieden.

Das gilt auch für die unter propagandistischem Hochdruck und dank der guten Beziehungen zu eigentlich allen preußischen Landwirtschaftsministern und deren Beamten realisierte verbraucherfeindliche Produzentenpolitik der „kleinen Mittel", zum Beispiel der Viehgesundheitsvorschriften zwecks vorübergehender Grenzsperre für Importe, der Fleischbeschaugesetze, der Verbesserung der Eisenbahntarife, des Margarinegesetzes von 1897, der Revision des Kommunalabgabengesetzes 1893, der Erhaltung der Branntweinliebesgaben, der Zuckergesetzgebung sowie der einseitigen Verdrehung der inneren Kolonisationspolitik im preußischen Osten zugunsten des Großbesitzes und der jahrelangen Blockade und schließlichen Entschärfung des Baus des Mittellandkanals, an dem insbesondere die Industrie interessiert war.

Das gilt aber vor allem für die im Arrangement mit Industrie und Regierung durch den Zoll-Flottenkompromiß bis 1902 durchgesetzte Erhöhung der Getreidezölle, die ohne Zweifel einer der größten wirtschaftspolitischen Erfolge des BdL war.

Die Agrarier lamentierten nur noch eine ganz kurze Zeit darüber, dabei nicht mehr bekommen zu haben. Insgesamt beendete die Annahme des Antrags Kardorff die grundsätzliche Opposition des BdL gegen die Wirtschaftspolitik der Regierung; zollpolitisch saturiert, integrierten sich die Agrarier danach in der Regel in die jeweiligen Regierungsmehrheiten, wobei ihre Vorliebe für das Bündnis mit dem Zentrum, also die Allianz der Konservativen beider Konfessionen, unübersehbar blieb.

Die einseitig großagrarische Orientierung des BdL kommt auch in seinen wirtschaftspolitischen Programmen und Zielsetzungen zum Ausdruck. Der landwirtschaftlichen „Notlage" sollte durch zoll- und steuerpolitische Preisstützung der agrarischen Produkte abgeholfen werden, die Höhe der Getreidepreise war, wie auch immer, vom Staat zu garantieren und die Konkurrenz der Industrie auf dem Arbeitskräftemarkt einzudämmen. Es ging den Agrariern nicht um strukturelle Rationalisierungsmaßnahmen und Reformen der Großbetriebe, sondern um öffentliche Wohlfahrtsleistungen, die der Landwirtschaft als dem ersten und wichtigsten Stand in einem organisch und berufsständisch begriffenen Wirtschaftsgefüge direkt und kurzfristig zugute kommen sollten. Zum Beispiel: Finanzielle Entlastung des Grundbesitzes, Reorganisation des Grundkredits, radikale Entschuldung, Reduzierung der Kommunal- und Schullasten und des Arbeiterschutzes, Zollkredite und Barsubventionen, vor allem aber hohe Getreidezölle, die die Grundwerte künstlich hochhalten und die hypothekarische Verschuldung fördern mußten und ihrem Effekt nach eine „Aufforderung zum Klassenkampf" bedeuteten (H. Rosenberg).

Im Interesse an hohen Preisen propagierten die ostelbischen Großagrarier landwirtschaftliche Autarkiepolitik, und zur Aufrechterhaltung ihrer traditionellen Vormachtstellung in Preußen bekämpften sie die Städte und den Liberalismus, die als Brutstätten von Freihandel und Kapitalismus, Demokratie, möglicher Emanzipation und daher „Zersetzung“ galten, fast noch mehr als die Arbeiterbewegung, mit der sie in der Praxis nicht so direkt zu tun hatten wie die Industriellen. (Für sie reduzierte sich die „soziale Frage“ vielfach auf den billigen Import polnischer Saisonarbeiter.) Die „rote und die goldene Internationale“ waren die Gegner, zur letzteren gehörten aber nur die „*internationale* Industrie“ und das Finanz- und Handelskapital sowie die Banken, während der sogenannten „*nationalen* Industrie“ (i. e. vor allem der Schwerindustrie) die Daseinsberechtigung und Nützlichkeit nicht bestritten wurden. Imperialistisch waren die Agrarier trotz gelegentlicher weitergehender Erklärungen nur im Hinblick auf die machtpolitische Expansion zwecks Rohstoff- und Arbeitskräfteausbeutung in den Gebieten jenseits der preußischen Ostgrenze.

V.

Die Tatsache, daß bei der politischen Organisation agrarischer Interessen in Deutschland der französische Weg des insgesamt eher konservativen Honoratiorensyndikalismus vermieden wurde und von Anfang an eine schlagkräftig, modern und einheitlich organisierte Agitationsmaschinerie die Integration regional und sozial verschiedener Interessen betrieb, zwar geführt von ostelbischen Großagrariern, aber auf massenweise Gefolgschaft von Klein- und Mittelbauern (auch in West- und Süddeutschland) rechnend, hat entscheidenden Anteil an der kontinuierlichen Schwäche und sogar weitgehenden Abwesenheit bäuerlicher Protestbewegungen von unten gehabt. Letztere flackerten nur dann sehr kurzfristig, in organisatorischer Hinsicht folgenlos und regional eng begrenzt auf, wenn die organisierte Einheitsbewegung sich entweder noch nicht konsolidiert hatte, wie im Falle der – zudem auch mit kleinhandwerklichen und kleinhändlerischen Interessen verflochtenen – antisemitischen Agitation in Hessen und Franken in den 80er und 90er Jahren, oder wenn sie für kurze Zeit aus Führungsschwäche und anderen – gesamtpolitischen – Gründen in eine Krise geraten war, wie später im Falle der Schleswig-Holsteinischen Landvolkbewegung Ende der 20er Jahre. In beiden Fällen gelang es den wachsenden Großorganisationen sehr schnell, die freigesetzten Energien zu absorbieren und zu kanalisieren, im ersten Falle dem Bund der Landwirte nach 1893 und im zweiten Falle dem agrarpolitischen Apparat der NSDAP und den von ihm allmählich unterwanderten traditionellen agrarischen Einheitsorganisationen nach 1930.

Die kleine radikale Gruppe auf dem „linken“ Flügel des Bayerischen Bauernbundes, die Gegner des großagrarischen Protektionismus und die vielfach antisemitischen, gelegentlich auch radikaldemokratischen Vertreter des ober- und niederbayerischen Kleinbesitzes („Landsozis“), die die SPD in den 90er Jahren zu beerben hoffte, konnten sich nicht einmal im eigenen Verband und in Bayern durchsetzen. Ihre programmatische Wirkung blieb trotz zeitweiliger breiterer Attraktion (wie auch nach 1918) geringfügig und im ganzen untypisch. Das Interesse der Linksliberalen an Agrarfragen und an ländlicher Agitation blieb sporadisch und systemlos, ihre partielle Beteiligung am Deutschen Bauernbund von 1909, der wesentlich eine Vereinigung von Siedlern der Provinzen Posen und Westpreußen blieb, vorübergehend.

Auch die SPD verzichtete auf eine Mobilisierung bäuerlichen und kleinbesitzerlichen Anhangs und damit überhaupt auf den Versuch der Spaltung der agrarischen Einheitsfront unter ostelbischer Führung. Die Kautskyanische Doktrin, die an der These vom notwendigen Untergang der landwirtschaftlichen Kleinbetriebe festhielt und die Verstaatlichung von Grund und Boden als alleiniges Heilmittel propagierte, blieb trotz reformistischer Praktiken in den Details der Politik süddeutscher Parlamente und der großen Resonanz der theoretischen Diskussion um die Agrarfrage in der Partei seit dem Frankfurter Parteitag von 1894 und noch verstärkt im Anschluß an die Publikationen von Kautsky (1899) und David (1903) bis weit in die 20er Jahre hinein herrschende Lehre der Partei, die sich daher insgesamt kaum um die Wahrnehmung bäuerlicher Interessen kümmerte und dank der damit verbundenen Fehleinschätzung der landwirtschaftlichen Besitzermentalität noch zusätzlich verwundert war, daß ihre (seit 1909 im Deutschen Landarbeiterverband kanalisierte) auf die ostelbischen Landarbeiter als die „Kernregimenter der preußischen Armee" gezielte Agitation relativ geringen Widerhall fand.

Die Annahme eines an den abgelehnten Entwurf von 1895 anschließenden revidierten und bauernfreundlichen Agrarprogramms auf dem Kieler Parteitag von 1927 kam hoffnungslos zu spät im Wettlauf der Parteien und Verbände um den bäuerlichen Anhang. Es liegt jedoch nicht nur am langjährigen grundsätzlichen Desinteresse der Linksparteien, daß die deutsche Landwirtschaft (wenn diese Pauschalisierung erlaubt ist) rechts blieb. Ein großer Teil der Gründe dafür resultiert auch aus den landwirtschaftlichen Verhältnissen selber sowie aus spezifischen gesamtwirtschaftlichen und gesamtpolitischen Konstellationen. Die dominierende Stellung der Großgrundbesitzer im preußischen Staat und das preußische Dreiklassenwahlrecht in Verbindung mit dem ausgeprägten interventionistischen Engagement der preußischen Staatsverwaltung – die ja selbst als Domänenverwaltung landwirtschaftlich tätig war – gerade auf dem Agrarsektor, in der Inneren Kolonisation und Siedlungsfrage, bei Flurbereinigung, technischer Beratung und seit Bismarcks Entscheidung für die Schutzzölle Ende der 70er Jahre auch durch direkten Protektionismus und Preisstützung legten von Anfang an auch den unterprivilegierten Besitzern in Preußen eine Koalition mit den Herrschenden, der Staatsmacht und den Großbesitzern nahe, von denen sie im günstigsten Falle materielle Vorteile erwarten konnten, eher jedenfalls als von einer Partei, die im Geruche des „Umsturzes" (auch aller agrarischer Werte und Institutionen) stand und deren Machtergreifung vorerst nicht zu erwarten war. Das gilt abgewandelt auch für die außerpreußischen deutschen Staaten. Hinzu kommt außerdem, daß die Kleinbauern selbst in den süddeutschen Realerbteilungsgebieten in den seltensten Fällen so arm und verelendet waren und ihr Land so zerstückelt, unproduktiv und winzig und die Technologie so rückständig wie z. B. in Regionen des westlichen Massif Central in Frankreich, d. h. daß jene Schwelle der Verelendung, die dort zu extrem linker Radikalisierung geführt hat, hier in der Regel gar nicht erreicht wurde.

Letzteres dürfte wiederum – ebenso wie das vergleichsweise geringe Interesse der Linksparteien an den Agrarproblemen – zu einem großen Teil zurückzuführen sein auf das schnellere Industrialisierungstempo Deutschlands, das den Wandel vom Agrar- zum Industriestaat und den objektiven Bedeutungsverlust der Landwirtschaft für die gesamte Volkswirtschaft zusätzlich beschleunigte: Der rapide ansteigende Arbeitskräftebedarf der Industrie und der städtischen Zentren zog in wesentlich stärkerem Maße als in Frankreich oder Rußland Bewohner vom Lande ab und bewahrte dadurch vor den extremsten Erscheinungsformen kleinbäuerlicher Verelendung; gleichzeitig verstärkte diese Tendenz die Neigung der Linksparteien zur Vernachlässigung der Bauernfrage. Wenn Deutschland bereits um die Jahrhundertwende eigentlich kein „Agrarland" mehr war, konnte es für die Linksparteien zumindest keine katastrophalen Folgen haben, die Landwirtschaft sich selbst zu überlassen. Die Bahnen, in denen sich die organisatorischen und politischen Energien der deutschen Landwirtschaft bewegten, verliefen mithin kontinuierlich rechts von der Mitte.

Die Tatsache, daß es den tonangebenden Großproduzenten immer wieder gelungen ist, sich gegen die kleinen Bauern durchzusetzen, läßt sich dabei noch relativ einfach aus den finanziellen, organisatorischen oder koalitionsbedingten Voraussetzungen der jeweiligen Einfluß- oder Machtchancen erklären. Der andere und wesentlich bedeutsamere Umstand aber, daß die von den Großbesitzern dominierten Verbände in der Regel die Kleinbesitzer trotz deren oft entgegengesetzter Interessen (z. B. Produktenpreis vs. Futtermittelpreis) stillschweigend in ihre Reihen integrieren konnten, läßt sich nicht allein motivieren mit dem gemeinsamen Interesse an hohen Bodenpreisen und der Bewahrung des (nur abstrakt gleichwertigen) Eigentums, überliefertem Individualismus, Industrie-, Kapitalismus- und Arbeiterfeindlichkeit und den Mechanismen der gezielten „gesamtagrarischen" Integrationsideologien und geschickten Propagandatechniken der Großverbände.

Die genannten Faktoren erklären die immer wieder berufene und zustande gebrachte Aktionseinheit zwischen großen und kleineren landwirtschaftlichen Besitzern sicherlich zu großen Teilen – und das in konkreten konjunkturellen und regionalen Situationen oder gesamtpolitischen Konstellationen einmal mehr, einmal weniger –, vermögen sie aber noch nicht hinreichend und zwingend verständlich zu machen. Hier müßte zum einen noch der ganz offenkundige Mangel an aussichtsreichen und zugleich realistischen Alternativstrategien im einzelnen begründet und auf seine Ursachen hin geprüft werden. Zum anderen und vor allem wäre jedoch die *Klassenlage* der mittleren und kleinen Besitzer nach ihrer *subjektiven* Seite hin und als potentiell handlungsorientierender Faktor systematisch zu untersuchen, eine Aufgabe, die trotz vereinzelter Ansätze bisher noch kaum in Angriff genommen worden ist, die aber, von einem breiten Ansatz kooperierender sozialgeschichtlicher, ökonomischer und soziologischer Feldforschung ausgehend, zu reizvollen und weiterführenden Ergebnissen gelangen könnte.

VI.

Die deutsche Agrarpolitik vor 1914 wurde beherrscht von der traditionellen Herrenschicht der ostelbischen Großbesitzer, die primär ihre eigenen Produktions- und Absatzinteressen wahrten und den kleinen und mittleren Besitzern in Süd- und Westdeutschland nur gelegentlich unerhebliche Konzessionen machten, um sie bei der Stange und in den Reihen einer fiktiven berufsständischen Organisation zu halten.

Daß ihnen das gelang, lag zum einen daran, daß die Ostelbier ohnehin schon zu den Herrschenden gehörten, also die bessere Ausgangsposition hatten, zum anderen aber auch daran, daß die mittleren und kleineren Besitzer sich willig integrieren ließen und die Großbesitzerinteressen in der Regel noch unterstützten.

Das Fehlen einer erfolgreichen bürgerlichen Revolution, die Koinzidenz von verspäteter Industrialisierung und Nationalstaatsbildung, die spezifisch preußische Tradition des obrigkeitsstaatlichen Interventionismus und der relativ frühe Übergang zum organisierten Kapitalismus trugen neben dem Erbe der grund- und gutsherrschaftlichen Verfassungen in den sozialen Beziehungen und der unangefochtenen Stellung der Großagrarier in politischen und militärischen Führungspositionen dazu bei, daß ein revolutionärer oder progressiver impetus von den deutschen Agrarorganisationen nicht ausging. Die deutschen Bauern waren und wurden nicht revolutionär, sie waren – soviel kann man m. E. sagen, ohne den noch notwendigen Detailstudien unzulässig vorzugreifen – nicht einmal sonderlich klassenbewußt. Den Klassenkampf vom Lande führten in Deutschland die Großagrarier. Es war dies, den Machtverhältnissen in der neuerlich polarisierten Gesellschaft des Wilhelminischen Reiches entsprechend, ein Klassenkampf der Etablierten und Besitzenden gegen die, die weniger besaßen. Es war, wenn der Terminus erlaubt ist, ein Klassenkampf von oben.

Anlage 1

Landwirtschaftliche Betriebe und genutzte Flächen, Deutschland 1882–1907, nach Betriebsgrößen

	1882		1895		1907	
ha	Anzahl	Fläche (ha i. T.)	Anzahl	Fläche (ha i. T.)	Anzahl	Fläche (ha i. T.)
unter 2	3 061 831	1 825,9	3 236 367	1 808,9	3 378 509	1 731,3
2–5	981 407	3 190,2	1 016 318	3 286,0	1 006 277	3 304,9
5–20	926 605	9 158,4	998 804	9 721,9	1 065 539	10 421,6
20–50	239 887	7 176,1	239 643	7 113,2	225 697	6 821,3
50–100	41 623	2 732,0	42 124	2 756,6	36 494	2 500,8
100–200	11 033	1 521,1	11 250	1 545,2	10 679	1 499,2
über 200	13 958	6 265,0	13 811	6 286,6	12 887	5 555,8
insgesamt:	5 276 344	31 869,0	5 558 317	32 517,9	5 736 082	31 834,9

Die verglichenen Kategorien sind identisch; Fläche = landwirtschaftlich genutzte Fläche; unter 2 ha = *alle* Betriebe unter 2 ha.

Quellen: Statistik für das Deutsche Reich, Bd. 212, 2 b: Berufs- und Betriebszählung v. 12. 6. 1907, Berlin 1912, S. 12 ff.; Bd. 409, Volks-, Berufs- und Betriebszählung v. 16. 6. 1925, Berlin 1928, S. 60–63; Statistisches Jahrbuch für das Deutsche Reich 1907, I, S. 114 bis 117; 1912, S. 34; 1924/25, S. 53–55.

Agrarpreisindices Deutschland 1850–1959 (1913 = 100), aus: *W. G. Hoffmann,* des 19. Jahrhunderts,

Jahr	pflanzliche Produkte	Fleisch	sonstige tierische Produkte	insgesamt
	1	2	3	4
1850	51,5	36,4	44,2	44,7
1	65,7	36,4	48,6	51,2
2	85,7	39,8	55,0	61,1
3	89,7	40,9	58,2	64,9
4	116,1	42,2	57,0	75,7
5	111,7	42,1	62,4	72,9
6	110,3	45,1	65,5	76,9
7	79,5	47,6	67,9	66,6
8	66,5	46,1	62,8	59,0
9	67,3	45,2	64,9	59,8
1860	84,3	49,1	62,4	66,9
1	84,6	55,1	67,0	70,1
2	77,7	50,6	69,1	66,9
3	74,1	49,3	69,2	65,2
4	69,2	47,7	70,0	62,6
5	69,0	49,6	64,3	61,2
6	77,1	51,3	65,9	65,1
7	95,8	52,9	64,1	71,8
8	100,4	55,8	68,7	77,6
9	82,7	57,4	70,5	70,8
1870	79,6	55,6	70,1	69,1
1	89,5	63,2	74,5	75,8
2	97,1	72,7	88,5	86,6
3	107,0	71,8	93,3	90,6
4	104,8	69,3	78,7	85,5
5	80,7	65,4	76,2	74,3
6	90,7	65,1	87,0	80,8
7	94,6	65,7	92,2	84,6
8	80,6	66,3	74,9	74,4
9	85,5	65,0	70,0	73,6
1880	101,8	63,6	78,7	81,3
1	99,8	64,0	73,4	79,5
2	89,5	62,9	72,8	75,2
3	84,7	64,2	79,2	76,0
4	84,4	63,4	75,6	74,2
5	72,7	63,2	69,3	68,4
6	73,5	63,0	65,2	67,3
7	74,3	59,9	74,4	69,1
8	73,5	59,4	69,8	67,2
9	82,4	66,9	73,8	73,9
1890	88,3	71,5	85,4	81,3
1	98,7	67,4	78,2	80,4
2	97,6	67,8	72,7	79,6
3	73,8	64,8	78,2	72,2
4	70,4	69,4	78,6	72,3
5	74,2	65,7	68,5	69,3
6	71,1	63,0	68,0	67,0
7	81,6	68,9	78,2	75,4
8	89,5	72,4	81,4	80,3

Anlage 2a

F. Grumbach u. *H. Hesse*, Das Wachstum der deutschen Wirtschaft seit der Mitte Berlin/Heidelberg/New York 1965, S. 561 f.

Jahr	pflanzliche Produkte	Fleisch	sonstige tierische Produkte	insgesamt
	1	2	3	4
1899	84,0	67,3	72,9	74,0
1900	82,8	65,1	73,7	73,2
1	83,0	70,0	73,3	74,8
2	81,2	71,2	82,4	77,8
3	81,7	68,1	80,6	76,2
4	88,0	67,0	74,6	76,0
5	92,2	78,0	84,7	84,4
6	88,0	84,2	92,0	87,6
7	102,3	77,0	92,2	89,4
8	98,9	76,7	86,3	86,4
9	102,1	81,2	95,3	91,5
1910	95,8	85,6	104,4	94,1
1	108,9	84,6	107,2	97,7
2	114,2	97,3	110,9	106,2
3	100,0	100,0	100,0	100,0
1924	114,1	101,8		
5	123,5	115,2	159,4	130,0
6	126,5	121,1	147,6	130 4
7	163,3	113,0	148,8	135,7
8	151,7	110,7	148,5	132,3
9	127,5	128,4	137,9	130,7
1930	114,5	114,3	119,6	115,8
1	111,3	83,7	101,7	95,9
2	106,1	66,5	88,3	83,8
3	96,8	64,1	96,7	83,3
4	105,7	70,6	101,0	88,8
5	114,7	80,0	105,5	96,5
6	116,8	84,6	111,2	101,2
7	119,7	83,6	112,4	101,5
8	123,8	84,8	114,7	104,2
1950	188,9	193,4	192,7	191,4
1	218,5	204,0	209,4	209,1
2	234,5	193,8	214,9	210,1
3	227,2	208,9	206,5	212,2
4	227,4	200,1	219,3	212,5
5	240,0	210,8	234,2	222,2
6	252,5	213,8	245,3	232,1
7	289,0	204,6	267,3	241,3
8	236,2	226,7	254,4	237,4
9	288,7	225,3	255,1	247,9

Landwirtschaftliche Erzeugerpreise Deutschland 1846–1959 (Mark/t), aus:
seit der Mitte des 19. Jahrhunderts,

Jahr	Weizen	Roggen	Gerste	Hafer	Erbsen	Bohnen	Gemüse	
	1	2	3	4	5	6	7	
1846	216	165	178	131	172			1
7	280	201	199	146	217			2
8	174	101	102	88	126			3
9	152	78	80	72	95			4
1850	148	86	84	79	100			5
1	164	120	120	104	126			6
2	180	156	152	122	149			7
3	220	172	171	133	169			8
4	283	214	183	148	208			9
5	293	221	196	157	209			10
6	270	209	176	147	210			11
7	210	139	147	128	152			12
8	178	123	136	140	180			13
9	170	118	139	146	191			14
1860	217	143	161	125	170			15
1	223	144	145	116	170			16
2	212	152	147	119	166			17
3	192	130	129	114	144			18
4	170	109	118	116	145			19
5	160	118	116	117	154			20
6	192	136	142	120	171			21
7	259	186	184	145	189			22
8	247	191	196	157	199			23
9	196	149	168	140	177			24
1870	204	139	150	134	170			25
1	231	156	162	139	188			26
2	247	162	163	122	194			27
3	265	185	194	136	216	277		28
4	240	186	194	172	241	299		29
5	196	152	166	157	266	313		30
6	214	162	173	155	250	255		31
7	235	164	173	142	233	261		32
8	204	135	154	123	220	256		33
9	204	138	162	120	214	246		34
1880	221	185	171	137	242	274		35
1	225	195	168	143	250	275		36
2	206	152	158	131	241	275		37
3	184	141	150	122	231	275		38
4	166	144	157	128	222	271		39
5	166	141	147	131	206	262		40
6	162	130	141	117	186	250		41
7	170	120	129	99	184	238		42
8	180	133	141	122	179	256		43
9	186	152	144	140	194	263		44
1890	198	165	166	152	204	259		45
1	255	203	171	154	226	254	37	46
2	181	175	155	137	229	242	35	47
3	156	131	142	148	208	225	35	48

Anlage 2b

W. G. Hoffmann, F. Grumbach u. *H. Hesse,* Das Wachstum der deutschen Wirtschaft Berlin/Heidelberg/New York 1965, S. 552–555.

	Obst	Kar-toffeln	Zucker-rüben	Roh-tabak	Wein	Hopfen	Öl-früchte	ge-schwun-gener Flachs
	8	9	10	11	12	13	14	15
1		33	20	377				
2		47	20	360				
3		31	20	307				
4		20	20	310				
5		20	20	385				
6		25	20	353				
7		34	20	375				
8		35	20	371				
9		44	20	383				
10		45	20	439				
11		38	20	511				
12		25	20	618				
13		24	20	441				
14		23	20	357				
15		27	20	317				
16		30	20	319	266			
17		26	20	410	225			
18		26	20	599	193			
19		28	20	567	169			
20		25	20	516	363			
21		28	20	500	249			
22		36	20	500	147			
23		34	20	500	196			
24		28	20	500	209			
25		29	20	500	134			
26		33	20	510	144			
27		37	20	696	320			
28	108	40	20	438	394			
29	73	43	20	490	332			
30	36	33	20	430	207			
31	81	33	20	410	311			
32	76	34	20	484	238			
33	49	29	20	451	274			
34	51	32	22,5	711	170			351
35	95	39	21,5	554	402			337
36	71	37	22,5	442	284			331
37	103	30	22	420	194			324
38	38	41	22	433	230			351
39	66	31	22,5	354	318	3208		397
40	58	24	16	399	166	1513		390
41	73	23	16,5	428	385	1289	222	397
42	88	26	17,5	335	352	1439	212	364
43	41	28	20	436	188	1589	228	337
44	107	26	19,5	461	345	1915	259	337
45	74	28	20	401	281	2071	251	324
46	69	48	20	388	396	2336	249	304
47	80	42	20,9	441	474	2760	227	298
48	41	26	21,2	467	346	3310	225	337

Fortsetzung

Landwirtschaftliche Erzeugerpreise Deutschland 1846–1959 (Mark/t), aus:
seit der Mitte des 19. Jahrhunderts,

Jahr	Weizen	Roggen	Gerste	Hafer	Erbsen	Bohnen	Gemüse	
	1	2	3	4	5	6	7	
1894	138	115	136	128	199	221	32	1
5	144	122	136	116	180	241	37	2
6	158	122	142	125	175	238	39	3
7	172	133	149	136	175	233	40	4
8	190	149	162	145	193	232	41	5
9	160	146	157	137	205	228	38	6
1900	158	139	152	129	211	230	41	7
1	168	139	154	139	222	237	43	8
2	166	143	150	148	225	237	41	9
3	158	133	137	125	211	258	39	10
4	172	131	144	128	202	268	46	11
5	176	144	160	139	208	300	44	12
6	180	159	163	157	216	306	43	13
7	206	187	175	174	225	301	44	14
8	210	179	179	158	251	292	44	15
9	231	171	171	165	285	268	45	16
1910	204	149	157	146	269	286	45	17
1	204	167	191	166	271	304	57	18
2	217	185	204	184	290	322	44	19
3	198	162	162	152	297	313	43	20
1924	194	167	204	142	190	240	49	21
5	249	204	239	187	233	250	52	22
6	277	195	215	177	299	355	41	23
7	273	253	253	212	308	365	68	24
8	243	245	264	221	362	455	77	25
9	235	198	327	181	302	437	46	26
1930	261	162	206	145	230	568	38	27
1	255	188	209	149	243	377	45	28
2	233	185	188	139	222	283	33	29
3	192	156	184	126	247	254	41	30
4	194	159,3	190	152	450	280	46	31
5	207,4	168,2	208	183,1	517	300	47	32
6	210,9	172,4	219	188,5	381	314	46	33
7	209,5	182,3	227	188,2	361	343	47	34
8	208,2	189,2	224	187,8	373	362	49	35
9	210	192,1	234	191,7	390			36
1949	264	242,7	401	208,3	629		76	37
1950	296,7	265,6	349	242,5	510		66	38
1	409,2	371,2	442	361	646		114	39
2	429,4	427,8	498	360,5	689		109	40
3	426,5	397,4	434	335	688		66	41
4	425,7	403,8	433	326,4	744		113	42
5	423	403	450	326	575		100	43
6	402	377	423	331	669		147	44
7	419	395	424	334	540		116	45
8	421	387	427	348	591		110	46
9	424	385	423	351	645		179	47

Anlage 2b

W. G. Hoffmann, F. Grumbach u. *H. Hesse*, Das Wachstum der deutschen Wirtschaft Berlin/Heidelberg/New York 1965, S. 552–555.

	Obst	Kartoffeln	Zuckerrüben	Rohtabak	Wein	Hopfen	Ölfrüchte	gesponnener Flachs
	8	9	10	11	12	13	14	15
1	43	26	20,2	486	237	2947	198	377
2	62	28	17,7	421	452	1649	195	381
3	89	23	17,7	447	216	1163	190	374
4	87	32	17,3	402	304	1338	208	359
5	85	33	18,3	396	365	2426	210	378
6	93	29	19,1	461	372	2590	213	386
7	55	33	19,7	535	345	1973	266	429
8	80	27	18,9	497	265	1768	276	466
9	102	25	17,9	472	307	1934	250	443
10	98	32	17,8	468	275	3030	194	419
11	60	43	20,1	419	337	3034	173	394
12	105	41	20	508	283	2343	199	395
13	92	27	18,7	586	428	1574	228	432
14	98	36	19,6	584	461	1626	246	458
15	78	36	21,3	634	405	1128	254	441
16	77	35	21,9	666	361	2025	249	448
17	114	30	22,5	744	686	3109	272	478
18	123	45	25,1	592	609	4078	270	501
19	103	53	24	570	466	3203	265	576
20	100	38	20,8	508	482	2961	250	583
21	122	43,8	29	780	527	10883		1964
22	165	40,8	29	580	528	8717	368	1582
23	140	44,6	29	1300	880	10142	321	974
24	154	79,6	29	1130	1022	8558	333	1402
25	179	64,1	29	860	974	4583	356	1522
26	182	52,7	29,5	810	579	2602	356	1513
27	178	34,5	29,5	1180	423	1742	274	1131
28	100	37,7	29,5	960	289	968	197	760
29	82	33,0	30	1160	488	2013	180	782
30	102	26,8	30	1160	573	4917	264	833
31	94	44,3	30,5	1300	404	5133	294	949
32	128	47,3	30,5	1170	371	5946	330	1055
33	145	47,3	31	1480	347	4857	290	1108
34	127	48,1	31,5	1350	551	4573	305	1108
35	231	48,5	32	1350	609	4348	305	1108
36		48,7	32	1350		5062		
37		85,1	45	2550	1470	9535	970	
38	122	86,3	45	2080	772	23862	674	1850
39	159	84,2	54	2360	777	14264	818	2161
40	125	120	50	2010	823	11206	646	2238
41	137	98	63	4260	1100	9313	725	2161
42	141	100	56	3340	1062	3968	757	2194
43	174	106	59	3285	1060	6638	757	2249
44	175	112	56	3494	1980	11810	762	2194
45	465	112	63	4057	1270	22480	750	2116
46	152	129	63	3952	820	8700	750	2146
47	219	169	72	3437	1270	4250	666	2146

DISKUSSION

WERNER CONZE, HEIDELBERG

Statt zu Einzelheiten der beiden Referate Stellung zu nehmen, möchte ich anregen, unsere Diskussion auf den bisher noch nicht angeschnittenen Vergleich zwischen Rußland und Deutschland auszudehnen. Ich will in dieser Hinsicht einen Versuch machen.

Im Referat von Herrn Puhle ist mehrfach von „Verspätung" die Rede gewesen. „Verspätung" ist ein dem Historiker naheliegender Zeitbegriff. Er bedarf der Kriterien, an denen die Verspätung gemessen werden kann. Was Deutschland betrifft, so ist im Anschluß an Plessner oft davon die Rede gewesen, daß Deutschland eine „verspätete Nation" gewesen sei.[a] Herr Puhle hat in seinem Referat gesagt, daß die Industrialisierung in Deutschland verspätet gewesen sei (vgl. oben S. 41). Ich frage nun, wie es sich in dieser Hinsicht mit Rußland verhalten hat. Rußland ist nicht minder, oder besser: noch stärker „verspätet" gewesen als Deutschland. Dehnen wir die Frage auf weitere Nationen der Erde aus, so kommen wir zu dem Schluß, daß alle Nationen außer der englischen „verspätet" gewesen sind. Man sollte also mit diesem Begriff sehr vorsichtig umgehen und ihn besser durch den Begriff der Phasenverschiebung in einen großen weltgeschichtlichen Zusammenhang stellen. Sieht man die Industrialisierung solcherart als Teil eines erdumfassenden Modernisierungsprozesses in zeitlicher Verschiebung, so würden in unserem Fall Deutschland und Rußland als früher und später mitten im großen Ablauf dieses Prozesses stehen.

Wenden wir diesen Gedankengang auf die Thematik der beiden vorhergegangenen Referate an, d. h. auf die Modernisierung der Agrarverfassung, so erkennen wir deren Merkmale prototypisch in der sogenannten agrarischen Revolution im England des 18. Jahrhunderts. Deutschland folgte mit dem Übergang zur „rationellen Landwirtschaft" zum Teil schon im ausgehenden 18. Jahrhundert, größtenteils – regional sehr verschieden – in der ersten Hälfte des 19. Jahrhunderts nach. Diese Umgestaltung der Agrarverhältnisse in Deutschland wird gemeinhin zusammengefaßt unter dem Begriff der Bauernbefreiung. Doch ist dieser Begriff zu eng, denn es handelt sich nicht nur um die persönliche Befreiung der Bauern und um die Überlassung des Bodens an diese zum freien Eigentum, sondern es ging ebenso um die Rationalisierung der Flurverhältnisse und damit um die Ermöglichung zur Rationalisierung und Technifizierung zwecks Produktivitätssteigerung der Landwirtschaft. Dieser komplexe Vorgang ist in Deutschland im 19. Jahrhundert verhältnismäßig günstig verlaufen. Denn durch die sogenannte Ablösungsgesetzgebung ist in den deutschen Staaten die bäuerliche Betriebsgrößenstruktur erhalten und gefestigt worden. Das gilt auch und besonders für die preußischen Ostprovinzen, wo lediglich die Parzellenbauern unterhalb einer vollen Ackernahrung dem Ausdehnungsdrang des Großgrundbesitzes großenteils anheimfielen und zum Teil den Übergang in das relativ sichere Landarbeiterverhältnis vollzogen haben. Vor allem aber folgte die Industrialisierung unmittelbar auf die Bauernbefreiung, so daß die Umstellung der bäuerlichen Wirtschaften mit der Erweiterung des inneren Waren- und Arbeitsmarktes zusammenfiel. Demzufolge haben sich die deutschen Bauern bis 1914 infolge der Wirkungen von Bauernbefreiung und Industrialisierung verhältnismäßig gut und sicher entwickelt, trotz der seit dem Ende der 70er Jahre entstehenden strukturellen Agrarkrise, von der in erster Linie, bewirkt durch das Absatz- und Preisproblem für Getreide, die ostelbische Großlandwirtschaft betroffen gewesen ist.

In Rußland lief die Entwicklung in sehr viel ungünstigerer Weise, wie aus dem Referat von Herrn Koval'čenko hervorging. Dies nicht nur deswegen, weil die Bauernbefreiung ein halbes Jahrhundert später verkündet, sondern vor allem deswegen, weil sie in den Jahrzehnten des ausgehenden 19. Jahrhunderts durchgeführt wurde, in denen die Industrialisierung noch nicht so stark vorangetrieben wurde, daß sie einen spürbaren Entlastungseffekt für die Landwirtschaft hätte haben können. Deshalb konnte weder der Absatz agrarischer Produkte wirksam gesteigert werden, noch öffnete sich ein industriebestimmter Arbeitsmarkt, der die überzählige Landbevölkerung hätte aufnehmen können. Bekanntlich wurde die Betriebsgrößenstruktur in Rußland infolge der Bauernbefreiung nicht stabilisiert oder verbessert, sondern durch fortgesetzte Realteilungen oder Landaufteilungen im Mir zerrüttet. Die bäuerlichen Betriebsgrößen verringerten sich, und die Landbevölkerung nahm rasch zu, ohne daß die Produktivität und die Tragfähigkeit des Landes entsprechend anwuchsen. Für weite Teile des russischen Bauerntums ergab sich daraus ein verhängnisvoller Verelendungsprozeß infolge zunehmender ländlicher Übervölkerung. Erst spät, sicherlich zu spät, wurde von 1906 an durch die Agrarreform Stolypins der Versuch gemacht, eine Entwicklung einzuleiten, die der englischen des 18. und der deutschen des 19. Jahrhunderts in den Grundzügen entsprach. Der Erfolg konnte nicht mehr eintreten, weil, abgesehen von den Gründen, die im Referat mitgeteilt worden sind, bis zum Ausbruch des Weltkrieges nicht mehr genügend Zeit für die völlige Umwandlung der russischen Agrarstruktur zur Verfügung stand.

Zusammenfassend kann festgestellt werden, daß eine liberalkapitalistische Agrarentwicklung in später Stunde eingeleitet worden ist, deren Erfolgsaussichten als begrenzt zu beurteilen sind, wenn wir sie im wirtschafts-, innen- und verfassungspolitischen Zusammenhang Rußlands im Jahrzehnt vor 1914 sehen. Aus einer vergleichenden Betrachtung der deutschen und der russischen Agrarverhältnisse im behandelten Zeitraum läßt sich im übrigen einleuchtend ableiten, warum die Bauern in Rußland zunehmend revolutionär ansprechbar waren, während die deutschen Bauern jeglicher revolutionärer Bewegung auf Grund ihrer Lage ablehnend gegenüberstanden.

[a] *H. Plessner*, Die verspätete Nation, Stuttgart 1959 (erweiterte Neuauflage von: Das Schicksal deutschen Geistes im Ausgang seiner bürgerlichen Epoche, Zürich 1935).

ALEKSANDR N. ČISTOZVONOV, MOSKAU

Ich möchte drei Probleme des Vortrags des sehr verehrten Kollegen Professor Puhle kurz behandeln.

Erstens: Die Frage, die nicht nur von ihm, sondern auch in einigen anderen Vorträgen gestreift wird, die Frage nach der Periodisierung des Industrialisierungsprozesses, d. h. der Entwicklung des Kapitalismus in Deutschland, wird insbesondere in den Vorträgen von Professor Zorn und Professor Puhle nicht vollkommen gleich behandelt. Professor Zorn hält den ganzen Zeitraum von 1850 bis 1914 für die Periode des Kapitalismus (vgl. unten S. 124). In der weiteren Interpretation spricht er jedoch von den Zügen des Imperialismus in den Regierungsjahren Wilhelms II. (vgl. unten S. 130).

Professor Puhle nimmt eine stärker detaillierte Periodisierung vor: 1850–1873 ist der Beginn der Industrialisierung, 1873–1895 ihr erstes hohes Stadium, der Beginn, wie er sagt, „des organisierten kapitalistischen Systems" (vgl. oben S. 39), d. h. der Periode des Imperialismus nach der marxistischen Terminologie. Vollkommen gerechtfertigt sind die Beobachtungen Professor Puhles zur „Verkürztheit" der Periode des Kapitalismus in Deutschland, zur „Gewaltsamkeit", wie er sagt, und „Sprunghaftigkeit" des Verlaufs dieses Prozesses. Vollkommen richtig wird auch die These von der Verzögerung der Entwicklung des Kapitalismus in Deutschland im Vergleich mit England dargestellt (vgl. oben S. 41). All das stimmt mit jener vergleichenden historischen Konzeption überein, über die ich noch in meinem Beitrag zum Vortrag des sehr verehrten Kollegen Professor Zorn sprechen werde (vgl. unten S. 141–144). Für Rußland sind die chronologischen Grenzen entsprechend enger und ist die „Komprimierung" des Prozesses noch größer. Was die erhöhte Konzentration in der Industrie und die Einmischung des Staates in die Wirtschaftssphäre angeht, so sind sie, meiner Meinung nach, ein gemeinsames Phänomen in allen Ländern, die mit Verspätung den Weg der kapitalistischen Entwicklung betreten.

Bezeichnend sind die Mitteilungen von den Überresten der Gutsverwaltung und -gerichtsbarkeit im ostelbischen Preußen bis 1927 (vgl. oben S. 42); sie zeugen von der Zählebigkeit der feudalen Überbleibsel. Sehr plastisch wurde, wie auch im Vortrag von Professor Zorn, die privilegierte Stellung des preußischen Junkertums und des faktisch von ihm beherrschten

Agrarsektors dargestellt. Ökonomisch und strukturell war es rückständig, sein spezifisches Gewicht in der Wirtschaft verringerte sich; dafür erhielt es systematisch bedeutende staatliche Subventionen und Zollerleichterungen; schließlich nahm es führende Positionen im politischen Bereich ein. Erneut wird dadurch die Ähnlichkeit der dargelegten Erscheinungen mit der russischen Wirklichkeit jener Zeit deutlich gemacht, obwohl ihre Formen nicht identisch waren.

Schließlich gibt es ein Problem, das etwas eingehender betrachtet werden muß, insbesondere auch in Verbindung mit dem Beitrag von Professor Conze (vgl. oben S. 61 f.). Es handelt sich um das Problem der Bauernschaft. Kann man von einer Bauernschaft im allgemeinen, einer einheitlichen und seit jeher existierenden Bauernschaft sprechen? Vom marxistischen Standpunkt aus nicht. Der Übergang vom Feudalismus zum Kapitalismus und die Entwicklung des letzteren wurden begleitet von einer gründlichen Zerstörung der Klasse und des Standes der patriarchalischen, feudalen Bauernschaft und von der Entstehung neuer Typen der ländlichen Bevölkerung. Unter den Bedingungen des Kapitalismus waren dies auf der einen Seite die kleinen und mittleren Agrarier, auf der anderen Seite eine stetig anwachsende Schicht von Landarbeitern und Knechten verschiedenster Art. Die mittleren und sogar die kleinen Agrarier, selbst wenn letztere auch keine Lohnarbeit anwandten, gravitieren im großen und ganzen zu den Großgrundbesitzern und Kapitalisten. Die Verbesserung ihrer Lage ist, wie Lenin betont hat, das Ergebnis ihrer Vereinigung mit den Gutsbesitzern, ihrer Beteiligung an der Erhebung einer erhöhten Grundrente von der Gesamtgesellschaft und ihres Antagonismus zu der Masse der Proletarier und Halbproletarier, die völlig oder hauptsächlich vom Verkauf ihrer Arbeitskraft abhängig sind. In direkter Abhängigkeit davon, wie weit in dem einen oder anderen Land der Prozeß der kapitalistischen Entwicklung und die Auflösung der Bauernschaft in der aufgezeigten Richtung fortgeschritten war, befinden sich die Formen und die Intensität ihres Klassenkampfes. In Rußland, wo sich die feudalen Überbleibsel auf dem Land, die Landgemeinde und die übrigen patriarchalischen Institutionen, länger hielten, blieb auch der Antagonismus der Bauernschaft gegenüber den Gutsbesitzern und der Selbstherrschaft noch stark. In Deutschland war der Prozeß der Umwandlung der Großbauern und der mittleren Bauernschaft in Agrarier bürgerlichen Typs ebenso wie die Formierung des Landproletariats sehr viel weiter vorangeschritten. Hängen damit nicht auch der Trend der kleinen und mittleren Agrarier zum Bund der Landwirte und die Schwäche der revolutionären Tendenzen unter ihnen zusammen? Aber natürlich konnten diese Schichten der Bauernschaft von den Führern des „Bundes der Landwirte“ nur Brosamen von des Reichen Tische erhalten.

Daher ist die These von Professor Puhle, daß die deutschen Bauern weder revolutionär waren noch wurden und noch nicht einmal sonderlich klassenbewußt (vgl. oben S. 52), wissenschaftlich nicht begründet. Bei den Agrariern des kleinen und mittleren Typs fehlte das Klassenbewußtsein schon in seiner „bäuerlichen“ Form. Die Perspektiven der Ausprägung eines Klassenbewußtseins existierten und hatten ihre Potentiale insbesondere bei der dem Ruin ausgelieferten Dorfarmut und dem zahlenmäßig wachsenden Landproletariat. Aber gerade auf diesem Sektor haben die deutschen Sozialdemokraten schlecht gearbeitet.

Man darf auch jenen Umstand nicht aus dem Auge verlieren, daß Deutschland 1848, wenn auch keine siegreiche, so doch immerhin überhaupt eine bürgerliche Revolution erlebt hatte, während Rußland dies erst 1905 erleben sollte. So wurde, was in Deutschland in der Bauernfrage 1848 nicht vollendet wurde, wenn auch nur teilweise, während der Revolution von 1918 und später in den Reformen der Weimarer Republik verwirklicht. Aber dies sind schon Fragen, die über den Rahmen der Problematik unseres Kolloquiums hinausgehen.

Anschließend erlauben Sie mir, der Hoffnung Ausdruck zu geben, daß das gegenwärtige und die zukünftigen Treffen von sowjetischen Historikern und Gelehrten aus der BRD sowohl zu den Erfolgen der vergleichenden historischen Forschungen als auch zur Entwicklung des gegenseitigen Verstehens beitragen mögen.

WOLFGANG ZORN, MÜNCHEN

Ich wollte einige Bemerkungen zu dem Referat von Herrn Kollegen Puhle machen. Einiges von dem, was ich eigentlich sagen wollte, ist unerwarteterweise von Herrn Kollegen

Čistozvonov soeben schon gesagt worden. Ich möchte also nur von der ja erwähnten bayerischen Seite her noch eine Frage stellen: Herr Puhle hat gesagt, daß die süddeutschen Bauern unter dem großagrarischen Protektionismus gelitten haben, der die Futtermittel verteuerte (vgl. oben S. 44). Hier müssen doch eigentlich konkrete Beschwerden angeführt werden. Der Teil der bayerischen Bauern, der Milchwirtschaft betrieben hat, hat ja Grünlandwirtschaft betrieben, da war das Futterproblem eigentlich lösbar. Auf welche Gruppe der bayerischen Bauern bezieht sich also dieses Leiden unter zu teuren Futtermitteln, und wo ist nachweisbar, daß das den ostelbischen Großagrariern zur Last gelegt und daraus ein wirtschaftlicher Interessengegensatz abgeleitet worden ist? Herr Puhle hat mir erläutert, er hätte dabei eben nur an kleine Splittergruppen gedacht unter den bayerischen Bauern, die nicht stärker ins Gewicht gefallen sind; nur hätte dann nicht die große Mehrheit ein falsches Bewußtsein von ihrer wirklichen wirtschaftlichen Interessenlage gehabt?

Der zweite Punkt ist der, daß ich doch richtigstellen möchte, daß das Königreich Sachsen nicht zum „deutschen Osten“ gerechnet werden darf (vgl. oben S. 43), das kann strukturell gelten für die Oberlausitz, aber es gilt nicht für Sachsen im Ganzen. Es hat vielleicht auch eine gewisse nachwirkende Bedeutung, das historisch zu korrigieren. In der Typenkarte der Erscheinungsformen der deutschen Grundherrschaft läßt sich die mitteldeutsche Grundherrschaft deutlich abgrenzen von der ostdeutschen Grundherrschaft, aus der dann das gutsherrschaftliche System erwachsen ist.

Der dritte Punkt betrifft die mir etwas bedenkliche, wiederholt verwendete Bezeichnung „präfaschistische Ideologie“ im Zusammenhang mit dem Bund der Landwirte. Was ist eigentlich Präfaschismus in der Zeit vor 1914? Auch da würde ich also für eine konkretere Darlegung der zugrundeliegenden Gesichtspunkte dankbar sein.

DIETRICH GEYER, TÜBINGEN

Ich möchte gern etwas zu dem Vortrag von Herrn Koval'čenko sagen und zunächst bemerken, daß wir in der Bundesrepublik – auch unter den Historikern, die sich mit russischer Geschichte befassen – natürlich nicht solche Spezialisten der russischen Agrargeschichte haben wie Professor Koval'čenko oder seine Kollegen Litvak, Anfimov und andere. Dennoch ermöglicht uns die Kenntnis der sowjetischen historischen und insbesondere agrarhistorischen Literatur, dieses Referat gleichsam im Kontext der sowjetischen Historiographie zu betrachten. Und in diesem Sinne habe ich den Eindruck und bin ein wenig überrascht, wie stark Herr Koval'čenko die Bedeutung der bäuerlichen Produktion in Rußland vor 1914 betont hat. Das Problem der sozialen Differenzierung der Bauernschaft in Rußland ist ja ein Problem, das seine eigene Geschichte hat, angefangen von den Schriften Lenins zur russischen Agrarfrage. Mir will scheinen, daß Herr Koval'čenko bei der Beurteilung der Chancen des, wie er sagt, bürgerlich-bäuerlichen Weges oder des amerikanischen Typs der Entwicklung des Agrarkapitalismus in Rußland stärker auf den Frühschriften Lenins fußt als auf den späteren Schriften Lenins aus der Zeit nach 1905. Ich frage mich, wie es von dieser Beurteilung her, die, wie wir sehen konnten, auf einer breiten Materialgrundlage und auf quantifizierenden Untersuchungen beruht, für Herrn Koval'čenko möglich ist, seine Beurteilung in Übereinstimmung zu bringen mit der Kennzeichnung der russischen Agrarverfassung durch den späteren Lenin, der ja doch die russischen Sozialverhältnisse, zumal die Verhältnisse auf dem Lande, in betonter Weise durch das Vorherrschen feudaler Überbleibsel charakterisiert sah. Dabei werden Qualifizierungen geäußert wie „asiatische“, „barbarische“ Formen und ähnliche, die mir nicht übereinzustimmen scheinen mit der Beurteilung von Herrn Koval'čenko, der sicherlich aufgrund seiner quantifizierenden Untersuchungen auch mit Recht das Ausmaß der bäuerlichen Produktion betont, aber doch, wie mir scheint, nicht erwähnt, auf welchem Hintergrund denn die bäuerliche Marktproduktion steht. Die Vermarktung der bäuerlichen Produktion scheint mir nicht so sehr dafür zu sprechen, daß ein erheblicher Teil der bäuerlichen Landwirtschaft bereits durch bürgerliche Formen gekennzeichnet gewesen sei, als vielmehr dafür, daß eine verarmte, am Rande der Existenz, am unteren Rande des Existenzminimums vegetierende Bauernschaft gezwungen war, ihre Produktion auf den Markt zu bringen, um ihrer Steuerverpflichtung zu genügen und um überhaupt ihre Existenz sicherzustellen. Hier scheint doch ein Unterschied von einiger Bedeutung zu liegen. Ein

Punkt, den ich am Schluß erwähnen möchte, ist mir noch aufgefallen. Ich habe mich gewundert, daß die agrarstrukturellen Analysen von Herrn Koval'čenko, soweit ich sehe, weitgehend von dem Industrialisierungsprozeß in Rußland, von den Rückwirkungen also, die der forcierte Industrieaufbau seit den neunziger Jahren in der russischen Landwirtschaft gehabt hat, abstrahieren. Vielleicht kann Herr Koval'čenko auf diese Fragen und Beobachtungen eingehen.

PETER SCHEIBERT, MARBURG

Ich möchte einige Bemerkungen zu dem Referat von Herrn Koval'čenko machen, aber zuerst Herrn Professor Naročnickij danken, daß er liebenswürdigerweise meines alten Lehrers Otto Hoetzsch gedacht hat (vgl. oben S. 6 f.). Ich glaube, daß ich hier der einzige von seinen Studenten bin. Mein Interesse für die russische Geschichte verdanke ich Professor Hoetzsch. Als er im Jahre 1935 mitten im Semester aus der Berliner Universität herausgeworfen wurde, hat das auch meine eigene Ausbildung für einige Jahre verzögert. Ich möchte mich ganz ausdrücklich dafür bedanken, daß sein Andenken heute noch unter Ihnen lebendig ist.

Eines der großen Probleme der quantifizierenden Betrachtung der Landwirtschaft in Rußland wie anderswo ist das Problem der Einteilung des Bauerntums. „Bauer" ist eigentlich kein ökonomischer, sondern ein fiskalischer Begriff. Es hat als Bauern durch die Jahrhunderte hindurch einen bestimmten Stand, die *krest'jane*, gegeben, in dem sie sich in einer gemeinsamen Rechtsordnung befanden, aber ökonomisch untereinander durchaus verschieden waren. Sehr früh gab es ja im Moskauer Staat zwischen den Bauern schon Geldgeschäfte. Soeben ist von der Leningrader Abteilung des Instituts für Geschichte der UdSSR ein Sammelband herausgegeben worden, in dem hochinteressante Beiträge über die Differenzierung des Bauerntums im 15., 16. und 17. Jahrhundert enthalten sind.[a] Es ist ja nicht so, daß es am Anfang ein ökonomisch in sich gleiches oder einheitliches Bauerntum gegeben habe, welches sich erst in jüngerer Zeit differenziert habe, sondern es ist, wie ich glaube, ein sehr alter Prozeß, wenn wir auch nur selten das Glück haben, unmittelbare Quellenzeugnisse in der Hand zu haben. In einem gewissen Sinne hat es reiche Bauern, die *kulaki*, und arme Bauern, die *bednota*, schon immer gegeben. Gewiß ist dieser Prozeß nach der Bauernreform wesentlich beschleunigt worden, und zwar im Zusammenhang mit der Industrialisierung. Deshalb würde ich mit der einfachen Gegenüberstellung von Adels- und Bauernwirtschaft etwas vorsichtiger sein. Oder besser gesagt: Der Teil der bäuerlichen Wirtschaft, welcher nach den sehr interessanten Darlegungen von Herrn Koval'čenko einen immer größeren Teil der Marktwirtschaft übernimmt, muß näher charakterisiert werden. Man wird dann feststellen – und es besteht durchaus die Möglichkeit, dazu auch diffizilere Untersuchungen durchzuführen, wobei ich mich an einige Quellenveröffentlichungen vom Beginn der zwanziger Jahre entsinne –, daß ein großer Teil der Marktproduktion gerade von dem wirtschaftlich gefestigten Teil der Bauern getragen wurde, den wir Kulaken nennen. Das Problem des Kulakentums ist ja ein sehr emotional aufgeladenes Problem, wie Sie wissen. Und die Frage nach der Herkunft des Kulakentums, seinem Aufstieg und seiner Produktionskraft läßt sich nur in Detailstudien erarbeiten. Einerseits handelt es sich hierbei um große Höfe, welche nicht geteilt worden sind, mit einer ganzen Reihe von männlichen Arbeitskräften. Es ist möglich, daß einzelne Männer, die zu diesem Hofe gehörten, zum Beispiel mit Fuhrwerken über Land fuhren, als Handwerker draußen arbeiteten und schließlich das Geld, das sie übrig hatten, als Wucherer, als *rostovščiki*, ausliehen an die ärmeren Dorfgenossen. Es hat sich ja unmittelbar nach der Revolution während der Zeit des Kriegskommunismus herausgestellt, daß der Kampf gegen das Kulakentum sofort zu einer starken Reduzierung der Ablieferung von Getreide vom Land in die Städte führte. Und wie der israelische Gelehrte Teodor Shanin in einem soeben in englischer Sprache erschienenen Buche „The Awkward Class" nachgewiesen hat, sind die Kulaken im Laufe des Jahres 1918–1919 ganz schnell verschwunden, indem sich die Wirtschaften aufteilten und auf diese Weise die relativ großen, auf den Markt bezogenen Wirtschaften sich in kleine Subsistenzwirtschaften zurückverwandelten.[b]

Ich möchte noch eines sagen: Wenn von der bäuerlichen Bewegung die Rede ist, so handelt es sich auch hierbei weitgehend um eine Frage der Definition. Herr Koval'čenko hat eine eindrucksvolle Statistik der bäuerlichen Unruhen herausgearbeitet, aber im einzelnen ist sehr schwer nachzuweisen, wie der Charakter dieser Unruhen beschaffen war. Es geht nämlich aus den veröffentlichten Quellen hervor, daß die Unruhen nach dem Einsetzen der Stolypinschen Reform im wesentlichen von ärmeren Bauern gegen diejenigen ihrer Dorfgenossen angezettelt wurden, die aus der Dorfgemeinde hinauswollten. Objektiv gesehen, sind diese Unruhen eher reaktionär, denn sie versuchten, eine engere Beziehung zum Markt durch die Rationalisierung der Produktion zu verhindern. Das führt schließlich zu meiner letzten Frage: Was betrachtet mein verehrter Kollege Koval'čenko als das eigentliche Ziel einer effektiven agrarischen Entwicklung? Die rationellste ist doch die einer möglichst umfassenden und effektiven Versorgung des Marktes. Der Unterschied zwischen Deutschland und Rußland, wenn ich ihn nur nennen darf, liegt doch ganz wesentlich darin, daß die agrarische Übervölkerung in Rußland wesentlich früher eingesetzt hat als die Industrialisierung. Und das Problem der agrarischen Übervölkerung ist ja durch die Revolution und nach der Revolution bis zur Kollektivierung immer das klassische Problem der russischen und sowjetischen Geschichte geblieben. Man kann meines Erachtens die russische Geschichte nicht ohne wesentliche Berücksichtigung des demographischen Faktors betrachten.

[a] Problemy krest'janskogo zemlevladenija i vnutrennej politiki Rossii. Dooktjabr'skij period, Leningrad 1972 (= Trudy Leningradskogo otdelenija Instituta istorii SSSR Akademii nauk SSSR, T. 13).

[b] *T. Shanin,* The Awkward Class. Political Sociology of Peasantry in a Developing Society: Russia 1910–1925, Oxford 1972.

VALERIJ I. BOVYKIN, MOSKAU

Erlauben Sie mir, einige Ansichten zu den Fragen zu äußern, die im Verlauf der Diskussion berührt worden sind. Es ist charakteristisch, daß sich die Diskussion – obwohl in den erörterten Vorträgen Vergleiche zwischen den Prozessen der agrarischen Entwicklung in Deutschland und Rußland fehlten – gerade um die vergleichende Betrachtung der ähnlichen Prozesse und der unterschiedlichen Momente in der agrarischen Entwicklung Rußlands und Deutschlands gedreht hat.

Als Lenin von den zwei Wegen der Entwicklung des Kapitalismus in der Landwirtschaft sprach, hatte er zwei grundsätzlich verschiedene Typen der kapitalistischen Entwicklung im Auge. Das bedeutet keineswegs, daß es innerhalb jedes der beiden Typen, des preußischen und des amerikanischen, keine Unterschiede in den historischen Entwicklungswegen der Länder gegeben hat, die sich entweder auf dem preußischen oder auf dem amerikanischen Weg entwickelten. Der grundsätzliche Unterschied zwischen diesen beiden Wegen bestand darin, ob der gutsherrliche Grundbesitz erhalten blieb oder nicht. Wenn der gutsherrliche Grundbesitz erhalten blieb und auch die Entwicklung des Kapitalismus auf der Basis dieses Grundbesitzes erfolgte, so schuf dies auch einen grundsätzlich anderen Typ oder Weg der Entwicklung des Kapitalismus. Daraus folgen ein grundsätzlich anderer Charakter des Wandels der Sozialstruktur der Gesellschaft sowie unterschiedliche Prozesse des Wandels ihrer politischen Verfassung. Bei der Entwicklung des Kapitalismus auf dem preußischen Weg bildet die Erhaltung der gutsherrlichen Ländereien die wirtschaftliche Grundlage für die Erhaltung der politischen Macht der Gutsherren. Daraus ergeben sich auch gewisse Konsequenzen für die Prozesse der industriellen Entwicklung. All dies bildet ein recht kompliziertes Ganzes, und natürlich ergeben die verschiedenen Komponenten kein vollkommen ähnliches Bild. Als Ergebnis sehen wir, daß die Entwicklungsprozesse und die historischen Schicksale solcher Länder wie Preußen, Rußland, Österreich-Ungarn, Italien, Japan usw., d. h. jener Länder, die den preußischen Weg gingen, recht verschieden waren. Es scheint, daß diese Unterschiede zunächst einen stadialen Charakter trugen, weil diese Länder nicht gleichzeitig den Weg der kapitalistischen Entwicklung betraten. Zugleich führten die stadialen Unterschiede auch zu einer Reihe von anderen Unterschieden. Die verschiedenen Stadien des Wandels der wirtschaftlichen und sozialen Gesellschaftsstruktur bedeuten auch ein unterschiedliches Kräfteverhältnis der Klassen.

In Ergänzung zu dem, was hier Professor Čistozvonov darüber sagte, daß sich das Bauerntum als solches in Deutschland und Rußland in verschiedenen Stadien des Übergangs von der feudalen zur kapitalistischen Gesellschaft befand (vgl. oben S. 63), möchte ich hervorheben, daß sich ebenso die Adelsklasse, ehemals eine feudale Klasse und ein Stand, in Deutschland und in Rußland in verschiedenen Stadien der Transformation in eine Klasse von bürgerlichen Grundbesitzern, bürgerlichen Agrariern, befand. Und wenn in Preußen der Prozeß der kapitalistischen Entwicklung zu einer Konsolidierung der Klassenkräfte der Großagrarier führte, zur politischen Organisation dieser Klasse, die insbesondere in der Gründung des Bundes der Landwirte ihren Ausdruck fand, so befand sich zu diesem Zeitpunkt der Adel in Rußland in einem vollkommen anderen Stadium des Übergangs vom Feudalismus zum Kapitalismus. Es fand ein Prozeß der Deklassierung des Adels, der Entstehung anderer Klassengruppen auf seiner Basis statt. Daher die fehlende Vollendung der sozialen und politischen Gruppenbildung des Adels.

Außerdem führte das schnellere Tempo der industriellen Entwicklung selbst im Vergleich mit Deutschland zu einem stürmischen Anwachsen des Proletariats, bedingte seine starke Konzentration, Organisation und bewußtseinsmäßige Reife. Im Endergebnis verstand es das Proletariat in der Gestalt der Sozialdemokraten (der Bolschewiki), in diesem Kampf um das Bauerntum in Rußland zu siegen.

Ich möchte noch eine Frage im Zusammenhang mit dem Beitrag von Professor Geyer anschneiden (vgl. oben S. 64 f.). Professor Geyer meint, daß der Vortrag von Koval'čenko auf den frühen Werken Lenins und nicht auf den späteren basiert. Zwischen den frühen und späteren Werken Lenins zur Agrarfrage in Rußland gibt es aber keinen grundlegenden Unterschied. Nehmen wir solche späteren Arbeiten wie „Die Agrarfrage in Rußland am Ausgang des 19. Jahrhunderts", „Das Agrarprogramm der russischen Sozialdemokratie" oder das Vorwort, das Lenin zur zweiten Auflage des Buches „Die Entwicklung des Kapitalismus in Rußland" geschrieben hat[a], so können wir uns leicht davon überzeugen, daß Lenin auf seinen früheren Ansichten beharrt hat.

In der Arbeit „Die Entwicklung des Kapitalismus in Rußland" stellte Lenin sich die Aufgabe, den Mechanismus der kapitalistischen Entwicklung in Rußland zu erklären.[b] Diese Arbeit war gegen die These der Narodniki gerichtet, die behaupteten, daß der Industriekapitalismus und die Agrarverfassung in Rußland von ihrer Sozialstruktur her einander entgegengesetzt seien. Mit seiner Erklärung des Mechanismus der Entwicklung der Gutswirtschaft und der Bauernwirtschaft zeigte Lenin, daß im Gegenteil die Entwicklung der Industrie und die Entwicklung der Landwirtschaft sich in enger Wechselbeziehung miteinander befinden, daß sowohl die Gutswirtschaft als auch die Bauernwirtschaft unwiderruflich den kapitalistischen Weg der Entwicklung einschlugen. Indessen geht der Streit unter den sowjetischen Historikern nicht darum, sondern um die Frage des Niveaus der kapitalistischen Entwicklung der Landwirtschaft in Rußland. Diese Frage ist sehr kompliziert. Die damit zusammenhängenden Meinungsverschiedenheiten werden nicht dadurch hervorgerufen, daß die einen Historiker sich auf die frühen Werke Lenins und die anderen auf die späteren stützen, sondern dadurch, daß die Quellen, die den Historikern zur Verfügung stehen, es nicht ermöglichen, diese Frage so zu beantworten, daß die Gegner völlig überzeugt werden könnten. Darum dreht sich der Streit. Das Verdienst von Koval'čenko liegt meiner Ansicht nach darin, daß er an die Lösung dieses umstrittenen Problems von allen Seiten herangegangen ist. Er hat in seinen Arbeiten gezeigt, daß es nicht ausreicht, das Niveau der kapitalistischen Entwicklung der Gutswirtschaft zu klären, sondern daß es auch unabdingbar ist, die Bauernwirtschaft zu erforschen und die Wechselbeziehungen zwischen Guts- und Bauernwirtschaft sowie den spezifischen Anteil und die Bedeutung dieser Wirtschaft im Prozeß der kapitalistischen Entwicklung der Agrarverfassung Rußlands zu erhellen.[c]

Jetzt eine sehr kurze Anmerkung zu einer Frage, die im Beitrag von Professor Conze berührt worden ist. Er sagte, daß es der Agrarreform Stolypins nicht gelungen sei, bis zum Ersten Weltkrieg einen Erfolg zu erzielen (vgl. oben S. 62). Mir scheint, daß man das anders sagen muß: daß es der Stolypinschen Reform schon vor dem Ersten Weltkrieg gelang, ihre Erfolglosigkeit zu offenbaren. Als Stolypin mit seiner Reform begann, sagte er, daß er zwanzig Jahre Ruhe brauche. Aber die Geschichte hat ihm diese zwanzig Jahre nicht gegeben. Die Klassenwidersprüche und sozialen Gegensätze im Lande waren so sehr verschärft, daß bereits 1912/13, als ein neuer revolutionärer Aufschwung begann, klar wurde, daß die Reform zum Mißerfolg verdammt war, daß sie nicht jenen Ausweg bringen werde, den Stolypin erhofft hatte, daß der einzige Ausweg in der revolutionären Transformation der Gesellschaft sowie ihrer wirtschaftlichen und sozialen Struktur bestand.

Und ein letzter Punkt. Ich kann Herrn Scheibert nicht zustimmen, der, wie mir schien, behauptet hat, daß die Erhebungen gegen die Stolypinsche Reform einen reaktionären Charakter hatten (vgl. oben S. 66). Das stimmt nicht, weil – obwohl die Stolypinsche Reform in der Tat ein gewisser Schritt nach vorn war – dieser Schritt nach vorn getan wurde, um den Entwicklungsprozeß zu drosseln und weitere Schritte zu vermeiden. Daher war der Kampf gegen die Reform ein Kampf für eine schnellere Entwicklung und für eine radikalere Lösung jener Probleme, vor die das Land in jener Zeit gestellt war.

[a] *W. I. Lenin,* Das Agrarprogramm der Sozialdemokratie in der ersten russischen Revolution von 1905–1907 (1907), in: Ders., Werke, Bd. 13, Berlin 1963, S. 213–435; ders., Die Agrarfrage in Rußland am Ausgang des 19. Jahrhunderts (1908), in: Ders., Werke, Bd. 15, Berlin 1962, S. 59–139; ders., Die Entwicklung des Kapitalismus in Rußland. Der Prozeß der Bildung des inneren Marktes für die Großindustrie. Vorwort zur zweiten Auflage (1908), in: Ders., Werke, Bd. 3, Berlin 1956, S. 17–21.

[b] *Lenin,* Die Entwicklung des Kapitalismus in Rußland (wie vorige Anm.).

[c] *I. D. Koval'čenko,* Krest'jane i krepostnoe krest'janstvo Rjazanskoj i Tambovskoj gubernij v pervoj polovine XIX v., Moskau 1959; ders., Russkoe krepostnoe krest'janstvo v pervoj polovine XIX v., Moskau 1971, daraus Auszüge in dt. Übers.: Zur sozialökonomischen Entwicklung des russischen Dorfes in der ersten Hälfte des 19. Jahrhunderts, in: *D. Geyer* (Hrsg.), Wirtschaft und Gesellschaft im vorrevolutionären Rußland, Köln 1975, S. 110–132; ders., Sootnošenie krest'janskogo i pomeščič'ego chozjajstva v zemledel'českom proizvodstve kapitalističeskoj Rossii, in: Problemy social'no-ėkonomičeskoj istorii Rossii. Sbornik statej. K 85-letiju so dnja roždenija akademika N. M. Družinina, Moskau 1971, S. 171–194; ders., *L. V. Milov,* Vserossijskij agrarnyj rynok XVIII – načalo XX veka. Opyt količestvennogo analiza, Moskau 1974.

KARL DIETRICH ERDMANN, KIEL

Ich möchte gerne ein paar kurze Fragen an Herrn Koval'čenko richten und darf vorweg sagen, daß ich das Referat von Herrn Kollegen Koval'čenko als ganz ausgezeichnet empfunden habe. Es ist eigentlich genau das, was wir in einer solchen internationalen Aussprache brauchen: Er hat uns eine sehr deutliche, sehr klar gegliederte und auch sehr pointierte Interpretation der russischen Agrargeschichte gegeben, von einem ganz bestimmten Konzept geleitet. Aus dem Referat können wir ohne Zweifel einen großen Informationswert entnehmen, und dafür möchte ich mich ausdrücklich bedanken, zumal ich kein Spezialist für russische Geschichte oder Agrargeschichte bin. Deshalb kann ich mich in einem kurzen Diskussionsbeitrag auch nur auf ein paar Fragen beschränken.

Sie haben für mich einleuchtend dargelegt, Herr Koval'čenko, wie nach der Reform von 1861 sich zwei Typen in der Agrarwirtschaft entwickeln, der gutsbesitzerliche, noch weitgehend halbfeudale Typus auf der einen Seite und der bäuerlich-kapitalistische Typus auf der anderen Seite. Und dann sind Sie auf die Stolypinsche Reform zu sprechen gekommen, und hier erhebt sich für mich eine Frage: Sie sprechen einmal von der Motivation dieser Reform und sagen wörtlich, daß es hier in dieser Reform auf den Schutz des adligen Grundbesitzes angekommen sei. Nun bin ich nicht kompetent, darüber zu urteilen, ob mit dieser Formulierung das Motiv der Stolypinschen Reform wirklich erschöpfend gekennzeichnet ist oder ob man doch vielleicht in Rechnung stellen sollte, daß diese Reform die Absicht gehabt habe, nun gerade den bäuerlichen Grundbesitz als das eigentlich wirtschaftlich progressive Element zu stärken. Abgesehen von der Frage nach der Motivation stellt sich die Frage nach der objektiven Einschätzung der gesellschaftlich-wirtschaftlichen Stoßrichtung dieser Reform, die ja doch offensichtlich den Effekt haben sollte, den bäuerlich-bürgerlichen Typus der privaten Agrarwirtschaft zu stärken, und zwar zu stärken auf Kosten der Feldgemeinschaft, die ja einer älteren agrargeschichtlichen Entwicklungsstufe zuzurechnen ist. Gegen die

Stolypinsche Reform kam ja dann eine Abwehr, die wohl eher, und da berühre ich mich mit den Bemerkungen, die Herr Scheibert eben machte (vgl. oben S. 66), eine Abwehr, die wohl eher als sozial-konservativ zu bezeichnen wäre. Und da ist meine Frage an den Referenten, ob man nicht gut daran täte, die Stolypinsche Reform von dieser Einschätzung ihrer Stoßrichtung her als progressiv zu bezeichnen, also ganz anders zu werten, als es in dem Referat geschehen ist.

Meine zweite Frage ist folgende: Herr Koval'čenko hat von dem Bündnis zwischen den Bauern und dem Proletariat gesprochen. Er hat den revolutionären Charakter der bäuerlichen Bewegung herausgestellt und spricht von einer „Wandlung des bäuerlichen Selbstbewußtseins". Meine Frage ist nun: Wie schätzen Sie, Herr Kollege, die revolutionären Inhalte dieses bäuerlichen Selbstbewußtseins ein? Und zweitens: Welches Verhältnis bestand Ihrer Meinung nach zwischen der agrarrevolutionären Zielsetzung der bolschewistischen Partei auf der einen Seite und der agrarrevolutionären Zielsetzung der Bauern auf der anderen Seite? Ich erinnere mich an die Analyse, die Rosa Luxemburg von der Revolution von 1917 gegeben hat und die ja davon ausgeht, daß im Grunde die revolutionären Wünsche der russischen Bauern damals im Jahre 1917 und die revolutionäre Zielsetzung des von der bolschewistischen Partei geführten Proletariats außerordentlich unterschiedlich, wenn nicht gegensätzlich gewesen seien, und sie entwickelt ja bekanntlich von der Feststellung dieses Gegensatzes her ihre Kritik an der agrarpolitischen Zielsetzung der Oktoberrevolution.[a]

[a] *R. Luxemburg*, Zur russischen Revolution (1918), jetzt in: Dies., Gesammelte Werke, Bd. 4, Berlin 1974, S. 332–365.

VASILIJ T. FOMIN, MOSKAU

Ich bin ebensowenig ein Spezialist für die Agrarfrage wie Professor Erdmann. Der Beitrag von Professor Erdmann veranlaßt mich jedoch, zwei kurze Bemerkungen zu machen. In seinem Beitrag sprach Professor Erdmann davon, daß Rosa Luxemburg über die unterschiedlichen Ziele des russischen Proletariats und der russischen Bauernschaft in der Oktoberrevolution geschrieben habe. Professor Puhle sprach in seinem interessanten Vortrag davon, daß die deutsche Linke die Bauernschaft als möglichen Verbündeten des Proletariats unterschätzt habe (vgl. oben S. 50 f.). Das letztere ist richtig.

Der von Professor Erdmann dargelegte Standpunkt über die unterschiedlichen Ziele der russischen Bauernschaft und des russischen Proletariats sowie über die Haltung Rosa Luxemburgs fand eine gewisse Verbreitung in den Arbeiten westlicher Historiker, darunter auch in den Arbeiten von Professor Erdmann, Braunthal u. a.[a]

Dieses Urteil erscheint uns jedoch ein wenig falsch. Tatsächlich hat die deutsche Linke die Bauernschaft als einen Verbündeten des Proletariats in einer bestimmten Phase unterschätzt. Aber im Verlauf des praktischen Kampfes korrigierte sie allmählich diesen Fehler.

Professor Erdmann hat zwar von der Beurteilung der Oktoberrevolution und der Beziehung zwischen Proletariat und Bauernschaft in Rußland durch Rosa Luxemburg gesprochen, bedauerlicherweise aber nicht davon, unter welchen Bedingungen diese erfolgte. Es handelt sich indessen um Aufzeichnungen, die von Rosa Luxemburg geschrieben wurden, als sie sich im Gefängnis befand und damals nicht ausreichend über die Ereignisse in Rußland und die Oktoberrevolution informiert war. Tatsächlich unterliefen ihr zu dieser Zeit einige Fehleinschätzungen. Später jedoch, nach der Befreiung aus dem Gefängnis und vor allem auf dem ersten Parteitag der Kommunistischen Partei Deutschlands unterstützte Rosa Luxemburg in ihren Beiträgen voll und ganz die Ziele und Losungen der Oktoberrevolution, die Politik der Sowjetmacht. Sie nahm die richtige Position ein, und mir scheint, daß wir ein allgemeines Urteil über die Tätigkeit Rosa Luxemburgs nicht nach ihren einzelnen Äußerungen ohne eine Berücksichtigung der historischen Bedingungen, sondern nur insgesamt fällen dürfen, indem wir sie als eine proletarische Kämpferin, als eine der Führerinnen der deutschen Arbeiterklasse, als Freundin Sowjetrußlands sehen.

Und eine ganz kurze zweite Bemerkung zu den Wechselbeziehungen zwischen den Zielen der Bauernschaft und der Politik der bolschewistischen Partei. Mir scheint, daß die Ziele der bolschewistischen Partei in der bürgerlich-demokratischen Revolution, die Losungen der bolschewistischen Partei und der Bauernschaft identisch waren. Über sie sprach hier auch schon Professor Bovykin in seinem Beitrag (vgl. oben S. 67 f.). Das waren: Frieden, Beendigung des Krieges, der Boden an die Bauern, Entmachtung der Gutsherren und Sturz des Zarismus. Ein klares Beispiel dafür, daß diese Ziele identisch waren, ist darin zu sehen, daß diese Losungen der Bolschewiki von den Soldaten der viele Millionen zählenden russischen Armee unterstützt wurden. Die zehn Millionen Soldaten der zaristischen Armee – das waren in Uniformmäntel gekleidete Bauern, und bekanntlich unterstützte die Armee die Losungen der bolschewistischen Partei. Dies aber war eine der wichtigsten Bedingungen für den Sieg des Proletariats im Bündnis mit der gesamten Bauernschaft in der bürgerlich-demokratischen Februarrevolution.

[a] *K. D. Erdmann,* Die Zeit der Weltkriege, in: *B. Gebhardt,* Handbuch der deutschen Geschichte, 9. Aufl., hrsg. von H. Grundmann, Bd. 4, 1: Der Erste Weltkrieg. Die Weimarer Republik, Stuttgart 1973; *J. Braunthal,* Geschichte der Internationale, Bde. 1–3, Hannover 1961–1971.

EBERHARD KOLB, WÜRZBURG

Ich möchte einige Bemerkungen machen, die an das anknüpfen, was Herr Conze vorher gesagt hat. Herr Conze hat sehr einleuchtend dargelegt, weshalb im Deutschen Reich keine revolutionäre Bauernbewegung bestanden hat, weshalb die Bauern, und zwar nicht nur die großen, sondern auch die kleinen Bauern nicht revolutionär gewesen sind, weshalb sie als revolutionäres Potential ausgefallen sind und aufgrund der objektiven Situation praktisch eben ausfallen mußten (vgl. oben S. 61 f.). Hier liegt, glaube ich, ein bedeutender Unterschied zwischen der Situation in Deutschland und der Situation in Rußland in den Jahren vor dem Ersten Weltkrieg.

In Rußland konnten vor allem die Sozialrevolutionäre eine politische Strategie ausarbeiten, die vom Vorhandensein eines unzufriedenen, mit dem status quo unzufriedenen Bauerntums ausging und ein revolutionierbares Bauerntum in Rechnung stellte. Das war in Deutschland anders, und ich möchte jetzt einige Bemerkungen machen über die Konsequenzen, die sich aus dieser Sachlage für die deutsche Arbeiterbewegung ergeben haben.

Man hat auch gerade in jüngster Zeit wieder sehr stark betont, daß die deutsche Arbeiterbewegung, vor allem aber die Sozialdemokratische Partei Deutschlands, keine zureichende programmatische Lösung für die Agrarfrage allgemein gefunden hat und auch mit dem Bauerntum als einem gesellschaftlich und politisch wichtigen Sektor der Bevölkerung nicht zurechtgekommen ist. Wenn man dieses Problem im Zusammenhang mit den Erfahrungen der Zeit sieht, nämlich der Jahre von 1870 bis 1914, glaube ich, daß es einsehbare Gründe gibt, weshalb die deutsche Arbeiterbewegung dieses Problem nicht so lösen konnte, wie das aus heutiger Sicht vielleicht wünschbar erscheint. Drei Punkte möchte ich hervorheben.

1. Es gehört zur Erfahrung dieser Jahre, daß der Anteil der in der Landwirtschaft tätigen Bevölkerung an der gesamten erwerbstätigen Bevölkerung kontinuierlich und etwa seit dem letzten Drittel des 19. Jahrhunderts sehr stark abgenommen hat, und darin kam deutlich zum Ausdruck, wie stark der industrielle Sektor gegenüber dem Agrarsektor in den Vordergrund trat. Von daher also, meine ich, war es selbstverständlich, wenn die Zeitgenossen dem Agrarproblem und der politischen Aktivierung der Bauern und Landarbeiter geringere Bedeutung zusprachen als der umfassenden Mobilisierung der industriellen Arbeiterschaft. Dies galt auch und gerade für die Fragen der politischen Strategie.

2. In der deutschen Sozialdemokratie hat es in den Jahren nach 1890 durchaus eine Auseinandersetzung über das Agrarproblem gegeben. Diese Zusammenhänge sind in dem vor einiger Zeit erschienenen Buch von Lehmann[a] ausführlich dargestellt. Bei den Reichstagswahlen 1890 hat die Sozialdemokratie nicht nur einen allgemein höchst beachtlichen Wahlerfolg errungen, sondern sie hat gerade in den agrarischen Gebieten beträchtliche Gewinne erzielt, und man glaubte daher in der Sozialdemokratie, daß der Partei jetzt auch in diesen agrarischen Gebieten ein Durchbruch gelingen könnte. Engels selbst war begeistert, daß jetzt gerade jene Gebiete von der proletarischen Bewegung erfaßt würden, aus denen der Hohenzollernstaat seine „Kernregimenter" beziehe, und daß damit die schärfste Waffe des Hohen-

zollernstaates, nämlich das Militär, stumpf werden könnte. Diese Erfolge haben dann aber – trotz einer mehrere Jahre lang teilweise recht intensiv geführten Landagitation der SPD – keine Fortsetzung gefunden, und die Diskussion, die in der Sozialdemokratie geführt wurde, ist nach wenigen Jahren verebbt, ohne daß ein klares Agrarprogramm der SPD zustande gekommen wäre. Es hat sich in dieser Diskussion gezeigt, daß ein entscheidender Punkt schlechthin unlösbar war, nämlich die Frage des bäuerlichen Eigentums, auf dem auch jene Bauern bestanden, die für das allgemeine politische Programm der Sozialdemokraten vielleicht ansprechbar gewesen wären; gerade die Erhaltung des bäuerlichen Eigentums aber konnte die Sozialdemokratie in einem sozialistischen Agrarprogramm nicht explizit zugestehen. Hier lagen also kaum zu überwindende Schwierigkeiten für eine erfolgreiche Agitation der Sozialdemokratie unter den Bauern.

3. Einen Punkt, der in der heutigen wissenschaftlichen Diskussion zu wenig berücksichtigt wird, möchte ich noch ergänzend unterstreichen. Wenn man die Biographien der sozialdemokratischen Funktionäre ansieht, und zwar nicht nur einzelner Spitzenfunktionäre, sondern die Lebensläufe jener etwa fünf- bis sechstausend hauptamtlichen, im Dienste der Partei und der Gewerkschaften stehenden Funktionäre, ist man überrascht, bei wie vielen als Geburtsort ganz kleine Dörfer, mithin ländliche Gebiete, angegeben sind. Daraus ist zu ersehen, daß ein Großteil jener sozialdemokratischen Funktionäre, die in den Jahren zwischen 1890 und 1914 aktiv waren, selbst vom Lande gekommen sind und gewissermaßen in ihrer eigenen Person diese zunehmende Dominanz des städtisch-industriellen Bereichs gegenüber dem ländlichen, agrarischen Bereich verkörpert haben. Dieses subjektive Moment, zusammen mit dem an erster Stelle genannten objektiven Moment einer fortschreitenden Abnahme der in der Landwirtschaft Tätigen, dieses subjektive Moment sollte nicht unterschätzt werden, wenn man die Einstellung der Sozialdemokraten zur agrarischen Frage betrachtet.

Dieses alles zusammenfassend, gelange ich zu dem Ergebnis, daß es durchaus seine Gründe hat, wenn die deutsche Sozialdemokratie der Jahre vor 1914 ein nichtrevolutionäres Bauerntum nicht in ihre politische Strategie einzubeziehen vermochte, eine politische Strategie, die ich jetzt nicht als „revolutionär" bezeichnen will, da ich hier nicht eine Diskussion über die zureichende Kennzeichnung der politischen Strategie der Sozialdemokratischen Partei vor 1914 entfesseln will, die im Selbstverständnis der meisten Anhänger wie der Gegner der Sozialdemokratie zwar revolutionär erschien, die aber nach unserer heutigen und kritischen Beurteilung nicht im strengen Sinne als revolutionär gelten kann. Ich sage also, und damit schließe ich diese Bemerkungen: Es ist verständlich, daß die Sozialdemokratie diese nichtrevolutionäre deutsche Bauernschaft, die an einer Veränderung des status quo mindestens besitzrechtlicher Art nicht interessiert war, nicht in eine Strategie einbeziehen konnte, die auf eine Veränderung der gesellschaftlichen und der politischen Verhältnisse abzielte, denn daß zumindest dies die Strategie der Sozialdemokratie vor 1914 getan hat, dies glaube ich, kann man behaupten, ungeachtet des Streites, ob die politische Strategie der SPD als revolutionär oder als nichtrevolutionär zu verstehen ist.

[a] *H. G. Lehmann,* Die Agrarfrage in der Theorie und Praxis der deutschen und internationalen Sozialdemokratie. Vom Marxismus zum Revisionismus und Bolschewismus, Tübingen 1970.

ALEKSEJ L. NAROČNICKIJ, MOSKAU

Ich möchte einige Bemerkungen zum Vortrag von Professor Puhle machen. Ich habe diesen Vortrag mit großem Interesse gelesen. Mir scheint, daß dieser Vortrag und unsere Diskussion ein gutes Beispiel dafür sind, wie – ungeachtet des Unterschieds in vielen Ansichten zu den grundlegenden Fragen – es für uns notwendig ist, die Arbeiten wechselseitig zu kennen. Vor allem möchte ich hervorheben, daß die solide Forschungsarbeit, die diesem Vortrag zugrundeliegt, sehr beeindruckend ist. In dem Vortrag gibt es eine Reihe von Thesen, die im großen und ganzen von den sowjetischen Gelehrten geteilt werden und die einige ihrer Konzeptionen bestätigen:

1. Die Charakterisierung der Herrschaft des Blocks der Agrarier und Industriellen in Deutschland, die Entwicklung des preußischen Weges zum Kapitalismus in der Landwirtschaft.

2. Professor Puhle betont die Bedeutung der Überbleibsel der Formen des feudalen Grundbesitzes (Fideikommisse und vieles andere) in Deutschland und des Grundbesitzes der Junker (vgl. oben S. 42). Dies bestätigt unter anderem, daß viele Aufgaben der bürgerlichen Revolution in Deutschland vor 1918 ungelöst geblieben waren, und erhärtet folglich unsere Ansicht über diese Revolution als eine bürgerlich-demokratische Revolution, die auch nicht zum vollständigen Sieg geführt hat und sich unter einer überaus starken Beteiligung der Arbeiterklasse vollzog.

3. Dieser Vortrag bestätigt, daß, wenn man so sagen kann, das revolutionäre Potential des Klassenkampfes in Rußland weitaus größer war als in Deutschland. Es gab mehr Kräfte für die siegreiche Vollendung der Revolution. Dies bekräftigt die Konzeption der sowjetischen Historiker von der Verlagerung des Zentrums der revolutionären Bewegung nach Rußland am Ende des 19. und zu Anfang des 20. Jahrhunderts. Dies hilft zu verstehen, warum – trotz des niedrigeren Niveaus der industriellen Entwicklung – in Rußland in dieser Phase bessere Bedingungen für den Sieg der Revolution herrschten.

Zugleich gibt es in dem Vortrag von Professor Puhle auch eine Reihe von Thesen, die selbstverständlich den Widerspruch unserer sowjetischen Kollegen hervorgerufen haben und die man nicht unterstützen kann. Ich stimme vollkommen allem zu, was hier von den Professoren Čistozvonov und Bovykin gesagt worden ist (vgl. oben S. 62 f. u. 66–68), und werde es nicht wiederholen. Ich möchte nur hervorheben, daß die Frage nach den Beziehungen der Bauernschaft zur Sozialdemokratie, nach der Möglichkeit der deutschen Sozialdemokratie, die Bauern für sich zu gewinnen, und auch nach der gesamten Geschichte des Kampfes innerhalb der deutschen sozialdemokratischen Partei in der Agrarfrage noch nicht abschließend erforscht ist. Es ist kennzeichnend, daß jetzt Forschungen in dieser Richtung sowohl in der Deutschen Demokratischen Republik, wo eine Reihe von Arbeiten, Büchern und Aufsätzen veröffentlicht worden ist[a], als auch in der Bundesrepublik Deutschland durchgeführt werden, und ich muß sagen, daß solche Forschungen auch von sowjetischen Historikern durchgeführt werden.

Gegenwärtig gibt es bei uns in der Sowjetunion an vielen regionalen Universitäten ein bedeutendes Potential an Gelehrten, die selbständig sehr komplizierte Probleme der Geschichte anderer Länder bearbeiten. Ich möchte auf die Arbeit eines meiner Schüler aufmerksam machen, die soeben unter meiner Aufsicht gerade zum Thema der Agrarfrage in Deutschland und der Tätigkeit der deutschen Sozialdemokratie am Ende des 19. und zu Anfang des 20. Jahrhunderts fertiggestellt wird. Dies ist die Arbeit von Grigorij Pavlenko, eines Dozenten an der Universität von Užgorod in der westlichen Ukraine. Diese sehr umfangreiche Forschung ist zum Teil bereits in Form von Aufsätzen in der Sowjetunion und in der Deutschen Demokratischen Republik veröffentlicht worden.[b]

Hier einer dieser Aufsätze. Er lautet gerade wie das Thema des Vortrages von Professor Puhle: „Der Kampf des Junkertums und der Bourgeoisie um die Aufrechterhaltung des Einflusses auf die deutsche Bauernschaft am Ende des 19. Jahrhunderts." Es handelt sich um eine sehr interessante Forschungsarbeit. Aber was zeigt sie – so wie auch andere Arbeiten dieses Autors? Es wird gezeigt, daß bei den Reichstagswahlen die Bauern in den verschiedenen Perioden trotzdem eine bedeutende Anzahl der Stimmen den Sozialdemokraten gegeben haben. Mir scheint, daß es bei Untersuchungen des Wahlverhaltens der Bauern notwendig ist, die Arbeit der sozialdemokratischen Partei besser zu erforschen. Wahrscheinlich hat Professor Kolb recht, wenn er von bestimmten Schwächen im ungenügend durchdachten Programm der Sozialdemokraten in bezug auf die Bauern spricht. Aber die Forschungsarbeit, von der ich spreche, zeigt, daß man hier nicht übertreiben darf.

Ich möchte abschließend sagen, daß der Vortrag von Professor Puhle zu neuen Forschungsproblemen führt, und es ist kaum anzunehmen, daß die hier erwähnte Arbeit von Lehmann eine erschöpfende Antwort auf diese Fragen gibt. Ihr liegt keine umfangreiche Erforschung archivalischer Quellen zugrunde. Die Erforschung allein der Merseburger Archivbestände lieferte ein sehr großes Material für die Arbeit von G. Pavlenko.

[a] Solche Arbeiten verzeichnen die folgenden Forschungsberichte: *G. Heitz* u. a., Forschungen zur Agrargeschichte, in: Historische Forschungen in der DDR 1960–1970. Analysen und Berichte. Zum XIII. Internationalen Historikerkongreß in Moskau 1970, Berlin

1970, S. 121–146; *G. Seeber*, Forschungen zur deutschen Geschichte von 1871 bis zur Jahrhundertwende, ebda., S. 455–475.

[b] *G. V. Pavlenko*, Bor'ba tečenij vokrug vyrabotki agrarnoj programmy v germanskoj social-demokratii v 1894–1895 gg., in: Učenye zapiski Moskovskogo gosudarstvennogo pedagogičeskogo instituta, T. 244 (1967), S. 141–194; ders., Teorija i praktika germanskoj social-demokratii v krest'janskom voprose (1890–1895 gg.), in: Ežegodnik germanskoj istorii 1968, Moskau 1969, S. 96–124.

IVAN D. KOVAL'ČENKO, MOSKAU

Ich verstehe, daß ich jetzt an die Antwort an meine Opponenten denken sollte. Aber ich möchte auch an der sehr interessanten Diskussion teilnehmen, die wir führen.

Ich habe den Vortrag von Professor Puhle mit großem Interesse gelesen und angehört, und ich möchte hier noch einige positive Aspekte dieses Vortrags hervorheben. Vor allem besticht dieser Vortrag durch die Weite seiner Problemstellung. Die agrarische Entwicklung Deutschlands und die Agrarfrage werden tatsächlich in enger Verbindung mit der industriellen Entwicklung betrachtet. Die Agrarfrage wird vor dem weiten Hintergrund der innenpolitischen Lage charakterisiert. Es gibt auch eine ganze Reihe sehr wichtiger Momente konkreteren Charakters. Meiner Meinung nach ist es dem Verfasser gut gelungen, die – und er hebt das mehrfach hervor – parasitären Tendenzen der Großagrarier aufzuzeigen, die nicht so sehr die Vervollkommnung ihrer Wirtschaft anstrebten, als vielmehr auf Unterstützung jeglicher Art in Form von Schutzzöllen, der Preispolitik usw. zählten. Dieses Phänomen ist charakteristisch für eine Agrarentwicklung, an deren Spitze die große Gutswirtschaft stand. Mir erschien die Problemstellung des Vortrags überzeugend, daß sich der agrarische Sektor in Deutschland insgesamt zum rechten Flügel des politischen Spektrums hin orientierte. Der Vortragende erwähnt das Bündnis der Großagrarier und Großindustriellen und seine Zielrichtung gegen die mittleren und kleinen Industriellen und Landwirte sowie insbesondere gegen die Arbeiter.

Dieser Vortrag enthält eine Reihe anderer konkreter Problemlösungen. Ich kann mich hier nur der Meinung von Professor Naročnickij (vgl. oben S. 71 f.) anschließen, daß in dem gegebenen Fall eine ganze Reihe von allgemeineren und spezielleren Thesen des Vortrags von Professor Puhle mit den Ansichten der sowjetischen Historiker zu diesen Problemen übereinstimmen. Natürlich ergibt sich, wie bei jedem Vortrag, auch beim Vortrag von Professor Puhle eine Reihe von Fragen, Zweifeln und Widersprüchen. Über viele von ihnen haben hier bereits meine Kollegen gesprochen. Ich möchte ergänzend die Aufmerksamkeit auf folgende Momente lenken.

Es schien mir, daß Professor Puhle den Verlauf der Agrarentwicklung in Deutschland als ein gleichsam isoliertes, keinem anderen ähnliches Phänomen dargestellt hat. Mir scheint, daß dies ganz und gar nicht so ist. In der Agrarentwicklung Deutschlands und in der Geschichte der Agrarfrage in Deutschland gibt es in Wirklichkeit eine ganze Reihe von Zügen, die diese Entwicklung der Entwicklung aller europäischen Länder annähern. Wenn man vom Hauptinhalt dieser Entwicklung im zu betrachtenden Zeitraum sprechen will, so bestand er in der Etablierung des kapitalistischen Wirtschaftssystems im Agrarbereich. Und hierin unterscheidet sich Deutschland kaum von irgendeinem anderen Land Europas. Ich denke, daß es wichtig gewesen wäre, dies im Vortrag hervorzuheben.

Es gibt in der Agrarstruktur Deutschlands auch andere Züge, die es an andere Länder, insbesondere an Rußland, heranrückten. Das war der bürgerlich-gutsherrliche Weg der agrarischen Entwicklung.

Ferner scheint mir, daß der Autor der sozialökonomischen Seite der Agrarverhältnisse und der Agrarfrage nicht die gebührende Aufmerksamkeit geschenkt hat. Und dies zeigte sich natürlich bei der Klärung einer Reihe wichtiger Fragen.

Außerdem gibt es für die Charakterisierung des sozialökonomischen Aspekts der Agrargeschichte Deutschlands im zu untersuchenden Zeitraum die üppigen Angaben der landwirtschaftlichen Zählungen in den Jahren 1882, 1895 und vor allem 1907. Auch ein nur flüchtiger Blick auf die Daten dieser Zählungen erlaubt es, sowohl die Herrschaft der kapitalistischen Verhältnisse in der Agrarstruktur Deutschlands am Ende des 19. und Anfang des 20. Jahrhunderts als auch den diesen Verhältnissen eigenen antagonistischen Charakter zu erkennen.

So konzentrierten nach der Zählung von 1907 die größten Wirtschaften, die 5–6 Prozent aller Wirtschaften darstellten, mehr als die Hälfte der landwirtschaftlichen Fläche, des Zugviehs und der ständigen Lohnarbeiter. Das waren die mittleren und großen kapitalistischen Wirtschaften. Auf der anderen Seite verfügten rund 60 Prozent der kleinsten Wirtschaften nur über 5–6 Prozent des Bodens und 7–8 Prozent des Zugviehs. Dies war schon nicht mehr eine Schicht von Bauern, sondern von landwirtschaftlichen Lohnarbeitern.

Unter diesen Bedingungen konnte es gar keine Einigkeit innerhalb der Bauernschaft geben, und daher darf man nicht sagen, daß es den Großagrariern gelungen sei, die *gesamte* Bauernschaft auf ihre Seite zu ziehen. Sowenig man von der Bauernschaft als von einer Einheit sprechen kann, sowenig darf man die Frage nach der Einheitlichkeit der Interessen in der Bauernbewegung stellen. Die Ursache für das Fehlen einer solchen Bewegung verbirgt sich nicht in der besseren Lage der Bauern in Deutschland und auch nicht darin, daß die Großgrundbesitzer die Bauern auf ihre Seite zogen, wie der Vortragende es sieht, sondern in der objektiven Unmöglichkeit einer solchen Bewegung. Der Kampf der Bauernschaft in Deutschland konnte vor allem der Kampf der Landarbeiter sein. Der Vortragende hat dieses Problem leider nicht hervorgehoben. In diesem Zusammenhang kann auch die These über den nur von oben geführten Klassenkampf in Deutschland nicht akzeptiert werden.

Der Vortragende betont mit Recht die Existenz eines Bündnisses der Großagrarier und der Großindustriellen. Folglich hätte auch auf die Unterschiede in ihren Positionen hingewiesen werden müssen. Sofern die Großagrarier gegen die Städte und den Liberalismus auftraten, war ihre Haltung doch konservativer, und ihre Kritik an der Regierung war eine Kritik von rechts.

Zusammenfassend gesagt, hätte eine größere Aufmerksamkeit des Autors gegenüber der sozialökonomischen Seite der Agrarverhältnisse erlaubt, eine gründlichere Erklärung einer ganzen Reihe wichtiger Momente zu liefern, als dies jetzt geschehen ist.

HANS-JÜRGEN PUHLE, MÜNSTER

Es ist schwierig, nach so vielen anregenden Diskussionsbeiträgen, wie wir sie gehört haben, noch ein kurzes Resumée zu ziehen. Ich möchte daher zunächst einmal versuchen, auf die gestellten Fragen und auf einige Punkte der Kritik einzugehen, würde aber auch gern im Zusammenhang einiger Thesen, die ich noch einmal betonen möchte, Herrn Koval'čenko noch einige Fragen stellen. Zunächst zu den ersten Fragen von Herrn Zorn (vgl. oben S. 64): Daß das Königreich Sachsen nicht zu „Ostdeutschland", sondern zu „Mitteldeutschland" gehört, ist auch mir bekannt, und es hätte in der Tat „Ost- und Mitteldeutschland" in meinem Manuskript heißen müssen. Was die andere Frage angeht, ob es denn wirklich so gewesen sei, daß sich auch in Bayern Protest oder Unwillen oder artikulierter Widerstand geregt habe gegenüber der Zollpolitik und den handelspolitischen Vorstellungen des Bundes der Landwirte, so glaube ich, daß man das klar belegen kann. Es hat diesen Protest z. B. in den Publikationsorganen verschiedener Gruppen des Bayerischen Bauernbundes gegeben, und man kann solche Äußerungen sogar in einzelnen Programmen des Bauernbundes, die schon in der frühen Arbeit von Hundhammer abgedruckt sind, nachlesen.[a] Außerdem wurde – wie man aus den preußischen Staatsministerialsitzungsprotokollen weiß – auch von seiten der bayerischen Staatsregierung des öfteren mit dem abweichenden bayerischen Interesse argumentiert, so z. B. in der Frage des Gerstenzolls anläßlich der Beratungen des russischen Handelsvertrags von 1904. Allerdings ist die Opposition kleinerer agrarischer Gruppen gegen die Großverbände, insbesondere im süddeutschen Raum, aber auch in bestimmten Bereichen Westdeutschlands, in der Regel der Widerstand von Randgruppen gewesen, die für die Formulierung der agrarpolitischen Zielsetzungen insgesamt – und das ist ja auch meine These – nicht ausschlaggebend und nicht einmal bestimmend waren.

Diese Proteste waren zeitweise auch in anderen Gegenden spürbar. Es sei nur erinnert an gewisse Versuche der Linksliberalen, auch auf dem Lande Fuß zu fassen, die sogar zu gelegentlichen Wahlerfolgen in Ostpreußen, Oldenburg und sogar in der Stettiner Gegend geführt haben. Der Bund der Landwirte hat es aber verstanden, die artikulierten Interessen kleinerer Besitzer, die manchmal auch ausdrücklich so formuliert wurden, daß sie im Gegensatz zu den Forderungen des Bundes standen, immer wieder an den Rand zu drängen oder in kurzer Zeit zu integrieren. Die Frage, *ob* denn die bayerischen Bauern dann nicht das falsche Bewußtsein gehabt hätten (vgl. oben S. 64), scheint mir jedoch in diesem Zusammenhang nicht sehr produktiv zu sein. Der Historiker kann doch, wenn er will, nahezu überall „falsches Bewußtsein" oder auch Ideologie aufdecken. Beides ist, unter ganz konkreten ökonomischen, sozialen und politischen Bedingungen und Konstellationen, insbesondere seit der Industrialisierung und seit der Ausweitung und den vermehrten Manipulationsmöglichkeiten des „politischen Massenmarkts" (Hans Rosenberg) und seit der zunehmenden politischen Beteiligung größerer Massenorganisationen, ein noch wichtigeres Phänomen der Politik geworden, als es schon vorher war. Sinnvoller schiene mir daher die Frage, *warum* bestimmte Gruppen in bestimmten Zusammenhängen ein bestimmtes Bewußtsein, u. U. auch das „falsche", hatten.

Mit „Präfaschismus" ist hier keine Allerweltsformel gemeint. Der Ausdruck bezieht sich vielmehr in diesem Zusammenhang auf den spezifischen ideologischen Konsensus der Verbände der Besitzenden und entsprechende organisatorische Bemühungen im Kaiserreich, die, grob zusammengefaßt, abzielten auf die Verhinderung eines nicht erwünschten sozialen Wandels bzw. zunächst die Eindämmung von dessen Folgen, notfalls auch mittels eines präventiven Staatsstreichs von rechts. Die entsprechenden Gruppen scheuten sich dabei nicht, direktdemokratische, plebiszitäre Mittel und Techniken einzusetzen zugunsten reaktionärer Ziele. Ihre aus disparaten Bestandteilen zusammengesetzte mittelständische und antiparlamentarische Ideologie integrierte nationalistische, biologistische, sozialdarwinistische und militant antisemitische Züge. Weitere wichtige Kennzeichen waren Antiliberalismus und Antisozialismus sowie die Tendenz, mittels Repression gegenüber den Organisationen der Arbeiterbewegung unter dem Deckmantel des „Schutzes nationaler Arbeit in Stadt und Land" die gesellschaftliche Polarisierung im Lande zu verstärken. In diesem Sinne präfaschistisch nennen würde ich in der Zeit vor 1914 besonders den Bund der Landwirte, den Reichsverband gegen die Sozialdemokratie, das „Kartell der schaffenden Stände" von 1913, teilweise auch den Alldeutschen Verband und einige andere imperialistische Agitationsvereine, später vor allen Dingen die Vaterlandspartei und in der Weimarer Zeit z. B. auch den Deutschnationalen Handlungsgehilfenverband. Bei der Anwendung des Begriffs „präfaschistisch" auf andere Gruppen wäre zunächst Vorsicht geboten und im einzelnen zu differenzieren.

Weiterhin möchte ich den sowjetischen Kollegen, insbesondere Herrn Čistozvonov, Herrn Naročnickij und Herrn Koval'čenko, für ihre sehr interessante und bemerkenswerte Kritik danken, vor allem auch für den Hinweis von Herrn Naročnickij auf die in der Sowjetunion unternommenen Arbeiten über deutsche Agrarprobleme (vgl. oben S. 72). Ich bin mit den sowjetischen Kollegen einig, daß in der Tat das Wahlverhalten der deutschen Bauern noch längst nicht so erforscht ist, wie wir das wünschen. Eigentlich erforscht ist bislang dank Heberle nur die Situation in Schleswig-Holstein am Ende der Weimarer Republik.[b] Was die Lage der Landarbeiter angeht, die Herr Koval'čenko angesprochen hat, so würde ich aufgrund der zeitgenössischen Berichte von Paul Göhre, der Analyse von Max Weber und der späteren amerikanischen Arbeit von Frieda Wunderlich und anderer Studien doch meinen, daß man das revolutionäre Potential der preußischen und besonders der ostelbischen Landarbeiter nicht überschätzen sollte.[c] Es gab in Preußen, schon aufgrund der Gesindeordnung, die auch für die Landarbeiter galt, doch sehr enge institutionelle Grenzen für ein Aufbegehren der Landarbeiter. Diese Grenzen scheinen es mir sogar wahrscheinlich zu machen, daß auch eine intensivere Agitation der Sozialdemokratischen Partei im agrarischen Ostelbien, wenn die Partei sich dazu hätte entschließen können, kaum Erfolg gehabt hätte, auch nicht bei Wahlen. Wieso es außerdem zu dieser Agitation nicht gekommen ist, ist ja bereits von Herrn Kolb ausgeführt worden (vgl. oben S. 70 f.). Daß die Volkszählung und die landwirtschaftliche Statistik von 1895 und die Berufsstatistik, die Herr Koval'čenko erwähnt hat (vgl. oben S. 73 f.) und die ich auch ausgewertet habe, eine so drastische Verelendung widerspiegele, wie das gelegentlich in der Diskussion angeklungen ist, scheint mir allerdings noch nicht durchgängig bewiesen zu sein.

In der Kritik von Herrn Čistozvonov (vgl. oben S. 63) liegt m. E. ein Mißverständnis vor.

Ich habe festgestellt, daß den Bauern in Deutschland ein Klassenbewußtsein weitgehend fehlte. Ich habe aber nichts darüber gesagt, ob es „noch" oder „schon" fehlte, und würde diesen Aspekt auch nicht zu einer Lebensfrage der These machen wollen. Die Kritik von Herrn Koval'čenko, daß ich bei der Behandlung dieses Themas in nur ungenügender Weise die Situation „von unten" mit in die Analyse einbezogen hätte (vgl. oben S. 73 f.), ist sicherlich weitgehend berechtigt. Es war nicht meine Absicht, hier eine Sozialgeschichte der deutschen Agrarentwicklung von unten zu liefern. Dazu fehlen auch weitgehend noch Vorarbeiten, auf die man sich stützen könnte. Der hier unternommene bescheidene Versuch, im Sinne einer politisch verstandenen Sozialgeschichte das Spannungsfeld zwischen der Agrarentwicklung einerseits und der Politik der Agrarbewegungen andererseits aufzuzeigen, bedürfte in der Tat, würde er weiter ins Detail gehen und stärker modifizieren, der Vereinigung beider Sichtweisen, der von oben und der von unten. Für nicht berechtigt halte ich dagegen den Einwand, daß es nicht stimme, daß der Bund der Landwirte vor 1902 der Regierung gegenüber oppositionell eingestellt gewesen sei. Alles, was mir aus den Quellen bekannt ist, spricht deutlich für diese oppositionelle Haltung.

Die Kritik von Herrn Koval'čenko an meiner Schlußthese und in gewisser Weise auch an einem Aspekt meiner Hauptthese, daß der Klassenkampf mangels sonderlichen Klassenbewußtseins der Bauernschaft in Deutschland, wenn überhaupt, dann von oben, nämlich von den Großagrariern, geführt worden sei (vgl. oben S. 74), bedarf noch einer Erläuterung. Es ist in diesem Zusammenhang gefragt worden, ob sich denn Deutschland tatsächlich – wie die These unterstellt – in jener Zeit von den anderen Ländern Europas so sehr unterschieden habe. Ich glaube, das muß man, wenn auch mit Einschränkungen, bejahen. Der wichtige Unterschied zwischen der deutschen Entwicklung und der anderer Länder geht sogar noch weiter, als es vor Jahren Leonard Krieger in seiner These von der „deutschen Abweichung" gegenüber den Ländern des Westens angedeutet hat[d], und er kann auch im Rahmen einer stringenteren, mehr sozialhistorisch und ökonomisch argumentierenden Analyse aufgewiesen werden. Die latente Neigung der politischen Organisationen der Besitzenden und die größere Bereitschaft der Träger der Staatsmacht zu präventiver Konterrevolution als einem letzten Mittel zur Abwehr sozialer Veränderungen, zu Präfaschismus und später zum Faschismus charakterisieren die deutsche Entwicklung vor 1914 und – wenn auch in verändertem Kontext – danach. Wenn es richtig ist, daß Faschismus *eine* Form der Reaktion kapitalistischer Systeme auf Krisen unter bestimmten historisch-konkreten Bedingungen sein kann, und zwar *eine* Form unter anderen, dann kommt es m. E. in besonderem Maße auf die Analyse der historischen Bedingungen an, unter denen das bisher Ereignis geworden ist. Herr Bovykin hat, und ich möchte dem zustimmen, auf die Verschiedenheit der Wege und auch der Stadien der kapitalistischen Entwicklungsmöglichkeiten und Entwicklungen verwiesen (vgl. oben S. 66 f.). Wenn man nun die Entwicklung Deutschlands mit der Entwicklung in ähnlicher Weise politisch verfaßter und in ähnlicher Weise industriell entwickelter westeuropäischer Länder, etwa Frankreichs und Englands, oder auch der Vereinigten Staaten vergleicht, dann stellt sich doch die Frage, warum die ebenfalls durch die Mechanismen des Kapitalismus geprägte Entwicklung der Länder Westeuropas und Nordamerikas in ihren politischen Auswirkungen so anders verlaufen ist und warum dort der Faschismus nicht triumphiert hat. Das führt zurück zu den „Unterschieden":

Deutschland unterschied sich von Westeuropa durch die Koinzidenz verschiedener „Verspätungen". Sicherlich hat Herr Conze recht, wenn er darauf hingewiesen hat, daß allein der Hinweis auf Verspätungen schlechthin ohne näheren Kommentar relativ unerheblich ist, sondern daß es darauf ankommt, die Bündel und Verknüpfungen verschiedener Verspätungen zusammen zu sehen und als einen motivierenden Faktor mit einzubeziehen in die Analyse politischer Handlungsabläufe (vgl. oben S. 61 f.). Aber gerade wenn der Historiker das tut, wird m. E. die deutsche Sonderentwicklung um so deutlicher werden. Grob zusammengefaßt, war die deutsche Entwicklung gegenüber Westeuropa charakterisiert durch das Zusammenfallen der Verspätung der Nationalstaatsbildung und der Industrialisierung sowie nicht nur der Verspätung, sondern sogar des weitgehenden Fehlens einer gelungenen bürgerlichen Revolution. Das bedeutet, daß nationalistischer Nachholbedarf und besonders forcierte, ruckartige Industrialisierungsanstrengungen in einem Staatsgebilde zur Wirkung kamen, das sich durch die Schwäche parlamentarisch-demokratischer Institutionen und bürgerlicher Partizipationsansätze und das weitgehend noch ungebrochene Weiterleben vorindustrieller, spätfeudaler und obrigkeitlich-bürokratischer Züge auszeichnete. Auf der anderen Seite unterschied sich die deutsche Entwicklung von der russischen durch einen relativen Vorsprung bei der Industrialisierung, bei der Ausweitung bürgerlicher Partizipation und beim Aufbau konstitutioneller oder quasi-parlamentarischer Institutionen (nicht zuletzt dank des deutschen Föderalismus), durch geringere spätfeudale Relikte im System der gesellschaftlichen und politischen Institutionen und der politischen Kultur und wohl auch durch einen geringeren Grad der Verelendung der ländlichen und städtischen Unterschichten. Ein weiterer wichtiger Grund für die divergierende deutsche Entwicklung, der eng mit den angedeuteten Konstellationen zusammenhängt und der m. E. mit ausschlaggebend geworden ist für die Tatsache, daß im agrarischen Bereich Klassenkampf, wenn überhaupt, dann von oben geführt wurde, kann auch darin gesehen werden, daß der Übergang zu dem, was hier „organisierter Kapitalismus" genannt wurde, in Deutschland früher erfolgt ist, früher als in allen anderen Ländern, und daß die Tendenz zur Staatsintervention größer gewesen ist.

Dieser Begriff des „organisierten Kapitalismus" scheint auch noch einer kurzen Klärung zu bedürfen, um Mißverständnisse zu vermeiden. Herr Čistozvonov hat darauf hingewiesen, daß dieser von mir verwandte Begriff, dessen wichtigstes Kennzeichen die enge Verklammerung der privaten Wirtschaftssektoren – Landwirtschaft, Industrie und privater tertiärer Sektor – miteinander *und* mit der Staatsmacht als gleichberechtigtem Partner ist, sehr viel gemeinsam habe mit dem Leninschen Imperialismus-Begriff (vgl. oben S. 62). Dieser Eindruck trifft zu. Der Begriff bezeichnet in der Tat eine vorgerückte Entwicklungsstufe des Kapitalismus, die sich erheblich vom liberalen Konkurrenzkapitalismus unterscheidet. Was aber für mich ausschlaggebend war, hier nicht den Leninschen Begriff, sondern diesen Begriff eines „organisierten Kapitalismus" zu verwenden, ist – gerade im Hinblick auf die deutschen und preußischen Verhältnisse – die Absicht gewesen, die autonomen Handlungsmöglichkeiten der Agenturen der Staatsmacht, insbesondere der preußischen Bürokratie, nicht von vornherein als determiniert erscheinen zu lassen, sondern ohne Voreingenommenheit zu prüfen, wie groß und wohin gerichtet im einzelnen der Zusammenhang zwischen staatlicher Intervention und privatkapitalistischen Interessen gewesen ist. Der Begriff des „organisierten Kapitalismus" ist hier als Arbeitsbegriff verwandt worden. Daß die Theorie vom organisierten Kapitalismus noch in keiner Weise so weit entfaltet ist, wie man das wünschen möchte, kann ohne weiteres zugegeben werden.

Ein letzter Punkt betrifft die russische Entwicklung. Es ist hier mehrmals angedeutet worden, daß die Entwicklung des Kapitalismus einhergegangen sei und eng verbunden gewesen sei mit der Zerstörung des Bauerntums. Diese Entwicklung scheint mir in einzelnen Ländern außerordentlich unterschiedlich verlaufen zu sein, wie unschwer deutlich wird, wenn man die Ereignisse in England, Frankreich, den USA, Deutschland und Rußland miteinander vergleicht. Es schiene daher doch ratsam, noch einmal nach den näheren Bedingungen und den notwendigen Voraussetzungen zu fragen, unter denen kapitalistische Entwicklung gleichzeitig das Bauerntum zerstört oder doch an der Entfaltung seiner Möglichkeiten hindert. Eine eng damit zusammenhängende Frage betrifft die im zweiten Teil der Ausführungen von Herrn Koval'čenko angesprochenen, gewissermaßen basisdemokratischen Bauernbewegungen (vgl. oben S. 29–35), denen ein außerordentlich hoher Stellenwert beigemessen wurde, jedenfalls ein höherer, als er mir aus der bisherigen Literatur bekannt war, die ich allerdings nicht vollständig kenne, da ich kein Spezialist für die russische Entwicklung bin. Wie läßt sich der hohe Stellenwert dieser basisdemokratischen, von unten kommenden Bewegungen, die Herr Koval'čenko „bürgerlich" oder „bürgerlich-bäuerlich" genannt hat, erklären, und wie kann man in diesem Zusammenhang noch unterscheiden zwischen wirklich „bürgerlichen" Akzenten dieser Bewegungen und solchen, die nur negativ formuliert gewesen sind, etwa im Sinne von „antifeudal"? Denn es muß doch nicht alles, was nicht „feudal" ist, deshalb gleich „bürgerlich" sein. Und wie kommt es weiterhin, daß Lenin und die Bolschewiki die Impulse dieser basisdemokratischen Bauernbewegungen zwar zeitweise berücksichtigt und aufgenommen haben, aber auf lange Sicht, soweit ich sehe und soweit ich die Zusammenhänge verstanden habe, doch nicht für so ausschlaggebend gehalten haben, wie es nach dem, was Herr Koval'čenko hier ausgeführt hat, in der Analyse der heutigen sowjetischen Historiker den Anschein hat?

[a] *A. Hundhammer*, Geschichte des Bayerischen Bauernbundes, München 1924.

[b] *R. Heberle*, Landbevölkerung und Nationalsozialismus. Eine soziologische Untersuchung der politischen Willensbildung in Schleswig-Holstein 1918–1932, Stuttgart 1963.

[c] *P. Göhre*, in: Berichte über die Verhandlungen des Evangelisch-Sozialen Kongresses 1891–1894; *M. Weber*, Die Verhältnisse der Landarbeiter im ostelbischen Deutschland, Leipzig 1892 (= Schriften des Vereins für Socialpolitik 55); ders., Entwickelungstendenzen in der Lage der ostelbischen Landarbeiter (1894), in: Ders., Gesammelte Aufsätze zur Sozial- und Wirtschaftsgeschichte, Tübingen 1924, S. 470–507; *F. Wunderlich*, Farm Labor in Germany, 1810–1945, Princeton 1961; *F. B. Tipton, jr.*, Farm Labor and Power Politics: Germany, 1850–1914, in: The Journal of Economic History 34 (1974), S. 951–979.

[d] *L. Krieger*, The German Idea of Freedom. History of a Political Tradition (1957), Chicago 1972.

HERMANN KELLENBENZ, NÜRNBERG

DIE FINANZIERUNG DER DEUTSCHEN INDUSTRIE 1850–1914

I.

Wir wissen heute, daß die Industrialisierung in Deutschland in den fünfziger Jahren des 19. Jahrhunderts in ein entscheidendes Stadium trat.[1] Was bis dahin erfolgte, waren Vorgänge einer Frühindustrialisierung, die mehrere Phasen durchlief und die zu beachten sehr wichtig ist, will man den Gang der Dinge von den fünfziger Jahren an voll verstehen.

Es gilt dabei zunächst die exportgewerbliche Tradition zu beachten, die in der alten Form des Verlages und der Manufaktur bis zum Ausgang des 18. Jahrhunderts einen Höhepunkt erlangte, wobei vor der Jahrhundertwende durchaus schon die neuen technischen Mittel, die in England erfunden und weiter entwickelt wurden, Eingang fanden, so die Dampfmaschine im Saargebiet, in Rheinland-Westfalen und Oberschlesien und die neuen Textilmaschinen wiederum im Rheinland und in Sachsen.[2]

Die Veränderungen, die die Französische Revolution und die Napoleonische Expansion mit der Kontinentalsperre herauffuhrten, haben viele dieser Ansätze wieder absterben lassen, andererseits entstanden neue Zweige der Industrie, wie die Zuckergewinnung aus Rüben, die Verarbeitung einheimischen Tabaks, die aber, weil sie vielfach künstlich waren, wieder verschwanden, als die Friedensschlüsse, die der Napoleonischen Phase ein Ende setzten, die Verhältnisse neu ordneten. Die Jahrzehnte danach bis zur Jahrhundertmitte trugen, vom Konjunkturablauf her gesehen, die Züge der zweiten Hälfte eines Kondrat'ev: Es begann mit einem starken Preisrückgang bis zu Beginn der zwanziger Jahre, dann folgte ein schwächerer bis 1830 und danach gab es ein Verharren bis in die vierziger Jahre hinein, mit einem entsprechenden Einfluß auf die wirtschaftliche Entwicklung. Wolfram Fischer hat es am Beispiel Badens, Wolfgang Zorn am Beispiel Bayerisch-Schwabens gezeigt[3],

[1] Vgl. allgemein *W. Treue*, Gesellschaft, Wirtschaft und Technik Deutschlands im 19. Jahrhundert, in: *B. Gebhardt*, Handbuch der deutschen Geschichte, 9. Aufl., Bd. 3, Stuttgart 1970; *D. S. Landes*, Die Industrialisierung in Japan und Europa. Ein Vergleich, in: *W. Fischer* (Hrsg.), Wirtschafts- und sozialgeschichtliche Probleme der frühen Industrialisierung, Berlin 1968, S. 29–117; *H. Mottek*, Wirtschaftsgeschichte Deutschlands, Bd. 2, Berlin 1964; *H. Böhme*, Prolegomena zu einer Sozial- und Wirtschaftsgeschichte Deutschlands im 19. und 20. Jahrhundert, Frankfurt 1968; *R. Rübberth*, Geschichte der Industrialisierung, München 1972.

[2] Vgl. dazu zusammenfassend: *W. Zorn*, Gewerbe und Handel 1648–1800, in: *H. Aubin*, *W. Zorn* (Hrsg.), Handbuch der deutschen Sozial- und Wirtschaftsgeschichte, Bd. 1, Stuttgart 1971, S. 531–537.

[3] *W. Fischer*, Der Staat und die Anfänge der Industrialisierung in Baden, Bd. 1, Berlin

wie langsam der Prozeß der Industrialisierung anlief. Erst die Errichtung des Zollvereins 1833 und der in den vierziger Jahren einsetzende Eisenbahnbau gaben wesentliche neue Impulse.

Indessen darf nicht übersehen werden, daß in dieser ganzen Zeit bedeutsame soziale Veränderungen erfolgten, die ohne den Einfluß der Französischen Revolution und das Eingreifen Napoleons nicht zu verstehen wären. Sie gaben den ersten Anlaß, daß die alten Einschränkungen, die das landwirtschaftliche und gewerbliche Leben beengten, auf der linken Rheinseite und im Gebiet der Rheinbundstaaten aufgehoben wurden.[4] Hinzu kam die preußische Reformpolitik mit der Aufhebung der Erbuntertänigkeit und der Einführung der Gewerbefreiheit. Nach den Friedensschlüssen wurden wohl die Reformen in Preußen und den anderen Staaten des Deutschen Bundes wieder eingeschränkt oder gar rückgängig gemacht; erst die revolutionäre Bewegung von 1848/49 gab der Reformpolitik neue Impulse. Nach der Stagnation der fünfziger Jahre kamen weitere Reformmaßnahmen hinzu, vor allem das Berggesetz von 1865, das der privaten Initiative die Bahn freigab. Insgesamt war das Ergebnis eine weitgehende Ablösung der alten Geburts- und Standesprivilegien durch ein neues Statusdenken, das vom Beruf und von der Bildung her bestimmt wurde, wobei das wichtigste Faktum die Freizügigkeit in der Wahl des Wohnortes und des Berufes war. Das war eine grundlegende Voraussetzung für eine neue soziale Mobilität, aus der dann jene auf einem freien Markt beruhende Gesellschaft erwuchs, die wir im Westen heute als pluralistisch bezeichnen, wobei allerdings nicht übersehen sei, daß alte ständische Strukturelemente durchaus noch in die neue Gesellschaft hereinragten und auch die Wirtschaft mitbestimmten. Die Mobilität der Bevölkerung gab die Grundlage für die Errichtung arbeitsintensiver Betriebe, was um so wichtiger war, als die Mechanisierung die menschliche Arbeitskraft ja nur zum Teil ersetzte. So nahm die Bevölkerung in den ländlichen Gebieten von 1816–1871 um 91 % zu (im Gegensatz zu den gewerbereichen Gebieten mit 25 %). Dieser ländliche Bevölkerungszuwachs mußte vor allem im gewerblich-industriellen Sektor untergebracht werden. Tatsächlich sank auch der Anteil der in der Landwirtschaft Tätigen von 80 % im Jahre 1804 auf 48 % im Jahr 1867 und auf 29 % im Jahre 1907. Diese freigesetzten Arbeitskräfte wanderten in die aufstrebenden Industrieorte ab. Dortmund, das 1818 4 289 Einwohner hatte, erreichte 1871 44 420 Einwohner und hatte 1910 214 391, Essen, das 1816 nur 4 661 Menschen zählte, hatte 1871 51 513 und 1919 294 653 Einwohner.[5] Die Bereinigung des Binnenmarktes durch den Zollverein deutete ich schon an, er erstreckte sich jetzt auf 23½ Millionen Menschen. Der Norddeutsche Bund 1867 und die Gründung des Kaiserreiches rundeten die Entwicklung ab. Für rund 41 Mill. Menschen[6] entstand damit ein einheitliches Handels- und Zollgebiet, mit gleicher Währung, einheitlichem

1962; *W. Zorn,* Handels- und Industriegeschichte Bayerisch-Schwabens 1648–1870, Augsburg 1961.

[4] *K. Bösselmann,* Die Entwicklung des deutschen Aktienwesens im 19. Jahrhundert, Berlin 1939, S. 91.

[5] *E. Keyser* (Hrsg.), Deutsches Städtebuch: Westfälisches Städtebuch, Stuttgart 1954, S. 110; Rheinisches Städtebuch, Stuttgart 1956, S. 158.

[6] Bevölkerungs-Ploetz, Bd. 2, 2. Aufl. Würzburg 1956, S. 219.

Gewichts- und Maßsystem und einheitlicher Rechtsordnung. Die Sonderentwicklung der Hansestädte fiel dabei nur noch kurze Zeit ins Gewicht. Zum Binnenmarkt kam die Erschließung des Außenmarktes, der für den deutschen Export nach dem Wiener Kongreß sich weltweit öffnete, allerdings zunächst namentlich in zäher Konkurrenz mit England durch Verträge langsam und mühsam aufgebaut werden mußte. Der staatlichen Zollpolitik kam dabei ein besonderes Gewicht zu mit dem Roheisenzoll von 1849, der der aufblühenden Eisenindustrie den nötigen Rückenschutz verlieh, und der Abkehr vom Freihandel zum Schutzzoll am Ende der siebziger Jahre.[7]

II.

Neben diesen Voraussetzungen war für das Aufblühen der deutschen Industrie wichtig das Vorhandensein eines reichen Reservoirs von Unternehmern und Fachkräften. Wir wissen, wiederum aus den Arbeiten von Zorn, Zunkel, Schumacher u. a.[8], wie weit das Feld war, aus dem die künftigen Industriellen kamen. Es waren Adlige, Beamte, Geistliche, Kaufleute und Handwerker darunter, und bei der stark ausgeprägten handwerklichen Tradition lag es nahe, daß beim Aufbau der Industrie dem Handwerk für die Heranbildung künftiger Unternehmer eine besonders wichtige Rolle zufiel. Auch die Ausländer, namentlich die Engländer, darf man dabei nicht übersehen. Handwerker stellten den notwendigen Stamm an Fachkräften oder ließen sich zu solchen heranbilden, aber zusätzlich brauchte man in wachsendem Maße ungelernte Kräfte vom Lande, die man anlernte. Bei all diesen Gegebenheiten wäre die Entwicklung nicht so verlaufen, wenn Deutschland nicht über die reichen Vorkommen an Kohle und Eisenerz im Saargebiet, im Aachener Bereich, im Ruhrgebiet, im Siegerland, im Lahn-Dillgebiet und in Oberschlesien verfügt hätte.

Im Verlauf der ersten Industrialisierungsphase wurde neben den bisherigen Zentren der Schwerindustrie an der Saar, im Aachener Bereich und in Oberschlesien ein neues Gebiet der Schwerindustrie im Raum zwischen Rhein, Ruhr und Emscher geschaffen mit ersten wichtigen Standortverschiebungen zugunsten der hier abgebauten Steinkohle. Es entwickelten sich neue Formen der Organisation der Unternehmen, wobei über die Aktiengesellschaften neue Finanzierungsmöglichkeiten geschaffen wurden. Die Textilindustrie wurde weiter ausgebaut, vielfach entwickelte sich aus ihr eine Maschinenindustrie. Mit dem Übergang vom Holz- zum Eisenschiffbau, vom Segel- zum Dampfschiff erstand an der Küste eine moderne Werftindustrie, und als neue Sektoren machten sich Chemie- und Elektroindustrie geltend, wobei an der Wiege der ersteren zum Teil die Farbenindustrie stand. Die Gründerkrise 1873 und die folgenden Jahre bis in die neunziger Jahre hinein hatten wohl Stagnation und Produktionsrückgang in den meisten Industriezweigen zur Folge,

[7] *H. Böhme*, Deutschlands Weg zur Großmacht, Studien zum Verhältnis von Wirtschaft und Staat während der Reichsgründungszeit 1848–1881, Köln/Berlin 1966; *I. N. Lambi*, Free Trade and Protection in Germany, 1868–1879, Wiesbaden 1963.

[8] *W. Zorn*, Typen und Entwicklungskräfte deutschen Unternehmertums, in: Vierteljahrschrift für Sozial- und Wirtschaftsgeschichte 44 (1957), S. 57–77; *M. Schumacher*, Auslandsreisen deutscher Unternehmer 1750–1851, Köln 1968; *F. Zunkel*, Der Rheinisch-Westfälische Unternehmer, Köln/Opladen 1962.

aber dann brachte die letzte Phase von der Mitte der 90er Jahre bis zum Ausbruch des Weltkrieges Impulse in einem Umfang, daß Deutschland England in der Roheisenerzeugung überholen und hinter den USA in der Kohle-Eisenwirtschaft den zweiten Platz einnehmen konnte. Die Entfaltung des Außenhandels mit Betonung der Fertigwaren auf der Exportseite kam besonders der Maschinen- und Werkzeugindustrie zugute. Auch die Textilindustrie profitierte von dieser Entwicklung. Des weiteren blühten die Werften und die jungen Zweige der chemischen und der elektrischen Industrie auf, wobei es allerdings zu bezeichnenden und für die Rolle der Banken wichtigen Wachstumskrisen kam.

III.

Im Rahmen dieser Skizze der industriellen Entwicklung soll im folgenden die Rolle der Industriefinanzierung näher betrachtet werden. Es geht bei unserer Frage also um den Kapitalbedarf, d. h. um die Summe der finanziellen Mittel, die für die Industriebetriebe erforderlich waren. Dabei soll unter dem Kapitalbegriff nicht das Sachvermögen (Grundstücke, Gebäude, Maschinen, Warenvorräte) subsumiert, sondern nur das Geldkapital verstanden werden, also diejenigen Finanzmittel, über die der Eigentümer frei verfügen und die er jederzeit investieren konnte, sofern ihm ein Objekt sicher und rentabel erschien. Diese Finanzmittel konnten aus geprägten Edelmetallen, Wechseln, Bankeinlagen oder kurzfristig liquidierbaren Forderungen bestehen.[9] Geldkapital wurde benötigt zur Gründung eines Industriebetriebes (= Gründungsinvestition), zum Ausbau und zur Erweiterung (= Erweiterungsinvestition) sowie zur Erhaltung der Betriebsanlagen (= Reinvestition). Man brauchte Geldkapital zur Anschaffung der zu verarbeitenden Roh-, Hilfs- und Betriebsstoffe, zur Arbeitsentlohnung und für die Organisation des Absatzes.

Über die Gründungskosten wissen wir noch verhältnismäßig wenig. Auch fehlt es an Statistiken über den Prozentsatz von Firmen, die bald nach der Gründung bankrott gingen. Natürlich wissen wir etwas darüber, was Dampfmaschinen, was ein Elektromotor, eine Spinnmaschine oder eine Webmaschine kosteten. Es ist festzuhalten, daß die Industrie in der Anfangsphase nur einen kleinen Anteil am Kapitalbestand der Volkswirtschaft hatte. Dagegen entfiel auf die Landwirtschaft noch 1850 ein Anteil von rund 51 %, der jedoch bis 1910/13 auf zirka 21 % sank. Demgegenüber erhöhte sich der Anteil des Gewerbes[10] am Kapitalstock von etwa einem Siebtel im Jahre 1850 auf rund ein Drittel im Zeitraum 1910/13.[11] Grundsätzlich muß man, wenn der Betrieb einmal lief, bei den Kapitalbildungsmöglichkeiten zunächst an die Mittel denken, die aus den eigenen Unternehmen und den eigenen Verzinsungen zur Verfügung gestellt wurden, wobei der Prozeß des Sparens, der Verzicht auf Konsum, eine Rolle spielte. Dazu kommt die Hilfe, die von Seiten der

[9] Vgl. *H. Winkel*, Die Ablösungskapitalien aus der Bauernbefreiung in West- und Süddeutschland. Höhe und Verwendung bei Standes- und Grundherren, Stuttgart 1968, S. 3.

[10] Gewerbe = Bergbau und Salinen, Industrie und Handwerk, Handel, Banken, Versicherungen, Verkehr, nicht jedoch Eisenbahnen und Post.

[11] Vgl. *W. G. Hoffmann, F. Grumbach* u. *H. Hesse*, Das Wachstum der deutschen Wirtschaft seit der Mitte des 19. Jahrhunderts, Berlin/Heidelberg/New York 1965, S. 44.

Verwandtschaft oder von Freunden geleistet wurde, was vielfach nicht in Erscheinung trat. Es handelt sich hierbei um die sogenannte Selbstfinanzierung, die lange Zeit im Vordergrund stand[12], da ein funktionsfähiger Kapitalmarkt zu Beginn der Industrialisierung fehlte und die staatliche Unterstützung äußerst gering war.[13]

Diese Kapitalbildungsmöglichkeit führt uns zur Frage der Struktur der Unternehmung im allgemeinen. Die Unternehmungsformen, die sich für den Bereich des Handels herausgebildet hatten, sind weitgehend auch im Bereich der Industrie übernommen worden. Damit ergaben sich auch zusätzlich wichtige Hinweise für die Kapitalbeschaffungsmöglichkeiten. Viele Betriebe begannen als Einzel- oder Familienunternehmen. Wenn man zusätzlich Geld brauchte und Interessenten hatte, die sich beteiligen wollten, dann gab es die Möglichkeit der stillen Gesellschaft, d. h. der stillen Beteiligung, eine Gesellschaftsform, die im Allgemeinen Deutschen Handelsgesetzbuch von 1862[14] in der Form der Kommanditgesellschaft erscheint. Dazu kommt schließlich die Möglichkeit der Aktiengesellschaft, deren Gründung in Preußen durch den Zwang zur Privilegierung lange erschwert wurde. Erst das preußische Gesetz von 1843 und das Aktiengesetz von 1871 schufen hier die erforderlichen Erleichterungen.[15] Eine wichtige Voraussetzung auf dem Weg zur Kapitalbeschaffung war die Bereinigung der Kapitalmärkte. Im Gebiet des Deutschen Bundes herrschte als Erbe der Verhältnisse des Römischen Reichs Deutscher Nation eine große Münzunordnung. Es waren zu viele und verschiedenartige Münzen auf dem Markt, was die Geschäftsbeziehungen stark erschwerte. In den Hansestädten Hamburg und Lübeck gab es die Hamburgische Mark banco mit Schilling und Pfennig als Unterteilungen, im preußischen Staat und sonst in Norddeutschland gab es den Taler mit seiner Unterteilung des Silbergroschen, in Süddeutschland den Gulden und die Kleinmünze des Kreuzers. Eine gewisse Bereinigung der Vielfalt des Münzgeldes brachte die Münzkonvention von 1837, und schließlich wurde nach der Gründung des Reichs mit der Mark zu 100 Pfennig eine neue Basis geschaffen. Um die Schwierigkeiten, die das Münzgeld mit sich brachte, zu umgehen, griffen Kaufleute und Fabrikanten zu Schuldscheinen und Wechseln, die bald wie offizielles Geld kursierten. Allerdings wurden diese Scheine nur eingelöst, wenn sie die Unterschrift von mindestens drei bekannten Kaufleuten und einem Bankier trugen.[16] Der Staat

[12] Vgl. *E. Klein*, Zur Frage der Industriefinanzierung im frühen 19. Jahrhundert, in: *H. Kellenbenz* (Hrsg.), Öffentliche Finanzen und privates Kapital im späten Mittelalter und in der ersten Hälfte des 19. Jahrhunderts, Stuttgart 1971, S. 119.

[13] Vgl. *F. Lütge*, Deutsche Sozial- und Wirtschaftsgeschichte, 3. Aufl., Berlin/Heidelberg/New York 1966, S. 477.

[14] *H. Kellenbenz*, Handelsgesellschaft, in: Handwörterbuch der deutschen Rechtsgeschichte, Bd. 1, Berlin 1971, Sp. 1936 ff.

[15] *Bösselmann*, Die Entwicklung des deutschen Aktienwesens; *H. Kellenbenz*, *K. van Eyll*, Geschichte der Industrie- und Handelskammer Köln, Bd. 1, Köln 1972.

[16] *K. Borchardt*, Zur Frage des Kapitalmangels in Deutschland in der ersten Hälfte des 19. Jahrhunderts, in: Jahrbücher für Nationalökonomie u. Statistik 173 (1961), S. 401–421; *R. Tilly*, Finanzielle Aspekte der preußischen Industrialisierung 1815–1870, in: *W. Fischer* (Hrsg.), Wirtschafts- und Sozialgeschichtliche Probleme der frühen Industrialisierung, S. 487; ders., Zur Entwicklung des Kapitalmarktes und der Industrialisierung im 19. Jahrhundert unter besonderer Berücksichtigung Deutschlands, in: Vierteljahrschrift für Sozial- und Wirtschaftsgeschichte 60 (1973), S. 152 ff.

selbst hatte die Möglichkeit, durch Emission von Papiergeld der immer wieder festzustellenden Geldknappheit abzuhelfen. Allerdings waren diese Emissionen, wie das Beispiel Preußen zeigt, zu gering und wurden erst ab 1852 besser dem Bedarf angepaßt.[17]

Eine weit größere Schwierigkeit lag darin, daß die Kapitalmärkte regional und personell begrenzt waren. Das Bankgeschäft lag in der ersten Hälfte des 19. Jahrhunderts vornehmlich in den Händen privater Geldverleiher und Privatbankiers.[18] Kredit war damals nur von regionalen Banken zu bekommen, überregionale Banken gab es nur wenige, am bekanntesten waren die Rothschild in Frankfurt mit ihren Häusern in Paris, London, Neapel und Wien. Zudem war die Kapitalausstattung der meisten Banken nicht ausreichend zur Finanzierung größerer Projekte. So betrug die Kapitalausstattung der Karlsruher und Mannheimer Bankiers 1844 nur 300 000 fl., während für die Gründung einer Weberei, Papier- oder Maschinenfabrik 20 000 bis 80 000 fl. gebraucht wurden. Die Maschinenfabrik Esslingen erhielt 1846 eine Kapitalausstattung von 500 000 fl.[19] Im allgemeinen gaben die Privatbankiers nur langfristige Kredite, und zwar an Personen, die ihnen persönlich bekannt waren und vertrauenswürdig erschienen. Das Hauptgeschäft der Bankiers im finanziellen Bereich (neben ihren Kommissions- und Speditionsgeschäften) bestand im Spekulieren mit Wertpapieren, und damit waren fast ausschließlich Staatsanleihen gemeint. Dazu kam der kurzfristige Wechselkredit.

Der Kapitalbedarf in der Industrie war im allgemeinen wesentlich größer als in der Landwirtschaft und im Handwerk. Dabei gab es allerdings wieder beträchtliche Unterschiede. Am Anfang eines Unternehmens, etwa wenn es sich aus einer handwerklichen Werkstatt heraus entwickelte, konnte man mit verhältnismäßig bescheidenen Mitteln auskommen. Als J. S. Schuckert in Nürnberg zu Beginn der siebziger Jahre seine Werkstätte aufmachte, aus der innerhalb weniger Jahre ein Großbetrieb wurde, kam er mit den 1 500 Gulden aus, die er sich in den Vereinigten Staaten gespart hatte.[20] Im allgemeinen kostete die Gründung einer Spinnerei oder Weberei um die Jahrhundertmitte an die 20 000 fl. Eine Maschinenfabrik konnte wesentlich teurer werden. Sander in Augsburg investierte 1840 70 000 fl. in den Betrieb, den Reichenbach und Buz zur Maschinenfabrik ausbauten. Borsig machte 1837 seine Werkstatt in Berlin mit 8 000 Talern Gespartem und 59 000 Talern Darlehen von Freunden auf.[21] Meister, Lucius & Co. gründeten die Farbwerke

[17] *Bösselmann,* Die Entwicklung des deutschen Aktienwesens; *H. Böhme,* Preußische Bankpolitik 1848–1879, in: Ders. (Hrsg.), Probleme der Reichsgründungszeit 1848–1879, Köln/Berlin 1968, S. 117–158.

[18] *Bösselmann,* Die Entwicklung des deutschen Aktienwesens, S. 27; *A. Krüger,* Das Kölner Bankier-Gewerbe vom Ende des 18. Jahrhunderts bis 1875, Essen 1925.

[19] *H. Winkel,* Kapitalquellen und Kapitalverwendung am Vorabend des industriellen Aufschwungs in Deutschland, in: Schmollers Jahrbuch für Wirtschafts- und Sozialwissenschaften 90 (1970), 1. Halbband, S. 281.

[20] *E. Lacina,* Johann Sigmund Schuckert. Leben und Werk eines Nürnberger Handwerkers, Erfinders und Unternehmers, Dipl.-Arbeit, Nürnberg 1973.

[21] *Winkel,* Kapitalquellen und Kapitalverwendung, S. 281; *F. Schnabel,* Deutsche Geschichte im 19. Jahrhundert, Bd. 3, Freiburg 1934, S. 403 f.

Hoechst 1863 mit 66 450 Gulden.[22] Im Bergbau konnte die Kapitalausstattung über die Aktiengesellschaft noch höher gehen. Der 1835 gegründete Eschweiler Bergwerksverein erhöhte später sein Grundkapital auf 3 Mill. fl., der 1849 gegründete Cölner Bergwerksverein hatte ein Grundkapital von 2 Mill. Talern in 200 Aktien zu 10 000 Talern. Ebenso hoch war das Grundkapital der 1845 gegründeten AG für Bergbau, Blei- und Zinkfabrikation Stolberg in Aachen.[23] Interessante Einblicke in die Finanzierungsschwierigkeiten eröffnet die Geschichte der Gutehoffnungshütte: Der alte Friedrich Krupp mußte 1808 die Hütte an die Gebrüder Haniel verkaufen, weil er für seine Experimente alles Geld aufgebraucht hatte. Dann hatte er das Glück, daß er 50 000 Taler erbte, aber auch diese Summe war aufgebraucht, bevor er sein Gußstahlverfahren entdeckt hatte.

Wenn man bedenkt, daß um die Mitte des 19. Jahrhunderts ein Lehrer 300 Taler, ein Pfarrer ein Mindestgehalt von 400 Talern hatte[24], kann man sich vorstellen, was die erwähnten Summen für Handwerker und Techniker, die Unternehmer werden wollten, für Barrieren darstellten. Die Banken liebten es, ihre Kredite in Anlagekapital, also langfristig anzulegen. Einzelne, so der A. Schaaffhausensche Bankverein, gaben aber auch laufende Vorschüsse, Einzelkredite bis zu 15 000 Taler, in besonderen Fällen auch über 50 000 Taler. Dieses Bankunternehmen hatte etwa 140 solcher Geschäftsverbindungen.[25] Ähnlich, wenn auch nicht so umfangreich, war es bei den anderen Kölner Bankiers, ebenso bei den Hansemann in Aachen, den Beckerath in Krefeld, den v. d. Heydt in Elberfeld, dem Bankverein Schäzler in Augsburg.

So stellten die Gründungskosten die große Hürde dar, an der viele, die Industrielle werden wollten, scheiterten. Dazu kam nun aber der Kapitalbedarf für die laufenden Kosten, die Löhne, Rohmaterialien, Transporte. Besonders schwierig war es, kurzfristige Kredite zu bekommen. Wechsel junger unbekannter Firmen wurden von den meisten Banken erst gar nicht angenommen. So hatte der Unternehmer selten eine ausreichende Sicherheit dafür, kurzfristige Verbindlichkeiten zahlen zu können. Deshalb nimmt es nicht wunder, daß viele Firmen nach wenigen Jahren des Bestehens wieder Bankrott machten. Aussichten, sich zu behaupten, hatten vor allem diejenigen, denen es gelang, ein englisches Verfahren zu kopieren oder zu verbessern oder sich durch die Entwicklung einer neuen Fertigungstechnik eine Monopolstellung zu verschaffen.

Hier fügt sich die Frage der Kapitalbildungsmöglichkeiten an. Deren gab es eine ganze Reihe: Man konnte Kapital bilden durch Sparen, durch Einbehalten von Gewinnen, durch Spekulationen, durch Ansammlung von Zinsen, durch Aufnahme von Krediten, Hypotheken und sonstigen Fremdmitteln.

1. Kapitalbildung durch Sparen: Es ist viel über den Pauperismus der dreißiger und vierziger Jahre geschrieben worden. Die beiden Weberaufstände in Schlesien sind darauf zurückzuführen, zum Teil wohl auch die Bewegung von 1848, in der gerade viele Handwerker über ihre finanziellen Schwierigkeiten klagten. Aus

[22] *E. Baeumler*, Ein Jahrhundert Chemie, Düsseldorf 1963, S. 75.
[23] *Bösselmann,* Die Entwicklung des deutschen Aktienwesens, S. 194 f.
[24] Ebda., S. 41. [25] Ebda., S. 33 f.

dieser Tatsache läßt sich schließen, daß zumindest die unteren Bereiche der Bevölkerung, die kleineren Bauern, Handwerker, Arbeiter, Einzelhändler geringe Möglichkeiten zum Sparen hatten. Das gilt mit Einschränkungen wohl auch für Unternehmer. Andererseits darf nicht übersehen werden, daß die zahlreichen Sparkassen, die in der Zeit zwischen 1820 und 1850 entstanden[26], gerade für die einfacheren Stände gedacht waren, daß die Preise zurückgingen oder stagnierten und die Lebenshaltungskosten dementsprechend sanken. Nach der Jahrhundertmitte besserten sich die Verhältnisse, als durch die verstärkt einsetzende Industrialisierung mehr Arbeiter gebraucht wurden und größere Nachfrage entstand. Bis 1900 stiegen die Löhne um mehr als das Doppelte, nach den Berechnungen Hoffmanns im Bergbau und den Salinen von 457 Mark auf 1 220 Mark jährlich[27], in Industrie und Handwerk von 329 auf 877 Mark.[28] Die Preise für Brot stiegen von 30 Pfg/kg auf 46 Pfg, für Kartoffeln von 3,1 Pfg/kg auf 5,0 Pfg, für Rindfleisch von 77 auf 126 Pfg/kg, für Schweinefleisch von 61 auf 129 Pfg/kg.[29]

Daher ist anzunehmen, daß auch die unteren Schichten in verstärktem Maße sparen konnten. Tatsächlich zeigt die Geschichte der Sparkassen ein beträchtliches Anwachsen der gesparten Summen.[30] Allerdings war eine größere Beteiligung am Produktivvermögen auch in dieser Zeit nicht möglich. Die meisten Ersparnisse dienten der Rücklage für das Alter oder für besondere Anschaffungen.

Die besser verdienenden Bevölkerungskreise, zu denen jetzt die Unternehmer zählten, hätten wohl einen größeren Teil ihres Einkommens sparen können. Allerdings zogen sie es vielfach vor, den nicht konsumierten Teil wieder anzulegen, um das Geld weiter für sich arbeiten zu lassen.

2. *Kapitalbildung durch Einbehaltung von Gewinnen:* Diese Möglichkeit ist von zwei verschiedenen Phasen her zu sehen, wobei die eine sich auf die Zeit vor der Entstehung der Kreditbanken, die andere auf die Zeit danach bezieht. Bevor sich die Kreditbanken bildeten, war es für die Unternehmer eine Überlebensfrage, daß die erwirtschafteten Gewinne sofort wieder in das Unternehmen einflossen, um Investitionsaufgaben erledigen zu helfen.[31] Von daher ist auch die Entlohnung der Arbeitnehmer zu sehen. Die Löhne waren im allgemeinen nicht deshalb so niedrig, weil die Unternehmer nicht mehr zahlen wollten, sondern weil sie nicht mehr zahlen konnten, ohne ihren Gewinn und damit ihre Investitionsfähigkeit, somit ihre Wettbewerbsfähigkeit, nicht zu gefährden. Nach dem Aufkommen der Banken, die auch kurzfristige Kredite gaben, mußten nicht alle erwirtschafteten Gewinne erneut investiert werden. Diese freigesetzten Gewinne wurden dann zum Großteil in Aktien, d. h. in anderen Industrieunternehmungen oder sonstigen Gesellschaften, untergebracht.

Nachdem der Handel jahrelang gute Gewinnchancen hatte, gab es in diesem Bereich schon zu Beginn der Industrialisierung eine beträchtliche Kapitalanhäufung. Zu den besonderen Bedingungen des Handels gehörte es, daß er kurzfristig in der

26 Vgl. dazu *A. Trende,* Geschichte der deutschen Sparkassen, Stuttgart 1957, S. 81 ff.
27 *W. G. Hoffmann* u. a., Das Wachstum der deutschen Wirtschaft, S. 461.
28 Ebda., S. 468–471. 29 Ebda., S. 578–581 und 584–587.
30 *Bösselmann,* Die Entwicklung des deutschen Aktienwesens, S. 39.
31 *Trende,* Geschichte der deutschen Sparkassen, S. 291 ff.

Zeit der Ernten und Messen große Mengen Geld benötigte. Deshalb war es erforderlich, große Teile des Gewinns einzubehalten, wobei man für die Zwischenzeit leicht abrufbare Anleihemöglichkeiten suchte. Diese bestanden hauptsächlich im Spekulieren mit Wertpapieren. Die 150 Mill. Taler, die der Eisenbahnbau in Preußen bis 1850 kostete, wurden überwiegend durch den Handel aufgebracht.

Das akkumulierte Kapital aus Handelsgewinnen wurde ab 1850 vornehmlich auf zwei Wegen in der Industrie angelegt: Entweder assoziierten sich Handwerker mit Kaufleuten, oder Kaufleute traten selbst als Gründer von Unternehmungen auf. Darüber hinaus bauten oftmals mehrere Kaufleute gemeinsam einen Betrieb auf.[32] Eine Ausnahme bildeten die Handelshäuser im Kölner Raum. Hier widmete man sich bereits früher der Industriefinanzierung.[33]

3. Die Möglichkeit der *Kapitalbildung durch Spekulation und durch Zinsen* bestand allein für die Besitzer großer freier Kapitalien. Das waren einmal die Kreise des Handels, aber auch solche des Adels. Die ehemaligen Großgrundbesitzer hatten durch Ablösungszahlungen umfangreiche Kapitalien in ihre Hände bekommen. Das Haus Thurn und Taxis erhielt 8 Mill. fl., das Haus Fugger 1,4 Mill. fl., auch bei kleineren Häusern, wie z. B. Berlichingen, fielen noch Ablösungen von 200 000 bis 1 Mill. fl. an.[34] Dieses Kapital, das Sombart auf 87 Mill. Taler bezifferte[35], wurde in jährlichen Abschlägen von den Bauern bezahlt und stellte oft genug die einzige Einnahmequelle der Adligen dar. Es wurde, wenn es nicht wieder für Landkäufe oder ländliche Hypotheken verwendet wurde, meistens den Privat- bzw. Hofbankiers übergeben, die es vielfach in Wertpapieren, bis zu Beginn der Industrialisierung meist in Staatsanleihen, später dann auch in sicheren Aktien anlegten.

Allerdings dauerte es fast bis zur Reichsgründung, daß die Adligen die höheren Verdienstmöglichkeiten, die bei den Aktien gegeben sind, erkannten. Um die Jahrhundertmitte gab sich z. B. das Haus Thurn und Taxis noch mit 3 % Zinsen zufrieden. Eine Ausnahme bildeten die oberschlesischen Adligen. Nachdem sie große, durch die Säkularisierung freigewordene und billige Ländereien erworben hatten, und erst einmal entdeckt hatten, wie reich sie an Bodenschätzen waren, entschlossen sie sich sehr schnell, ebenfalls Unternehmer zu werden. Eine weitere Ausnahme war das Haus Fugger-Glött, das zur Industrialisierung des Augsburger Raumes viel beigetragen hat. Wenn sich ansonsten die Adligen überhaupt gewerblich bzw. unternehmerisch betätigten, so nur in dem Rahmen, daß sie Veredelungsbetriebe bzw. Verarbeitungsstätten für ihre agrarischen Produkte förderten, wie z. B. Zuckerraffinerien, Brauereien, Sägewerke, Schnapsbrennereien.[36]

4. *Kapitalbildung durch Kreditaufnahme:* Unter diesem Punkt sollen die Kreditaufnahmemöglichkeiten bei den Banken und die Finanzierung mit Hilfe fremder,

[32] Vgl. *Klein*, Zur Frage der Industriefinanzierung, S. 124 ff.

[33] Vgl. *C. Dunker*, Der Kapitalbedarf und seine Befriedigung bei Kölner Unternehmungen im 19. Jahrhundert, Diss. Köln 1950, S. 24.

[34] *Winkel*, Die Ablösungskapitalien aus der Bauernbefreiung; ders., Höhe und Verwendung der im Rahmen der Grundlastenablösung bei Standes- und Grundherren angefallenen Ablösungskapitalien, in: *W. Fischer* (Hrsg.), Beiträge zu Wirtschaftswachstum und Wirtschaftsstruktur im 16. und 19. Jahrhundert, Berlin 1971, u. a. S. 90.

[35] *Bösselmann*, Die Entwicklung des deutschen Aktienwesens, S. 39.

[36] *Winkel*, Höhe und Verwendung, S. 99.

d. h. privater Kapitalgeber erörtert werden. Dazu ist es nötig, kurz die Entwicklungsgeschichte der Banken anzusprechen. Vor der Jahrhundertmitte lag das Bankgeschäft fast ausschließlich in den Händen privater Bankiers, die meist nur regionale Bedeutung hatten und deren Kapitalausstattung nicht besonders reichlich war. So besaßen alle Karlsruher und Mannheimer Bankiers zusammen nur eine Kapitalausstattung von 200 000 bis 300 000 fl. Ende der fünfziger Jahre gab es in ganz Preußen 442 Geld- und Kredithandlungen, denen insgesamt nur 658 Gehilfen zur Verfügung standen, jede Bank bestand also damals in Preußen aus durchschnittlich 2–3 Personen.[37] Der Tätigkeitsbereich dieser Banken lag hauptsächlich im Wechseln und Wiegen der verschiedenartigen Münzen und im Handelsgeschäft, dazu kam die Verwaltung von Kapitalien, die von privaten Kapitalgebern gegen festen Zins eingelegt wurden. Diese Kapitalien wurden von den privaten Bankiers zum größten Teil in Staatspapieren und in Hypotheken angelegt, die einen reicheren Zins versprachen. Zur damaligen Zeit waren auf dem deutschen Kapitalmarkt sehr viele ausländische Anleihen vorhanden. Der preußische Staat hielt sich zurück, um seine Schulden, die 1820 über 200 Mill. Taler betrugen, zu verringern, und hatte im übrigen als Kreditinstitut die Preußische Seehandlung an der Hand. Erst mit dem Aufkommen der staatlichen Garantien für die Eisenbahnaktien legten die Bankiers auch hier die ihnen anvertrauten Gelder an.

Allerdings gab es auch schon vorher vereinzelte Bankiers, die die Industrie förderten, so Abraham Schaaffhausen in Köln. Diese Bank, die 140 Geschäftsverbindungen hatte, geriet in der Krise von 1848 in Zahlungsschwierigkeiten.[38] Ihre Sanierung führte zur ersten deutschen Aktienbank. Die meisten der Bankiers, die die Industrie förderten, befanden sich im westlichen Teil des Landes. Auch vom Ausland floß ein nicht unerheblicher Kapitalstrom namentlich ins Rheinland und nach Westfalen, aber auch nach Süddeutschland.[39]

Eine Ausnahme bildeten Bergbau und Eisenindustrie im Ruhrrevier. Die Finanzierung vollzog sich hier anfangs größtenteils ohne Einschaltung einer berufsmäßigen Vermittlung. Die Kapitalgeber stammten meist selbst aus diesem Gebiet und verfügten über gute Kenntnisse der örtlichen Zustände und Grubenverhältnisse. Das ist darauf zurückzuführen, daß die Bergbauunternehmen überwiegend in der Rechtsform der Gewerkschaft des alten Rechts geführt wurden. Somit haftete der Gewerke Dritten gegenüber persönlich für eventuelle Grubenschulden.[40]

Um die Jahrhundertmitte, als der Kapitalbedarf der Industrie immer stärker nach einem leistungsfähigen Banksystem verlangte, entstanden die ersten Kreditbanken auf Aktienbasis. Als erste ist der schon erwähnte Schaaffhausensche Bankverein zu nennen, der 1848 mit 5,2 Mill. Taler Kapitalausstattung gegründet wurde.[41] 1851 entstand die Berliner Disconto-Gesellschaft, die von David Hansemann,

[37] *U. P. Ritter*, Die Rolle des Staates in den Frühstadien der Industrialisierung. Die preußische Industrieförderung in der ersten Hälfte des 19. Jahrhunderts, Berlin 1961, S. 129.

[38] *Krüger*, Das Kölner Bankier-Gewerbe.

[39] *Treue*, Wirtschaftsgeschichte der Neuzeit, S. 543.

[40] Vgl. *W. Däbritz*, Finanzprobleme aus der Entstehung des rheinisch-westfälischen Industriereviers, in: Glückauf, Berg- und Hüttenmännische Zeitschrift 58 (1922), S. 1355 ff., 1378.

[41] *J. Riesser*, Die deutschen Großbanken und ihre Konzentration im Zusammenhang mit

dem Aachener Konkurrenten der Kölner, als Kommanditgesellschaft auf Aktien mit 10 Mill. Taler gegründet wurde.[42] Dann folgte 1853 in Darmstadt die Bank für Handel und Industrie, die Mevissen und sein Kölner Geschäftsfreund Oppenheimer mit einem Nominalkapital von 25 Mill. fl. gründeten.

5. *Kapitalbildung durch sonstige Fremdfinanzierung:* Wir sprachen schon von der Form der stillen Gesellschaft und von den vereinzelten privilegierten Aktiengesellschaften. Ab 1843 wurde in Preußen durch die Schaffung des Aktienrechts eine neue Grundlage für die erleichterte Gründung von Aktiengesellschaften geschaffen. Erst 10 Jahre später begann der große Aufstieg der neuen Unternehmensform. Sie erstreckte sich hauptsächlich auf die vier Bereiche Bergbau, Hütten- und Salinenwesen, Banken, Versicherungen und Eisenbahnwesen.

1870 verteilten sich die Summen auf die vier Bereiche in folgender Weise[43]:

Bergbau, Hütten- und Salinenwesen	275,4	Mill.	Mark
Banken	94,7	„	„
Versicherungen	158,5	„	„
Eisenbahnwesen	1722,4	„	„

Aus diesen Sektoren stammten 93 % aller Aktiengesellschaften. Die Aktien lösten mehr und mehr die Staatsanleihen ab, da sie außer den Wertsteigerungen auch noch Dividenden bis zu 20 % versprachen. Ein weiterer Vorteil war die breite Streuung der Anteile. In der ersten Jahrhunderthälfte bestanden die Anteilseigner aus höchstens 50 Personen, wenn man etwa von der Zunftgründung der Mittelmühle AG in Königsberg absieht. In der zweiten Jahrhunderthälfte konnte die Industrie auch die kleineren Ersparnisse von Bürgern und Beamten brauchen, denen diese Möglichkeit der Geldanlage durch die breite Streuung gegeben wurde.

IV.

1850 betrug der Kapitalstock der Volkswirtschaft 48,56 Milliarden DM. Ungefähr 60 Jahre später hatte er sich bereits verfünffacht. In der Periode 1870/74 erlebte das Gewerbe einen wahren Investitionsboom. Das Ende des deutsch-französischen Krieges und die damit verbundenen französischen Entschädigungszahlungen ermöglichten die Rückzahlung der Kriegsanleihen. Privates Sparkapital wurde freigelegt und drängte zu neuen Anlagen. Gleichzeitig beseitigte das Aktiengesetz vom 11. Juni 1870 die staatliche Genehmigungspflicht für Aktiengesellschaften und förderte dadurch die Spekulation. Fast ein Drittel der Nettoinvestitionen (= Veränderungen des Kapitalstockes) entfielen auf das Gewerbe. Von 1875/79 gingen sie jedoch auf zirka 10 % zurück, was auf eine lang andauernde Erholungsphase im Anschluß an die Wirtschaftskrise zu Beginn der siebziger Jahre schließen läßt.[44]

der Entwicklung der Gesamtwirtschaft in Deutschland, 4. Aufl., Jena 1912, S. 41.

[42] Ebda., S. 42. [43] Ebda., S. 43.

[44] Vgl. *W. G. Hoffmann* u. a., Das Wachstum der deutschen Wirtschaft, S. 147; *M. Gehr*, Das Verhältnis zwischen Banken und Industrie in Deutschland seit der Mitte des 19. Jahrhunderts bis zur Bankenkrise von 1931 unter besonderer Berücksichtigung der industriellen Großkredite, Diss. Tübingen 1960, S. 17.

Wir möchten im folgenden die Zeit zwischen 1870 und 1914 noch etwas näher ins Auge fassen; dabei interessieren hier vor allem die Finanzierungsmöglichkeiten durch die Banken und die Aktiengesellschaften. Beide waren an der seit den neunziger Jahren feststellbaren Konzentrationsbewegung innerhalb der Industrie besonders beteiligt.

Hinsichtlich der Banken gab es jetzt vier Gruppen: die Reichsbank, die Privatnotenbanken, die Aktien-Kreditbanken sowie die Privatbanken. Bei der Gründung der Reichsbank gab es noch 32 Privatnotenbanken; davon verzichteten aber schon 14 bis zum 1. April 1875 auf das Notenausgabeprivileg.[45] 1913 waren es noch vier. Die Zahl der Kreditbanken mit einem Aktienkapital von über einer Million Mark betrug 1883 insgesamt 71, im Jahr 1913 lag sie bei 160. Nach dem „Deutschen Oekonomist“ von 1910 war die Bedeutung der Banken mit einem Kapital unter einer Million für die deutsche Volkswirtschaft so gering, daß er sie in seine Statistik nicht mit aufnahm. Als Beispiel diene das Jahr 1888. Zu Ende dieses Jahres vereinigten 80 Kreditbanken mit einem Aktienkapital von über einer Million Mark 97,4 % des von 194 Banken eingezahlten Aktienkapitals auf sich. Im Jahre 1900 betrug der Prozentsatz 97,9 %, 1907 belief er sich auf 98,5 %. Jetzt besaßen von 421 Kreditbanken 221 mehr als 1 Million Aktienkapital.

Als wichtigstes Kreditmittel kamen Wechselkredite in Frage.[46] Das Diskontgeschäft der Reichsbank zerfiel dabei in vier Gruppen: einmal in Warenwechsel, die im Handelsverkehr zwischen privaten Firmen verwendet und von der Reichsbank direkt diskontiert wurden. Im Laufe der Jahre verlor dieses Mittel an Bedeutung und wurde ersetzt durch Kreditwechsel oder Bankakzepte. Hier übernahm die Bank als Bezogene die Kreditgewährung des Verkäufers an den Käufer. Dabei aber floß auch das Geschäft des Finanzwechsels ein, das die Aufgabe hatte, Geld zu Zwecken der Spekulation zu schaffen. Zwar lehnte die Reichsbank im allgemeinen solche Wechsel ab, aber 1907 war die Situation so, daß sie bis 1910 sich von solchen Finanzwechseln durch eine besondere Aktion zu befreien veranlaßt sah. Bemerkenswert für die Industrie war schließlich noch die Gruppe der Rediskontierungen von Waren- und Kreditwechseln, die die Geschäftsbanken ankauften. Das Diskontgeschäft der Geschäftsbanken wird am besten illustriert durch die Tätigkeit der Berliner Großbanken. Auch hier gab es verschiedene Arten des Wechselgeschäfts: einmal Primapapiere, d. h. Bankakzepte, die zu den verschiedensten Zwecken verwendet werden konnten. Die Industrie benützte sie als Kreditmittel, offenbar aber auch zu Spekulationszwecken an der Börse. Eine zweite Gruppe waren die Kommerzpapiere: Wechsel, die von großen Industriefirmen im Zusammenhang mit Warenumsätzen ausgestellt wurden. Dazu kamen Bankwechsel, d. h. Kommerzpapiere minderer Art, d. h. mit geringer Laufzeit oder einer nicht genügenden Mindestsumme, und zuletzt der Schuldwechsel der lokalen Kundschaft, besonders des Baugewerbes und des Holzhandels, die von den Banken nur zu einem höheren Zinssatz als dem offiziellen Bankdiskont aufgekauft wurden. Der Umfang der in Umlauf gekommenen Wechsel stieg von 1883 bis 1913 stetig.[47] Der Anteil der von den Geschäfts-

[45] *E. Eistert*, Die Beeinflussung des Wirtschaftswachstums in Deutschland von 1883 bis 1913 durch das Bankensystem, Berlin 1970, S. 55 f.

[46] Ebda., S. 57 ff. [47] Ebda., S. 65–67.

banken angekauften Wechsel stieg von 12 155 Mill. auf 45 752 Mill. Mark, der Anteil der von der Reichsbank angekauften Wechsel von 3 800 auf 11 740 Mill. Mark.[48] Dazu kamen Lombardkredite[49] gegen Verpfändung von Effekten und Wechseln, deren Umfang aber nur für den Bereich der Reichsbank bekannt ist. Die neu erteilten Lombardkredite der Reichsbank betrugen 1883 704 202 000 Mark und stiegen mit Schwankungen bis 1910 auf 3 374 395 000 Mark, um dann nicht mehr zurückzugehen.[50] Schließlich noch die Kontokorrentkredite und die Placierung von Wertpapieren, wobei besonders die inländischen Industrieaktien und -obligationen interessieren[51]: In den Jahren 1896 bis 1913 schwankte der Betrag der Placierung von deutschen Industrieaktien (zusammen mit Eisenbahn- und Straßenbahnaktien) zwischen 105 430 000 Mark (1902) und 668 470 000 Mark (1899) und die ausgegebenen inländischen Industrieobligationen zwischen 912 500 000 (1902) und 1 676 000 000 Mark (1909).[52]

V.

Eine konkretere Vorstellung der hinter diesen Zahlen verborgenen Vorgänge bekommen wir vor allem, wenn wir die Rolle der Großbanken im Rahmen der zwischen 1870 und 1914 feststellbaren Konzentrationsbewegung der Industrie noch etwas näher betrachten. Wir stoßen damit zum Kern der Dynamik des deutschen Industrialisierungsprozesses in der Epoche des Hohenzollernschen Kaiserreichs vor. Es ist dabei wichtig, die Konzentration innerhalb der Industrie und diejenige innerhalb der Bankwelt in ihrer Parallelität und gegenseitigen Verflechtung zu sehen. Die Expansion und Konzentration der Industrie bedingte die Konzentration der Banken und umgekehrt. Wenn man eine Phaseneinteilung sucht, dann bieten sich das Jahr 1873 mit der einsetzenden Depression und die neunziger Jahre mit der Kartellbewegung in der Industrie an. 1893 wurde das Rheinisch-Westfälische Kohlensyndikat, 1897 das Rheinisch-Westfälische Roheisensyndikat geschaffen. 1904 kam der Düsseldorfer Stahlvereinsverband zustande. Dabei wurde die Konzentrationsbewegung bei den Banken auch durch Fehler in der Gesetzgebung, durch die Belastung der Privatbankiers im Börsengeschäft als Folge der Gesetze von 1894 und 1900, begünstigt. Im Bankwesen ging die Konzentration in erster Linie von Berlin aus, das nach 1870 wichtigstes und am weitesten greifendes Bankenzentrum wurde.

Bis 1. Januar 1905 hatten sich folgende Banken mit einem Kapital von über 100 Mill. Mark herausgebildet:

Deutsche Bank	200 Mill. Mark
Dresdner Bank	180 „ „
Disconto-Gesellschaft	170 „ „
Bank für Handel und Industrie	154 „ „
Schaaffhausenscher Bankverein	145 „ „
Berliner Handels-Gesellschaft	110 „ „

48 Ebda., S. 79. 49 Ebda., S. 83 ff. 50 1913: 3 041 784 000 RM.

51 *Eistert*, Die Beeinflussung, S. 99 ff.

52 Ebda., S. 103 und 105, sowie *H. Kleiner*, Emissions-Statistik in Deutschland, in: Münchener Volkswirtschaftliche Studien, Nr. 131, Stuttgart/Berlin 1914.

Unter ihnen befand sich also nur eine Provinzbank. Jede dieser Banken gliederte sich befreundete Banken an. Ende 1908 waren mit der Deutschen Bank 12 Provinzbanken verbunden, darunter so starke Banken des Ruhrgebietes wie die Bergisch-Märkische Bank in Elberfeld mit 75 Mill. Mk., die Essener Kreditanstalt in Essen mit 60 Mill. Mk., sowie der für den oberschlesischen Bereich wichtige Schlesische Bankverein Breslau mit 30 Mill. Der Gruppe der Disconto-Gesellschaft waren 6 Banken angeschlossen, darunter der Barmer Bank-Verein mit nicht ganz 60 Mill., der Gruppe der Dresdner Bank 8, unter ihnen die Rheinische Bank in Essen mit 21 Mill., dem Schaaffhausenschen Bankverein 4, unter ihnen die Pfälzische Bank in Ludwigshafen mit 50 Mill. und die Mittelrheinbank in Koblenz mit 20 Mill., der Darmstädter Bank 5 Banken.[53] Insgesamt vertraten diese Banken ein Kapital von etwa 2½ Milliarden Mk. Zusammen absorbierten diese Banken bis Ende 1908 164 private Banken und 60 sonstige Banken. Dazu kamen Interessengemeinschaften, davon entstanden ab 1897 13 in den Bergbaugebieten von Rheinland-Westfalen und Oberschlesien. Darunter war die Interessengemeinschaft der Deutschen Bank mit der Duisburg-Ruhrorter Bank 1902, hinter der die Haniel als Besitzer der Gutehoffnungshütte und der Rheinpreußen-Gruben standen. 1904 verband sich die Deutsche Bank mit dem Essener Bankverein, hinter dem Carl Funke, ein führender Essener Unternehmer, Besitzer der König-Ludwig-Gruben stand. 1903 verband sich der Schaaffhausensche Bankverein mit der Mittelrheinischen Bank in Koblenz, hinter der die Kohlenfirma Spaeter & Co., Gründerin der Rombacher Schmelzwerke, stand und zu der Hugo Stinnes seine Verbindung hielt, um von hier aus in die lothringisch-luxemburgische Eisenindustrie vorzudringen. Wenn man dem Zusammenwirken zwischen Industrie und Banken bei der Konzentrationsbewegung weiter nachgehen will, empfiehlt es sich vor allem, die Elektroindustrie, die chemische Industrie und den Bergbau mit der Schwerindustrie näher ins Auge zu fassen. Ganz besonders der Aufstieg der jungen Elektroindustrie wäre ohne das Mitwirken der großen Banken nicht möglich gewesen. Das beginnt in den achtziger Jahren im Zusammenhang mit den Anregungen, die von der Pariser Weltausstellung 1881 ausgingen. Emil Rathenau begründete mit den Bankhäusern Jacob Landau Berlin und Gebrüder Sulzbach Frankfurt 1882 eine Studiengesellschaft zur Auswertung der Edison-Patente und ließ darauf mit 5 Mill. Mark Aktienkapital die Deutsche Edison-Gesellschaft für angewandte Elektrizität, Berlin, folgen. Es empfahl sich dabei eine Arbeitsteilung mit den schon bestehenden Siemens & Halske-Elektrofirmen. Rathenau reservierte sich dabei den Bau von Kraftwerksanlagen und die Produktion von Edison-Glühlampen. Die Deutsche Bank stellt sich dabei an die Spitze eines Konsortiums, das die Deutsche Edison-Gesellschaft mit Krediten versah.[54] 1887 entstand daraus die Allgemeine Elektrizitäts-Gesellschaft (AEG), wobei das Aktienkapital von 5 auf 12 Mill. Mark erhöht wurde. Die Deutsche Bank übernahm 2 Mill., Jacob Landau 1 Mill., Gebrüder Sulzbach 1 Mill. Mark. Haupt-

[53] Zum folgenden: *J. Riesser,* The German Great Banks and Their Concentration in Connection with the Economic Development of Germany, 3. Aufl., Washington 1911, S. 711 ff.

[54] Hierzu und zum folgenden: *F. Seidenzahl,* 100 Jahre Deutsche Bank 1870–1970, Frankfurt a. M. 1970, S. 120 ff.

anliegen des Unternehmens war es, den Dreiphasenstrom zu entwickeln, was dann so erfolgreich geschah, daß 1891 300 PS aus einer Entfernung von 173 km zur Elektrischen Ausstellung Frankfurt/M. geschickt werden konnten.

Die Firma Siemens & Halske, die seit 1847 bestand, war zunächst eine OHG, also ein Privatunternehmen. In den 90er Jahren wurde sie in eine Kommanditgesellschaft umgewandelt. 1893 nahm sie ihre erste Anleihe von 10 Mill. Mark auf. Hier wurde die Deutsche Bank, in der Georg Siemens eine führende Rolle spielte, „Konsortialführerin für Emissionen". 1896 übernahm, nachdem Georg Siemens aus dem Aufsichtsrat der AEG ausgetreten war, die Berliner Handels-Gesellschaft die Nachfolge der Deutschen Bank. 1897 wurde unter Mitwirkung der Deutschen Bank die Kommanditgesellschaft Siemens & Halske in eine AG umgewandelt, doch beherrschte die Siemens-Halskesche Familiengesellschaft den Aufsichtsrat. Die Deutsche Bank und befreundete Bankunternehmen schufen die Elektrische Licht- und Kraftanlagen AG als Finanzholding. Ende der 80er Jahre setzte eine Gründungswelle ein, wobei es vornehmlich um den Bau von Kraftmaschinen, die Errichtung von Elektrizitätswerken, die Installation elektrischer Straßenbeleuchtungen und den Bau elektrischer Kleinbahnen wie auch die Umwandlung von Pferdebahnen ging. Die Beteiligung des Bankkapitals wird allenthalben ersichtlich: Bei der Umgründung der AG Städtische Elektricitäts-Werke in die Berliner Elektricitäts-Werke AG 1887 wurde der Bankier Hugo Landau Aufsichtsratsvorsitzender. 1896 gab es bereits 39 Aktiengesellschaften der Elektroindustrie. Die Überproduktion führte dann bis zur Jahrhundertwende zu einem wahren Chaos an Unternehmungen und Finanzmethoden, wobei sich 7 Gruppen mit 28 Kompagnien herausbildeten. Neben der AEG gab es die Siemens & Halske-Gruppe. Bei der Umwandlung des Schuckertschen Unternehmens 1888 in eine Kommanditgesellschaft beteiligten sich außer Maffei, München, und der Maschinenfabrik Augsburg–Nürnberg (MAN) auch der Schaaffhausensche Bankverein. Als sich der Konkurrenzkampf in der Branche verschärfte, wurde die Kommanditgesellschaft in die Elektrizitäts AG umgewandelt, wobei sich das Kölner Kabelunternehmen Felten & Guilleaume beteiligte. Hinter dem Schuckertschen Unternehmen standen als Banken W. H. Ladenburg & Söhne in Mannheim, Anton Kohn in Nürnberg und weitere 6 Banken.

Ein Bankengremium, bestehend aus Bankhaus Born & Busse, Dresdner Bank, Bleichröder, Disconto-Gesellschaft, Bank für Handel und Industrie und Schaaffhausenschem Bankverein, setzte sich für die Pläne von J. Loewe (in Ludwig Loewe & Co) zur Gründung der Union Elektricitäts-Gesellschaft ein. Diese Gesellschaft hatte von der Thomson-Houston-International Electric das Recht zum Bau elektrischer Maschinen und ganzer Anlagen fur Deutschland, Österreich-Ungarn, Rußland, verschiedene west- und nordeuropäische Staaten sowie die Türkei und den Balkan erworben. 1894 wurde die Gesellschaft für Elektrische Unternehmungen Berlin (Gesfürel) gegründet, wobei die Loewe-Gruppe mit dem gleichen Bankenkonsortium zusammenarbeitete. Hier ging es um die Finanzierung von elektrischen Unternehmungen, zunächst vor allem um den Bau von Straßenbahnen. Die Union ging allerdings 1904 an die AEG über.

1884 ging aus der Commandit-Gesellschaft für elektrisches Licht und Telegraphenbau B. Burghausen & Co die Helios AG für elektrisches Licht und Telegraphenbau in Köln hervor. 1897 wurde die Firma in Helios Elektrizitäts-AG umgewandelt. Eine Tochtergesellschaft davon bildete die AG für Elektrizitätsanlagen in Köln. Die Helios war ein Fabrikationsunternehmen, während die Tochtergesellschaft zur Finanzierung der Baukonzessionen diente. Helios arbeitete mit Kölner Banken, J. L. Eltzbacher & Co., J. H. Stein & Co, Salomon Oppenheim Jr. & Co und einigen anderen Banken zusammen, doch fehlte die Stütze einer der großen Aktienbanken, und so mußte das Unternehmen der folgenden Krise erliegen.

Ein weiteres großes Unternehmen dieses Sektors war die Firma Lahmeyer & Co, die, 1890 in Frankfurt errichtet, eine Tochtergesellschaft für die Herstellung elektrischer Artikel und eine andere für den Bau elektrischer Anlagen gründete. Die drei Gesellschaften fusionierten 1893. 1896 wurde als Holdinggesellschaft die „Deutsche Gesellschaft für elektrische Unternehmungen" gegründet. Hinter ihr standen Frankfurter Privatbankiers wie Erlanger & Söhne, Grunelius & Co, D. u. J. de Neufville sowie die Gruppe Eisenbahn-Rentenbank/Eisenbahn-Bank. Außerdem stand der Aufsichtsratsvorsitzende Walther vom Rath der Merton'schen Berg- und Metallbank nahe. Schließlich wäre noch die sächsische Kummergruppe zu erwähnen, hervorgegangen aus der Firma O. L. Kummer & Co, hinter der u. a. die Kreditanstalt für Industrie und Handel in Dresden stand.

Die Kummergruppe brach 1900 zusammen. Dann geriet die Helios-Gruppe in Schwierigkeiten. 1902/03 schlossen AEG und Union eine Interessengemeinschaft, um 1904 zu fusionieren, wobei die Banken der Uniongruppe mit denen der AEG-Gruppe eine Kombination eingingen. 1903 schloß sich ein Teil von Siemens & Halske mit Schuckert zur Siemens-Schuckert-Werke GmbH mit einem Kapital von 90 Mill. Mark zusammen. 1908 schließlich kam es zu einem Agreement der Zusammenarbeit zwischen Siemens-Schuckert und AEG, die die Elektro-Treuhand-Gesellschaft mit einem Kapital von 30 Mill. Mark gründeten. Eine ähnliche Kreditinstitution gründeten die Felten & Guilleaume-Lahmeyer Werke AG 1909 mit der Treuhand-Bank für die elektrische Industrie AG, Köln, mit einem Kapital von 25 Mill. Mark. Bezeichnend war in diesen Krisenjahren das Fluktuieren der Interessengruppen. Dafür noch ein Beispiel: 1898 versuchte der A. Schaaffhausensche Bankverein, der bis dahin in der Schuckert-Gruppe führend war, eine Kombination dieser Gruppe mit der Loewe-Gruppe. Als dies mißlang, zog er sich von der ersteren zurück und ging zur Loewe-Gruppe über. Dafür mußte die Schuckert-Gruppe 1903 Anschluß bei Siemens & Halske suchen. Allerdings wurden die Banken der Schuckert-Gruppe nicht zur Siemens & Halske-Gruppe zugelassen.

In der chemischen Industrie zeigte sich die Konzentration am deutlichsten im Wettbewerb der Anilinfarbenbetriebe.[55] 1903 (mit Wirkung ab 1. 1. 1904) schlossen sich die Farbwerke vormals Meister, Lucius & Brüning in Hoechst und Leopold Cassella & Co in Frankfurt zusammen, wobei es um die Frage der gegenseitigen Ergänzung, des Austausches von Rohmaterial, von Lizenzen und Patenten ging. 1908 schloß sich Kalle & Co in Biebrich an, d. h. Hoechst erwarb die Aktienmehrheit und erhöhte dabei den Kapitalstand auf 36 Mill. Mark. 1904 schlossen sich die Badische

[55] *Riesser*, The German Great Banks, S. 721 ff.

Anilin- und Sodafabriken in Ludwigshafen, die Farbenfabriken vormals Friedrich Bayer & Co Elberfeld und die AG für Anilinfabrikation in Treptow bei Berlin zusammen, wobei die beiden ersteren 21 Mill., die letztere, die inzwischen einen Betrieb in Rheinau errichtet hatte, 9 Mill. einbrachten. Bei den Zusammenschlüssen der chemischen Industrie hatten die Banken eine ausgesprochen passive Aufgabe. Sie mußten, etwa bei der Umwandlung in eine Aktiengesellschaft, einspringen und die ausgegebenen Aktien auf dem Effektenmarkt unterbringen. Bei der Umwandlung von Meister, Lucius & Co 1880 aus einer OHG in eine AG wurde ein Grundkapital von 10 Mill. Mark festgesetzt, 8,5 Mill. Mark wurden sofort gegeben, die restlichen 1,5 Mill. Mark wurden im wesentlichen 1881 ausgegeben unter Beteiligung der Frankfurter Banken Hauck & Sohn und J. E. Weiller Söhne. Sie führten diese Aktien auf der Frankfurter Effektenbörse ein.[56]

Im Gegensatz zur Elektroindustrie tritt die Rolle der Banken in der chemischen Industrie auffallend zurück. Hier waren für den Zusammenschluß auch vornehmlich technische Gründe ausschlaggebend. Bei der Schwerindustrie tritt sie wieder deutlich hervor, wobei der Kartellbewegung eine besondere Antriebskraft zufiel und der Konflikt sich zwischen reinen und gemischten Werken, zwischen den reinen Werken und der Stahlwerksunion äußerte.[57] Zur westdeutschen Schwerindustrie hatte neben dem Schaaffhausenschen Bankverein die Disconto-Gesellschaft gute Beziehungen. Adolph von Hansemann aus der Gründerfamilie war der erste langjährige Aufsichtsratsvorsitzende der Gelsenkirchner Bergwerke AG. An die Stelle der Disconto-Gesellschaft trat dann nach der Gründerkrise zunächst die Berliner Handelsgesellschaft als maßgebliche Bankverbindung des Bochumer Vereins. Dazu kam Carl Fürstenbergs Tätigkeit für den Bochumer Verein und andere große Unternehmen des rheinisch-westfälischen Reviers. Friedrich Grillo wurde Gründer der Essener Credit-Anstalt, die unter Albert Müller Großbank wurde. Bei der Bildung des ersten Kohlesyndikats unterstützte die Disconto-Gesellschaft betont die Gelsenkirchner Bergwerksgesellschaft. Die Darmstädter Bank wiederum half der luxemburgischen Bergwerks- und Hütten AG. Ebenso half sie bei der Reorganisation der AG für Eisen- und Kohleindustrie Differdingen-Dannenbaum. Die Interessengegensätze zwischen den Bankgruppen wurden deutlich, als der preußische Staat die Hibernia Bergwerksgesellschaft übernehmen wollte. Gegen dieses Vorhaben waren Bleichröder und Berliner Handelsgesellschaft, dafür setzten sich Dresdner Bank und A. Schaaffhausenscher Bankverein ein, allerdings vergeblich.

Die Deutsche Bank hielt sich vom industriellen Gründungsgeschäft zurück und beteiligte sich auch nicht an der Umwandlung von privaten Industrieunternehmen in Aktiengesellschaften. Ausnahmen waren die AEG und die verfrühte Gründung der Mannesmann-Röhrenwerke 1890. Die Verschmelzung der Rheinischen Anthrazitwerke mit einigen Kohle-Gewerkschaften und ihre Umwandlung in die Essener

[56] *V. Muthesius*, Vom Gulden zur D-Mark, in: *Bäumler*, Ein Jahrhundert Chemie, S. 364.

[57] *Riesser*, The German Great Banks, S. 725 ff.; vgl. dazu auch *R. Sonnemann*, Die Auswirkungen des Schutzzolls auf die Monopolisierung der deutschen Eisen- und Stahlindustrie 1879–1892, Berlin 1960, bes. S. 52 ff.

Rheinkohle 1906 übernahm ein Konsortium, das unter der Führung der Deutschen Bank stand. Karl Klönne wurde der eigentliche Träger der weitreichenden Industriepolitik des Schaaffhausenschen Bankvereins im Ruhrgebiet. Die Bank der rheinisch-westfälischen Industrie war lange der Schaaffhausensche Bankverein, der dann 1904 eine Interessengemeinschaft mit der Dresdner Bank einging.

Der Kreditbereitschaft der deutschen Großbanken verdankte die rheinisch-westfälische Montanindustrie ihren Aufschwung. Von besonderer Bedeutung dabei wurden die guten Beziehungen von Klönne, der in die Deutsche Bank eintrat, zu August Thyssen. Dabei arbeitete eine Firma wie die Thyssens gleich mit mehreren Banken. Nach 1905 beteiligte sich die Deutsche Bank an den Kapitalerhöhungen von Gelsenberg. Rheinstahl arbeitete mit der Deutschen Bank und der Disconto-Gesellschaft. Seit 1901 scheint die Leistung der Deutschen Bank die der Disconto-Gesellschaft übertroffen zu haben. Insbesondere seit Klönnes Eintritt kamen nun die Industrie-Obligationen hinzu. Klönne vertrat die Gesellschaft in 25 Unternehmungen, um die Möglichkeit des Einblicks zu haben.

Mit dem Kohlensyndikat von 1893 erwarben die Hochöfen ihre eigenen Gruben und gewannen damit Überlegenheit über die reinen Eisenwerke. Bei der Herausbildung der großen gemischten Werke an der Ruhr waren überall die Banken aktiv: bei Krupp, Bochumer Verein, Phoenix, dem Hoerder Verein, der Gutehoffnungshütte. Schon zu Beginn der siebziger Jahre schluckte die Dortmunder Union unter dem Patronat der Disconto-Gesellschaft die Heinrichshütte und die Neuschottland-Werke, ebenso die Strousbergwerke. Des weiteren übernahmen die Westfälische Union und der Westfälische Drahtindustrie-Verein verschiedene Drahtwerke.

In Oberschlesien lösten sich in den siebziger Jahren Vereinigte Königs- und Laurahütte und Donnersmarckhütte aus dem Besitz des Adels; mit Hilfe der Banken wurden sie Aktiengesellschaften, wobei die Adligen den größten Anteil behaupteten. Vor dem Ersten Weltkrieg lag das Schwergewicht in Oberschlesien jedoch bei Kohle und Koks. Für den Absatz wurde 1890 eine Oberschlesische Kohlenkonvention geschaffen. Hauptverkäufer waren zwei Berliner Firmen Caesar Wollheim und Emanuel Friedländer & Co. Hinter der einen stand die Dresdner Bank, hinter der anderen die Berliner Handelsgesellschaft. Zu den wichtigsten Zusammenschlüssen gehört die Oberschlesische Eisenmanufaktur AG, die 1887 aus den Caro-Werken hervorging und Verbindung zur Berliner Handelsgesellschaft hielt. 1899 übernahm sie die Oberschlesische Drahtmanufaktur AG, von der sie bisher Roheisen kaufte. Seit 1889 war das Unternehmen eng verbunden mit der Oberschlesischen Eisenbahnbedarfs-Gesellschaft, die Kontakt zur Breslauer Disconto-Bank hielt und dadurch mit der Darmstädter Bank zusammenarbeitete (Oberbedarfs-Gesellschaft). Diese Oberbedarfs-Gesellschaft schloß sich 1904 mit den Hultschiner Hochofenwerken zusammen. 1903 wurde eine Interessengemeinschaft zwischen der Bismarckhütte und der Oberschlesischen Eisenmanufakturgesellschaft gebildet, der 1904 die Donnersmarck-Bethlen-Falva-Hütte angeschlossen wurde. Schließlich wäre noch die Interessengemeinschaft zwischen der Oberschlesischen Eisenbahnbedarfs-Gesellschaft (Friedenshütte), der noch die Breslauer Disconto-Bank und die Darmstädter Bank verbunden waren, mit der Kattowitzer (Thiele-Winklerischen) AG für Bergbau- und Hüttenbetrieb (Marthahütte) zu erwähnen. Insgesamt ist zu sagen, daß in

Oberschlesien die Rolle der Banken in erster Linie darin bestand, Hindernisse zu beseitigen, d. h. die Rolle der Banken war gering wegen der starken Stellung des einheimischen Adels und weil es hier schon von Anfang an gemischte Werke gab.

An der Saar war die Situation ähnlich. Hier hielten Stumm, de Wendel und Röchling die Banken zurück, und der Staat kontrollierte weitgehend die Kohle. Am stärksten war das Ringen der Banken um Einfluß in Rheinland-Westfalen und in Elsaß-Lothringen. In beiden Gebieten ging dabei die Hauptinitiative von den gemischten Banken aus. Die Kohle mußte dabei dem Eisen nachgeben. Im Ruhrgebiet fiel, nachdem Männer wie Strousberg und Friedrich Grillo verschwunden waren, die Hauptrolle August Thyssen und Hugo Stinnes zu, die beide ihren Standort in Mülheim am Rhein hatten. Ein Teil der Grillowerke, bei deren Liquidation die Disconto-Gesellschaft eine Rolle spielte, ging an Thyssen über, dessen Unternehmen Thyssen & Co in den siebziger Jahren in Mülheim gegründet wurde. Thyssen schloß sich zunächst die Gewerkschaft Deutscher Kaiser in Bruckhausen-Hamborn an und machte daraus ein gemischtes Stahlwerk. Thyssen beteiligte sich auch am Schalker Gruben- und Hüttenverein sowie an der Grubengesellschaft Victor, in Lothringen erwarb er die Minette Gruben und war stark an der Bergwerksgesellschaft Sambre et Moselle beteiligt. Mit Stinnes beteiligte sich Thyssen an der Bergbaugesellschaft Friedrich Nachbar, 1903 erwarb er die Bohrgesellschaft Lippermulde und dann die Tiefbohrgesellschaft Lubisch. 1904 gelangte er in den Aufsichtsrat der Gelsenkirchner Bergwerksgesellschaft.

Stinnes besaß die Gruben Mathias Stinnes, Victoria Mathias, Graf Beust, Carolus Magnus, Friedrich, Ernestine, ebenso Friedrich Nachbar, die 1904 an die deutsch-luxemburgische Bergwerks- und Hütten AG überging. Stinnes saß schließlich im Aufsichtsrat der Gelsenkirchner Bergwerksgesellschaft, im Vorstand der Nordstern und der Mittelrheinischen Bank und hatte über seine Schiffahrtsinteressen Verbindungen zu Spaeter & Co. in Koblenz. Thyssen arbeitete mit der Disconto-Gesellschaft, dann mit der Dresdner Bank, nachdem diese 1902 reorganisiert und in Interessengemeinschaft mit der Rheinischen Bank in Mülheim getreten war, mit der Thyssen enge Verbindung hielt.

Stinnes arbeitete mit der Dresdner Bank und dem Schaaffhausenschen Bankverein, nachdem dieser sich der Mittelrheinischen Bank angeschlossen hatte. 1901, als er Vizepräsident des Vorstands der Deutsch-luxemburgischen Bergwerks- und Hütten AG wurde, trat er auch in enge Beziehungen zur Darmstädter Bank, auf die sich die Deutsch-Luxemburgische stützte.

Der letzte bedeutende Zusammenschluß war der zwischen der Gelsenkirchner Bergwerksgesellschaft, der Aachener Rote Erde und Schalke, wodurch Disconto-Gesellschaft, Deutsche Bank, Dresdner Bank und A. Schaaffhausenscher Bankverein in eine Interessengemeinschaft zusammengeführt wurden und nun auch zwischen Thyssen und Stinnes ein gewisses Gleichgewicht hergestellt wurde: beide wurden Mitglieder der Vereinigten Komitees der Interessengemeinschaft. Die Rivalität ging allerdings im Lothringer Bereich weiter. Hier hatte Spaeter & Co. in Koblenz eine wichtige Ausgangsposition als Gründer der Rombacher Hütte, die die Moselhüttenwerke kaufte und die Hochöfen in Rümelingen sowie den Eisenhüttenaktienverein in Düdelingen beherrschte. Thyssen faßte hier Fuß durch seine Beteiligung am Hüttenverein Sambre et Moselle, während Stinnes im Aufsichtsrat der Deutsch-luxemburgischen Bergwerks- und Hütten AG saß und zu Spaeter Verbindung hielt.

Die Dinge gerieten in eine neue Dynamik durch die Kapitalerhöhung der Gelsenkirchner Bergwerks AG 1909 um 26 Mill. auf 156 Mill. Mark und der Obligationen um 20 Mill. auf 70 Mill. Mark. Begründet wurde es mit der Notwendigkeit der Errichtung neuer Hochöfen in Esch und Deutsch-Oth. Tatsächlich erfolgte mit diesem Vorgang eine Schwergewichtsverlagerung von der Kohle zu Eisen und Stahl. Dadurch wurde die Gelsenkirchner Rivale von Thyssen, der im Vorstand saß. Er zog deshalb die Konsequenzen und trat aus.

Neben den großen Matadoren Thyssen und Stinnes wären hier natürlich noch andere bedeutende Gestalten des Industriebereichs und die hinter ihnen stehenden Banken zu nennen, vor allem die Haniel und Karl Funke. Die Haniel arbeiteten als Besitzer von Rheinpreußen und der Gutehoffnungshütte mit der Duisburg-Ruhrorter Bank, Karl Funke in Essen als Besitzer der König Ludwigsgruben mit dem Essener Bankverein. Über beide liefen die Verbindungen zur Deutschen Bank. Des weiteren ist die Konzentrationsbewegung im Bereich der Rheinischen Braunkohle und der Aufbau einer Braunkohlenelektrizitätswirtschaft zu erwähnen. Hier hatte die führende Rolle Paul Silverberg, hinter dem Kölner und Berliner Banken standen.[58]

Die Abrundung des Themas verlangt schließlich noch einen Blick auf die Finanzierung der Exportwirtschaft. Unternehmungen, die im Ausland gegründet wurden, entstanden vielfach in der Absicht, einheimischen Industrien die entsprechenden Produktionsaufträge zu liefern. Ich beschränke mich hier auf die Tätigkeit der Deutschen Bank in Verbindung mit anderen, namentlich Berliner Banken.

1895 entstand die Deutsch-Ueberseeische Elektricitäts-Gesellschaft zum Bau eines Kraftwerks in Buenos Aires; beteiligt waren außer der Deutschen Bank die AEG, Berliner Handels-Gesellschaft, Delbrück Leo & Co., Nationalbank für Deutschland, Jacob Landau, Gebr. Sulzbach, zwei Firmen in der Schweiz und eine in London. Das Ziel war der „Bau und Betrieb elektrischer Anlagen aller Art, sowie der Erwerb und die Finanzierung von Unternehmungen auf dem Gebiet der angewandten Elektrizität, insbesondere der Beleuchtung und des Transportwesens". Zwei Jahre später erfolgte die Übernahme eines anderen Elektrizitätswerks in Buenos Aires, wobei sich die Disconto-Gesellschaft und weitere Berliner Großbanken beteiligten. In kurzer Zeit hatte die DUEG alle Anlagen, die in Buenos Aires elektrische Energie erzeugten, in ihrer Hand.

Im Südosten sicherte sich die Deutsche Bank die Konzession für den Bau der Anatolischen Bahn und 1902 für den Bau der Bagdadbahn.[59] Auch hier profitierten die deutschen Industrie- und Bauunternehmungen, die Material zur Bahnausführung und sonstigen Ausstattung lieferten, bzw. am Bau der Linie beteiligt waren.

58 *H. Kellenbenz*, Paul Silverberg, in: Rheinisch-Westfälische Wirtschaftsbiographien, Bd. 9, Münster/W. 1967, S. 103–132; *Kellenbenz, van Eyll*, Geschichte der Industrie- und Handelskammer Köln, Bd. 1, S.155 f.

59 *Seidenzahl*, 100 Jahre Deutsche Bank, Kap. 4 u. 8.

Ausblick

Daß der Finanzierung in der Periode der Industrialisierung in Deutschland eine besondere Bedeutung zukam, steht außer Zweifel. Jedoch geben die bisherigen Untersuchungen nur vereinzelt Auskunft über die Art der Finanzierung und über die Frage der Kapitalverhältnisse: Herrschte Kapitalmangel oder Kapitalüberfluß? Lokal begrenzte und branchenspezifische Forschungen haben z. B. für England gezeigt, daß in den 20er Jahren des 19. Jahrhunderts kein Kapitalmangel vorherrschte, der mit Hilfe des Zwangssparens der Bevölkerung hätte überwunden werden müssen, sondern daß bei einigen Firmen Selbstfinanzierung vorkam. Unter dem Einfluß des Postkeynesianismus kamen viele Wirtschaftshistoriker zu der Hypothese, daß die Industrialisierung Englands von einem Kapitalüberfluß eingeleitet und begleitet wurde. Auf der Suche nach den Bestimmungsgründen des langfristigen Wachstums kam die Ökonometrie anhand empirisch fundierter Modelle zu dem Schluß, daß Wachstum nicht notwendig von einer hohen Kapitalakkumulation abhänge. Auch waren bei billigem Geld die Investitionen nicht so wachstumswirksam wie bei knappen Geldmitteln. Die Wirtschaftshistoriker gelangten aufgrund dieser Forschungen zu einer Abkehr von der These vom Kapitalüberfluß und zur Diskussion von neuen Deutungsversuchen.[60] Für den deutschen Bereich dürfte auch weniger ein Kapitalmangel zutreffen als vielmehr eine mangelnde Investitionsbereitschaft der potentiellen Kreditnehmer und der Kapitalbesitzer. Dieses aber zu bestätigen, müßte auf mikroökonomischer Grundlage die Investitionsbereitschaft der Unternehmer als auch der Kreditnehmer empirisch untersucht werden. Bekannt ist, daß die industrielle Kapitalanlage oft als sehr risikoreich angesehen wurde und deshalb die Kapitalanbieter die Geldanlage in Form von Staatsanleihen bevorzugten. Erst der einsetzende Eisenbahnbau brachte hier einen gewissen Umschwung.

Es ist allerdings anzumerken, daß die Finanzierung nur einen Faktor für die Industrialisierung Deutschlands darstellte, denn die erwähnten reichen Vorkommen an Kohle und Eisenerz sowie das Vorhandensein eines großen Reservoirs von Unternehmern und Fachkräften, die sich aus Adeligen, Beamten, Geistlichen, Kaufleuten und Handwerkern zusammensetzten, spielten hier ebenfalls eine dominierende Rolle.

Die Frage der Rolle des Kapitalmarktes für den Industrialisierungsprozeß besonders in der Zeit zwischen 1870 und 1914 ist noch nicht ausdiskutiert. Insbesondere wird neuerdings versucht, neben den Großbanken noch andere von der Industrie selbst und den politischen Verhältnissen bestimmte Faktoren zur Geltung zu bringen.[61]

60 Vgl. *F. Crouzet* (Hrsg.), Capital Formation in the Industrial Revolution, London 1972; *Tilly*, Zur Entwicklung des Kapitalmarktes, S. 148 ff.

61 Vgl. *Tilly*, Zur Entwicklung des Kapitalmarktes, S. 160 ff.

VALERIJ I. BOVYKIN, MOSKAU

PROBLEME DER INDUSTRIELLEN ENTWICKLUNG RUSSLANDS*

I.

Rußland gehörte zu den Ländern, die den kapitalistischen Entwicklungsweg zu einem Zeitpunkt betraten, als der Kapitalismus sich in mehreren europäischen Staaten konsolidiert hatte und die Hauptrichtung des welthistorischen Prozesses zu bestimmen begann. Der Kapitalismus bildete das historische Milieu, in dem sich die übrigen Gebiete Europas und der ganzen Welt entwickelten. Bei der kapitalistischen Evolution dieser Länder handelte es sich um das Ergebnis einer komplizierten Wechselwirkung von Entwicklungsgesetzen, die ihren gesellschaftlichen Strukturen immanent waren, und um das Ergebnis des Drucks, der vom Weltkapitalismus ausging.

Durch die Möglichkeit, „Vorbild und Hilfe“ der weiterentwickelten Staaten zu nutzen, ihre technischen Leistungen und wirtschaftsorganisatorischen Erfahrungen zu übernehmen, wurden Voraussetzungen für eine Beschleunigung der industriellen Entwicklung in Ländern geschaffen, die den Übergang zum Kapitalismus später begannen. Sie waren dadurch mehr oder minder in der Lage, Zwischenphasen im Werdegang der maschinellen Großproduktion zu überspringen. Bis zum Beginn des 20. Jahrhunderts wurde jedoch diese Möglichkeit nur von relativ wenigen Ländern wahrgenommen. Wie die Weltgeschichte zeigte, waren dafür bestimmte Bedingungen erforderlich.

Die Trennung der industriellen Produktion von der Landwirtschaft war Ausdruck tiefgehender Prozesse der gesellschaftlichen Evolution. Als Ergebnis einer weit fortgeschrittenen Auflösung der Naturalwirtschaft und der entstehenden gesellschaftlichen Arbeitsteilung bedeutete sie einen qualitativen Umschwung in der Entwicklung nicht nur der Produktivkräfte, sondern auch der Produktionsverhältnisse. Deshalb konnte das Hereinbringen einzelner Elemente der industriellen Produktion – Technik, Organisationsformen und Kapitalien – in rückständige Länder nur dann Auswirkungen haben, wenn dort die für ihre Adaptierung erforderlichen Voraussetzungen bestanden. Bildlich gesprochen, konnte die aus fortgeschrittenen Staaten Westeuropas eingeführte Saat der industriellen Entwicklung nur dann aufgehen, wenn der Boden dafür vorbereitet war. Es sei nur daran erinnert, daß in Rußland die industrielle Revolution erst nach Aufhebung der Leibeigenschaft 1861 zu einer vollendeten Tatsache wurde, obwohl schon lange vor dieser Reform die Möglichkeit bestand, Maschinen aus anderen Ländern einzuführen und

* Geringfügig überarbeitet nach der Erstveröffentlichung in: *D. Geyer* (Hrsg.), Wirtschaft und Gesellschaft im vorrevolutionären Rußland, Köln 1975, S. 188–209.

sie aufgrund fremder Erfahrungen in Rußland selbst zu bauen. Die Konsolidierung und Weiterentwicklung der maschinellen Industrie vollzog sich unter den Bedingungen des Sieges kapitalistischer Verhältnisse in der ganzen Volkswirtschaft des Landes.

Die zweite unerläßliche Voraussetzung für die Realisierung der historischen Tendenz einer beschleunigten industriellen Entwicklung der jungen kapitalistischen Länder ist ihre politische Unabhängigkeit und die Fähigkeit, ihren Binnenmarkt vor der Konkurrenz der in industrieller Hinsicht weiterentwickelten Staaten zu schützen. Denn die Existenz solcher Staaten schuf nicht nur die Möglichkeit, von ihren Erfahrungen Gebrauch zu machen, sondern stellte auch eine schwerwiegende Gefahr für die im Werden begriffene Großindustrie anderer Länder dar.

Seit langem wurde festgestellt, daß der Prozeß der industriellen Entwicklung solcher Länder, die den Übergang zum Kapitalismus gleichsam in der „zweiten Staffel" (vo vtorom ěšelone) vollzogen, ungeachtet aller Besonderheiten einzelner nationaler Spielarten, gemeinsame Merkmale aufwies.[1]

Die wichtigsten dieser Merkmale waren nach allgemeiner Ansicht: der wachsende Einfluß des Staates auf diesen Prozeß und die Beteiligung ausländischen Kapitals. Wir wollen die Rolle dieser beiden Faktoren im Verlauf der industriellen Entwicklung Rußlands betrachten.

Wie in einer Reihe anderer Länder, deren kapitalistische Entwicklung unter den Bedingungen der Koexistenz mit Ländern des siegreichen Kapitalismus vor sich ging, war es auch in Rußland möglich, die feudale Gesellschaftsstruktur auf evolutionärem Weg umzugestalten. Dabei blieb die politische Macht in den Händen des Adels, der alten herrschenden Klasse, die bei der kapitalistischen Transformation die Initiative ergriffen hatte, während die feudale Monarchie sich allmählich in eine bürgerliche verwandelte. Wir werden auf die Ursachen dieser Erscheinung nicht eingehen. Ihre Betrachtung droht uns auf das umstrittene Gebiet der Genesis des Kapitalismus zu führen. Wir beschränken uns darauf, diese Tatsache zu konstatieren, denn es geht uns hier lediglich darum, die Aufmerksamkeit auf ihre Folgen zu lenken: auf die besondere Rolle des Staates, des politischen Überbaus im Prozeß der kapitalistischen Entwicklung. Dabei handelt es sich nicht um die quantitative Seite dieser Erscheinung, nicht um die mehr oder minder massive Einmischung des Staates in ökonomische Prozesse, sondern um die qualitative Seite einer solchen Einmischung, um ihren speziellen Inhalt und ihre Bedeutung für die Zukunft (prednaznačenie).

[1] In letzter Zeit wurden darüber interessante Betrachtungen angestellt, vgl. *A. N. Čistozvonov,* Ponjatie i kriterii obratimosti i neobratimosti istoričeskogo processa (na materialach genezisa kapitalizma), in: Voprosy istorii 1969, 5, S. 78–91; *I. T. Berend, G. Ránki,* K voprosu promyšlennoj revoljucii v Vostočnoj i Jugo-vostočnoj Evrope, in: Studia historica Academiae scientiarum hungaricae, Budapest 1970, Nr. 62, S. 129–190; *T. D. Krupina,* Teorija „modernizacii" i nekotorye problemy razvitija Rossii konca XIX – načala XX v., in: Istorija SSSR 1971, 1, S. 191–205; *I. N. Olegina,* Kapitalističeskaja i socialističeskaja industrializacija v traktovke A. Geršenkrona, in: Istorija SSSR 1971, 2, S. 181–202; *I. F. Gindin,* Koncepcija kapitalističeskoj industrializacii Rossii v rabotach Teodora fon-Lauė, in: Istorija SSSR 1971, 4, S. 204–232; *N. M. Družinin,* Besonderheiten der Genesis des Kapitalismus in Rußland, in: *P. Hoffmann* und *H. Lemke* (Hrsg.), Genesis und Entwicklung des Kapitalismus in Rußland. Studien und Beiträge, Berlin 1973, S. 26–62.

Der russische Adel stand Ende der fünfziger Jahre des 19. Jahrhunderts vor der Wahl, sich entweder an den unaufhaltsam fortschreitenden Kapitalismus anzupassen, der das feudale Leibeigenschaftssystem von außen und innen zersetzte, oder aber die eigenen wirtschaftlichen und politischen Positionen zu räumen. Die russischen Edelleute zogen das erstere vor. Sie gaben das Leibeigenschaftsrecht preis und versuchten, den spontanen Prozeß des Niederreißens der feudalen und der Einführung kapitalistischer Verhältnisse zu bremsen, ihn zu kanalisieren und in bestimmten Grenzen zu halten, um ihre Wirtschaften allmählich auf kapitalistische Weise umzubauen und ihr Grundeigentum und ihre herrschende Stellung in der Gesellschaft zu behaupten. Das war der Sinn der Wirtschaftspolitik – und nicht nur der Wirtschaftspolitik – des Zarismus, die durch die Reform vom 19. Februar 1861 eingeleitet wurde.

Diese Reform machte die Bauern von der Leibeigenschaft frei und schuf zugleich die Bedingungen für ihre langfristige Knechtung und Ausbeutung durch die Gutsbesitzer. Die Gutsbesitzer, die den Bauern winzige Bodenanteile überlassen hatten, die nahezu jede Möglichkeit einer erweiterten Reproduktion ausschlossen, versuchten nach Kräften, das Entstehen von Bedingungen für die Entwicklung des Kapitalismus auf der Basis der Bauernwirtschaften zu verhindern. Die Beibehaltung der ausgleichenden Bodennutzung durch die Dorfgemeinde sollte eine Neuverteilung des Bodenbesitzes innerhalb der Bauernschaft nicht zulassen.

Die kapitalistische Umgestaltung der Gutswirtschaften erfolgte nicht unter Bedingungen der freien Konkurrenz, sondern bei künstlicher Aufrechterhaltung des feudalen Monopols der Gutsherren auf einen gewaltigen und dazu noch den besten Teil des Bodenfonds. Dabei wurden den Gutsbesitzern auf Kosten der gesamten Volkswirtschaft besondere Vorrechte gesichert. Die gewaltigen unproduktiven Ausgaben, ohne die die Erhaltung der politischen Macht der Gutsherren und ihres Grundbesitzes unmöglich war, verschlangen einen beträchtlichen Teil der inneren Akkumulationen und des hereinströmenden Auslandskapitals.

Durch die Reform von 1861 wurde ein schwerfälliges, innerlich widerspruchsvolles System geschaffen. Die Umgestaltung der Gutswirtschaften in kapitalistischer Richtung war nur unter der Bedingung einer kapitalistischen Evolution der gesamten Volkswirtschaft möglich. Aber diese Evolution wurde durch Beibehaltung des gutsherrlichen Grundbesitzes am meisten gestört. Unter diesen Umständen hemmte der Zarismus einerseits die Entwicklung des Kapitalismus, damit dieser Prozeß zu keiner gewaltsamen Beseitigung fronherrlichen Bodenbesitzes führte, während er andererseits besondere Maßnahmen ergriff, deren Ziel darin bestand, die kapitalistische Evolution der Volkswirtschaft in dem Maße zu sichern, wie es für die Umstellung der gutsherrlichen Latifundien auf kapitalistische Gleise notwendig war. Mit anderen Worten: die Maßnahmen zur Beschleunigung des Entwicklungsprozesses bildeten nur einen Teil der Wirtschaftspolitik des Zarismus, deren allgemeiner Sinn in der Verzögerung dieses Prozesses bestand.[2]

[2] Ausführlicher dazu: *I. F. Gindin*, K voprosu ob ėkonomičeskoj politike carskogo pravitel'stva v 60–80-ch godach XIX veka, in: Voprosy istorii 1959, 5, S. 63–82; ders., Gosudarstvennyj bank i ėkonomičeskaja politika carskogo pravitel'stva (1861–1892 gody), Moskau 1960.

Man muß hinzufügen, daß bei Maßnahmen dieser Art die Förderung der industriellen Entwicklung im Grunde genommen eine untergeordnete Rolle spielte. Ihre Hauptaufgabe bestand bis zum Ende des 19. Jahrhunderts vor allem im Aufbau eines Eisenbahnnetzes, das den Bedürfnissen der auf Marktproduktion umgestellten Gutswirtschaften dienen und außerdem die wirtschaftlichen, politischen und strategischen Interessen des Russischen Reiches sichern sollte.[3] Im Europäischen Rußland wurde diese Aufgabe im wesentlichen in den zwei ersten Jahrzehnten nach der Reform gelöst. Die dort erbauten Eisenbahnen verbanden die landwirtschaftlichen Gebiete mit den Industriezentren sowie mit den Ausfuhrhäfen an der Ostsee und am Schwarzen Meer und mit den wichtigsten Flüssen. In den achtziger und neunziger Jahren überquerten die Eisenbahnen den Ural und den Kaukasus und wurden nach dem Norden und Mittelasien weitergeführt. Von 1861 bis 1900 wurden in Rußland 51 600 km Bahnlinien erbaut. Ende des 19. Jahrhunderts hatte Rußland nach den USA das zweitlängste Streckennetz der Welt.

Durch den Bau und den Betrieb der Eisenbahnen entstand eine unerhörte Nachfrage nach Erzeugnissen der Schwerindustrie. Indessen erlebte die Hüttenindustrie im Ural, die auf Fronarbeit beruht hatte, nach der Reform von 1861 eine Depression, während der Maschinenbau in Rußland erst im Entstehen begriffen war und im Kampf mit ausländischen Exporteuren nur mühsam seine Existenzberechtigung behauptete. In den sechziger Jahren wurde alles, was die Eisenbahnen benötigten – Schienen, Schienenbefestigungen, Weichen, Brückenkonstruktionen, Bahnhofseinrichtungen, Wagen und Lokomotiven – aus dem Ausland eingeführt. Das aber war ein unhaltbarer Zustand. Die Autokratie mußte, indem sie den Eisenbahnbau beschleunigte, unvermeidlich zum Aufbau der einheimischen Produktion von Schienen und rollendem Material übergehen. Die ersten Schritte, die Ende der sechziger Jahre in dieser Richtung unternommen wurden, bestanden darin, daß die zollfreie Einfuhr von Roheisen und Stahl für die metallbearbeitende Industrie gestattet und Einfuhrzölle für einige Maschinen, darunter Lokomotiven, eingeführt wurden. Ferner wurde das Recht der Eisenbahngesellschaften begrenzt, Schienen und rollendes Material im Ausland zu kaufen. Zugleich schritt die zaristische Regierung zur Vergabe umfangreicher Staatsaufträge an Maschinenfabriken und Schienenwalzwerke und zur staatlichen Finanzierung dieser Betriebe.[4]

Das Ende der sechziger und die erste Hälfte der siebziger Jahre waren eine wichtige Etappe in der Entwicklung der russischen Schwerindustrie. In dieser Zeit entstand der russische Lokomotiv- und Waggonbau. Mitte der siebziger Jahre übertraf die Eigenproduktion von Lokomotiven und Güterwagen bereits die Einfuhr. In Rußland wurde auch die Schienenproduktion in die Wege geleitet. Ihr Umfang erreichte 1875 2,7 Millionen Pud. Allerdings handelte es sich bei mehr als zwei Dritteln dieser Menge um Eisenschienen, die dem gestiegenen Niveau der Streckentechnik nicht mehr entsprachen.

[3] Den umfassendsten Überblick über die Regierungsmaßnahmen auf dem Gebiet des Eisenbahnbaus enthält die offizielle Publikation: Naša železnodorožnaja politika po dokumentam archiva Komiteta ministrov, St. Petersburg 1902, Bde. 1–4.

[4] Die Formen einer solchen Finanzierung waren, wie die in Anm. 2 genannten Arbeiten von *I. F. Gindin* zeigten, sehr mannigfaltig.

Die Praxis, Industriebetrieben, die für den Eisenbahnbau arbeiteten, größere Staatsaufträge zu erteilen und finanzielle Unterstützung zu gewähren, wurde von der zaristischen Regierung fortgesetzt. So ergriff sie 1876 und 1877 weitere Maßnahmen, die auf eine Beschleunigung des Lokomotiv- und Wagenbaus durch einheimische Betriebe abzielten. Den neuen Eisenbahngesellschaften wurde verboten, rollendes Material im Ausland zu kaufen, die Einfuhrzölle für Lokomotiven wurden erhöht und Prämien für jede im Lande gebaute Lokomotive eingeführt. Durch diese Maßnahmen sollten außerdem in Rußland Bedingungen für die Entwicklung der Stahlschienenproduktion geschaffen werden: die Eisenbahngesellschaften wurden angewiesen, mindestens die Hälfte der benötigten Schienen bei russischen Betrieben zu bestellen; die zollfreie Einfuhr von Schienen wurde eingestellt; für Stahlschienen, die von russischen Werken im Privatauftrag hergestellt wurden, zahlte der Staat eine Prämie.

Die Folgen dieser Maßnahmen blieben nicht aus. In der zweiten Hälfte der siebziger Jahre hatte sich die Produktion von Lokomotiven verdoppelt, die von Güterwagen war auf das Anderthalbfache gewachsen. Der russische Maschinenbau deckte zu mehr als 75 % den Bedarf der russischen Eisenbahnen an rollendem Material. Der Umfang der Schienenproduktion hatte sich nahezu verfünffacht, wobei der Anteil der Eisenschienen bis auf 3 % zurückging. Anfang der achtziger Jahre wurden importierte Stahlschienen fast vollständig durch die einheimische Produktion verdrängt. Das Walzen der Schienen erfolgte jedoch hauptsächlich in Frischhütten. Die Roheisenproduktion, deren Hauptzentrum weiterhin der Ural blieb, erholte sich nur langsam von dem Schock, den ihr die Aufhebung der Leibeigenschaft versetzt hatte. Erst 1870 übertraf die Roheisenproduktion den Stand von 1860, und im folgenden Jahrzehnt nahm sie um 25 % zu. Rußlands Anteil an der Weltproduktion von Roheisen ging dadurch von 4 % im Jahre 1860 auf 2,5 % im Jahre 1880 zurück. Der Roheisenbedarf der russischen Industrie wurde zunehmend durch Importe gedeckt. Anfang der achtziger Jahre erreichte die Einfuhr 50 % der gesamten russischen Roheisenproduktion.

Dies war die erste Etappe der Industriepolitik des Zarismus nach der Reform. In dieser Etappe wurden nur einige Zweige der russischen Industrie durch die staatliche Intervention in die industrielle Entwicklung des Landes berührt. Die Intervention äußerte sich darin, daß die einheimische Produktion der wichtigsten Erzeugnisse entwickelt wurde, ohne die der Bau und der Betrieb der Eisenbahnen undenkbar wäre. Bei der Verwirklichung dieser Politik, die rein praktische Ziele verfolgte, zeigte sich jedoch, daß Rußland für die erfolgreiche Entwicklung der einschlägigen Produktionszweige eine entsprechende metallurgische Basis brauchte.

Die zweite Etappe in der Politik des Zarismus fiel in das folgende Jahrzehnt und deckte sich zeitlich mit der zu Beginn der achtziger Jahre ausgebrochenen Krise sowie der folgenden langwierigen Depression. Die Hauptsorge der zaristischen Regierung galt jetzt der Aufrechterhaltung der neugeschaffenen Industriezweige. Obwohl sich der Eisenbahnbau verringert hatte, erteilte sie den Schienen-, Lokomotiv- und Waggonbauwerken weiterhin Staatsaufträge, wobei sie sogar das Entstehen beträchtlicher staatlicher Reserven an Schienen und rollendem Material in Kauf nahm. Die Regierung setzte auch die finanzielle Hilfe an solche Betriebe fort, wodurch diese in manchen Fällen vor sonst unvermeidlichen Konkursen gerettet wurden. Zugleich nutzte die Regierung die entstandene Situation, um endlich die Schienenproduktion aus einheimischen Rohstoffen vollends durchzusetzen. Seit 1884 lehnte sie weitere Hilfeleistungen an Frischhütten ab. Gleichzeitig wurden die Zolltarife für Roheisenimporte rapide erhöht. Von 1884 bis 1887 stiegen sie auf mehr als das Fünffache. In diesen Jahren wurden auch Schutzzölle für Kohle, Koks und Eisenerz eingeführt.

Auf diese Weise nahm die Politik zur Unterstützung und Beschleunigung der industriellen Entwicklung einen immer umfassenderen Charakter an. Sie erstreckte sich auf die Hauptzweige der Schwerindustrie. Dabei erwies sich jedoch, daß es unmöglich war, nur ausgewählte Branchen auszubauen, ohne zugleich die Entwicklung der gesamten Industrie zu fördern.

Im Ergebnis ging die zaristische Autokratie Ende der achtziger und Anfang der neunziger Jahre vom Aufbau besonders privilegierter und vom Zollschutz der nicht so begünstigten Industriezweige zu einer Politik großzügiger Förderung der industriellen Entwicklung im ganzen über. Diese Politik fand vor allem ihren Niederschlag im Zolltarif von 1891, durch den die Schaffung eines verstärkten Schutzzollsystems vollendet wurde. In der folgenden Zeit wurde dieser Hochprotektionismus durch Vorkehrungen ergänzt, die auf die Beschaffung ausländischen Kapitals für die russische Industrie abzielten.

Die Realisierung dieser Politik bei gleichzeitiger Hemmung der kapitalistischen Entwicklung im Agrarbereich trieb jedoch den Widerspruch zwischen den in Rußland bereits entstandenen, überaus fortgeschrittenen Formen der Industrie und den noch nicht beseitigten halbmittelalterlichen Formen der Landwirtschaft auf die Spitze. Dieser Widerspruch, der zu Beginn des 20. Jahrhunderts akute soziale Konflikte verursachte, erforderte dringend eine Lösung.

Unter dem Druck der Revolution von 1905–1907 opferte die Autokratie die Dorfgemeinde und öffnete, wie V. I. Lenin sagte, „das letzte Ventil" für die Entwicklung des Kapitalismus unter Beibehaltung des gutsherrlichen Grundbesitzes.[5] Um die früheren Zuwachsraten in der Industrie zu sichern, reichte dies jedoch nicht aus. Das Schicksal der weiteren industriellen Entwicklung Rußlands hing davon ab, ob für die spruchreifen sozialen Widersprüche eine ausreichend radikale Lösung gefunden werden konnte.

*

Die beschleunigte Entwicklung der Industrie in jungen kapitalistischen Ländern durch Übernahme der in weiterentwickelten Staaten ausgearbeiteten Formen der maschinellen Großproduktion sowie das für solche Länder charakteristische Zusammenfallen der industriellen Revolution mit der Errichtung des Grundstocks für ein Eisenbahnnetz bedingten eine außerordentlich große Kapitalnachfrage, die durch inländische Kapazitäten in der Regel nicht gedeckt werden konnte. Deshalb wurde in solchen Ländern die Einfuhr ausländischen Kapitals zu einem wichtigen Faktor der industriellen Entwicklung.

5 *W. I. Lenin*, Das letzte Ventil, in: Ders., Werke, Bd. 18, Berlin 1962, S. 239.

Rußland bildete in dieser Hinsicht keine Ausnahme. Dem Auslandskapital war in der zweiten Hälfte des 19. und zu Beginn des 20. Jahrhunderts in der russischen Geschichte eine beträchtliche Rolle beschieden. Die Beurteilung dieser Rolle blieb jedoch sowohl unter den Zeitgenossen als auch unter den Historikern umstritten.[6]

Bei der Prüfung dieser Frage kommen wir ohne Zahlen nicht aus, obwohl diese bei weitem nicht immer hinreichend exakt sind.[7] Die nachstehende Tabelle gibt eine Vorstellung von den Hauptobjekten ausländischer Kapitalinvestitionen in Rußland (Tabelle 1). Es liegt auf der Hand, daß bis zum Ausbruch des Ersten Weltkrieges unter diesen Objekten die Eisenbahnen am wichtigsten waren.

Tabelle 1[8]

Objekte ausländischer Kapitalanlagen 1861–1917

Jahre	Eisenbahnen		Industrie		Kommunalwirtschaft, Bauwesen, Verkehr		Kreditwesen, Versicherungen, Handel		Hypothekenkredit		Staatliche Anleihen für „allgemeine Bedürfnisse“		Insgesamt
	Mill. Rubel	%	Mill. Rubel	%	Mill. Rubel	%	Mill. Rubel	%	Mill. Rubel	%	Mill. Rubel	%	Mill. Rubel
					Stichtag 1. Januar								
1861	192	35							–	–	345	63	547
1881	1969	74	53	2	18	1	27	1	–	–	595	22	2662
1893	2365	73	146	4	50	2	40	1	58	2	595	18	3254
1900	3237	68	640	14	65	1	61	1	134	3	595	13	4732
1914	3546	46	1431	19	505	7	294	4	267	3	1591	21	7634
1917	4046	26	1638	10	539	3	336	2	267	2	8841	57	15667
					Zunahme								
1861–1881	1777	84							–	–	250	12	2115
1881–1893	396	67	93	16	32	5	13	2	58	10			592
1893–1900	872	59	494	33	15	1	21	2	76	5	–	–	1478
1900–1914	309	10	791	27	440	15	233	8	133	5	996	35	2902
1914–1917	500	6	207	3	34	0,5	42	0,5	–	–	7250	90	8033

[6] Die Polemik über die Rolle des Auslandskapitals in der russischen Presse Ende der neunziger Jahre untersucht *Ju. B. Solov'ev*, Protivorečija v pravjaščem lagere Rossii po voprosu ob inostrannych kapitalach v gody pervogo promyšlennogo pod-ema, in: Iz istorii imperializma v Rossii, Moskau/Leningrad 1959, S. 371–388. Zu den Diskussionen unter den Historikern: *K. N. Tarnovskij*, Sovetskaja istoriografija rossijskogo imperializma, Moskau 1964.

[7] Dazu *V. I. Bovykin*, K voprosu o roli inostrannogo kapitala v Rossii, in: Vestnik Moskovskogo universiteta, Serie IX, 1964, Nr. 1, S. 55–83.

[8] Tabelle 1 ist zusammengestellt aufgrund der Daten von P. V. Ol' über ausländische Kapitaleinlagen in die in Rußland tätigen Aktienunternehmen (*P. V. Ol'*, Inostrannye kapitaly v narodnom chozjajstve dovoennoj Rossii, Leningrad 1925, Tab. 1 und 2), sowie aufgrund der Berechnungen von I. F. Gindin über die Verteilung der russischen Staatsanleihen und staatlich garantierten Anleihen im Ausland (siehe *I. F. Gindin*, Russkie kommerčeskie banki. Iz istorii finansovogo kapitala v Rossii, Moskau 1948, S. 391–395, 444–445). In Tabelle 2 sind die Indices „des gesamten Kapitals“, das in die Eisenbahnen investiert wurde,

Von 1861 bis 1881 machte die Beteiligung des Auslandskapitals an der Unterbringung der staatlich garantierten Obligationsanleihen russischer Eisenbahngesellschaften mehr als 80 % der Zuwachssumme des ausländischen Kapitals in Rußland aus. Obwohl sich die ausländischen Investitionen für die russischen Eisenbahnen in der folgenden Zeit verringerten, bildeten sie noch im Lauf weiterer zwei Jahrzehnte einen beträchtlichen Teil des Kapitalzuflusses aus dem Ausland. Diese Investitionen hatten das Übergewicht auch unter den Kapitalien, die im russischen Eisenbahnwesen fungierten (Tabelle 2). Ihr Anteil ging lediglich in den Krisen- und Depressionsperioden der achtziger Jahre und des beginnenden 20. Jahrhunderts etwas zurück, als die Beteiligung des russischen Kapitals am Eisenbahnbau zunahm.

Tabelle 2

Anteile ausländischen Kapitals in der russischen Volkswirtschaft 1881–1914

Jahr (am 1. Januar)	Eisenbahnen			Industrie		
	Gesamtkapital	davon Auslandskapital		Gesamtkapital	davon Auslandskapital	
	Mill. Rubel	Mill. Rubel	%	Mill. Rubel	Mill. Rubel	%
1881	2097	1969	94	331	53	16
1893	2918	2365	81	502	146	29
1900	3856	3237	85	1508	640	42
1914	4816	3546	74	3224	1431	44

Durch Investitionen in das Eisenbahnwesen wurde dem Auslandskapital der Weg in andere Zweige der russischen Volkswirtschaft, besonders in die Industrie, gebahnt. Von 1893 bis 1914 entfiel fast ein Drittel des Kapitalzuflusses aus dem Ausland auf industrielle Investitionen. Anfang des 20. Jahrhunderts bildeten sie 40 % des gesamten Aktienkapitals der russischen Industrie. In den einzelnen Industriezweigen war ihr Anteil unterschiedlich. Besonders groß war er im Bergbau, in der Hüttenindustrie und in der metallverarbeitenden Industrie (bis zu 60% der gesamten Kapitalsumme). Mehr als 80 % der ausländischen Kapitalanlagen in der russischen Industrie befanden sich zu Beginn des 20. Jahrhunderts in der Produktionsmittelerzeugung.

Unbestreitbar spielte das Auslandskapital eine wichtige Rolle beim Aufbau einer Reihe von Volkswirtschaftszweigen, deren Vorhandensein für die industrielle Entwicklung des Landes eine unentbehrliche Voraussetzung bildete (Eisenbahnverkehr, Bergbau, Hüttenindustrie u. a.). Damit gelangten nach Rußland nicht nur die moderne industrielle Technologie, sondern auch die in Jahrhunderten zustande gekommenen Fertigkeiten des kapitalistischen Unternehmertums. Auf diese Weise wurde die Durchsetzung der neuesten Organisationsformen der Maschinenindustrie, des Handels und des kommerziellen Kredits gefördert.

derselben Arbeit von I. F. Gindin entnommen, die Indices „des gesamten Kapitals" in der Industrie den neuesten Berechnungen von *L. E. Šepelev,* Akcionernoe učreditel'stvo v Rossii, in: Iz istorii imperializma v Rossii, Moskau/Leningrad 1959, S. 134–182.

Das Auslandskapital, das in der Volkswirtschaft Rußlands investiert wurde, drohte hier nicht mit jenen negativen Folgen, mit denen seine Aktivitäten in abhängigen Ländern gewöhnlich verbunden waren, wo sie zur Unterwerfung des ökonomischen Entwicklungsprozesses unter die Bedürfnisse der kapitalexportierenden Staaten führten. Im Bereich des Eisenbahnbaus garantierte der russische Staat den ausländischen Kapitalgebern die Auszahlung fester Erträge, behielt sich aber die Führungspositionen selbst vor. Im Bereich der Aktienunternehmen wurde die Tätigkeit des Auslandskapitals durch die Bedürfnisse der russischen Volkswirtschaft diktiert. Die von Ausländern oder mit ihrer Beteiligung gegründeten Industriebetriebe arbeiteten für den Binnenmarkt und bildeten einen integrierenden Teil der russischen Wirtschaft. Daraus ergab sich für sie die dringende Notwendigkeit, mit dem einheimischen Kapital zusammenzuarbeiten. Die gleiche Notwendigkeit ergab sich aus der Eigenart der sozialökonomischen Bedingungen Rußlands, seinen Rechtsnormen und kommerziellen Traditionen.

In den neunziger Jahren zogen es ausländische Kapitalisten vor, sich in Rußland im Rahmen von Gesellschaften zu betätigen, die eigens zu diesem Zweck im Ausland gebildet wurden. Das Kapital solcher Gesellschaften machte damals mehr als 60 % der Zunahme ausländischer Kapitalinvestitionen in Unternehmensform aus. Aber schon damals traten ausländische Kapitalisten in Rußland häufig gemeinsam mit Vertretern einheimischen Kapitals auf, während Vermittlerfunktionen von russischen Banken übernommen wurden.[9]

Viele ausländische Gesellschaften, die in Rußland tätig waren, haben die schweren Prüfungen der zu Beginn des 20. Jahrhunderts ausgebrochenen Krise nicht bestanden. In der folgenden Zeit ging der Anteil solcher Gesellschaften an der Gesamthöhe des ausländischen Unternehmenskapitals zurück: ausländische Kapitalinvestitionen wurden vorwiegend russischen Gesellschaften zugeführt. In der Zusammenarbeit zwischen dem ausländischen und dem russischen Kapital nahm die Rolle des letzteren beträchtlich zu. Der amerikanische Forscher McKay hat auf diesen Umstand hingewiesen und dabei festgestellt: „Vergleichen wir das Wirken ausländischer und einheimischer Unternehmer Ende der neunziger Jahre und in der Vorkriegsperiode, so sehen wir, wie rasch und beträchtlich es den russischen Industriellen gelungen war, die Ausländer einzuholen, ja sie sogar zu überrunden und zurückzudrängen. Etwa seit 1908 begannen russische Banken, die Kapitalinvestitionen für die Industrie zu lenken, wobei sie das Anlagefeld ausfindig machten, Voruntersuchungen organisierten und selber Auslandskapital und technische Hilfe heranzogen. Während dieser Zeit erreichten einige rein russische Industriekorporationen, die von russischen Geschäftsleuten gegründet und geleitet wurden, die vollständige Reife, wovon der hohe Kurs ihrer Wertpapiere auf westeuropäischen Börsen zeugte. Ver-

[9] Siehe *Ju. B. Solov'ev,* Peterburgskij Meždunarodnyj bank i francuzskij finansovyj kapital v gody pervogo promyšlennogo pod-ema v Rossii, in: Monopolii i inostrannyj kapital v Rossii, Moskau/Leningrad 1962, S. 377–407; ders., Peterburgskij Meždunarodnyj bank i francuzskij finansovyj kapital nakanune krizisa 1900–1903 gg., in: Očerki po istorii ėkonomiki i klassovych otnošenij v Rossii konca XIX – načala XX vv., Moskau/Leningrad 1964, S. 86–120; *V. I. Bovykin,* Zaroždenie finansovogo kapitala v Rossii, Moskau 1967; *V. S. Djakin,* Germanskie kapitaly v Rossii. Ėlektroindustrija i ėlektričeskij transport, Leningrad 1971; *R. Girault,* Emprunts russes et investissements français en Russie, 1887–1914, Paris 1973.

schiedentlich mußten sogar ausländische Kapitalisten von ihnen gegründete Aktiengesellschaften aufgeben."[10]

Das Auslandskapital brachte in Rußland ausreichend hohen Gewinn, obwohl sein Wirken manchmal auch Verluste brachte.[11] Von 1880 bis 1914 wurden für 1764 Mill. Rubel ausländischer Investitionen in das Aktienkapital der in Rußland tätigen Unternehmen 1050 Mill. Rubel Dividende ausgezahlt.[12] In einzelnen Perioden – 1884 bis 1894 und 1902 bis 1909 – übertrafen die für ausländische Kapitalinvestitionen gezahlten Dividenden die Zunahme dieser Investitionen, was eine Abwanderung des im Bereich der Aktienunternehmen geschöpften Kapitals aus Rußland bedeutete. Im allgemeinen übertraf jedoch die Zunahme der ausländischen Investitionen in die in Rußland tätigen Aktiengesellschaften die Höhe der Auszahlungen.

Anders sah die Verrechnungsbilanz der im Ausland untergebrachten staatlichen und von der Regierung garantierten Anleihen aus. 80 % ihres Erlöses wurde bis Ende des 19. Jahrhunderts für den Eisenbahnbau aufgewendet. Wie sich aus der Verrechnungsbilanz Rußlands ergibt[13], überstiegen schon seit Anfang der achtziger Jahre die Rückzahlungen im Rahmen der Auslandsanleihen die Neuaufnahmen. Das Eisenbahnprogramm der sechziger und siebziger Jahre, dessen Erfüllung der industriellen Entwicklung Rußlands einen mächtigen Ansporn gab, kam dem Land teuer zu stehen. Allein in den folgenden 15 Jahren (von 1881 bis 1895) überwies Rußland an Zinsen und Tilgungen im Rahmen der staatlichen und von der Regierung garantierten Anleihen ins Ausland einen Betrag von mehr als 1,6 Milliarden Goldrubel, d. h. mehr, als es während der ganzen Zeit von 1881 bis 1914 für den Eisenbahnbau aus dem Ausland erhielt. Mit anderen Worten, Auslandsanleihen, die den Aufbau des Eisenbahnnetzes in Rußland sicherten, verwandelten sich in ein Instrument, mit dem aus Rußland die dort geschaffenen Akkumulationen wieder herausgepumpt wurden. Wurde dadurch die Beschleunigung, die der Wirtschaftsentwicklung Rußlands verliehen worden war, wieder zunichte gemacht? Unabhängig davon, wie die Antwort auf diese Frage lauten mag, liegt es auf der Hand, daß im Bereich seiner produktiven Anwendung das Auslandskapital in Rußland eine widerspruchsvolle Rolle spielte: es fungierte sowohl als Beschleuniger wie auch als Bremse bei der Entwicklung der Produktivkräfte. Und während die positive Wirkung des Auslands-

[10] *J. P. McKay*, Pioneers for Profit. Foreign Entrepreneurship and Russian Industrialization, 1885–1913, Chicago/London 1970, S. 384.

[11] In der erwähnten Arbeit von *P. V. Ol'* werden Berechnungen der durchschnittlichen Rentabilität der ausländischen Kapitaleinlagen in Aktienunternehmen in Rußland für jedes Jahr bis 1915 (Tab. 1) angegeben. In bezug auf die Verluste sind jedoch nur die Daten für die Unternehmen der Bergbauindustrie vorhanden. Deren Summe belief sich 1915 auf 288,5 Mill. Rubel (Tab. 4). 1901–1904 mußten 49 der in Rußland tätigen ausländischen Gesellschaften, deren Aktienkapital insgesamt 76,7 Mill. Rubel betrug, ihre Tätigkeit einstellen. Vgl. *V. I. Bovykin, T. A. Babuškina, S. A. Krjučkova, V. A. Pogrebinskaja*, Inostrannye obščestva v Rossii v načale XX v., in: Vestnik Moskovskogo universiteta, Istorija, 1968, 2, S. 53–68.

[12] Siehe meinen in Anm. 7 genannten Aufsatz, S. 74.

[13] Es handelt sich um die Berechnungen von *P. V. Ol'* (veröffentlicht von *S. F. Šarapov* als Anlage zu seinem Vortrag „Cifrovoj analiz rasčetnogo balansa Rossii za pjatnadcatiletie 1881–1895", St. Petersburg 1897) und von *T. K. Ėngeev* (siehe seine Artikel in: Vestnik finansov 1928, Nr. 5, und in: Voprosy torgovli 1929, Nr. 11).

kapitals auf die Entwicklung der Produktivkräfte allmählich abnahm, nahm die negative Wirkung unentwegt zu.

Wir dürfen nicht vergessen, daß neben den oben festgestellten s i c h t b a r e n positiven und negativen Folgen der Beteiligung des Auslandskapitals an der russischen Volkswirtschaft diese Beteiligung auch eine u n s i c h t b a r e Kehrseite hatte. Der Mangel an inneren Akkumulationen, der den Zufluß von Fremdkapital bedingte, entstand in Rußland hauptsächlich deshalb, weil der Großteil dieser Akkumulationen durch das staatliche Kreditsystem einer produktiven Verwendung in der Volkswirtschaft entzogen und zur Unterstützung der zaristischen Autokratie und des gutsherrlichen Grundbesitzes zweckentfremdet wurde.[14] Die Aufgabe, die politische Herrschaft und die ökonomischen Vorrechte der Gutsbesitzer unter den Bedingungen des wachsenden Kapitalismus zu sichern, erforderte vom Zarismus gewaltige unproduktive Ausgaben. Aber die gleiche Aufgabe regte ihn auch zu großen produktiven Ausgaben an: zum Bau von Eisenbahnen, zur Entwicklung einiger Industriezweige usw. Da der zaristische Absolutismus über ausreichende Möglichkeiten verfügte, Mittel zur Deckung dieser Ausgaben im Ausland zu erhalten, war er in der Lage, Ressourcen der inneren Akkumulation für den Kampf gegen die revolutionäre Bewegung, für die Unterstützung der Gutsbesitzer und für die Kriegführung aufzuwenden. Dieser Abfluß innerer Akkumulationen aus der Volkswirtschaft wurde nur zum Teil durch Auslandskapital gedeckt (vgl. Tabelle 3).

Tabelle 3[15]
Anteil des ausländischen Kapitals an den produktiven und unproduktiven Ausgaben 1861–1914

Jahr	Gesamtsumme der produktiven Ausgaben in Mill. Rubel	davon: Auslandskapital Mill. Rubel	%	davon: Russisches Kapital Mill. Rubel	%	Gesamtsumme der unproduktiven Ausgaben in Mill. Rubel	davon: Auslandskapital Mill. Rubel	%	davon: Russisches Kapital Mill. Rubel	%
					Stichtag 1. Januar					
1861	275	202	73,5	73	26,5	1356	345	25,4	1011	74,6
1881	2472	2067	83,6	405	16,4	3684	595	16,2	3089	83,8
1893	3912	2601	66,5	1311	33,5	4397	653	14,9	3744	85,1
1900	6121	4003	65,4	2118	34,6	5787	729	12,7	5058	87,3
1908	7503	4356	58,1	3147	41,9	9011	2070	23,0	6941	77,0
1914	10089	5776	57,3	4313	42,7	11069	1858	16,8	9211	83,2
					Zunahme					
1861–1881	2197	1865	84,9	332	15,1	2328	250	10,7	2078	89,3
1881–1893	1440	534	37,1	906	62,9	713	58	8,1	655	91,9
1893–1900	2209	1402	63,5	807	36,5	1390	76	5,5	1314	94,5
1900–1908	1382	353	25,5	1029	74,5	3224	1341	41,6	1883	58,4
1908–1914	2586	1420	54,9	1166	45,1	2058	–212	–	2270	100,0

14 Auf diesen Umstand wies – wenn ich mich nicht täusche – als erster *I. F. Gindin* hin, als er in seinem Buch „Russkie kommerčeskie banki“ (Kap. VI) die Lage des Geldmarktes in Rußland analysierte.

15 Die Tabelle ist aufgrund der in Anm. 8 erwähnten Berechnungen von *P. V. Ol'*,

Die ausländischen Kapitalinvestitionen in die Volkswirtschaft Rußlands sicherten somit die Entwicklung des Kapitalismus bei fortbestehender Herrschaft der Gutsbesitzer und des gutsherrlichen Grundbesitzes. Auf diese Art trugen sie zur Erhaltung der Autokratie und der Gutsbesitzerordnung bei, der Hauptfaktoren, die den wirtschaftlichen und sozialen Fortschritt in Rußland hemmten.

Anfang des 20. Jahrhunderts ging das internationale Kapital von der indirekten Unterstützung der Autokratie zu deren direkter Unterstützung über durch Gewährung von Anleihen für die Unterdrückung der revolutionären Bewegung und die Kriegführung. Dadurch wurde das Schicksal der ausländischen Investitionen in Rußland in direkte Abhängigkeit von den Geschicken des dortigen politischen Regimes gebracht.

*

Um die Betrachtung der Hauptbedingungen abzuschließen, die für den Charakter der industriellen Entwicklung Rußlands ausschlaggebend waren, müssen wir einen wichtigen Umstand hervorheben, auf den bereits V. I. Lenin in seinem Werk „Die Entwicklung des Kapitalismus in Rußland" verwies, und zwar auf die außerordentlich günstigen Bedingungen für die Erweiterung des Wirkungsbereichs des Kapitalismus in diesem Land.[16]

Die Entwicklung des Kapitalismus in die Breite ist eine Erscheinung, die mehr oder minder jedem kapitalistischen Land eigen ist. In Rußland hatte sie aber einen besonderen Sinn. Bereits in der ersten Hälfte des 19. Jahrhunderts, unter Bedingungen der Krise des feudalen Leibeigenschaftssystems, zeigte sich in Rußland die Tendenz zur Entwicklung des Kapitalismus durch seine Verbreitung außerhalb des Herrschaftsbereichs der Leibeigenschaftsverhältnisse. Die Erscheinungen des Zerfalls des Feudalsystems und der keimenden kapitalistischen Verhältnisse wurden aus dem landwirtschaftlichen Zentrum des Landes in die Randgebiete verdrängt, wo der Einfluß der Leibeigenschaft nicht so stark war, und zwar in die südlichen Gebiete: Neurußland, die Steppen des Vorkaukasus, in das Untere Wolgagebiet und das Transwolgagebiet. Dort wurden die Grundlagen für die spätere Verwandlung dieser Gebiete in die Hauptzone der Warengetreidewirtschaft geschaffen.

In der Nachreformzeit wurde diese Tendenz ein bezeichnendes Merkmal im Prozeß der kapitalistischen Entwicklung Rußlands. Die Überbleibsel der Leibeigenschaft in der Agrarordnung erschwerten die Durchsetzung kapitalistischer Verhältnisse in den alten landwirtschaftlichen Gebieten, während die vielen freien und für die Kolonisierung zugänglichen Randgebiete außerordentlich günstige Möglichkeiten für eine Erweiterung des Bereichs dieser Verhältnisse boten. Dies hatte zur Folge, daß die Entwicklung des Kapitalismus in Rußland in beträchtlichem Maße einen extensiven Charakter annahm. Dadurch verstärkte sich die Ungleichmäßig-

I. F. Gindin und *L. E. Šepelev* zusammengestellt. Bei den Investitionen in die Produktionsgüterindustrie sind Eisenbahn- sowie Kommunalanleihen eingeschlossen, ebenso Investitionen in Aktienunternehmungen; Investitionen im Konsumsektor umfassen Anleihen für „allgemeine Bedürfnisse" sowie Anleihen in Hypothekenwerten.

[16] *W. I. Lenin,* Die Entwicklung des Kapitalismus in Rußland. Der Prozeß der Bildung des inneren Marktes für die Großindustrie, in: Ders., Werke, Bd. 3, Berlin 1956, S. 615.

keit in der kapitalistischen Entwicklung einzelner Gebiete, die Heterogenität der ökonomischen und sozialen Struktur Rußlands. Während die durch Überbleibsel der Leibeigenschaft belasteten Agrargouvernements Mittelrußlands in ihrer Entwicklung immer weiter zurückblieben, verwandelten sich die südlichen und südöstlichen Randgebiete des Europäischen Rußlands sowie Sibirien in Territorien mit einer entwickelten kapitalistischen Landwirtschaft. Sie produzierten einen Großteil der landwirtschaftlichen Erzeugnisse für die in der Industrie beschäftigte Bevölkerung Rußlands und für die Ausfuhr ins Ausland. Zugleich wurden sie aber zu den bedeutendsten Abnehmern der von der russischen Industrie hergestellten Bedarfsgüter.

Die Breitenentwicklung des Kapitalismus erforderte den Bau von Eisenbahnen, die die Randgebiete mit dem Zentrum des Landes verbinden sollten. Bei der Ausdehnung des Russischen Reiches war dies eine schwierige Aufgabe. Durch ihre Lösung wurden jedoch nicht nur die Voraussetzungen für ein rapides Wachstum der maßgeblichen Industriezweige geschaffen, sondern darüber hinaus ein ausreichend hohes Tempo der kapitalistischen Evolution der russischen Volkswirtschaft gesichert – unter Erhaltung der gutsherrlichen Latifundien, die eine verderbliche Wirkung auf die gesamte Gesellschaftsordnung, auf die ganze soziale Entwicklung des Landes ausübten.

Als V. I. Lenin die historische Bedeutung der Breitenentwicklung des Kapitalismus charakterisierte, stellte er fest, daß diese die kapitalistische Evolution der Randgebiete fördert, aber bis zu einem gewissen Grad die Lösung ökonomischer und sozialer Widersprüche im Zentrum des Landes hemmt. „Hätte sich der russische Kapitalismus", schrieb V. I. Lenin, „nirgends über die Grenzen des Territoriums ausdehnen können, das schon zu Beginn der Nachreformzeit besetzt war, dann hätte dieser Widerspruch zwischen der kapitalistischen Großindustrie und den archaischen Institutionen im Dorf (Fesselung der Bauern an die Scholle usw.) rasch zur völligen Beseitigung dieser Institutionen, zur völligen Freilegung des Weges für den landwirtschaftlichen Kapitalismus in Rußland fuhren müssen. Aber die (für den Fabrikanten bestehende) Möglichkeit, in den Randgebieten, die kolonisiert werden, einen Markt zu suchen und zu finden, und die (für den Bauern bestehende) Möglichkeit, auf neue Ländereien zu ziehen, vermindert die Schärfe dieses Widerspruches und verzögert seine Lösung. Es versteht sich von selbst, daß eine solche Verzögerung im Wachstum des Kapitalismus gleichbedeutend damit ist, daß sich ein um so stärkeres und breiteres Wachstum des Kapitalismus in nächster Zukunft vorbereitet."[17]

Die Entwicklung des Kapitalismus in die Breite verlängerte die Zeit der Koexistenz zwischen fortgeschrittenen Formen der Industrie und halbmittelalterlichen Formen der Landwirtschaft, machte es aber zugleich unvermeidlich, daß die Lösung des herangereiften Widerspruches zwischen ihnen schließlich einen explosiven Charakter annahm.

II.

Wir wollen nun die Dynamik der industriellen Entwicklung Rußlands und einige Ergebnisse derselben betrachten.

[17] Ebda., S. 615 f., Anmerkung.

Als die Industrieproduktion Rußlands in die Nachreformzeit eintrat, trug sie deutliche Spuren der langwierigen Existenz unter den Verhältnissen des herrschenden Leibeigenschaftsrechts. Indem sie sich an diese Verhältnisse anpaßte, hatte die Entwicklung der industriellen Produktion bekanntlich zwei Wege eingeschlagen. Der erste bestand in der Auswertung der durch die kapitalistische Industrie des Westens entwickelten Organisationsformen industrieller Produktion auf der Grundlage der Zwangsarbeit. Dieser Weg führte in Rußland zur Entstehung jener „eigenartigen Struktur der Industrie", die V. I. Lenin so eindrucksvoll in seiner Analyse der Ursachen für den Verfall des Bergbaus im Ural geschildert hat.[18] Auch in einer Reihe anderer Industrien – in der Tuch-, Leinen-, Glas- und Rübenzuckerproduktion – beruhte die „Arbeitsorganisation" auf der Leibeigenschaft.

Ein zweiter Weg für die Entwicklung der Industrie hatte sich im Rußland der Vorreformzeit dank dem Zerfall der gutsherrlichen Feudalwirtschaft geöffnet. Er fand einen Niederschlag in der Entstehung von Industriebetrieben, die zinspflichtige Bauern (obročnye krest'jane), welche auf der Suche nach Nebenerwerb ihre Dörfer verließen, in Lohnarbeit anstellten. Diese eigenartige Form der Lohnarbeit sicherte in der ersten Hälfte des 19. Jahrhunderts einen raschen Anstieg der Baumwollproduktion in Rußland.

Durch die Aufhebung der Leibeigenschaft waren Betriebe, die auf Zwangsarbeit beruhten, dem Untergang geweiht. Da aber die faktische Beseitigung der Leibeigenschaftsverhältnisse viele Jahre in Anspruch nahm, konnten solche Betriebe noch eine Zeitlang fortbestehen, wobei sie vergeblich versuchten, sich den neuen Verhältnissen anzupassen.

Was die Betriebe der zweiten Art anbelangt, so bildeten gerade sie die Grundlage für die Entstehung der kapitalistischen Großindustrie in Rußland. Das war das Geheimnis des rapiden Aufschwungs der Baumwollproduktion in den sechziger Jahren bei relativ bescheidenen Zuwachsraten oder sogar einer Stagnation in Branchen, in denen Zwangsarbeit überwog. Im Ergebnis hatte sich der Anteil dieser Betriebe am Produktionswert der Veredelungsindustrie Anfang der siebziger Jahre verdoppelt und etwa 40 % erreicht.[19]

Die Reform von 1861 sicherte die Möglichkeit, einen Stamm ständiger Lohnarbeiter heranzubilden, und schuf zugleich die Bedingungen für den Sieg der industriellen Revolution in Rußland. Vor der Reform überwog die maschinelle Produktion lediglich in der Baumwollspinnerei. Danach erfaßte der Prozeß der Einführung von Maschinen und entsprechenden Formen der Arbeitsorganisation sämtliche Branchen. Ende der siebziger und Anfang der achtziger Jahre war in der russischen Industrie der Übergang von der Manufaktur zur Fabrik im wesentlichen abgeschlossen: den Großteil der Produktion lieferten von nun an mit Maschinen ausgerüstete Betriebe.

[18] Ebda., S. 497–501.

[19] Zu den Indices für die Entwicklung der wichtigsten russischen Industriezweige für 1860–1872: *A. F. Jakovlev*, Ėkonomičeskie krizisy v Rossii, Moskau 1955, S. 91. Gesamtangaben für die verarbeitende Industrie im Europäischen Rußland für 1863–1891, die auf der Grundlage verschiedener statistischer Publikationen zusammengestellt wurden, veröffentlichte *V. I. Lenin* als Anlage zu seinem Buch „Die Entwicklung des Kapitalismus in Rußland", in: Ders., Werke, Bd. 3, S. 623 f.

Lediglich in der Seiden-, Leder- und Holzverarbeitungsindustrie herrschte weiterhin Handarbeit vor.

Im Ergebnis dieser technischen Umwälzung konzentrierte sich die Produktion zunehmend in einer relativ geringen Anzahl mechanisierter Großbetriebe. Aus den Angaben für 1879 geht hervor, daß in der Baumwollindustrie 26 % aller Fabriken 78 % der in dieser Branche beschäftigten Arbeiter konzentrierten und 87 % des Gesamtwerts der Produktion lieferten. In der Metallbearbeitung entfielen auf mechanisierte Betriebe, bei denen es sich um 25 % aller Unternehmungen handelte, 77 % der Arbeiter und 86 % der Produktion. In der Zuckerindustrie kamen auf 56 % der Betriebe, die mit Maschinen ausgestattet waren, 53 % der Arbeiter und 85 % des Werts der Gesamtproduktion.[20]

Dieser Prozeß der Produktionskonzentration hatte die Entstehung riesiger Industriebetriebe mit einer Jahresproduktion von mehr als 1 Million Rubel zur Folge. In der Textilindustrie zählte man 1884 79 solche Betriebe, in der Nahrungs- und Genußmittelindustrie 67, in der metallbearbeitenden Industrie 24. Unter ihnen ragten besonders 3 Baumwoll- und 5 Zuckerfabriken hervor, die jährlich für mehr als 5 Millionen Rubel Waren erzeugten.[21]

Die Übernahme der modernen technischen Mittel und Organisationsformen der kapitalistischen Großproduktion aus den weiterentwickelten Ländern erlaubte es, die technische Umrüstung der russischen Industrie zu beschleunigen. Einige Zweige entstanden von Anfang an in Form der maschinellen Industrie. Die Überbleibsel der Leibeigenschaft verzögerten jedoch die Entwicklung der Produktivkräfte und hemmten die mit der technischen Revolution zusammenhängenden sozialen Prozesse. Sie engten, indem sie den Herrschaftsbereich der kapitalistischen Verhältnisse begrenzten, die Maßstäbe des Sieges der maschinellen Industrie ein und bedingten die Unvollständigkeit der industriellen Umwälzung sowie die weitreichende Verbreitung rückständiger Produktionsformen.

Durch den Sieg der maschinellen Industrie wurden in Rußland ebenso wie in anderen kapitalistischen Ländern periodische Überproduktionskrisen verursacht. Krisenerscheinungen machten sich in der russischen Industrie bereits vor 1861 bemerkbar. Durch den Einfluß der Wirtschaftskrisen im Westen bedingt, zeugten sie dennoch von einer Zunahme innerer Widersprüche, die Rußland für solche Einflüsse immer empfindlicher machten. Die erste Überproduktionskrise, die durch innere Widersprüche des russischen Kapitalismus hervorgerufen wurde, brach 1873 aus. Durch sie wurde hauptsächlich die Baumwollindustrie betroffen. Das Absinken des Gesamtumfangs der industriellen Produktion war geringfügig und nicht von großer Dauer. Dennoch verursachte die Krise einen Rückgang der Zuwachsraten der russischen Industrie. Erst 1878 ging es mit der industriellen Produktion wieder steil bergauf. Die folgende Krise – Anfang der achtziger Jahre – war bedeutend tiefgreifender und dauerte auch länger. Sie erfaßte einen Industriezweig nach dem anderen und nahm 1883 den Charakter einer allgemeinen Überproduktionskrise an. Nur die junge Erdölindustrie blieb davon verschont.

[20] *V. I. Bovykin, S. S. Dmitriev, I. D. Koval'čenko, K. N. Tarnovskij,* Očerki istorii SSSR. 1861–1914, Moskau 1960, S. 90 (Berechnungen von I. D. Koval'čenko).

[21] *V. I. Bovykin,* Zaroždenie finansovogo kapitala v Rossii, S. 55.

1887 wies die Industrie Rußlands zum erstenmal nach vierjähriger Flaute einen Produktionszuwachs auf. In diesem Jahr begann eine Belebung, der ein neuer industrieller Aufschwung folgte. Er wurde durch den gesamten Verlauf der volkswirtschaftlichen Entwicklung vorbereitet. Mit Abschluß der bäuerlichen Loskaufoperation wurde 1883 das System der Feudalverhältnisse im russischen Dorf endgültig beseitigt.[22] Der Prozeß der kapitalistischen Umgestaltung des Dorfes trat in eine neue Phase. Ein bezeichnendes Merkmal dieser Phase bestand darin, daß die Bildung eines einheitlichen gesamtrussischen Marktes für Agrarerzeugnisse, Vieh und Arbeitskräfte vollendet wurde.[23] Der in den vorangegangenen Jahren errichtete Grundstock des Eisenbahnnetzes im Europäischen Rußland förderte die gesellschaftliche Arbeitsteilung, das Wachstum der warenproduzierenden Landwirtschaft, die Spezialisierung einzelner Agrargebiete, die fortschreitende Produktion von Industriepflanzen und die Verarbeitung landwirtschaftlicher Erzeugnisse.[24] Durch die Wirkung der weltweiten Agrarkrise wurde zwar das Wachstum der landwirtschaftlichen Produktion in Rußland aufgehalten, aber zugleich verstärkte und vertiefte sie die dort stattfindenden sozialen und strukturellen Wandlungen.

Eine Rolle spielte dabei auch der andauernde Eisenbahnbau. In den fünf Jahren von 1884 bis 1889 wurden in Rußland 5 238 km Bahnstrecken gebaut, d. h. über 1 000 km im Jahr. 1893 begann nach einigen Jahren, in denen der Eisenbahnbau etwas vernachlässigt worden war, ein neuer, beispielloser Aufschwung. Von 1893 bis 1900 wurden in Rußland Eisenbahnen mit einer Gesamtlänge von 22 000 km erbaut, d. h. mehr als in den vorhergegangenen 20 Jahren. Die durchschnittliche jährliche Zunahme des Streckennetzes betrug in dieser Zeit 2 700 km. Allein für den Bau neuer Bahnlinien wurden nach den technischen Normen jener Zeit Metallerzeugnisse im Umfang von mehr als 15 Millionen Pud Roheisen im Jahr benötigt. Der gesamte Jahresbedarf der Eisenbahnen, einschließlich des Metalls, das für den Bau von rollendem Material und für verschiedenartige Betriebseinrichtungen benötigt wurde, erreichte bis 65 Millionen Pud Roheisen.[25] Der Bedarf an Lokomotiven, Wagen, verschiedenartigen Ausrüstungen, Bau- und Brennstoff war ebenfalls stark gestiegen. Die Aufträge der Eisenbahnen lösten in der Entwicklung der industriellen Produktion in Rußland eine Kettenreaktion aus. Die damit zusammenhängende Errichtung neuer und Vergrößerung alter Werke bedingten die Notwendigkeit, die Produktionsmittelerzeugung weiterhin zu vergrößern. Beträchtliche Anforderungen wurden an die Industrie auch durch die umfangreiche Bautätigkeit in den Städten gestellt, die eine Folge der Zunahme der industriellen Bevölkerung war. Bezeichnenderweise stieg in den neunziger Jahren die Herstellung von Dachblech sogar noch

[22] Dazu *N. M. Družinin*, Likvidacija feodal'noj sistemy v russkoj pomeščič'ej derevne (1862–1882 gg.), in: Voprosy istorii 1968, 12, S. 3–34.

[23] Neueste Forschungsergebnisse über die Finanzierung auf dem kapitalistischen Agrarmarkt in Rußland bei *I. D. Koval'čenko*, Agrarnyj rynok i charakter agrarnogo stroja Evropejskoj Rossii v konce XIX-načale XX veka, in: Istorija SSSR 1973, 2, S. 42–74.

[24] Auf diese Aspekte in der Entwicklung des Kapitalismus in der russischen Landwirtschaft wies *V. I. Lenin* in seinem Werk „Die Entwicklung des Kapitalismus in Rußland", in: Ders., Werke, Bd. 3, hin.

[25] *P. I. Ljaščenko*, Istorija narodnogo chozjajstva SSSR, Moskau 1952, Bd. 2, S. 124.

mehr als die Schienenproduktion. Zugleich erhöhte sich durch die Zunahme der Industriebevölkerung die Nachfrage nach Erzeugnissen der Leichtindustrie.

Ende der achtziger Jahre waren in Rußland die Voraussetzungen für einen industriellen Aufschwung herangereift. Sie waren so stark ausgeprägt, daß weder die katastrophalen Mißernten von 1889, 1891 und 1892 noch die Weltwirtschaftskrise von 1890 diesen verhindern konnten. Nach einer vorübergehenden Stockung 1889/90 trat die industrielle Produktion in eine Phase des unentwegten und in seinen Ausmaßen beispiellosen Wachstums ein.

In der Zeit von 1891 bis 1900 vollzog Rußland in seiner industriellen Entwicklung einen riesigen Sprung (vgl. Tabelle 4). Im Lauf von zehn Jahren verdoppelte sich die industrielle Produktion. Dabei nahm die Erzeugung von Produktionsmitteln um 199 % und die Konsumgüterproduktion um 78 % zu. Im Ergebnis stieg der Anteil der Produktionsmittel produzierenden Zweige am Gesamtumfang der industriellen Produktion von 30 auf 39 %.

Tabelle 4[26]

Produktionswert der Industrie des Russischen Reiches (in Mill. Rubel)

1. Produktionsmittelerzeugung

Zweige / Jahre	Bergbau Insgesamt	Bergbau davon Steinkohlenindustrie	Erzbergbau und NE-Hüttenindustrie	Metallbearbeitung	Erdölgewinnung und -verarbeitung	Chemieindustrie	Silikatindustrie	Sägewerke und Holzbearbeitung	Produktionsmittelerzeugung insgesamt	in % Gesamtproduktion
1890	83,0	20,4	94,1	161,3	29,8	5,9	32,6	33,5	440,2	30
1900	150,8	63,7	257,8	402,7	197,0	21,6	80,7	97,8	1208,4	39
1908	224,9	122,5	205,4	439,0	224,0	35,3	97,8	123,5	1349,9	31
1913	339,6	187,3	353,4	829,1	429,3	129,3	187,7	221,0	2489,4	38

2. Konsumgüterproduktion

Zweige / Jahre	Lebensmittelindustrie Insgesamt	Lebensmittelindustrie davon Zuckerindustr.	Lebensmittelindustrie davon Mühlenindustr.	Textilindustrie Insgesamt	Textilindustrie darunter Baumwollindustrie	Leder-, Schuh- und Bekleidungsindustrie	Papier- und Zündholzindustrie	Konsumgüterproduktion insgesamt	in % der Gesamtproduktion	Produktionswert insgesamt
1890	494,6	156,5	164,8	497,3	325,6	60,8	30,3	1053,0	70	1493,2
1900	897,0	234,0	234,9	805,2	526,0	118,8	63,9	1874,9	61	3083,3
1908	1524,3	286,4	479,5	1259,8	886,2	176,6	101,5	3062,2	69	4412,1
1913	1861,0	339,4	464,2	1854,9	1227,7	238,4	106,2	4060,5	62	6549,9

[26] Die Tabelle wurde zusammengestellt auf der Grundlage der vorbereitenden Materialien für das Werk: Dinamika rossijskoj i sovetskoj promyšlennosti v svjazi s razvitiem narodnogo chozjajstva za sorok let (1887–1926 gg.), Moskau/Leningrad 1927–1930.

Besonders groß waren die Zuwachsraten der Produktion in den Hauptzweigen der Schwerindustrie. So stieg die Roheisenerzeugung von 57 Mill. auf 179 Mill. Pud (auf das Dreifache). Mehr als 60 % des Zuwachses entfielen dabei auf das neue Industrierevier Südrußland. Der Wert der Maschinenbauerzeugnisse erhöhte sich von 52 Mill. auf 227 Mill. Rubel (mehr als das Vierfache) und die Zahl der gebauten Lokomotiven von 95 auf 1 005 (auf das Zehnfache). Die Erdölförderung stieg von 226 Mill. auf 631 Mill. Pud (fast auf das Dreifache), die Steinkohlengewinnung von 367 Mill. auf 986 Mill. Pud (auf das Zweieinhalbfache).[27]

Beträchtliche Wandlungen vollzogen sich auch hinsichtlich der Standortverteilung der Industrie. Die wichtigste davon bestand in der Umwandlung des südlichen Industriereviers in das Hauptzentrum der Bergbau- und Hüttenindustrie. Bis Mitte der achtziger Jahre hatte sich dieses Gebiet vornehmlich als Kohlenrevier entwikkelt. Es gab dort nur zwei Hüttenwerke (in Juzovka, Gouvernement Ekaterinoslav, und das Pastuchovsche Werk im Dongebiet). Nachdem in den achtziger Jahren die Eisenerzvorkommen von Krivoj Rog entdeckt und durch eine Eisenbahn mit den Kohlengruben des Donec-Reviers verbunden worden waren, ergaben sich außerordentlich günstige Bedingungen für den Ausbau der Hüttenindustrie. In der zweiten Hälfte der achtziger Jahre entstanden in der Nähe von Ekaterinoslav zwei leistungsstarke Hüttenwerke: Aleksandrovskij zavod, das der Brjansker Gesellschaft gehörte, und Dneprovskij zavod. Besonders rasch wurden jedoch solche Unternehmen seit Mitte der neunziger Jahre gebaut. In dieser Zeit entstanden im Süden solche Giganten wie das Družkovskij-Werk der Donec-Gesellschaft für Eisen- und Stahlproduktion, das Hüttenwerk Petrovsk der Russisch-Belgischen Gesellschaft, das Werk Jur'evsk der Donec-Jur'evsk-Hüttengesellschaft, das Rohrwalzwerk Mariupol' der Montan- und Hüttengesellschaft Nikopol'-Mariupol', das Hüttenwerk der Gesellschaft „Russkij Providans" in der Nähe von Mariupol', das Hüttenwerk Taganrog der gleichnamigen Gesellschaft, das Hüttenwerk Makeevka der Generalgesellschaft der Eisen- und Stahlwerke, das Hüttenwerk Kramatorsk der gleichnamigen Gesellschaft. Anfang des 20. Jahrhunderts arbeiteten im Süden 17 Hüttenwerke mit abgeschlossenem Produktionszyklus.

Ende der neunziger Jahre wurden im südlichen Industrierevier auch einige Maschinenfabriken gegründet. Die größten davon waren: das Werk Char'kov der Russischen Lokomotivbau-Gesellschaft, Luganskij zavod der Russischen Gesellschaft der Hartmannschen Maschinenfabriken und das Werk Nikolaev der Gesellschaft der Schiffswerften, mechanischen Betriebe und Gießereien von Nikolaev. 1900 war der Anteil des südlichen Reviers am Aufkommen des ganzen Reiches in der Kohlenförderung bis auf 69 %, in der Eisenerzgewinnung auf 57 %, in der Roheisenproduktion auf 52 %, in der Eisen- und Stahlerzeugung auf 44 %, im Bau von Lokomotiven auf 23 % gestiegen.[28]

[27] Daten über die industrielle Entwicklung Rußlands in den neunziger Jahren bei *P. A. Chromov*, Ėkonomičeskoe razvitie Rossii v XIX-XX vv., Moskau 1950, S. 452–453, 456 bis 461; *L. A. Mendel'son*, Teorija i istorija ėkonomičeskich krizisov i ciklov, Bd. 2, Moskau 1959, S. 736–737, 751–757.

[28] Die Berechnungen nach *P. I. Ljaščenko*, Istorija narodnogo chozjajstva SSSR, Bd. 2, S. 146–148. Zur genaueren Charakteristik der Industriegebiete des Russischen Imperiums: *R. S. Livšic*, Razmeščenie promyšlennosti v dorevoljucionnoj Rossii, Moskau 1955, Kap. IV.

Durch die Entstehung des neuen Industriereviers wurden in der Standortverteilung der Industrie nicht nur quantitative, sondern auch qualitative Änderungen verursacht. Im Nordwesten und in den Zentralgebieten stellten die Frischhütten (z. B. das Putilov-Werk in Petersburg oder das Werk der Brjansker Gesellschaft in Bežica) die Hüttenproduktion ein und sattelten auf Metallbearbeitung und Maschinenbau um. In den alten Industrierevieren – Petersburg und Mittelrußland – vollzog sich eine exaktere Spezialisierung. Petersburg behauptete sich endgültig als Hauptzentrum des Maschinenbaus, während Mittelrußland seine Stellung als Hauptrevier der Textilindustrie ausbaute. In den Jahren des Aufschwungs verwandelte sich das Erdölrevier von Baku in eines der wichtigsten Industriezentren Rußlands.

Anfang des 20. Jahrhunderts näherte sich Rußland dem Gesamtumfang der industriellen Produktion Frankreichs. Es überflügelte dieses Land in der Eisen- und Stahlproduktion, blieb jedoch vor allem in der Konsumgüterproduktion zurück.

Die Krise von 1900–1903 hatte, obwohl sie in der Leichtindustrie begann, für die Schwerindustrie und vor allem für solche Zweige wie Hüttenindustrie, Metallbearbeitung, Maschinenbau, Ölförderung und -verarbeitung besonders schwere Folgen. Die Krise verschärfte den Konkurrenzkampf bis zum äußersten und führte zum Untergang vieler in finanzieller, organisatorischer oder technischer Hinsicht leistungsschwacher Betriebe. In den Krisenjahren wurden fast 3 000 Betriebe geschlossen. Die Zahl der produzierenden Hüttenwerke verringerte sich um fast 20 %, die der Hochöfen um etwa 30 %.[29]

Die Leichtindustrie, die unter der Krise nicht so stark zu leiden hatte, überwand auch ihre Folgen früher. Dazu trug die Steigerung der Kaufkraft der Bevölkerung bei, die auf solche Errungenschaften von 1905 wie die Aufhebung der bäuerlichen Loskaufzahlungen (diese beliefen sich jährlich auf mehr als 80 Mill. Rubel) und die etwa 15prozentige Lohnsteigerung für Arbeiter zurückzuführen war (durch die Lohnsteigerung wurden in den fünf Jahren von 1906 bis 1910 über 57 Mill. Rubel jährlich mehr verdient).[30] Während die wichtigsten Zweige der Schwerindustrie (mit Ausnahme der Steinkohlenförderung) stagnierten, konnte die Leichtindustrie in der Zeit von 1900 bis 1908 den Ausstoß auf mehr als das Anderthalbfache vergrößern. Ihr Wachstum, das mit einer Vergrößerung der Produktionsflächen und Maschinenkäufe zusammenhing, trug zu einer Belebung in der Schwerindustrie bei.

Zugleich zeigten sich noch vor 1910 bereits die Folgen der Stolypinschen Reformen, welche die Entwicklung kapitalistischer Verhältnisse auf dem Land verstärkt hatten. Die Nachfrage nach Landmaschinen und -geräten, Ausrüstungen für Mühlen, Ölschlagereien und andere Betriebe für die Verarbeitung landwirtschaftlicher Rohstoffe nahm beträchtlich zu. Der Preisauftrieb für landwirtschaftliche Erzeugnisse, der sich Anfang des 20. Jahrhunderts auf dem Weltmarkt bemerkbar machte, hatte eine beträchtliche Zunahme der Einkünfte aus der Landwirtschaft zur Folge.

[29] *V. E. Motylev*, Ob osobennostjach promyšlennogo razvitija Rossii v konce XIX – načale XX veka, in: Voprosy istorii 1955, 7, S. 11–28. Eine genauere Beschreibung der Krise gab A. *F. Jakovlev*, Ėkonomičeskie krizisy v Rossii, Kap. VII.

[30] *W. I. Lenin*, Streikkampf und Arbeitslohn, in: Ders., Werke, Bd. 18, Berlin 1962, S. 247 f.

Indessen begann in Rußland 1909 eine Periode unerhört hoher Ernteerträge. 1909 betrug die Bruttoernte an Getreide 4,7 Milliarden Pud, fast 1 Milliarde mehr als 1908. Das ermöglichte eine rapide Erhöhung des Exports. 1909 führte Rußland fast doppelt soviel Getreide wie im Vorjahr aus. 1910 erreichte der Getreideexport die Rekordhöhe von 847 Mill. Pud. 1909 nahm der Gesamtwert des russischen Exports auf fast das Anderthalbfache zu und erreichte einen Wert von 1,4 Milliarden Rubel. In den folgenden Jahren stieg der Export noch mehr.[31] Das alles förderte die Akkumulation von disponiblem Kapital und die Erweiterung des Geldmarktes. 1908 bis 1913 vergrößerten sich die Bankguthaben auf das 2,4fache und erreichten 3,6 Milliarden Rubel.[32] So weit die Faktoren, durch welche die Bedingungen für einen neuen Aufschwung der Industrie vorbereitet und der Charakter dieses Aufschwungs bestimmt wurden. Diese Faktoren wurden durch die gewachsenen Rüstungsaufträge des Zarismus und neue Zuflüsse von Auslandskapital noch verstärkt.

1909 bis 1913 vergrößerte sich die industrielle Produktion Rußlands um 2,1 Milliarden Rubel, d. h. fast auf das Anderthalbfache. In der Produktionsmittelerzeugung machte die Zunahme 84 %, in der Konsumgüterproduktion 33 % aus. Die größten Zuwachsraten erzielte die metallverarbeitende Industrie. Obwohl der Bau von Lokomotiven und Wagen infolge der Verringerung des Eisenbahnbaus zurückgegangen war, nahm ihr Ausstoß um 89 % zu. Das war ein Ergebnis der Entwicklung des Maschinenbaus für die Landwirtschaft und die Industrie, des Schiffbaus und der elektrotechnischen Industrie. Die Roheisenproduktion stieg von 171 Mill. auf 283 Mill. Pud (um 66 %), die Stahlerzeugung von 166 Mill. auf 295 Mill. Pud (um 78 %). Unter den Konsumgüter erzeugenden Branchen erzielte die Textilindustrie mit 47 % den größten Produktionszuwachs. Im allgemeinen waren jedoch die Zuwachsraten der industriellen Produktion in der Zeit des Aufschwungs vor dem Ersten Weltkrieg etwas geringer als in den neunziger Jahren.

1914 war der Anteil der Schwerindustrie am Gesamtumfang der industriellen Produktion, der während der Depression zurückgegangen war, wieder gestiegen und erreichte 38 %. Die bedeutendsten Zweige der industriellen Produktion bildeten jedoch weiterhin die Lebensmittel- und die Textilindustrie. Ihr Anteil am Gesamtwert der russischen Industrieproduktion machte jeweils 28 % aus. Auf dem dritten Platz lag mit 13 % die metallverarbeitende Industrie.

In der Zeit von 1900 bis 1913 stieg das Volkseinkommen aus der Industrie um 162 % und aus der Landwirtschaft um 133,8 %. Ihr Anteil am Gesamtumfang des Volkseinkommens hatte sich dadurch wenig geändert. Der Anteil der Landwirtschaft verringerte sich von 45 % bis auf 43,6 %, während der Anteil der Industrie von 21,3 % bis auf 24,9 % stieg.[33]

Die Stellung der russischen Industrie in der industriellen Weltproduktion blieb in dieser Zeit ebenfalls unverändert. Nach den absoluten Kennziffern der industriellen Entwicklung hinkte Rußland hoffnungslos hinter den USA, Deutschland und England her. Nach dem Produktionsvolumen einer Reihe wichtiger Industriezweige –

[31] *S. A. Pokrovskij,* Vnešnjaja torgovlja i torgovaja politika Rossii, Moskau 1947, S. 348–349.

[32] *I. F. Gindin,* Russkie kommerčeskie banki, S. 173.

[33] *A. Vajnštejn,* Narodnyj dochod Rossii i SSSR, Moskau 1969, S. 71.

Eisenhüttenindustrie, Maschinenbau, Baumwoll- und Zuckerindustrie – stand es auf dem gleichen Niveau wie Frankreich. Nach der industriellen Produktion pro Kopf der Bevölkerung nahm aber Rußland immer noch den gleichen Rang wie Spanien ein. Die 1900 bis 1913 in der industriellen Entwicklung des Landes erzielten Zuwachsraten reichten nicht einmal aus, um den Abstand zu den fortgeschrittenen Ländern zu verringern, geschweige denn ihn zu überwinden.

Die Geschichte der russischen Industrie während des Ersten Weltkrieges ist ein Thema für sich.[34] Der Krieg störte die im volkswirtschaftlichen Organismus bestehenden Proportionen und funktionellen Verbindungen und führte zu einer einschneidenden Änderung der Bedingungen der kapitalistischen Reproduktion. Das übermäßige Wachstum einzelner Industriezweige, die für den Krieg arbeiteten, mußte unvermeidlich zum fortschreitenden Prozeß der allgemeinen Auszehrung der Ressourcen des Landes in Widerspruch geraten. Seit Ende 1916 ging es mit der industriellen Produktion in Rußland rasch bergab. Die Zerrüttung nahm einen katastrophalen Charakter an. Die bürgerliche Provisorische Regierung, die im Februar 1917 an die Macht gekommen war, war unfähig, einen Ausweg aus der wirtschaftlichen und sozialen Krise zu finden, die das ganze Land erfaßt hatte. Diesen Ausweg öffnete die Große Sozialistische Oktoberrevolution.

*

Die industrielle Entwicklung konnte ohne tiefgreifende soziale Umgestaltungen unmöglich dazu führen, Rußland aus einem Land, in dem die rückständige Agrarwirtschaft überwog, in eine Industriemacht zu verwandeln. Sie bedingte jedoch die Notwendigkeit solcher Umgestaltungen und sicherte die Möglichkeit ihrer Durchführung. Durch die industrielle Entwicklung wurden der Prozeß der kapitalistischen Vergesellschaftung der Produktion auf einen ausreichend hohen Stand gebracht und somit die materiellen Voraussetzungen für den Übergang zum Sozialismus geschaffen. Zugleich wurde dadurch jene Klasse ins Leben gerufen, die sich an die Spitze des Kampfes stellte für den Sturz der Autokratie, für die Verwirklichung der sozialistischen Revolution, für die Beseitigung all dessen, was den wirtschaftlichen Fortschritt des Landes hinderte, und die es verstand, diesen Kampf zum siegreichen Ende zu führen.

[34] Zu einigen Aspekten dieses Themas vgl. *A. L. Sidorov, V. I. Bovykine, P. V. Volobouëv*, Problèmes économiques et sociaux de la Première guerre mondiale, in: Comité International des Sciences Historiques. XII-e Congrès International des Sciences Historiques, Rapports IV, Wien 1965, S. 255–269.

WOLFGANG ZORN, MÜNCHEN

INDUSTRIALISIERUNG UND SOZIALE MOBILITÄT IN DEUTSCHLAND 1861–1914

1. Die Forschung zur Sozialgeschichte der Industrialisierung war einerseits von Anfang an auf anregende Problemstellungen angewiesen, wie sie zunächst der Marxismus und der sog. Kathedersozialismus des vormaligen Dorpater Professors Adolph Wagner und des Vereins für Socialpolitik boten. Wie stark auch in der letzteren Wissenschaftsrichtung die Beziehungen zwischen Mittel- und Osteuropa waren, beleuchtet allein Wilhelm Roschers Tagungsbericht „Die deutsch-russische Schule der Nationalökonomik" von 1870.[1] Sie wird auch als unmittelbare Vorläuferin der historischen Schule der Nationalökonomie bezeichnet. Andererseits waren tiefere Einblicke in die historische Veränderung der Strukturen nur durch Quellenuntersuchungen über Einzelbereiche des Wandels möglich, die das Datengerüst der amtlichen Statistik mit konkret sozialer Anschauung füllten. Eine der bahnbrechenden empirischen Studien über ein deutsches Hauptindustriegebiet erschien schon 1879 von einem russischen Staatsbürger deutscher Sprache: Der Livländer Alfons Thun veröffentlichte damals in der von Schmoller herausgegebenen Buchreihe sein Werk „Die Industrie am Niederrhein und ihre Arbeiter".[2] Ein Jahrhundert lang schritt die deutsche Regionalforschung in vielen Verzweigungen fort bis zu dem von Otto Büsch betreuten Sammelband der Historischen Kommission zu Berlin „Untersuchungen zur Geschichte der frühen Industrialisierung vornehmlich im Wirtschaftsraum Berlin/Brandenburg", einem Werk, das auch grundsätzlich aufweisen will, wie weit der industrielle Wandlungsprozeß über die engere Wirtschaftsgeschichte hinausreichte, wie stark er alle Zweige des Soziallebens beeinflußte.[3] Unter den vielen Einzelerscheinungen ist das Wachstum der sozialen Mobilität besonders auffallend, und zwar in doppelter Hinsicht: Gewachsen ist sowohl die horizontale Mobilität durch Binnenwanderung und Einwanderung von Arbeitskraft als auch die vertikale Mobilität durch Status- und Berufswechsel und durch sozialen Aufstieg.[4]

Wenn die Tagung den zeitlichen Beginn der vergleichenden Betrachtung bei 1861 ansetzt, so ist dies natürlich ein Datum der russischen Geschichte. Die Bauernbe-

[1] Vgl. *W. Roscher*, Geschichte der National-Oekonomik in Deutschland, München 1874, S. 790–821; zu Roscher kritisch: *H.-J. Seraphim*, Die deutsch-russische Schule, in: Jahrbücher für Nationalökonomie und Statistik 122 (1924), S. 319–336.

[2] *A. Thun*, Die Industrie am Niederrhein und ihre Arbeiter, Bde. 1–2, Leipzig 1879 (= Staats- und sozialwissenschaftliche Forschungen, Bd. 2, H. 2 u. 3).

[3] *O. Büsch* (Hrsg.), Untersuchungen zur Geschichte der frühen Industrialisierung vornehmlich im Wirtschaftsraum Berlin/Brandenburg, Berlin 1971.

[4] *W. Köllmann*, Zur Entstehungsgeschichte der deutschen Industriegroßstadt im 19. Jahrhundert, in: Vierteljahrschrift für Sozial- und Wirtschaftsgeschichte 46 (1959), S. 45–70.

freiung zeigt zwischen Deutschland und Rußland die West-Ost-Phasenverschiebung der Geschichtsperiode. Für Preußen lag dieses Vergleichsdatum schon bei dem Beginn der Stein-Hardenbergschen Reformen 1807 und für ganz Deutschland spätestens bei der „bürgerlichen Revolution“ von 1848/49. Nach Rostows grobem Schema der Stadien des wirtschaftlichen Wachstums läge in einer weiteren Phasenverschiebung der sog. „Take-off“ zur deutschen vollen Industrialisierung etwa bei 1850.[5] Diese wirtschaftsgeschichtliche Periodenabgrenzung hat sich bei uns auch als Beginn einer „ersten Gründerzeit“ weitgehend eingebürgert. Das politische Hauptereignis, Bismarcks preußisch-deutsche Reichsgründung von 1866/71, wird auch für die Sozialgeschichte dadurch in seiner Bedeutung gemindert, daß das spätere Reichsgebiet in der Hauptsache schon seit 1854 (Beitritt Hannovers) im preußisch geführten Deutschen Zollverein wirtschaftlich vereinigt war; die Arbeiterbewegung war von Anfang an gesamtdeutsch, ja zentralistisch. Als weitere Periodeneinschnitte bieten sich der Beginn der Freihandelspolitik des Zollvereins nach außen 1862 und die allgemeine Einführung oder Wiederherstellung der Gewerbefreiheit in ganz Deutschland 1869 an. Die Zeit bis zum Ersten Weltkrieg kann man dann zwar ein Zeitalter des Kapitalismus nennen, aber nur für kurze Dauer ein Zeitalter des wirtschaftlich-sozialen Liberalismus: 1879 und 1881 begann bereits die Zeit des Neomerkantilismus und der staatlichen Sozialpolitik.

2. Die räumliche Mobilität der Arbeitskraft hatte in Deutschland, auch abgesehen von Schiffs- und Fuhrleuten, alte Überlieferungen. Das Ausbildungs-Gesellenwandern vieler Handwerkszünfte und das Weiterbildungswandern der Jungkaufleute waren üblich geblieben; die „Walze“ der Handwerksburschen führte oft weit im deutschen Sprachgebiet herum bis in böhmische und baltische Städte. Ferner gab es die sog. Sachsengängerei oder „Rübenwanderung“ zur jahreszeitlichen Erntehilfsarbeit innerhalb Preußens aus den Ostprovinzen in die Provinz Sachsen und die Hollandgängerei aus Westfalen in die Niederlande und innerhalb Nordwestdeutschlands. Neben den mit der Arbeitsstelle wandernden Bauhandwerkern stand weiterhin die ungelernte Sondergruppe der Eisenbahnstreckenarbeiter. Auch nach der ganzjährigen Energieversorgungsmöglichkeit durch die Dampfmaschine bestanden noch sog. Kampagne-Industrien fort, die nur fluktuierende Arbeitskräfte benötigten. Die bäuerliche Dauerauswanderung ins Ausland war auch in der ersten Hälfte des 19. Jahrhunderts vorwiegend aus Süddeutschland und Sachsen eine recht lebhafte gewesen, u. a. nach Russisch-Bessarabien und ins kongreßpolnische „Manchester“ Lodz. Noch 1860 wurde eine größere Gruppe von Bergleuten aus Essen (Ruhr) mit Weib und Kind ins südrussische Kohlenrevier von Gruševskaja (Dongebiet) angeworben, kehrte aber arm zurück. Dazu kam, sehr verstärkt und verallgemeinert seit 1848, eine politische Auswanderung von Demokraten und Frühsozialisten, auch von Facharbeitern, nach Westeuropa und Amerika. Eine Industrialisierungs-Wanderung wurde zunächst in der Verdichtung der älteren Industrieregionen Wuppertal im Rheinland, Raum Berlin und Königreich Sachsen sichtbar. Eine industrielle Massenwanderung wurde dann erst durch den Aufstieg des preußischen

[5] *W. W. Rostow,* The Stages of Economic Growth. A Non-Communist Manifesto, Cambridge, Mass., 1960; dt. Ausg.: Stadien wirtschaftlichen Wachstums. Eine Alternative zur marxistischen Entwicklungstheorie, 2. Aufl. Göttingen 1967.

Ruhrgebiets zum modernen wirtschaftlichen Ballungsraum auf Steinkohlengrundlage ausgelöst. Teilweise zog die Verlagerung von Eisenindustriebetrieben besonders aus der linksrheinischen Eifel zur Ruhr hin schon Arbeitskräfte mit. Das Ruhrrevier selbst dehnte sich durch das Vordringen des Tiefbergbaus immer weiter nach Norden und Westen aus, verdichtete seine Bevölkerung in Industriegroßstädten und zog ländliche Arbeitskraft zuerst aus dem übrigen Westfalen und Rheinland sowie aus Nordhessen an. Dann reichte diese nordwestdeutsche Arbeitsreserve nicht mehr aus. Um 1870 begann die große Ost-West-Wanderung aus den preußischen Ostprovinzen zur Ruhr. Dieser Prozeß ist vor allem in den Büchern des Volkskundlers Wilhelm Brepohl dargestellt worden.[6] Es kamen durch Anwerbung mit dem Bergbau schon vertraute Oberschlesier, Ost- und Westpreußen, Niederschlesier und Posener. Das waren Menschen teils deutscher, teils polnischer und masurischer Muttersprache, meistens Tagelöhner der Landwirtschaft und Kleinstbauern. Zu den Ruhrgebietspolen stießen auch Einwanderer aus Russisch-Polen. Ferner kamen aus Österreich-Ungarn Polen, Tschechen und Slowenen, auch Italiener und Ukrainer. Auch Holländer zogen zu. Die Polen und Slowenen bildeten bewußt katholische Gruppen mit regem nationalen Vereins-, Gewerkschafts- und Genossenschaftswesen sowie einer Polenpartei für die Gemeindewahlen.

Eine weitere große Binnenwanderung in gleicher Westrichtung setzte sich aus den Ostprovinzen und besonders aus Schlesien nach Berlin fort. Sie war weniger ausschließlich Arbeiterzuzug, auch jüdische Familien waren zahlreich an ihr beteiligt. Das oberschlesische Industrierevier, das einen starken Geburtenüberschuß hatte, konnte seinen Arbeitskraftbedarf bis 1870 aus dem Lande decken. Dann mußte es die Abwanderungsverluste selbst durch Ausländereinwanderung ersetzen, und zwar durch Polen und Ukrainer aus Galizien.[6a] Die Sachsengängerei ging zurück, und die ostdeutschen Rittergüter warben ihrerseits landwirtschaftliche Saisonarbeiter aus Russisch-Polen an. Nach Süddeutschland kamen Italiener als Saisonarbeiter in Landwirtschaft und Baugewerbe. Die deutsche Übersee-Auswanderung versiegte nach 1895 fast ganz, künftig übertraf die Einwanderung die Auswanderung. Die deutsche Bevölkerung in den seit 1884 erworbenen Übersee-Kolonien erreichte bis zum Krieg mit Beamten und Soldaten nur 24 000 Köpfe. Die natürliche Bevölkerungsbewegung Deutschlands folgte der grundsätzlichen Bevölkerungswelle der Industrialisierung infolge Veränderung im generativen Verhalten: Zunächst wuchs bei gleichbleibender Sterblichkeit die Geburtlichkeit (Zahl der Geburten auf 1 000 Einwohner) an, seit den 1880er Jahren schloß sich diese Schere allmählich, seit etwa 1900 ging dann die Geburtenziffer schneller zurück als die Sterbeziffer. Die absolute Zahl der Bevölkerung nahm aber noch weiter zu, die stärksten Geburtsjahrgänge überhaupt hatte das Deutsche Reich um 1910. Noch fing die Vermehrung der

6 *W. Brepohl*, Der Aufbau des Ruhrvolkes im Zuge der Ost-West-Wanderung, Dortmund 1948; ders., Industrievolk im Wandel von der agraren zur industriellen Daseinsform, dargestellt am Ruhrgebiet, Tübingen 1957; jetzt auch: *D. Langewiesche*, Wanderungsbewegungen in der Hochindustrialisierungsperiode. Regionale, interstädtische und innerstädtische Mobilität in Deutschland 1880–1914, in: Vierteljahrschrift für Sozial- und Wirtschaftsgeschichte 64 (1977), S. 1–40.

6a *L. Schofer*, The Formation of a Modern Labor Force: Upper Silesia, 1865–1914, Berkeley/Los Angeles/London 1975.

Arbeitsplätze durch die industrielle Expansion das Wachstum des deutschen Arbeitspotentials im deutschen Gesamtdurchschnitt mehr als auf, aber eben in Verbindung mit interregionalen Verlagerungen.

Nach der Volkszählung von 1907 waren fast 9 Millionen Menschen über die Einzelstaats- oder Provinzgrenzen ihres Geburtslandes hinausgewandert. Innerhalb Preußens hatte 1871 die Provinz Westfalen noch weniger Einwohner als die Provinz Ostpreußen, 1910 aber doppelt so viel als diese. Infolge der Abwanderung jüngerer Leute stiegen im Osten Sterblichkeit und Frauenüberschuß deutlich höher. Die Binnenwanderung war zugleich meistens Wanderung vom Dorf zur Stadt, Landflucht und Verstädterung. 1850 gab es 4 deutsche Städte mit über 100 000 Einwohnern: Berlin, Hamburg, Breslau, Dresden. 1871 waren es 8 und 1910 schon 48, nun überwiegend im Westen. Berlin erreichte jetzt 2 Millionen. 1907 lebten nur noch etwas über die Hälfte der Deutschen am Ort ihrer Geburt. Die Mobilitätskennziffern der (zuletzt 64) Städte über 50 000 Einwohnern wuchsen 1881–1912, über drei vorübergehende Einbrüche entsprechend der wirtschaftlichen Konjunkturbewegung hinweg, um die Hälfte an. Mobilität auf kurze Entfernung war auch bereits das wöchentliche oder tägliche Pendeln vom dörflichen Wohnort zum Arbeitsort. Das Aufkommen der Eisenbahn verstärkte den Personenverkehr gerade auch für die ärmeren Volksschichten, und in Südwestdeutschland wurden schon nach 1870 verbilligte Arbeiterfahrkarten eingeführt. Endlich nahm die Beweglichkeit auch auf der untersten Ebene zu, indem in den großen Städten und ihren Arbeitervororten der häufige Mietwohnungswechsel Brauch wurde.[7]

3. Die (Lohn-)Arbeiterschaft machte 1870 etwa ein Fünftel des deutschen Volkes aus, 1907 etwa ein Drittel.[8] Der eingreifendste Berufswechsel im Rahmen der Industrialisierung war der Übergang aus der Landwirtschaft in Bergbau und Industrie. Allerdings schuf hier die in Deutschland recht verschiedene Verbreitung des örtlichen Landgewerbes und der auf Fernabsatz angelegten ländlichen Hausindustrie Übergänge. Die Hausspinnerei erlag zwar der Fabrikspinnerei, aber die Hausweberei im Verlag hielt sich z. B. in Bayerisch-Oberfranken (Raum Hof) noch weit über 1914 hinaus. Die Weber bewirtschafteten nebenbei ein kleines Eigengrundstück oder ein Pacht-Kartoffelfeld gegen Erntehilfe bei Bauern. Im sächsischen Erzgebirge drängte das Erlöschen des Bergbaus zusätzliche Arbeitskraft in die vielgestaltige Heimindustrie mit Kleinlandwirtschaft, aber auch in die Hausiererei. In aufstrebenden Industriegegenden wie dem preußischen Saargebiet bildete sich regional der positive Typ des Arbeiterbauern heraus, der auch ohne Elendsdruck und als soziale Absicherung im Nebenerwerb außerhalb der Arbeitsstätte Kleinackerbau und Viehzucht betrieb. Durch die Grundlastenablösung im Rahmen der Bauernbefreiung wurde nach 1848/1850 weder wie vordem in Preußen Bauerntum vom Boden verdrängt, noch wurde das Heimgewerbe durch sie gestärkt. Bäuerliche Landarmut blieb durch schlechte Böden, Erbteilungsbrauch, Agrarpreisverfall und Verschuldung immer bestehen und

[7] *L. Niethammer, B. Brüggemeier,* Wie wohnten Arbeiter im Kaiserreich? In: Archiv für Sozialgeschichte 16 (1976), S. 61–134.

[8] Hierzu und zum folgenden: *H. Lebovics,* „Agrarians" versus „Industrializers". Social Conservative Resistance to Industrialism in Late Nineteenth Century Germany, in: International Review of Social History 12 (1967), S. 31–65.

mit nötigem Zuerwerb verbunden. Sie bestand besonders in den klassischen Armutsgebieten, in denen durch den Untergang der standortungünstigen steinkohlenfernen Wald- und Montanindustrie und infolge Ausbleibens von Ersatzindustrien eine „Reagrarisierung“ stattfand, so weitgehend in Ostbayern und in der Eifel. Eine starke Großfamilienverfassung und eine Umteilungs-Dorfgemeinschaft hatte Deutschland als Gemeinschaftsrückhalte wie als Hindernisse für Mobilisierung ländlicher Arbeitskraft nicht; Hofzertrümmerung und Hofveräußerung erreichten am Ende des 19. Jahrhunderts einen Höhepunkt. Die stärksten Auswirkungen der Industrialisierung auf die dörflichen Sozialstrukturen abseits der Industriestandorte lagen in der Verringerung der auf gewerblichen Nebenerwerb angewiesenen unterbäuerlichen Gruppen und damit in einer anderen Form der Re-Agrarisierung. Landarbeiter waren gegenüber den Fabrikarbeitern schon dadurch schlechter gestellt, daß sie kein Koalitionsrecht in Gewerkschaften hatten. Der Teil der ledigen weiblichen Landbevölkerung, der industriefremd blieb, stellte immer zahlreicher das häusliche Dienstpersonal in den Städten. Da das reine Agrardorf weder dem Lohnzug der Industrie noch der Lebensformlockung und den Sozialaufstiegschancen der Stadt ein Gegengewicht bieten konnte, war die wirtschaftliche „Entmischung“ durch Landflucht im ganzen keine dauerhafte Alternative zur Industrialisierungsausbreitung.

4. Der Übergang aus dem Handwerk zur industriellen Lohnarbeit vollzog sich überwiegend innerhalb des städtischen Milieus.[9] Auch hier blieb die Übergangszone der Hausindustrie als solche erhalten. Blühende Spezialzweige wie die rheinische Kleinstahlwarenindustrie gingen nur zögernd zum Fabrikbetrieb über. Ein städtisches Gewerbe war die auf der Nähmaschine beruhende Konfektionsschneiderei, -näherei und -schuhmacherei. Der Rückzug in die individuelle Reparaturausführung rettete selbständige Handwerkszweige auch ohne den Beistand des deutschen sog. Handwerksschutzgesetzes von 1897 vor dem Untergang durch die Großindustrie. Zu den rettungslos untergehenden Kleingewerben gehörte vor allem die Weberei. Aus ihnen traten nach den vergeblichen Abwehrversuchen in der Revolution von 1848 fortwährend Handwerksmeister und geprüfte Gesellen in die Fabriken über. Die Arbeitervereine der Revolutionszeit zeigten schon in ihrer Benennung als Arbeiterbildungs- und -wanderunterstützungsvereine die Anknüpfung an die Gesellenvereine. Trotzdem suchten sich die gelernten Handwerker in den Fabriken noch lange gegen die ungelernten Arbeiter sozial abzugrenzen. Im preußischen Bergbau entstand erst nach der Aufhebung der alten Sozialordnung durch die Bergrechtsreform von 1851/65 ein rechtlich einheitlicher Arbeiterstand. Erst im Verlauf der sozialistischen Arbeiterbewegung kam es zur inneren Integration der Fabrikarbeiterschaft als klassenbewußtem „Proletariat“ und zur bewußten Trennung vom Arbeitsbereich des Handwerks. Nach Industriezweigen wurden die höchsten Nominallöhne im „Intelligenzgewerbe“ Buchdruck und im Bergbau bezahlt, doch wurden diese durchschnittlichen Lohneinkommen 1913 von denen der metallerzeugenden Hüttenindustrie überholt und von der Bauindustrie nahezu eingeholt.[10] Überall dort gab es nur Männerlöhne. Die Kinderarbeit unterlag um 1850 in Deutschland

[9] Hierzu und zum folgenden: *J. Kuczynski*, Die Geschichte der Lage der Arbeiter unter dem Kapitalismus, Bde. 3, 12, 13, 18, Berlin 1961–1963.

[10] *A. V. Desai*, Real Wages in Germany, 1871–1913, Oxford 1968 (nur Industrie).

schon der dauernden gesetzlichen Beschränkung; um die gleichberechtigte Einbeziehung der Fabrikarbeiterin bemühten sich die Sozialisten noch vergeblich, doch war ihre soziale Lage entschieden besser als die der Heimarbeiterin. Auch bei den Männern war 1855 z. B. in der Kruppschen Stahlfabrik das Verhältnis des niedrigsten zum höchsten Arbeitertagelohn 1 : 6,6. Die hochindustrielle „Arbeiteraristokratie" war dann eine reine Leistungsauslese und Lohngruppe und spielte teilweise eine Mittlerrolle zum Unternehmer. Die immer zahlreicher werdenden lohnabhängigen Büro-Angestellten der Fabriken blieben eine abgetrennte innerbetriebliche Gruppe, die bewußt „bürgerlich" und dem Klassenkampfgedanken weniger zugänglich war, auch mit anderen Angestellten besondere Gewerkschaftsorganisationen bildete. Eine dritte besondere Arbeitnehmergruppe waren die hauptberuflichen Staats- und Gemeindediener, die Beamten. Die schlecht bezahlten Unterbeamten auch bei Eisenbahn und Post waren materiell Proletariat, fühlten sich aber durch Titel und Uniform sozial ausgezeichnet. Noch größer war der soziale Rollenvorteil für den Berufsunteroffizier. Der Wunsch der freien Lohnarbeiter nach sozialer Sicherheit fand in Deutschland verhältnismäßig viel Verständnis. Die preußische Bergverwaltung bemühte sich um Seßhaftmachung der nicht ortsverwurzelten Bergleute ihrer Saarbergwerke durch Förderung der Eigenheimansiedlung. Namentlich im Ruhrgebiet suchten manche Unternehmen den Arbeitsplatzwechsel am Orte selbst zu bremsen, indem sie ihre Stammarbeiterschaft möglichst langfristig durch Treue-Vorteile an den Betrieb banden. Die großzügigsten betrieblichen Sozialmaßnahmen wie Fabrikwohnsiedlungen, Konsumanstalten, Spar- und Versicherungskassen wurden manchmal mit starker patriarchalischer Bevormundung auch politischer Art gekoppelt. In der „Krupp-Familie" in Essen und noch mehr im sog. „System Stumm" an der Saar gelangte die Schwerindustrie zu halbmilitärischen Formen solcher Industrieherrschaft. Als Jubilar wurde im Ruhrbergbau nur geehrt und beschenkt, wer nie an einem Streik teilgenommen hatte. Der besondere Stolz solcher Betriebe waren die Arbeiterfamilien, die durch Generationen hindurch bei ihnen arbeiteten. Andererseits suchten die Unternehmer natürlich die zur Massenorganisation anwachsenden Arbeitergewerkschaften – vor allem sozialistische, aber auch christliche – gemeinsam durch Einflußnahme auf die Gesetzgebung zu bekämpfen. Eine „Umsturzvorlage" und eine „Zuchthausvorlage" scheiterten aber 1894 und 1899 an der Reichstagsmehrheit.

5. Das Problem des sozialen Aufstiegs aus den Grundschichten wurde durch das in Deutschland übliche Festhalten an älteren ständischen Schichtungen verstärkt. In der industriellen Arbeitswelt, die vom Wirtschaftsbürgertum beherrscht wurde, sollte theoretisch dessen Grundsatz „Freie Bahn dem Tüchtigen" Geltung haben. Praktisch bildeten aber Reichtumsmacht durch Besitz der Produktionsmittel und Bildungsmacht durch soziale Privilegien für höheren Schulbesuch wirksame Beschränkungen der Chancengleichheit.[11] Immerhin boten die Städte vergleichsweise bessere Aufstiegsmöglichkeiten als die Dörfer. Die Schulpflicht wurde gut durchgeführt, und die deutsche Volksschule vermittelte eine solide Grundausbildung; um

[11] Hierzu und zum folgenden: *H.-J. Henning*, Das westdeutsche Bürgertum in der Epoche der Hochindustrialisierung 1860–1914. Soziales Verhalten und soziale Strukturen, T. 1: Das Bildungsbürgertum in den preußischen Westprovinzen, Wiesbaden 1972.

1890 kamen Militär-Rekruten, die Analphabeten waren, nur noch in Einzelfällen vor. Seit 1867/71 hatte jeder männliche Fabrikarbeiter als Staatsbürger das gleiche Reichstagswahlrecht, wenn auch in Preußen nur ein die Armen benachteiligendes Dreiklassenwahlrecht zum Landtag und Gemeinderat. Ein wesentliches Hindernis für Arbeiteraufstieg waren die Abwehrschranken, die gerade das arme Kleinbürgertum, der „III b-Stand“, gegen die „soziale Einbürgerung“ der Arbeiter aufrichtete. Seltener als zu vermuten wäre, gab es deshalb in den Fabrikbetrieben einen Aufstieg von der Maschine ins Fabrikbüro, einen Aufstieg, der lohnmäßig wenig, für die weiteren Aufstiegsmöglichkeiten der Söhne aber viel bedeuten konnte. Häufiger wanderten Arbeitertöchter ins Kontor. Die Heiratskreise waren ziemlich geschlossen, Ehen wurden in der Regel innerhalb der gleichen Schicht eingegangen. Entsprechend blieben die Arbeiter im geselligen Leben unter sich und organisierten sich auch für die Freizeit in besonderen Arbeiter-Turn- und Sportvereinen und Arbeiter-Gesangvereinen. Der Aufbau von Volkshochschulkursen, auch von besonderen Arbeiterbildungskursen, bot für die unzureichende Beteiligung der Arbeiterkinder an höherem Schulunterricht und Hochschulstudium keinen echten Ersatz. Die besondere Arbeiter-Subkultur, die sich entwickelte, wurde ihrerseits ein neues Hemmnis der sozialen Integration.

Der innerberufliche Aufstieg von Arbeitern gelang als individueller Erfolg meistens über Gesellenabschluß, wobei das Handwerk berufliche Ausbildungshilfe für die Industrie leistete, und über technische Weiterbildung. In Einzelfällen glückte er über den Posten des technischen Direktors zum Eigenunternehmer. Weitaus häufiger ist aber der Aufstieg vom bürgerlichen Handwerker zum Fabrikherrn, am häufigsten von der mechanischen Werkstätte zur Maschinenfabrik, und die Masse der deutschen industriellen Unternehmer stammte bereits aus dem Besitz- und Bildungsbürgertum.[12] Schon im Zeitraum 1840–1890 war von rund 400 bedeutenden Unternehmern nur gut ein Fünftel aus Kleinbürger- und Arbeiterfamilien aufgestiegen, die Masse also schon aus Mittel- und Oberschicht gebürtig und meist schon Vermögenserben verschiedener Größenordnung. Mit dem Aufblühen der sog. „modernen“ oder wissenschaftlichen Großindustrien wie vor allem auch der Chemie stieg der Anteil der Akademiker am Unternehmertum schnell. Der wachsende Anteil der sog. angestellten Unternehmer, der Direktoren von Kapitalgesellschaften, bildete eine neue Spitzengruppe einer privaten Industriebürokratie.

6. Über die industrielle Welt hinaus hat die Industrialisierung auch gesellschaftliches System und soziale Mobilität überhaupt erheblich beeinflußt.[13] Der Grundadel und das reiche Großbürgertum näherten sich schließlich auch in Preußen aneinander an. Adlige engagierten sich, abgesehen von der im „Junkertum“ üblichen Eigentätigkeit als Großlandwirt mit Kartoffelbrennerei, nicht nur wie seit alters in Oberschlesien im Bergbau und Hüttenwesen, sondern auch in anderer Industrie und

[12] *J. Kocka*, Unternehmer in der deutschen Industrialisierung, Göttingen 1975.

[13] Geschichte und Gesellschaft. Zeitschrift für Historische Sozialwissenschaft 1 (1975), H. 1: *J. Kocka* (Hrsg.), Soziale Schichtung und Mobilität in Deutschland im 19. und 20. Jahrhundert, darin u. a.: *D. Crew*, Regionale Mobilität und Arbeiterklasse. Das Beispiel Bochum 1880–1901, S. 99–120; vgl. zuletzt aus dem Zentralinstitut für Sozialwissenschaftliche Forschung der Freien Universität Berlin: *H. Kaelble*, Zur Sozialgeschichte der Modernisierung in Deutschland im 19. und 20. Jahrhundert, Düsseldorf 1977.

Effektenbörse; reiche Industrielle erwarben Rittergüter. Die Machtsteigerung des Wirtschaftsbürgertums durch die Industrialisierung kam namentlich auch der sozialen Einreihung der reichen Juden in die Oberschicht zugute; die seit der 48er Revolution im ganzen durchgesetzte Judenemanzipation erreichte damit eine Krönung. Ein weiteres Hauptkennzeichen der preußisch-deutschen Gesellschaft blieb freilich die hohe Einstufung des Offiziers und des „Schwertadels", das Drängen der bürgerlichen Zivilisten nach Reserveoffiziersrängen. Unter Kaiser Wilhelm II. und im Zeichen des Imperialismus erlangte die kaiserliche Marine ihr höchstes Prestige. Daneben genoß aber der beamtete Gelehrte hohe Achtung, mit ihm die gelehrte Bildung und das an sie geknüpfte Berufs-Berechtigungswesen. Für das Gewerbebürgertum wurde dabei wichtig, daß neben der alten Gelehrtenschule, dem humanistischen Gymnasium, die Realschule zur vollen Oberschule mit Abiturrecht zum Hochschuleintritt angehoben und gleichgestellt wurde. Anschließend gelangten auch die Technischen Hochschulen durch Wilhelm II. zur Gleichberechtigung mit den Universitäten. Auf längere Sicht wurde der Weg über die Oberrealschule zum Techniker und Ingenieur auch für die soziale Mischung der Intelligenz eine Verbesserung. In der sozialen Zusammensetzung der deutschen Hochschulstudenten sank der Anteil der Akademikereltern und stieg der Anteil der Kaufleute, Industriellen, Handwerker ohne Hochschulausbildung. Allerdings waren die Söhne der Beamten aller Stufen überdurchschnittlich vertreten, betrug der Studentenanteil der Unterschicht insgesamt 1870–1900 nur 4–5 % und waren Arbeiterkinder Ausnahmen.

Das statistische Material über sozialen Aufstieg in Deutschland 1850–1914 haben Studien von H. Kaelble zusammengestellt.[14] Die Frage, ob der nichtagrarisch-industrielle Gesellschaftssektor die eigentliche „Ordnung der sozialen Mobilität" war, wird von ihm negativer als bisher beantwortet. Trotz seiner gewaltigen wirtschaftlichen, militärischen und auch sozialpolitischen Expansion war Deutschland nicht gezwungen, den Nachwuchs für seine höheren Schichten in großem Ausmaß aus Mittel- und Unterschichten zu rekrutieren. Die Aufstiegsmobilität war auch offenbar im industriellen Sektor nicht höher als im öffentlichen Sektor der Dienstleistungen; vielmehr war sie bei einigen Gruppen, wie Lehrern an höheren Schulen und Volksschulen, Ärzten, Geistlichen, größer. Folgerichtig war auch die industrielle Wirtschaft keine günstige Aufstiegsschleuse für Aufsteiger der anderen Sektoren. Am wenigsten zugänglich für soziale Aufsteiger zeigten sich überall Berufspositionen, die dem politischen Entscheidungsbereich nahe waren.

7. Dieses Ergebnis der Sozialanalyse entspricht genau dem Doppelcharakter des Imperialismus, der das Gesicht der Vorkriegszeit prägte. Das wirtschaftliche Ausdehnungs- und Gewinninteresse verband sich mit dem Herrschafts- und Prestigewillen der älteren Oberschicht, der nicht primär wirtschaftliche Ziele verfolgte. Die durchaus vorhandene Gestalt des geschäftstüchtigen Junkers trat viel weniger ins deutsche Volksbewußtsein der Zeit ein als die des neuadligen Emporkömmlings. Die schöne und Unterhaltungsliteratur liebte nur die Idealtypen des traditionsverhafteten, etwas weltfremden Geburtsadligen und des tüchtigen, fortschrittlichen Gewer-

[14] *H. Kaelble*, Sozialer Aufstieg in Deutschland 1850–1914, in: Vierteljahrschrift für Sozial- und Wirtschaftsgeschichte 60 (1973), S. 41–71.

bebürgers als Gegenüberstellung. Der berühmteste soziale Gegenwartsroman dieser Art, Gustav Freytags „Soll und Haben", der in Schlesien spielte, erlebte schon von 1855 bis 1904 sechzig Auflagen.[15]

8. Da Kapitalismus und Imperialismus keine deutschen Sondererscheinungen waren, stellt sich nun die Frage nach der Einordnung der deutschen sozialen Entwicklung im internationalen Vergleich der Industrialisierungsstaaten. Im Tagungsprogramm ist ein sowjetisches Parallelreferat nicht vorgesehen. Ich möchte es daher wagen, kurz zusammenzufassen, wie sich dieser Vergleich in der russischen Sicht ausnahm, welche Gründe für die festgestellten strukturellen Unterschiede angeführt wurden und inwieweit die deutsche Forschung diese Beurteilung bestätigt hat. Der Umstand des zeitlichen Nachhinkens der russischen Industrialisierung mit Rostows Take-off-Ansatz um 1890, also der kürzeren verfügbaren Frist, kann vorweg ausgeklammert werden, ebenso die besondere Bauern-Alternative der Pioniersiedlung in Sibirien.

Die wirtschaftsgeschichtlichen Vorlesungen des Amerika-Russen Alexander Gerschenkron von 1968 „Europe in the Russian Mirror"[16] griffen sein früheres Stichwort von der Typ-Germanisierung des russischen Wirtschaftswachstums vor 1914 wieder auf, führten aber für unser spezielles Thema wenig weiter.

Ein Hauptgrund liegt in der Tatsache, daß das russische Interesse am westlichen Industriekapitalismus als System sich meist unmittelbar auf die britische Entwicklung richtete. Im übrigen waren es natürlich verschiedene Züge im gemischten Sozialsystem Mitteleuropas, die Zustimmung und Kritik bei den verschiedenen politischen Meinungsgruppierungen in Rußland hervorriefen.[17] Der soziale Wandel in Deutschland wurde früh festgestellt, auch in der Form des Gestaltwandels des „tüchtigen Deutschen", wie ihn gerade 1858 Gončarovs Roman „Oblomov" eindrucksvoll am „typischen Russen" gemessen hatte. Der Rankeschüler Turgenev, der 1862–71 nicht weit von Mainz, in Baden-Baden und Karlsruhe, lebte, ließ schon in dem berühmten Roman „Väter und Söhne" von 1862 einen ehemaligen Offizier sagen, die früheren „Deutschen aus Deutschland" hätten noch Leute wie Schiller und Goethe gehabt, jetzt aber seien es „immer nur solche Chemiker und Materialisten". Der Baltendeutsche Reinhard Wittram, noch im Zarenreich geboren, schrieb 1964 über die 1870er Jahre in einem Konferenzbeitrag über Bismarck und Rußland:

15 *E. K. Bramsted*, Aristocracy and the Middle-Classes in Germany. Social Types in German Literature 1830–1900, 2. Aufl. Chicago/London 1964 (1. Aufl. London 1937 unter dem Namen *E. Kohn-Bramstedt*).

16 *A. Gerschenkron*, Europe in the Russian Mirror. Four Lectures in Economic History, Cambridge 1970.

17 *U. Liszkowski*, Zur Aktualisierung der Stereotype „Die deutsche Gefahr" im russischen Neoslavismus, in: *U. Liszkowski* (Hrsg.), Rußland und Deutschland [Festschrift für Georg von Rauch], Stuttgart 1974, S. 278–294, hat „die Presse von Industrie und Handel ... überhaupt nicht eingesehen" (ebda., S. 279). Der sozial- und wirtschaftsgeschichtliche Aspekt fehlte schon in: *G. von Rauch*, Streiflichter zum russischen Deutschlandbilde des 19. Jahrhunderts, in: Jahrbücher für Geschichte Osteuropas N. F. 12 (1964), hier S. 25–47. Noch nicht zugänglich waren: *V. Mettig*, Das Deutschlandbild in der russischen öffentlichen Meinung 1878–1894 (Phil. Diss. Bonn); *A. Hermann*, Das Deutschlandbild der nichtmarxistischen Sozialisten anhand der Zeitschrift „Russkoe Bogatstvo" 1880–1904 (Phil. Diss. Köln).

„Das Urteil über das neue [Deutsche - W. Z.] Reich war überwiegend kritisch, wobei tiefgehende soziologische Unterschiede ins Gewicht fielen. Man darf nicht vergessen, daß die deutschen Sozialformen in Rußland keine Entsprechung fanden. Deutschland war mehr und mehr ein bürgerliches Land geworden, d. h. ungeachtet der in der Regierung und hohen Verwaltung immer noch führenden Stellung des Adels war der Mittelstand für Deutschland repräsentativ. Der Kulturhistoriker Viktor Hehn, der aus St. Petersburg kam, schrieb bei einem Besuch in Berlin, ‚der bürgerliche Charakter‘ gehe ‚bis zum untersten Arbeiter herab‘, und auch der Edelmann habe einen bürgerlichen Zug. Bürgerlichkeit aber war in Rußland nicht nur nicht vorherrschend, sondern in Lebensform und Gesinnung kaum bekannt. Das russische Urteil über den Deutschen traf in vielen Fällen nicht so sehr den Deutschen als den Bürger, dem man achtbare Eigenschaften nicht absprach, der aber in seinem Wesen etwas Eingeschränktes und Beharrliches hatte, dem man innerlich nicht befreundet war. Umgekehrt fiel es dem Deutschen, der seine bürgerlichen Maßstäbe mitbrachte, schwer, das Andersartige der russischen Wesensart zu verstehen, mochte es die Lässigkeit des fast erschreckend breiten aristokratischen Lebensstils sein oder die altertümliche Bedürfnislosigkeit der dienenden Schicht oder auch die einseitige Geistigkeit der ebenfalls unbürgerlichen Intelligenz."[18] Russischerseits machten sich in den vergleichenden Debatten über die Industrialisierung, über Fabrik- und Hausindustrie, Arbeiterbauern, Wanderung und Saisongewerbearbeit bäuerlicher Arbeitskraft naturgemäß auch die Gegensätze zwischen slavophilen „Volkstümlern" und „Westlern" geltend. Die Volkstümler pflegten angesichts des großbetrieblichen Fabrikwesens einen Antiindustrialismus, gegen den nach Gerschenkrons Formulierung der deutsche vom Junkertum geführte Bund der Landwirte wie eine Gesellschaft für Industrieförderung erschien. Sie fanden im deutschen Nordosten immerhin verwandte Milieuverhältnisse und das Bemühen, der Industriestaatsdynamik eine Agrarstaatskonservierung entgegenzustellen. Soweit man in Rußland nicht grundsätzlich fabrikindustriefeindlich war, gab es aber durchaus nicht nur Anhänger der Regierungsmeinung, die in Polizeistaat und Patriarchalismus eine Lösung der sozialen und politischen Arbeiterfrage sah. Die Reformslavophilen knüpften auch hier, auf der Suche nach einem eigentümlichen russischen Weg der Industrialisierung, an die russische „nichtkapitalistische" Genossenschaftsüberlieferung an. Der Volkstümler N. K. Michajlovskij bestritt, daß wie in Westeuropa so auch in Rußland der Fabrikarbeiter geistig entwickelter sei als der Bauer; nach seiner Meinung führte im Westen nur der Einfluß des politischen Lebens in den Städten diese Unterscheidung herbei. Auch im Kreise der Unternehmer selbst fand sich ein Interesse an westlichen Formen der gewerblichen Genossenschaft. Bei der ersten „panrussischen Versammlung von Fabrik- und Werkbesitzern und Personen, die sich für die vaterländische Industrie interessieren", in Petersburg 1870, hob nach Tugan-Baranovskijs Zitat einer der Redner seine Eindrücke vom Erfolg des Genossenschaftswesens in Preußen hervor, „wo die Arbeiter nur dank den Bemühungen eines Mannes, Schulze-Delitzsch, zum Wohlstand (!) gelangt sind". Die für alles Innen- und Sozialpolitische

[18] *R. Wittram*, Bismarck und Rußland, in: *W. Markert* (Hrsg.), Deutsch-russische Beziehungen von Bismarck bis zur Gegenwart, Stuttgart 1964, S. 29.

zensierte russische Presse gab nur bedingt die „öffentliche Meinung" wieder. Als sich die Zensur nach der Revolution von 1905 etwas lockerte, hob sich die liberal-demokratische Moskauer Zeitung „Russkie vedomosti" durch ihre Anerkennung der deutschen Sozialgesetzgebung von den Äußerungen der seit den 1880er Jahren gewachsenen antideutschen Strömungen ab.

Kritiker der deutschen Sozialverhältnisse waren selbstverständlich die marxistischen Sozialisten. Selbst Lenin räumte ein, daß – im Unterschied noch zu 1848 – eine soziale Agrarrevolution unter deutschen Umständen keine Aufgabe der Zeit sei; Stolypin, als Diplomatensohn in Dresden geboren, hatte bei seinen Agrarreformen nicht zuletzt den deutschen bäuerlichen Mittelstand vor Augen. Die wie in Rußland starke Rolle des Staates im Verkehrswesen erschien als Vorsprung für künftige Sozialisierung. Um so aufmerksamer wurde die industrielle Welt beobachtet. Die Marxisten verwarfen die Hausindustrie- und Arbeiterbauernvorstellungen der Volkstümler und hielten eine grundsätzliche Nachahmung der konzentrierten westeuropäischen und deutschen Industrialisierung für notwendig und möglich. Sie klammerten dabei allerdings eine entscheidende Triebkraft dieses Vorgangs aus, nämlich Bildung und Wirksamkeit eines zahlreichen einheimischen, kapitalistischen Privatunternehmertums. Tugan-Baranovskijs berühmte „Geschichte der russischen Fabrik", die 1900 in einer erweiterten deutschen Ausgabe in der Buchreihe „Sozialgeschichtliche Forschungen" erschien[19], wollte sich mit einer wachsenden Rolle einer von ihm in keiner Weise differenzierten „Fabrikantenklasse" nicht abfinden. Auch die Beurteilung der deutschen Arbeiterschaft bot aber Probleme. Aufstieg und Wachstum der kleinbürgerlichen Schichten in Deutschland sah man durch Kautsky nicht mit einem teilweisen Aufstieg der Arbeiter, sondern aus Niedergang und Zersetzung des mittleren Bürgertums erklärt. Von besonderem Interesse wären natürlich Vergleiche, die Lenin aus eigener Anschauung aufgrund seiner Deutschlandaufenthalte von 1895 und 1900–1902 anstellte.[20] Sie sind jedoch nur bruchstückhaft in seinen Äußerungen zur unmittelbaren russischen und deutschen Parteientwicklung enthalten. Sie sind überschattet von seinem Ärger sowohl über den Revisionismus der „Ökonomisten" in der deutschen Sozialistenbewegung als auch über die politische Systemstabilität des „hartgesottensten" bürgerlich-junkerlichen Landes.[21] Lenin fiel eine besondere „Organisiertheit" des Kapitalismus in Deutschland auf, und entsprechend hob er besonders in der berühmten Münchner Schrift „Čto

[19] *M. I. Tugan-Baranovskij*, Russkaja fabrika v prošlom i nastojaščem. Ekonomičesko-istoričeskoe issledovanie, T. 1: Istoričeskoe razvitie russkoj fabriki v XIX v., St. Petersburg 1898, 7-oe izd. Moskau 1938; dt. Ausg.: *M. Tugan-Baranowsky*, Die russische Fabrik, Berlin 1900 (= Sozialgeschichtliche Forschungen. Ergänzungshefte zur Zeitschrift für Sozial- und Wirtschaftsgeschichte 5/6).

[20] *W. I. Lenin*, Über Deutschland und die deutsche Arbeiterbewegung. Aus Schriften, Reden, Briefen, hrsg. vom Institut für Marxismus-Leninismus beim Zentralkomitee der SED, 3. Aufl. Berlin 1960; *X. Streb*, Lenin in Deutschland, 2. Aufl. Berlin 1960; *D. Geyer*, Lenin und der deutsche Sozialismus, in: *W. Markert*, Deutsch-russische Beziehungen, S. 80–96; *D. Wollschläger*, Lenins Deutschlandbild 1900–1914, Phil. Diss. Köln 1971 (Ms.); *L. L. Murav'eva, I. I. Sivolap-Kaftanova*, Lenin v Mjunchene, Moskau 1976.

[21] *W. I. Lenin*, Die historischen Schicksale der Lehre von Karl Marx (1913), in: Ders., Werke, Bd. 18, Berlin ⁵1974, S. 579.

delat'?" bewundernd die Millionenorganisation der deutschen Arbeiterbewegung mit ihrer Disziplin und starken Führungskontinuität hervor.[22] Ende 1912 meinte er in der Schrift über die Verelendung in der kapitalistischen Gesellschaft, daß in Deutschland „die Lage der Arbeiter infolge des höheren Kulturniveaus, dank der Streikfreiheit und Koalitionsfreiheit, dank der politischen Freiheit, den Millionen Gewerkschaftsmitgliedern und den Millionen Lesern der Arbeiterzeitungen unvergleichlich besser ist als in Rußland".[23]

Die sowjetische Geschichtsschreibung hat mehr als die deutsche auf die Gleichzeitigkeit der Massenstreikbewegungen im Ruhrgebiet und in den russischen Industriezentren im Jahre 1905 hingewiesen. Das Werk von Stern u. a. über die Auswirkungen der russischen Revolution von 1905–07 auf Deutschland[24] schloß sich ganz der sowjetischen Sicht an, zeigte aber mittelbar doch auch die Verschiedenheit der beiderseitigen Sozialverhältnisse. Vor allem gab es kein russisches Gegenstück nicht nur zu den britischen, sondern auch zu den deutschen Massengewerkschaften. Das deutsche Echo auf die russischen Veröffentlichungen von vergleichender Sozialbeobachtung war schon aus sprachlichen Gründen nur schwach.

Nach Gerschenkrons historischer Substituierungsthese für Überwindung „wirtschaftlicher Rückständigkeit"[25] wäre das reiche Privatunternehmertum Westeuropas als Industrialisierungskraft in Deutschland durch die Banken und in Rußland durch den Staat ersetzt worden. Sozialgeschichtlich bildeten die „Banken" natürlich keine selbständige Zwischengruppierung, sondern beruhten auf der Mischung von Privatkapital- und Staatstätigkeit, die für das gemischte soziale Gesamtsystem Deutschlands kennzeichnend war. Die deutsche Forschung hatte im Zeichen der „deutsch-russischen Schule" viel Verständnis für eine starke Wirtschaftsrolle des Staates. Sie wunderte sich andererseits stets darüber, daß die russische den Kern des Problems der Entstehung der modernen „industriellen Welt" so wenig in der Bildung und Kräftigung eines breiten, tief gestuften, politische Selbstverwaltung genießenden einheimischen Wirtschaftsbürgertums mit freiem Erwerbseigentum sah, in der Entfaltung und schrittweisen Modernisierung des Typs der „abendländischen Gewerbebürgerstadt". Die russische Stadtordnung von 1870 war ein später Anstoß. Otto Brunner wollte die russische Stadt sogar historisch Max Webers Idealtyp der

[22] *W. I. Lenin*, Was tun? Brennende Fragen unserer Bewegung (1902), in: Ders., Werke, Bd. 5, Berlin [6]1973, S. 355–541, hier S. 477 f.

[23] *W. I. Lenin*, Die Verelendung in der kapitalistischen Gesellschaft (1912), in: Ders., Werke, Bd. 18, Berlin [5]1974, S. 428.

[24] *L. Stern* (Hrsg.), Die Auswirkungen der ersten Russischen Revolution von 1905–1907 auf Deutschland, Bde. 1–2, Berlin 1954; ders. (Hrsg.), Die Russische Revolution von 1905 bis 1907 im Spiegel der deutschen Presse, Bde. 1–5, Berlin 1961; *K. Meyer*, Die russische Revolution von 1905 im deutschen Urteil. Überlegungen zur Änderung des „Rußlandbildes" in Deutschland, in: *U. Liszkowski*, Rußland und Deutschland (wie Anm. 17), S. 265–277; zeitgenössisch: *G. Cleinow*, Die russische politische Presse im November 1905, in: Deutsche Monatsschrift für das gesamte Leben der Gegenwart 4 (Dez. 1905), S. 392–401.

[25] *A. Gerschenkron*, Economic Backwardness in Historical Perspective, Cambridge, Mass., 1962; der zuerst 1952 veröffentlichte Aufsatz gleichen Titels in dt. Übers.: Wirtschaftliche Rückständigkeit in Historischer Perspektive, in: *H.-U. Wehler* (Hrsg.), Geschichte und Ökonomie, Köln 1973, S. 121–139.

„orientalischen Stadt" zuordnen[26], und ein amerikanisches Buch über die Geschichte des russischen Bürgertums bis 1900 von Valentine T. Bill erhielt 1959 den Haupttitel „Die vergessene Klasse".[27] Im einzelnen hat die letzte deutsche Kurzdarstellung der russischen Geschichte kritisch unterstrichen, daß die in der Vorkriegszeit stark vermehrte russische Intelligenzschicht vorwiegend aus Beamten- und Popenfamilien und nicht wenigstens im deutschen Umfang auch aus dem Wirtschaftsbürgertum stammte.[28] Offenbar war dafür gesteigerte Aufstiegsmobilität nicht nur durch Beseitigung des Analphabetismus und vermehrtes Studienplatzangebot nötig, gewissermaßen eine soziale Entwicklungs- und Schutzpolitik für den gewerblichen Mittelstand als Parallele zu Stolypins Bauernpolitik. Die russische Geschichte nahm aber durch die Oktoberrevolution eine ganz andere Richtung und löste die angestauten Probleme von Industrialisierungsprozeß und sozialer Mobilität auf viel schnellere und radikalere Weise. Für vergleichende Forschung in Sowjetrußland und Westdeutschland entstand so eine doppelte Verschiedenheit des Standortes, die leicht Mißverständnisse verursachen konnte. Auch deutscherseits ist viel nachzuholen: Möge diese Begegnung ein fruchtbarer Anstoß werden.

[26] *O. Brunner,* Europäisches und russisches Bürgertum (1953), in: Ders., Neue Wege der Verfassungs- und Sozialgeschichte, 2. Aufl. Göttingen 1968, S. 225–241.

[27] *V. T. Bill,* The Forgotten Class. The Russian Bourgeoisie from the Earliest Beginnings to 1900, New York 1959.

[28] *P. Scheibert,* in: *C. Goehrke* u. a., Rußland, Frankfurt a. M. 1972 (= Fischer Weltgeschichte, Bd. 31), S. 225–227.

DISKUSSION

BARBARA VOGEL, HAMBURG

Ich habe zwei Fragen, die in den Bereich der Bedingungen der Industrialisierung Deutschlands zum einen und Rußlands zum anderen gehören. Zunächst eine Bemerkung zur Frage des Kapitalbedarfs der Industrie in den Anfangsphasen der Industrialisierung in Deutschland. Herr Kellenbenz hat auf vielfältige Kapitalquellen hingewiesen: auf Eigengeld, Verwandtschaftshilfe, auf verschiedene Gesellschaftsformen wie die Kommanditgesellschaft und die Aktiengesellschaft, also auf Selbstfinanzierung, Kreditaufnahme und Subventionierung (vgl. oben S. 82 f.). Jedoch ist, so scheint mir, damit noch nicht die grundsätzliche Frage geklärt, inwiefern die Situation der Kreditmärkte, inwiefern vorhandene oder nicht vorhandene Kapitalakkumulation einen bestimmenden Einfluß auf den Industrialisierungsverlauf und auf das Industrialisierungstempo besaß. Herr Kellenbenz betont verschiedentlich die Kapitalknappheit, die verschiedene Ursachen gehabt habe. Er hat z. B. auf das Fehlen eines einheitlichen größeren Kreditmarktes verwiesen. In der Literatur, ich verweise auf Knut Borchardt oder Richard Tilly[a], werden heute vielfach zwei Thesen vertreten:

1. Der Kapitalbedarf der Industrie in den Anfangsphasen der Industrialisierung war noch nicht sehr bedeutend. Herr Kellenbenz hat dafür Beispiele gegeben.
2. Es kann nicht von einem „objektiven" Kapitalmangel gesprochen werden, sondern eher von zahlreichen Hemmnissen dagegen, daß Kapitalinhaber ihr Kapital in die Industrie investierten. Priorität bis in die Mitte des 19. Jahrhunderts besaßen in Deutschland festverzinsliche risikoarme Staatsanleihen, Anleihen im Handels- und Außenhandelsgeschäft; die in Preußen beliebtesten Papiere waren Pfandbriefe der ritterschaftlichen Kreditorganisationen, der sogenannten Landschaften. Die Konkurrenzsituation, die sich seit den vierziger Jahren mit dem Aufkommen der Eisenbahnpapiere ergab, liefert einen Hinweis auf die Hemmnisse der Industrialisierung durch die politisch-soziale Struktur Preußen-Deutschlands. Wenn wir den von Herrn Puhle in die Debatte geworfenen Begriff der Verspätung (vgl. oben S. 41 u. 76 f.) fruchtbar machen wollen, dürfen wir meines Erachtens nicht bei der isolierten Betrachtung sektoraler wirtschaftlicher Entwicklungen stehenbleiben, sondern müssen die gegenseitige Abhängigkeit feststellen, d. h. hier die Bremsung oder Verzögerung industrieller Expansion durch die ökonomischen Interessen der ebenfalls kapitaldurstigen Gutswirtschaft, die wiederum zur Durchsetzung ihrer Interessen die staatliche Bürokratie und Regierung mobilisieren konnte. Womöglich könnte dieser Aspekt auch für die Interpretation der Konzentrationsbewegung in der deutschen Industrie und Bankwirtschaft gewissermaßen als eine Selbsthilfeorganisation anregende Hilfestellung leisten.

Nun zur zweiten Frage: Herr Bovykin hat geschildert, wie in einer zweiten Stufe der staatlichen Wirtschaftspolitik Rußlands der Aufbau einer eigenen Industrieproduktion vor allem in bezug auf Eisenmaterial in der Montanindustrie, in der Kupferindustrie und wohl auch in der Elektroindustrie gefördert wurde (vgl. oben S. 105 f.). Es stellt sich für mich die Frage, wer diese Industriegründungen finanzierte und initiierte. Offensichtlich ist hier der Einfluß ausländischen Kapitals und ausländischen Unternehmerpotentials sehr groß gewesen; vor allem Deutschland, Frankreich und Belgien waren stark beteiligt. Rußland versuchte, den Industriewarenimport durch Kapitalimport zu ersetzen. Wenn das stimmt, so scheint es mir ein Charakteristikum des russischen Industrialisierungsprozesses zu sein, daß es der staatlichen Politik und wirtschaftspolitischen Initiative gelang, dieses ausländische Potential und Kapital zu integrieren und zu assimilieren. Ich kenne aus den deutschen Archiven die Klagen deutscher Exportindustrieller über die Erschwerung des Rußlandexports gerade durch Fabrikanten deutscher Herkunft in Rußland. Es interessiert mich, inwieweit russische Quellen diesen Eindruck bestätigen. Bernd Bonwetsch hat darauf hingewiesen, daß in den Expertenkommissionen, die zur Beratung des russischen Zolltarifs einberufen waren, durchweg deutsch gesprochen wurde und daß diese Unternehmer deutscher Herkunft als die entschiedensten Befürworter und Agitatoren eines höheren Zollschutzes für die russische Industrieproduktion und zur Zurückdrängung der deutschen Produkte auf dem russischen Markt hervortraten.[b]

[a] *K. Borchardt,* Zur Frage des Kapitalmangels in Deutschland in der ersten Hälfte des 19. Jahrhunderts, in: Jahrbücher für Nationalökonomie und Statistik 173 (1961), S. 401 bis 421; *R. Tilly,* Finanzielle Aspekte der preußischen Industrialisierung 1815–1870, in: *W. Fischer* (Hrsg.), Wirtschafts- und sozialgeschichtliche Probleme der frühen Industrialisierung, Berlin 1968, S. 477–491; ders., Zur Entwicklung des Kapitalmarktes und Industrialisierung im 19. Jahrhundert unter besonderer Berücksichtigung Deutschlands, in: Vierteljahrschrift für Sozial- und Wirtschaftsgeschichte 60 (1973), S. 145–165.

[b] *B. Bonwetsch,* Kriegsallianz und Wirtschaftsinteressen. Rußland in den Wirtschaftsplänen Englands und Frankreichs 1914–1917, Düsseldorf 1973.

BORIS M. TUPOLEV, MOSKAU

Ich möchte gern einige Worte zum Vortrag von Herrn Kellenbenz sagen. Der Vortrag von Herrn Kellenbenz ist von großem Interesse, da er überaus wichtigen Problemen der Wirtschaftsgeschichte Deutschlands gewidmet ist. In der Sowjetunion sind die Arbeiten von Herrn Kellenbenz, die der früheren Periode der Wirtchaftsgeschichte gewidmet sind, wohlbekannt. Mit um so größerem Interesse haben wir den Vortrag von Herrn Kellenbenz zur Kenntnis genommen, der dem Ende des 19. und Anfang des 20. Jahrhunderts gewidmet ist.

Die Periode, die im Vortrag von Herrn Kellenbenz beleuchtet wird, besteht aus drei großen, höchst unterschiedlichen Etappen. Vor allem ist dies erstens die Periode des Kapitalismus der freien Konkurrenz zu jener Zeit, als Deutschland noch zersplittert war, d. h. die Periode bis 1871. Die folgende Periode beginnt nach der Reichsgründung, als der Kapitalismus der freien Konkurrenz allmählich beginnt, in das imperialistische Entwicklungsstadium überzugehen. Und die dritte Periode ist die Periode des imperialistischen Stadiums, in das der Kapitalismus endgültig an der Schwelle vom 19. zum 20. Jahrhundert übergegangen ist.

In seinem Vortrag stellt Herr Kellenbenz die Frage nach den Wegen der Kapitalbildung. Zu diesen zählt er: die Sparsamkeit, die Bewahrung der Gewinnanteile, die Spekulation mit und die Akkumulation von Krediten, die Ausnutzung des Hypothekensystems usw. Es handelt sich hier in bedeutendem Maß um die ursprüngliche Kapitalakkumulation, ein Problem, das hinreichend gründlich in der marxistischen ökonomischen und historischen Literatur – aber nicht nur in der marxistischen – bearbeitet worden ist.

Das Bestreben von Herrn Kellenbenz, die Periode zwischen 1870 und 1914 unter dem Gesichtspunkt der Möglichkeit der Industriefinanzierung mittels Banken und Aktiengesellschaften zu betrachten, ist vollkommen legitim. Herr Kellenbenz verweilt kurz bei der Geschichte der größten deutschen Banken, der Deutschen Bank, der Disconto-Gesellschaft, der Berliner Handelsgesellschaft usw.

Nur begrüßen kann man das Bestreben von Herrn Kellenbenz, die Rolle der Großbanken im Prozeß der Industriekonzentration ausführlicher zu untersuchen, d. h. ein Problem, dem die marxistische Historiographie immer besondere Bedeutung beigemessen hat und beimißt. In diesem Zusammenhang ist die Schlußfolgerung von Herrn Kellenbenz vollkommen richtig, daß die Erweiterung und Konzentration der Industrie die Konzentration der Banken bedingt habe und umgekehrt (vgl. oben S. 91).

Jedoch genügt es kaum, davon zu sprechen, daß diese oder jene Bank die Industrie finanziert habe. Dies zu sagen, ist eindeutig unzulänglich. Das Verdienst von V. I. Lenin liegt darin, daß er das Problem der Fusion – ich betone: der Fusion – von Bank- und Industriekapital, das Problem der Bildung von Finanzkapital und der Formierung einer Finanzoligarchie, theoretisch ausgearbeitet und verallgemeinert hat.

In dem kurzen Überblick über die Geschichte der deutschen Banken bestätigt Herr Kellenbenz, daß die Deutsche Bank sich der Beteiligung an der Gründung neuer Unternehmen und der Umwandlung von privaten Industrieunternehmen in Aktiengesellschaften enthalten habe, und nennt dabei die Allgemeine Elektrizitäts-Gesellschaft die fast einzige Ausnahme.

Zuerst muß gesagt werden, daß die Ausnahme doch bedeutend war, weil das Kapital dieser Gesellschaft sehr groß war. Zweitens sah sich die Deutsche Bank schon bei ihrer Gründung vor die Aufgabe gestellt, die Entwicklung des Kapitalexports mit allen Mitteln zu unterstützen, was faktisch in den Statuten dieser Bank festgelegt wurde. Mir scheint, daß den Fragen des Kapitalexports im Vortrag von Herrn Kellenbenz doch zu wenig Raum gelassen wurde. Jetzt werde ich in aller Kürze diese meine These begründen.

Herr Kellenbenz behauptet für die 90er Jahre: „Die Entfaltung des Außenhandels mit Betonung der Fertigwaren auf der Exportseite kam besonders der Maschinen- und Werkzeugindustrie zugute“ (vgl. oben S. 82). Das ist an sich richtig. Aber für diese Zeit wird der Kapitalexport im Unterschied zum Export allein von Waren charakteristisch.

In diesem Zusammenhang genügt es, auf V. I. Lenins Arbeit „Der Imperialismus als höchstes Stadium des Kapitalismus“ und seine „Hefte zum Imperialismus“ hinzuweisen.[a] Von einer nicht ganz genauen Prämisse von der Rolle des Außenhandels ausgehend, sieht Herr Kellenbenz die vorrangige Frage in der Auftragssicherung der inländischen Industrie, wozu auch die Finanzierung der Exportzweige der Wirtschaft diente (vgl. oben S. 98).

Bei einer solchen Fragestellung fällt die Hauptsache aus dem Gesichtskreis heraus: der Mehrwert, der in der Form von Gewinn insbesondere für die Finanzierung der deutschen Industrie genutzt wurde und der weitaus größere Mittel einbrachte als der Außenhandel.

In diesem Zusammenhang sollte die Gründung von Unternehmen in im wirtschaftlichen Sinne zurückgebliebenen Ländern erwähnt werden, wo dieser Mehrwert und folglich der Gewinn besonders hoch waren. Im Vortrag werden solche gewaltigen Unternehmungen des deutschen Kapitals wie die Anatolischen Eisenbahnen, die Bagdadbahn und einige andere erwähnt (vgl. oben S. 98 f.). Es scheint, daß, da ja der Vortrag den Problemen der Industriefinanzierung gewidmet war, es nötig gewesen wäre, den deutschen Banken im Ausland, der Gründung von Banken in Übersee, die besonders aktiv in Ländern Lateinamerikas wie Mexiko, Brasilien, Chile tätig waren, der Tätigkeit der Orientbank, der Palästinensischen Bank, dem Export deutschen Kapitals nach Südosteuropa usw. mehr Aufmerksamkeit zu schenken.

Wenn von der neuen Phase in der Entwicklung der Industrie gesprochen wird, die Mitte der 90er Jahre begann und sich bis zum Ersten Weltkrieg hinzog, so scheint mir, daß man die sehr wichtige Frage nach den Wirtschaftskrisen und vor allem nach jener Krise zu Beginn des Jahrhunderts, von 1900 bis 1903, nicht unerwähnt lassen darf, die die Vollendung des Imperialismus als des höchsten und letzten Stadiums des Kapitalismus gefördert hat.

Im Vortrag von Herrn Kellenbenz wird jenes Chaos beschrieben, das in der deutschen Elektroindustrie in den letzten Jahren des 19. Jahrhunderts herrschte (vgl. oben S. 92–94). Daher müßte man direkt darüber sprechen, daß die Wirtschaftskrise zu Beginn des Jahrhunderts diesem Chaos „ein Ende setzte“, indem sie alle schwächeren Elektrounternehmen wie z. B. Kummer, Helios und einige andere liquidierte.

Das sind die wesentlichen Bemerkungen, die ich zu diesem Vortrag machen wollte. Es gibt noch einige andere kleinere Bemerkungen, auf die einzugehen ich jetzt nicht die Möglichkeit habe. Abschließend möchte ich sagen, daß der Vortrag von Herrn Kellenbenz von großem Interesse ist. Mit den in diesem Vortrag untersuchten Fragen haben sich die Historiker seit langem beschäftigt, und diesen Themen sind viele Forschungen gewidmet; es genügt, an die alten Arbeiten der deutschen Autoren Riesser, Brüning, Strasser oder an die in französischer Sprache abgefaßte Arbeit von Diouritch „L'expansion des banques allemandes à l'étranger“ zu erinnern.[b]

Der gesamte Verlauf unseres Kolloquiums zeigt die Notwendigkeit einer gründlicheren Kenntnisnahme der in beiden Ländern durchgeführten Forschungen zu diesen Problemen. Dieses erste Treffen von sowjetischen Historikern und Historikern der BRD wird als Ansporn dienen, die Ergebnisse der Gelehrten beider Länder auf dem Gebiet der Wirtschaftsgeschichte wechselseitig näher kennenzulernen.

[a] *W. I. Lenin*, Der Imperialismus als höchstes Stadium des Kapitalismus. Gemeinverständ-

licher Abriß (1916/17), in: Ders., Werke, Bd. 22, Berlin 1960, S. 189–309; ders., Hefte zum Imperialismus, in: Ders., Werke, Bd. 39, Berlin 1965.

[b] *J. Riesser,* Die deutschen Großbanken und ihre Konzentration im Zusammenhang mit der Entwicklung der Gesamtwirtschaft in Deutschland, 4. Aufl. Jena 1912; *A. P. Brüning,* Die Entwicklung des ausländischen, speziell des überseeischen deutschen Bankwesens, Borna/Leipzig 1907; *K. Strasser,* Die deutschen Banken im Ausland. Entwicklungsgeschichte und wirtschaftliche Bedeutung, München 1924; *G. Diouritch,* L'expansion des banques allemandes à l'étranger, Paris/Berlin 1909.

DIETRICH GEYER, TÜBINGEN

Ich muß vorausschicken, daß ich, wie manche von Ihnen wissen werden, kein Spezialist der Industrialisierungsgeschichte bin, weder für die Geschichte der Industrialisierung in Deutschland noch für die Geschichte der Industrialisierung Rußlands. Deshalb werden Sie meine Bemerkungen bitte nicht als Korreferat verstehen, sondern eher als einen Komplex von Fragen, zu dem ich die Bemerkungen und die Information meiner sowjetischen Kollegen erbitten möchte. Herr Bovykin ist ja auch in der Bundesrepublik als einer der führenden sowjetischen Historiker im Bereich der Industrialisierungsgeschichte bekannt, vor allen Dingen durch seine Arbeiten zum Bankenkapital und zu den Finanzbeziehungen zwischen Rußland und dem Ausland vor dem Ersten Weltkrieg.[a] Es ist in seinem Vortrag aufgefallen, daß er offensichtlich eine neue Position auch innerhalb der sowjetischen Historiographie bezieht. Wenn ich an einige andere sowjetische Arbeiten zum Problem der Kapitalabhängigkeit Rußlands denke, an Arbeiten, die sich über die relative Abhängigkeit des russischen Finanzsystems und des russischen Bankenwesens vom ausländischen Kapital verbreiten, so stelle ich zu meiner Überraschung fest, wie stark bei Herrn Bovykin die Unabhängigkeit, die Selbständigkeit des russischen Bankenwesens vor 1914 betont worden ist (vgl. oben S. 109 f.). Manchen von uns wird in Erinnerung sein, wie stark etwa in den Schriften Lenins im Ersten Weltkrieg die Situation der russischen Finanzbourgeoisie in dem Sinne gekennzeichnet wird, daß Rußland lediglich eine Filiale des anglo-französischen Kapitals sei. Das ist mir aus den Stellungnahmen Lenins in deutlicher Erinnerung geblieben. Aber auch wenn ich an Arbeiten sowjetischer Historiker der näheren Gegenwart denke, so ist – ganz abgesehen von der These vom halbkolonialen Status des Zarenreichs, einer These, die die ältere sowjetische Geschichtsschreibung vertreten hat – doch heute auch, ich denke etwa an Arbeiten von Sidorov und Gindin[b], meinem Eindruck nach ungleich stärker die Abhängigkeit, die mangelnde Selbständigkeit des russischen Bankenkapitals, des russischen Kapitalismus betont worden. Mich würde interessieren, ob es sich hier lediglich um eine Nuancierung bisher vertretener Auffassungen handelt oder ob es aufgrund neuerer Untersuchungen tatsächlich zu einer Revision des Urteils gekommen ist. Ich kann noch hinzufügen, daß eine der interessantesten sowjetischen Arbeiten, die ich in letzter Zeit gelesen habe, eine Arbeit des Leningrader Historikers Anan'ič über die Finanzpolitik der zaristischen Regierung und ihre Beziehung zum ausländischen Kapital ist.[c] Auch dort wird gerade als eine der Hauptthesen die Meinung vorgestellt, daß das Zarenreich, zumal in seiner außenpolitischen Aktivität, durch die Kapitalverflechtung weithin seine Unabhängigkeit, die Freiheit seiner außenpolitischen Entscheidungen verloren habe. Dies ist der eine Aspekt, zu dem ich gern einige Fragen stellen wollte.

Als zweites Problem würde mich sehr interessieren, zumal Herr Bovykin in den Anmerkungen zu seinem Vortrag einige sowjetische Aufsätze genannt hat, was die sowjetischen Wirtschaftshistoriker von der Verwendungsfähigkeit neuerer, in Westeuropa und in Amerika, wie mir scheint, mit einigem Erfolg angewandter Theorien der Industrialisierung halten. Der Name Gerschenkron ist hier schon gefallen (vgl. oben S. 134), wenn mir auch scheint, daß in der Diskussion im Westen dieser Name bereits einen etwas modischen Klang bekommen hat. Aber es geht hier ja nicht nur um die Frage der Annehmbarkeit oder der Kreditwürdigkeit der Substitutionstheorie von Gerschenkron[d], sondern diese Ansätze verbinden sich mit einer ganzen Reihe anderer Theorien, etwa der Theorien des wirtschaftlichen Wachstums, wenn Sie z. B. an die Arbeiten von Simon Kuznets denken.[e] Hinzuzusetzen wäre die

Frage, was die sowjetischen Historiker von der Anwendung von Konjunkturtheorien bei der Behandlung des Industrialisierungsprozesses halten. Mir ist in Erinnerung geblieben, daß in den zwanziger Jahren dieses Jahrhunderts in Sowjetrußland die Konjunkturforschung in Moskau und in Leningrad eine außerordentlich große und international beachtete Bedeutung eingenommen hat. Mir ist aber aus letzter Zeit nicht offenbar geworden, ob auf diesem Gebiet in der Sowjetunion weiter gearbeitet wird, Arbeiten wie die von Jakovlev, die etwa zwanzig Jahre alt ist, oder wie die von Mendel'son aus den vierziger Jahren sind so etwa das letzte, was ich auf diesem Gebiet zur Kenntnis genommen habe.[f] Das mag an mir selbst liegen, an einem mangelnden Informationsstand, aber vielleicht gibt es die Möglichkeit, dieses Defizit an Information ein wenig aufzuheben.

[a] *V. I. Bovykin,* Zaroždenie finansovogo kapitala v Rossii, Moskau 1967; ders., O nekotorych voprosach izučenija inostrannogo kapitala v Rossii, in: Ob osobennostjach imperializma v Rossii, Moskau 1963, S. 250–313.

[b] *A. L. Sidorov,* Finansovoe položenie Rossii v gody pervoj mirovoj vojny, Moskau 1960; daraus Auszug in dt. Übers.: Zur Finanzlage Rußlands vor 1914: Staatshaushalt und Staatsschuld, in: *D. Geyer* (Hrsg.), Wirtschaft und Gesellschaft im vorrevolutionären Rußland, Köln 1975, S. 252–276; nach dem Tode von *A. L. Sidorov* (1966) wurden veröffentlicht: Istoričeskie predposylki Velikoj Oktjabr'skoj socialističeskoj revoljucii, Moskau 1970; Ėkonomičeskoe položenie Rossii v gody pervoj mirovoj vojny, Moskau 1973. *I. F. Gindin,* Banki i promyšlennost' v Rossii do 1917 g., Moskau/Leningrad 1927; ders., Russkie kommerčeskie banki. Iz istorii finansovogo kapitala v Rossii, Moskau 1948; ders., Gosudarstvennyj bank i ėkonomičeskaja politika carskogo pravitel'stva 1861–1892 gg., Moskau 1960.

[c] *B. V. Anan'ič,* Rossija i meždunarodnyj kapital 1897–1914. Očerki istorii finansovych otnošenij, Leningrad 1970.

[d] *A. Gerschenkron,* Economic Backwardness in Historical Perspective, Cambridge, Mass., 1962; ders., Continuity in History and Other Essays, Cambridge, Mass., 1968; ders., Europe in the Russian Mirror. Four Lectures in Economic History, Cambridge 1970.

[e] *S. Kuznets,* Economic Growth and Structure. Selected Essays, New York 1965; ders., Modern Economic Growth. Rate, Structure, and Spread, New Haven/London 1966, 5. Aufl. 1972; ders., Economic Growth of Nations, Cambridge, Mass., 1971.

[f] *A. F. Jakovlev,* Ėkonomičeskie krizisy v Rossii, Moskau 1955; *L. A. Mendel'son,* Ėkonomičeskie krizisy i cikly XIX v., Moskau 1949.

ALEKSANDR N. ČISTOZVONOV, MOSKAU

Der verehrte Kollege Professor Wolfgang Zorn, zu dessen Referat ich einige Bemerkungen machen möchte, hat sich für den Vortrag das sehr schwierige Problem ausgewählt, den Einfluß der Industrialisierung auf die soziale Mobilität Deutschlands 1861–1914 aufzuspüren und diesen Prozeß mit analogen Erscheinungen in Rußland zu vergleichen. Soweit es Deutschland angeht, ist es dem Autor meiner Meinung nach insgesamt gelungen, eine begründete Konzeption zu entwickeln, indem er mit kompaktem, aber im allgemeinen hinreichend überzeugendem statistischen Material operiert hat.

Im Gegensatz zu den in der gegenwärtigen Zeit recht verbreiteten Versionen über die Industrialisierung als einer Erscheinung von Technik und Technologie betont der Vortragende ihren tiefen sozialen Inhalt. Dabei erkennt Professor Zorn die Priorität des Marxismus bei einer solchen synthetischen, sozialökonomischen Behandlung des Problems der Industrialisierung an (vgl. oben S. 123). In dem Vortrag werden einige wichtige wissenschaftliche Verallgemeinerungen geäußert. Es ist hier nicht nötig, und es besteht auch nicht die Möglichkeit, sie einzeln aufzuzählen. Ich möchte die wissenschaftliche Bedeutung einer der Hauptschlußfolgerungen über den Charakter der vertikalen Mobilität hervorheben, und zwar über die in diesem Prozeß gegebene Priorität nicht der wirtschaftlich sehr dynamischen Industriebourgeoisie, sondern der nach ihrem wirtschaftlichen Potential absteigenden grundbesitzenden, vor allem preußischen Aristokratie (vgl. oben S. 129 f.). Fügen wir von uns aus hinzu, daß eine solche Lage auch für Rußland im zu untersuchenden Zeitraum typisch war.

Weniger plastisch wurde das Problem der Widersprüchlichkeit zwischen dem Prozeß der sozialen Mobilität und der Entstehung der Sozialstruktur der neuen, der bürgerlichen Gesellschaft herausgearbeitet. Aber gerade dieses Problem hätte der rote Faden des Vortrags sein sollen.

Als fragwürdig erscheint es insbesondere, das industrielle und das ländliche Proletariat, das qualifizierte technische und das administrative Personal in der Industrie und die Staatsbeamten aller Ränge, wenn auch in Gestalt dreier gesonderter Rubriken, in einer „Arbeitnehmergruppe“ zusammenzufassen (vgl. oben S. 127 f.). Jede dieser Gruppen verkörperte eine andere Klasse oder neigte zu einer der verschiedenen Klassen, die erste zu der unterdrückten, die zweite und die dritte zu den herrschenden. Leider wurde als besondere Gruppe der sich entwickelnden Bourgeoisie nicht die Kaufmannschaft dargestellt, deren Rolle insbesondere in der ersten Phase der Industrialisierung überall höchst bedeutend war. Es hätte auch mehr über den Prozeß der Proletarisierung gesagt werden müssen.

Unser Kolloquium regt schon allein durch sein Programm dazu an, daß mit den Kategorien der vergleichenden historischen Methode operiert wird. Gleichzeitig stellt sich die Frage, was wir darunter verstehen. Die Einengung der vergleichenden historischen Methode auf die einfache Gegenüberstellung von Fakten und Erscheinungen in Zeit und Raum, nach kurzen Perioden und nach Materialien rein landeskundlicher Forschungen rechtfertigt sich wissenschaftlich nicht. Es ergibt sich faktisch eine mosaikhafte Aneinanderreihung unvergleichbarer nationaler und lokaler Varianten und Besonderheiten, die sich schlecht in den allgemeinen Verlauf des historischen Prozesses einordnen. Auch die Versuche eines „direkten Aufstülpens“ allgemein-soziologischer Schemata auf Erscheinungen analogen Charakters, die aber bereits unter anderen allgemeinen historischen Bedingungen verlaufen sind, lassen sich nicht rechtfertigen. Hieraus entsteht das Problem der „stadialen Deformationen“ als der Grundlage für die Bestimmung dieses oder jenes nicht mehr „nationalen“, sondern weiter gefaßten stadial-regionalen Typs und nicht der Rückständigkeit, gegen welchen Terminus Professor Conze mit Recht Einspruch erhoben hat (vgl. oben S. 61).

In der knappsten Formulierung schließt die stadial-regionale Methode in sich[a]:

1. das Aufzeigen des ursprünglichen allgemeinen Inhalts und der Form des zu untersuchenden Prozesses, des Problems, der Erscheinung und des Systems – für das Thema unseres Kolloquiums des kapitalistischen Weltsystems in seiner revolutionären Entstehung und weiteren Entwicklung;

2. die Bestimmung der Ausmaße des allgemeinen Charakters der Deformationen des dargelegten Inhalts und der Form in Abhängigkeit von

a) den Gesetzmäßigkeiten der verschiedenen Entstehungs- und Entwicklungsstadien des zu untersuchenden Systems in Zeit und Raum,

b) dem Komplex der inneren Entwicklungsfaktoren der betreffenden Länder und Regionen,

c) den, von den betreffenden Ländern aus gesehen, äußeren Faktoren des Systems, insbesondere dem Vorhandensein von vergleichsweise weiter entwickelten Formen bürgerlicher Verhältnisse,

d) von den Wechselbeziehungen des Systems mit seinen Bestandteilen und mit den in seine Einflußsphäre einbezogenen Teilen (Ländern oder Regionen).

Dabei bestimmen die Faktoren der „System-“ oder Formationsordnung mit fortschreitender Zeit immer mehr den Hauptinhalt der stadial-regionalen Deformationen, die national-regionalen Faktoren hingegen ihre Form, die Besonderheiten, Ort und Zeit des Beginns des Prozesses usw. Die Stufe der stadialen Deformationen hängt ihrerseits direkt von der Dauer der stadial-chronologischen Unterbrechung ab, mit der diese oder jene Länder oder Regionen den Weg der bürgerlichen Entwicklung betreten. Gerade die Stufe der Auflösung der vorkapitalistischen Produktions- und Tauschform, aber auch ihre Widerstandsfähigkeit werden als ständig wirksamer Dauerfaktor erachtet.

Natürlich hat der stadial-regionale Zugang sein Ziel nicht darin, den „nationalen“ und lokalen Varianten der einbezogenen Länder ihren spezifischen Charakter zu nehmen. Aber das gehört zur zweiten Stufe der Forschung.

Wenn man unter solch einem Blickwinkel an die Beurteilung der Gemeinsamkeit oder des Unterschiedes der Wege der sozialökonomischen Entwicklung Rußlands und Deutschlands herangeht, so kann die Skepsis, die Professor Zorn in bezug auf die Gemeinsamkeit des Entwicklungstyps Deutschlands und Rußlands geäußert hat, durch eine positive Schlußfolgerung abgelöst werden. Dies bezieht sich vor allem auf die zentralen Gouvernements Rußlands. Die engeren Wirtschaftsbeziehungen Rußlands mit England stehen nicht in Beziehung zum Typ der sozialökonomischen Entwicklung, sondern zu einem anderen Aspekt des Problems – den zwischenstaatlichen Beziehungen. Im Vergleich mit der westlichen Region einer „spontanen" Entwicklung des Kapitalismus, in die England, die Niederlande und Frankreich einzuordnen sind, gehören Deutschland und Rußland sowie die Länder Zentral- und Osteuropas nach der Hauptrichtung ihrer Entwicklung zum Kapitalismus zu einer anderen Region – der mittel- und osteuropäischen. In ihr begann die Entwicklung kapitalistischer Verhältnisse Mitte des 19. Jahrhunderts, als bereits ein kapitalistisches Weltsystem und ein kapitalistischer Weltmarkt bestanden.

In seinem Vergleich Deutschlands und Rußlands hebt Professor Zorn hervor, daß er mit den Forschungen der sowjetischen Historiker zu dem zu erörternden Problem wenig vertraut ist (vgl. oben S. 131). Professor Zorn stützt sich in seinen Ausführungen über Rußland entweder auf die Arbeiten des amerikanischen „Sowjetologen" Gerschenkron, der bei den sowjetischen Historikern keinen großen Kredit genießt, oder auf die Arbeiten einiger deutscher oder baltendeutscher Historiker (vgl. oben S. 131 f.). Letztere leugnen die Gemeinsamkeit der Hauptwege der sozialökonomischen Entwicklung Deutschlands und Rußlands und betonen den Unterschied der „sozialpsychologischen Wahrnehmung" der Realität seitens der Deutschen als Nation, die immer bürgerlicher geworden sei, und der Russen, die in der Atmosphäre des Denkens in aristokratischen, slavophilen und ähnlichen Kategorien verharrt hätten. Dabei basiert die Argumentation des Vortragenden nicht auf Wirtschaftsstatistiken, sondern auf den Werken solcher hervorragender russischer Schriftsteller wie Turgenev und Gončarov (vgl. oben S. 131). Ich bemerke mit Freude das Interesse des sehr verehrten Vortragenden für die russische Literatur, aber ich erlaube mir, dennoch einige Bemerkungen zu diesem Gebiet zu machen. Vor allem waren die für diese Periode ausschlaggebenden Autoren nicht mehr Turgenev und Gončarov, sondern Nekrasov, Saltykov-Ščedrin, Tolstoj, Čechov, Gor'kij, Kuprin und Korolenko. Auch die Probleme, die Helden und Protagonisten in den Werken der genannten Schriftsteller waren schon andere. Für das Ende des 19. und den Beginn des 20. Jahrhunderts waren in Rußland nicht die Figuren eines Oblomov oder Stolz, Bazarov oder Kirsanov typisch. Jetzt waren dies die „überzeugten Gutsbesitzer" Saltykov-Ščedrins, die sich zu Rentiers oder zu Agrariern mit großem oder mittlerem Wohlstand gewandelt hatten. Die einen von ihnen nahmen jene Privilegien als Grundlage, die ihnen vorübergehend das System der Landanteile und die mit ihm verbundenen Formen der knechtenden Pacht gewährte, die Vladimir Il'ič Lenin mit den „Vertragstagelöhnern" Deutschlands verglichen hat.[b] Die anderen, Weiterblickenden, die ihre nicht besonders rentablen Güter auf bürgerliche Gleise gestellt hatten, strebten nach Petersburg und in die Gouvernementsstädte; solch ein „überzeugter Gutsbesitzer" richtete sich als „Beamter für besondere Aufträge" ein, „aber hatte außerdem auch gewinnbringende private Beschäftigungen", ich zitiere hier einen Text von Saltykov-Ščedrin, „in der einen Gesellschaft ist er Direktor, in einer anderen zum Mitglied einer Revisionskommission gewählt, er versucht, selbst Projekte für neue Unternehmen zu konstruieren, und vielleicht wird er Erfolg haben".

Auf dem Land übernahmen die Kulaken und die blutsaugerischen Schankwirte, die die Dorfarmut auspreßten, das Ruder. Dabei verlief der Prozeß der Formveränderung der Knechtschaft – ich zitiere Saltykov-Ščedrin – „so unauffällig und selbstverständlich und die Verhältnisse, die sich daraus ergaben, so frei von Gewalt, daß man sich ihnen unversehens unterordnete" (Saltykov-Ščedrin, In der freien Natur).

Nekrasov, der dies sehr gut sah, stellte mit Bitterkeit in diesen Jahren fest: „An Stelle der Ketten der Leibeigenschaft erfanden die Leute viele andere" – das heißt bürgerliche!

In Gor'kijs Roman „Foma Gordeev" lehrt der mit Betrügereien vertraute Kaufmann so seinen Patensohn, der „seinen Verstand" noch „nicht gesammelt hat": „Wer sind in der jetzigen Zeit die mächtigsten Leute? Der Kaufmann ist die Hauptmacht im Staat, weil mit ihm Millionen sind."

Gleichzeitig und neben dem noch verbleibenden Antagonismus zwischen Bauernschaft und Gutsbesitzern erreichte der Antagonismus zwischen Arbeitern und Kapitalisten eine immer größere Schärfe. Diese Linie ist insbesondere in der Erzählung „Der Moloch" von Kuprin deutlich dargestellt. Und als eine komplette Enzyklopädie auf diesem Gebiet erweisen sich die Werke von Maksim Gor'kij.

Waren dies nur literarische Gestalten? Nein. Ihre Existenz und Entwicklung bekräftigten die unanfechtbaren Zahlen der Bodenstatistik, die von Lenin in seiner Arbeit „Die Entwicklung des Kapitalismus in Rußland" umfassend benutzt worden ist.[c]

Ich komme zum Ende. Wenn man also besonders das für Rußland und Deutschland gemeinsame Phänomen – die beherrschende Stellung der grundbesitzenden Aristokratie im Staatsapparat und in der Zusammensetzung des Armeeoffizierskorps – berücksichtigt, so stellt sich die sozialökonomische Struktur beider Länder in ihrer Basis als dem gleichen Typus zugehörig dar. Der Unterschied besteht vorrangig im Niveau ihrer bürgerlichen Entwicklung, das in Deutschland höher war, sowie in den unterschiedlichen Besonderheiten des nationalhistorischen Charakters und ihm ähnlicher Momente, nicht aber im Typus an sich.

[a] Ausführlich dazu: *A. N. Čistozvonov,* Über die stadial-regionale Methode bei der vergleichenden historischen Erforschung der bürgerlichen Revolution des 16. bis 18. Jahrhunderts in Europa, in: Zeitschrift für Geschichtswissenschaft 21 (1973), S. 31–48.

[b] *W. I. Lenin,* Die Entwicklung des Kapitalismus in Rußland. Der Prozeß der Bildung des inneren Marktes für die Großindustrie, in: Ders., Werke, Bd. 3, Berlin 1956, S. 173 f. und 201.

[c] Ebda., besonders Kapitel II.

PETER SCHEIBERT, MARBURG

[Von dem Beitrag, der auf die Bevölkerungsentwicklung und die Rolle des Kulakentums für die Entstehung der Bourgeoisie in Rußland Bezug nahm, ist aus technischen Gründen keine Tonbandaufnahme erhalten geblieben. C. Sch.]

IVAN D. KOVAL'ČENKO, MOSKAU

Zu Beginn möchte ich auf einige im Schlußwort von Professor Puhle gestellte Fragen (vgl. oben S. 74–78) antworten. Vor allem bin ich darüber befriedigt, daß Professor Puhle mit der wichtigsten Bemerkung, die ich zu seinem Vortrag gemacht habe, einverstanden ist. Er ist damit einverstanden, daß man die Phänomene der Agrargeschichte und der Agrarfrage nicht allein mit den politischen, sondern auch mit den sozialökonomischen Vorgängen erklären muß (vgl. oben S. 76). Ich glaube, daß Professor Puhle in seinen weiteren Forschungen wahrscheinlich auch so verfahren wird.

Was die anderen Fragen angeht, so hat Professor Puhle zwei von ihnen kurz berührt; die eine, über die wir schon viel gesprochen haben, ist die Frage nach der Möglichkeit einer bürgerlichen Agrarentwicklung auf der Basis der Bauernwirtschaft. Er äußerte Zweifel, inwieweit eine solche Evolution möglich ist.

Ich verstehe, daß vom Standpunkt eines Historikers aus, der sich mit der Erforschung der deutschen Agrargeschichte befaßt, ein solches Phänomen nicht leicht zu verstehen ist. In Deutschland führte die Groß- und vor allem die Gutswirtschaft die bürgerliche Agrarentwicklung an. Aber die Weltgeschichte ist bedeutend reicher als die reichste Geschichte eines einzelnen Landes, und wir sehen in einer ganzen Reihe von Ländern das Vorhandensein einer bürgerlichen Agrarentwicklung auf der Basis der kleinen Bauernwirtschaft: Da sind die USA, da ist Frankreich, wo die bürgerliche Agrarentwicklung im 19. Jahrhundert in der Hauptsache ebenso auf der kleinen Bauernwirtschaft basierte, und da ist schließlich das riesige Territorium Rußlands.

Deshalb ist es unsere Aufgabe, diese Phänomene, soweit es sie gab, zu erklären und nicht zu zweifeln, ob es sie gab oder nicht. Die zweite Frage, die Professor Puhle in seinem Beitrag stellte, ist die Frage nach der Bauernbewegung und dem Verhältnis zwischen den Forderungen und Interessen der Bauern auf der einen Seite und des Proletariats auf der anderen Seite. Auch Professor Erdmann hat diese Frage gestellt (vgl. oben S. 69). Wenn ich meine Kollegen richtig verstanden habe, so dreht sich die Frage darum, ob es nicht Widersprüche zwischen den Bestrebungen und Zielen einerseits der Bauernschaft und andererseits des Proletariats gab. Zu dieser Frage haben sich schon einige Diskussionsteilnehmer geäußert. Ich möchte folgendes dazu ergänzend sagen.

Natürlich gab es keine volle Identität der Interessen von Bauernschaft und Proletariat. Eine Übereinstimmung ihrer Interessen ergab sich nur in einer bestimmten Etappe der gesellschaftlichen Entwicklung. Diese Etappe war mit der Lösung der Aufgaben der bürgerlich-demokratischen Reformen verbunden. Hier stimmten die Interessen der Bauernschaft als Ganzes und die Interessen des Proletariats als Klasse überein. Wenn aber die Interessen der Bauernschaft als solcher, als Stand, sich im wesentlichen mit diesen Aufgaben auch erschöpften, so gingen die Interessen des Proletariats, wie wir wissen, weiter. Für das Proletariat waren die bürgerlich-demokratischen Reformen nur eine Etappe auf dem Weg zur proletarischen sozialistischen Revolution. Und in dieser Revolution konnte das Proletariat, wie bekannt ist, nicht auf ein Bündnis mit der gesamten Bauernschaft, sondern nur mit den proletarischen, ärmsten Schichten der Bauernschaft rechnen. So gibt es hier keinerlei Widerspruch.

Erlauben Sie mir jetzt, einige kleine Anmerkungen zum Vortrag von Professor Zorn zu machen. Ich schließe mich der Ansicht von Professor Čistozvonov an, daß wir es mit einem sehr interessanten Vortrag zu tun haben (vgl. oben S. 141). In der Tat ist es Professor Zorn gelungen, jene Einseitigkeit zu überwinden, die oft bei der Erforschung der Probleme der Industrialisierung auftritt. Die einen Historiker ziehen es vor, sich mit der Produktion und der wirtschaftlichen Seite der Industrialisierung zu beschäftigen und vergessen ihre soziale Seite. Die Historiker aber, die sich mit der Erforschung der Sozialstruktur der bürgerlichen Gesellschaft im Stadium ihrer Ausprägung befassen, verlieren sehr oft die Produktion und die wirtschaftliche Seite aus den Augen. Daher kann der synthetische Zugang von Professor Zorn in jeder Weise nur begrüßt werden.

Das zweite Moment in diesem Vortrag, das als zweifellos positiv hervorzuheben ist, ist die Tatsache, daß die Probleme der sozialen Mobilität in ihrem vollen Umfang betrachtet werden, d. h. es werden sowohl die sogenannte horizontale Mobilität, die territoriale Bevölkerungsverschiebung, als auch die vertikale Mobilität, die Veränderungen der Lage der verschiedenen Bevölkerungsschichten, charakterisiert. Es gibt in diesem Vortrag auch andere interessante Momente, über die ich jetzt nicht sprechen werde. Ich möchte aber einige Wünsche und Anmerkungen zu diesem Vortrag äußern.

Ich hatte den Eindruck, daß die zwei Aspekte der sozialen Mobilität, d. h. die horizontale und die vertikale Mobilität, in dem Vortrag von Professor Zorn in einem erheblichen Maße als gleichermaßen bedeutungsvoll dargestellt worden sind. Dem kann ich kaum zustimmen.

Wie mir scheint, war der zweite Aspekt der sozialen Mobilität, d. h. die vertikale Mobilität, der wichtigste. Ihr Wesen bestand, wie heute bereits gesagt wurde, in der Herausbildung der neuen sozialen Struktur der kapitalistischen Gesellschaft, in der Formierung der Klassen dieser Gesellschaft. Der Hauptinhalt des Prozesses läuft auf folgendes hinaus: An die Stelle der zwei Hauptklassen der Feudalgesellschaft, der Klasse des gutsbesitzenden Adels und der Klasse der abhängigen Bauernschaft, traten zwei neue Klassen, die Klasse der Großindustriellen- und Agrarbourgeoisie und die Klasse der Proletarier. Daher muß die Erforschung der sozialen Aspekte der Industrialisierung auch die Aufhellung des Prozesses der Herausbildung von Bürgertum und Proletariat zum Hauptinhalt haben. Mir schien, daß Professor Zorn diesen Hauptinhalt in eine Charakterisierung vieler interessanter, aber nicht immer wichtiger Fragen aufgelöst hat.

Und zum Schluß noch ein Moment. Der aufgezeigte Hauptinhalt des Prozesses der sozialen Mobilität in der Epoche der Industrialisierung war in allen Ländern gleich. Genauso verlief, wie auch schon gesagt worden ist, dieser Prozeß auch in Rußland. Aber alles, was im Vortrag von Professor Zorn zu den Fragen der sozialen Mobilität in Rußland gesagt worden ist (vgl. oben S. 131–135), berührt nicht den Hauptinhalt dieses Prozesses. In diesem Vortrag wird fast gar nichts über die Formierung der Bourgeoisie und über die Formierung des Proletariats in Rußland gesagt. Diesen Problemen, insbesondere der Erforschung des Prozesses der Formierung des Proletariats, schenken die sowjetischen Historiker sehr große

Beachtung. Ich habe hier nicht die Möglichkeit, die Ergebnisse dieser Arbeiten auch nur kurz darzulegen, aber jene Daten, die uns zur Verfügung stehen, zeigen die Intensität dieses Prozesses. Obwohl es schwer ist, Zahlen aufzunehmen, erlaube ich mir trotzdem, einige anzuführen. Vom Zeitpunkt der Abschaffung der Leibeigenschaft in Rußland bis zum Ersten Weltkrieg wuchs die Zahl der Lohnarbeiter in allen Bereichen der Volkswirtschaft auf mehr als das Fünffache an, von 3½ Mill. auf 18 Mill. Menschen, wobei die Zahl der Industriearbeiter um mehr als das Zehnfache wuchs, von 700 000 auf 8 Mill. Menschen.

Für Rußland, für das russische Proletariat war ein wichtiges Merkmal charakteristisch, und zwar entsprach der starken Konzentration der Industrie in Rußland eine starke Konzentration des Proletariats. Es genügt zu sagen, daß Anfang des 20. Jahrhunderts in den größten Unternehmen mit einer Arbeiterzahl von mehr als 1 000 Menschen die Hälfte der Arbeiter der Industrieunternehmen beschäftigt war. Die starke Konzentrierung der Arbeiterklasse erwies sich als ein wichtiger Faktor für das schnelle Anwachsen des Selbstbewußtseins, der Geschlossenheit und Organisiertheit der Arbeiterklasse.

Eine Bemerkung zur Formierung der Bourgeoisie. Diese Frage ist leider schlechter erforscht. Nicht darum, weil die sowjetischen Historiker die Bedeutung der Erforschung dieses Problems nicht verstünden, sondern infolge der Tatsache, daß die Quellen für die Erforschung des Formierungsprozesses der Bourgeoisie sich in einem bedeutend schlechteren Zustand befinden als die Quellen für die Erforschung der Formierung des Proletariats. Aber nichtsdestoweniger läßt sich hier ganz deutlich die Herausbildung der Klasse der großen Industriebourgeoisie bis zum Ende des 19. Jahrhunderts verfolgen.

Ich erlaube mir ein letztes Mal, noch einige Zahlen anzuführen. Nach den Angaben von 1879 wurden in Rußland etwa 20 000 Industrieunternehmen gezählt. Auf ein Zwanzigstel davon entfiel mehr als die Hälfte des Gesamtvolumens der Industrieproduktion. Ihre Besitzer bildeten die Schicht der großen Industriebourgeoisie.

Professor Scheibert hat über die auch für uns, die sowjetischen Historiker, interessante wichtige Frage nach den Ursprüngen der Formierung der Bourgeoisie und nach ihrer sozialen Zusammensetzung gesprochen (vgl. oben S. 144). Nach eben jenen Daten von 1879 gehörten 70 Prozent der Industrieunternehmen Kaufleuten. Ungefähr 15 Prozent der Unternehmen gehörten Bauern, ca. 10 Prozent dem Adel, und die restlichen verteilten sich auf die Bürger ehrenhalber, Ausländer usw.

So kann man nach dem ersten Augenschein sagen, daß die russische Industriebourgeoisie hauptsächlich aus Kaufleuten bestand. Man muß jedoch ein sehr wichtiges Korrektiv einführen. Die Sache ist die, daß die Hauptquelle für die Formierung der Kaufmannschaft in Rußland die Bauernschaft war. Und sehr viele von eben diesen Kulaken und Kleinindustriellen, die Professor Scheibert erwähnte, wurden Kaufleute und Großindustrielle. Es ist schwer zu sagen, welcher Anteil an der Kaufmannschaft aus Bauern bestand, aber auf jeden Fall war dieser Anteil sehr bedeutend.

GOTTHOLD RHODE, MAINZ

Ich habe in erster Linie einige Fragen zu stellen, dann aber auch einige Anregungen zu geben. Zunächst möchte ich an die Bemerkungen von Herrn Scheibert (vgl. oben S. 144) anknüpfen. Bei Herrn Zorn ist ja ausführlich auf die Mobilität der Bevölkerung eingegangen worden, während ich bei den Referaten der Herren aus der Sowjetunion jegliche genauere Angabe über den enormen Bevölkerungszuwachs, der ja einer der erstaunlichsten Faktoren der russischen Geschichte des 19. Jahrhunderts ist, vermißt habe. Vielleicht ist das so selbstverständlich, daß man meinte, es nicht erwähnen zu müssen, aber gerade beim Vergleich ist es doch wichtig, sich klar zu machen, daß die Bevölkerung Deutschlands in dem uns hier beschäftigenden Zeitraum um 50 Prozent zugenommen hat, also auf das Anderthalbfache angewachsen ist, während die russische Bevölkerung in dem gleichen halben Jahrhundert auf 230 Prozent angewachsen ist, von 74 Millionen auf 172 Millionen. Dieser enorme Zuwachs sollte vielleicht auch bei der Frage der Industrialisierung doch noch mit zur Sprache kommen. Mit einer Bevölkerungsexplosion, wie wir sie hier vorliegen haben, muß man ja fertig werden, um die Bevölkerung zu ernähren und um sie ausreichend zu beschäftigen, und da gibt es im allgemeinen drei Wege: Emigration gab es in Rußland nicht, in Deutschland aber bis in die neunziger Jahre; Kolonisation im Inneren war in Rußland in sehr erheblichem Umfang möglich und noch nicht ausgeschöpft; schließlich die Industrialisierung. Zur Kolonisation gehört auch die Verbesserung der landwirtschaftlichen Tätigkeit, und diese ist in der Zeit, die uns hier beschäftigt, ja nur in einem nicht sehr großen Umfang eingetreten. Während in Deutschland die Kunstdüngerproduktion und die Anwendung von Kunstdüngern einen enormen Zuwachs erfuhr, ist in Rußland die Möglichkeit der Anwendung solcher Mittel noch kaum ausgenutzt worden. Es scheint mir sehr wichtig, das mit zu betonen, zumal aus dem Referat von Herrn Kollegen Bovykin ja sehr deutlich wird, wie sehr auch die Industrieproduktion von der Agrarproduktion abhängig gewesen ist. Die großartigen Ernten der Jahre 1908 und 1910, von denen er spricht, haben ja eben diesen Aufschwung der Industrie aus zweierlei Gründen mit sich gebracht, einmal, weil in sehr großem Umfang exportiert werden konnte, und zum anderen, weil die Bauern – es sind ja sehr viele Bauern in diesem Falle – Geld hatten, um Konsumgüter zu kaufen. Diese Abhängigkeit sollte man doch vielleicht auch berücksichtigen, weil entsprechend die Mißernten der frühen neunziger Jahre einen Abschwung nach sich zogen.

Zwei weitere Bemerkungen noch. Die eine Frage, die sich wiederum sowohl auf das Referat von Herrn Koval'čenko wie auf das von Herrn Bovykin bezieht, ist die nach der notwendigen Bildung der Bevölkerung sowohl für Höher-Industrialisierung als auch für Intensivierung der Landwirtschaft. Und hier darf man wohl darauf verweisen, daß erst sehr allmählich Kurse für die Weiterbildung zu Beginn des 20. Jahrhunderts in Gang gekommen sind. Wir wissen ja, daß noch 1897 nur 30 Prozent der männlichen Bevölkerung lesen und schreiben konnten, und es ist klar, daß der Umgang mit auch nur einfachen Maschinen für einen, der nicht die einfachste Ausbildung besitzt, eben zu schwierig ist. Das Problem der Heranbildung von einigermaßen ausgebildeten Arbeitskräften sowohl in der Industrie wie in der Landwirtschaft, so scheint mir, müßte man noch ausdrücklich besprechen. Gerade aus diesem Grunde sind es ja zum Teil Ausländer, die in der Industrie die mittleren Stellen des Meisters usw. innehaben können.

Und schließlich eine letzte Bemerkung, die an das Referat von Herrn Puhle und auch an das von Herrn Kellenbenz anknüpft. Für die landwirtschaftliche Intensivierung und die Verbesserung der landwirtschaftlichen Produktion ist ja ebenfalls Kapital notwendig, wenn auch in geringerem Umfang. Und diese Kapitalbildung ist im Deutschland des ausgehenden 19. und frühen 20. Jahrhunderts in erheblichem Umfang auch auf Genossenschaftsbasis möglich gewesen. Die Genossenschaften des Raiffeisenschen Typs oder anderen Typs sind von sehr erheblicher Bedeutung; etwas Entsprechendes hat es in Rußland, soviel ich sehe, nur im zaristischen Polen und teilweise unter den deutschen Kolonisten gegeben. Auch das hängt natürlich von der Bildung ab, denn eine Genossenschaft mit Nichtschreibkundigen läßt sich nicht führen.

Als ein Gegenbeispiel sei Sibirien am Beginn des 20. Jahrhunderts erwähnt, in dem ja besonders stark auftritt, was auch Herr Scheibert erwähnte (vgl. oben S. 144), nämlich der Bauer-Unternehmer, das Akkumulieren von Land, was da möglich ist, und gleichzeitig der Aufbau einer gemischten Form von Industrie und Handel. Gerade dort gibt es ja Typen, die man als hochkapitalistisch in ihrer Lebensart bezeichnen kann, die aber ganz klar aus dem Bauerntum hervorgegangen sind.

HANS-JÜRGEN PUHLE, MÜNSTER

Ich möchte Herrn Koval'čenko danken für jenen Teil seiner Ausführungen, in dem er auf meine früheren Bemerkungen eingegangen ist (vgl. oben S. 144). Daran möchte ich aber doch noch eine Frage knüpfen und der Tatsache Ausdruck geben, daß mich noch ein gewisses Unbehagen oder, wenn Sie so wollen, eine gewisse Unsicherheit befällt angesichts des Gebrauchs gewisser Termini, insbesondere jener Termini, die sich auf Phänomene der sozialen Schichtung und der Betriebsgrößen und Produktionsvolumina im landwirtschaftlichen wie im industriellen Bereich beziehen. Ich möchte fragen, ob wir eigentlich dasselbe meinen, wenn wir von „Bourgeoisie“ oder „Bürgertum“ in Deutschland einerseits und in Rußland andererseits sprechen, oder wenn wir „Großgrundbesitz" sagen mit Bezug auf Deutschland und auf Rußland, oder wenn wir von der „Proletarisierung" oder dem Phänomen der „Randschicht" sprechen. Ich bin auch nicht sicher, ob die Termini „industriell" und „vorindustriell" in der Gebrauchsweise der sowjetischen und der bundesdeutschen Historiker dasselbe meinen. Ich würde glauben, daß man wahrscheinlich noch viel konkreter werden und noch viel intensiver in die Diskussion der Definitionselemente der einzelnen Kriterien dieser Begriffe hineinsteigen muß. Wir haben das hier schon im Privatgespräch gemerkt, soweit es die Vergleichbarkeit bzw. die fehlende Vergleichbarkeit und weitgehende Unverständlichkeit der Statistiken angeht. Ich glaube, daß hier noch eine sehr intensive, gewissermaßen handwerkliche Arbeit zu leisten ist, damit wirklich jede Seite das versteht, was die andere wirklich meint. Das ist der eine Punkt. Der andere Punkt ist eine Frage an Herrn Bovykin, aber vielleicht auch an die anderen sowjetischen Kollegen, die auf diesem Gebiet gearbeitet haben. Wir beobachten in jüngeren Forschungen der europäischen und der nordamerikanischen Wirtschafts- und Sozialgeschichte ein interessantes Phänomen, das man – grob gesprochen – als eine Art Revision der Hilferdingschen These vom Finanzkapital bezeichnen könnte, die ja für die Ausformulierung der Leninschen Imperialismustheorie nicht unbedeutend gewesen ist.[a] Neuere Forschungen, z. B. von David Landes und Richard Tilly, aber auch anderen, haben ergeben, daß insbesondere für Deutschland seit Anfang der 90er Jahre und bis zum Beginn des Ersten Weltkrieges hin die alte Legende von dem sehr großen Einfluß der Universalbanken doch nicht in dem Maße stimmte, wie man bisher angenommen hatte, daß sich insbesondere die neueren Industrien in Deutschland seit den 90er Jahren immer stärker von den Großbanken emanzipierten und sich auch weitgehend selbst finanzierten und daß der gesamtgesellschaftliche Einfluß der Banken vor 1914, sowohl aufgrund von deren Uneinigkeit in politischer, auch in wirtschaftspolitischer Hinsicht wie auch aufgrund des immer stärker werdenden Anteils der Sparkassen am Kapitalmarkt schwächer geworden ist.[b] Das würde bedeuten, daß, was Deutschland angeht, die Hilferdingsche These vom Finanzkapitalismus schon zu der Zeit eigentlich nicht mehr recht stimmte, als sie formuliert wurde. Meine Frage in diesem Zusammenhang, die auch anknüpft an das, was Herr Geyer vorher gesagt hat, wäre die, ob sich dieses oder ein ähnliches Phänomen, das ich jetzt nur aus der Sicht Westeuropas diskutieren kann, auch in einer Analyse der russischen Industrialisierung aufweisen läßt. Wenn nein, müßte verwiesen werden können auf breite quantitative Belege zum Verhältnis von industrieller Selbstfinanzierung und Bankenkapital; wenn ja, wäre zu fragen, ob die Modifikation der Hilferdingschen Annahmen auch Folgen hat für die teilweise aus ihnen abgeleiteten Leninschen Interpretationen des Imperialismus in Rußland.

[a] *R. Hilferding,* Das Finanzkapital. Eine Studie über die jüngste Entwicklung des Kapitalismus (1910), Frankfurt a. M. 1968; *W. I. Lenin,* Hefte zum Imperialismus, in: Ders., Werke, Bd. 39, Berlin 1965, S. 330–336; ders., Der Imperialismus als höchstes Stadium des Kapitalismus. Gemeinverständlicher Abriß, in: Ders., Werke, Bd. 22, Berlin 1960, S. 189 bis 309.

[b] *D. S. Landes,* The Unbound Prometheus. Technological Change and Industrial Development in Western Europe from 1750 to the Present, Cambridge 1969; dt. Übers.: Der entfesselte Prometheus. Technologischer Wandel und industrielle Entwicklung Westeuropas von 1750 bis zur Gegenwart, Köln 1973; *R. Tilly,* Zur Entwicklung des Kapitalmarktes und Industrialisierung im 19. Jahrhundert unter besonderer Berücksichtigung Deutschlands, in: Vierteljahrschrift für Sozial- und Wirtschaftsgeschichte 60 (1973), S. 145–165.

WERNER CONZE, HEIDELBERG

Ich möchte zurückkommen auf den Diskussionsbeitrag von Herrn Kollegen Čistozvonov, der den Ansatz zu einer vergleichenden Theorie für das Stadium der Industrialisierung enthalten hat (vgl. oben S. 142 f.). Ich äußere mich allerdings mit einem gewissen Vorbehalt dazu, weil die Simultanübersetzung gerade bei diesem Beitrag zum Teil mißverständlich gewesen ist und weil ich einen in gleiche Richtung gehenden Aufsatz von Herrn Čistozvonov, der in diesem Jahr in der „Zeitschrift für Geschichtswissenschaft" erschienen ist[a], noch nicht gelesen habe.

Ich sehe zwei Begriffe in seinem theoretischen Ansatz hervorgehoben:

1. das Stadium oder die Phase,
2. die Region bzw. die regionale Differenzierung.

Es scheint mir, daß damit die beiden entscheidenden Gesichtspunkte genannt worden sind, die zu berücksichtigen sind, wenn wir den Prozeß der Industrialisierung in seinen wirtschaftlichen und seinen sozialen Zügen betrachten wollen. Theoretische und methodologische Grundfragen, wie sie hier beispielhaft entwickelt worden sind, hätten von vornherein stärker den Themen der gehaltenen Referate vorangehen oder eingewoben werden sollen, damit eine erste Stufe gegenseitigen Verstehens besser hätte erreicht werden können. Was in dieser Hinsicht in den kurzen Stunden unserer Tagung nicht gelingen kann, könnte und sollte möglichst brieflich oder publizistisch nach Abschluß dieser Tagung weiter entwickelt werden.

Die Grenzen beiderseitigen Verständnisses liegen im übrigen, wie Herr Puhle zutreffend bemerkte (vgl. oben S. 147 f.), in der Verschiedenartigkeit der beiderseitigen Begriffsbildung, d. h. 1. schon in der Sprache der Quellen einschließlich der Systematik der amtlichen Statistiken, 2. in unserer eigenen Sprache, die von den beiderseitigen theoretischen oder konzeptionellen Vorbedingungen abhängt. Von solchen Überlegungen aus möchte ich hierzu auf ein Problem hin exemplifizieren, das bereits angeschnitten worden ist, nämlich auf die Beziehung von Industrialisierung und Bevölkerung. Ich meine, daß wir den Begriff „Übervölkerung" in die vergleichenden Überlegungen einführen müssen. In Deutschland haben wir, regional freilich recht unterschiedlich, den Höhepunkt der Übervölkerung, genauer der ländlichen Übervölkerung, am Vorabend der Industrialisierung, um 1850, gehabt. Von 1850 an nimmt diese Übervölkerung (= verschleierte Arbeitslosigkeit) sehr schnell ab. Der Abfluß vom Lande wirkt entlastend. Die Industrie nimmt die überschüssige Landbevölkerung, sowohl Bauernkinder wie Angehörige der proletarisch-unterbäuerlichen Schicht, auf. Das Problem des „Pauperismus" oder der ländlichen Massenverelendung ist bereits zur Zeit der Reichsgründung nicht mehr vorhanden.

In Rußland dagegen ist ein entsprechender Zeitpunkt – Gipfel der ländlichen Übervölkerung und Wende durch Sog der aufkommenden Industrie – nicht so klar festzustellen wie in Deutschland für die Jahre um 1850. Wir haben in den Referaten der Kollegen Koval'čenko und Bovykin Unterlagen fur die Erkenntnis dessen erhalten. Die aufeinanderfolgenden Etappen sind: Beginn der Bauernbefreiung, Industrialisierung in Verbindung mit dem Eisenbahnbau, gesteigerte Industrialisierungsbemühungen in den 90er Jahren, schließlich die Agrarreform Stolypins. All das waren Faktoren, die auf eine Lösung der Übervölkerungsfrage hinwirkten oder hätten hinwirken sollen, und es hat Regionen in Rußland gegeben, wo sich wirtschaftsbelebende Kräfte in der bäuerlichen Oberschicht aufgrund dieser Faktoren entfalten konnten. Aufs ganze gesehen ist die Übervölkerungsfrage jedoch nicht gelöst worden, weil das Ausmaß der Industrialisierung, der Verkehrserschließung und damit einer Ausweitung des Marktes nicht ausreichte. Auch nach der Oktoberrevolution, in den 20er Jahren, hat sich die Übervölkerung des Landes weiter fortgesetzt, sowohl durch Verkleinerung und Vermehrung der bäuerlichen Stellen als auch durch die entsprechende Zunahme der Menschen, die auf dem Lande unter dieser ungünstigen Entwicklung gelitten haben. Erst danach stößt der Historiker auf ein Datum, das den Höhepunkt der agrarischen Dekomposition und der Übervölkerung unmittelbar vor der Wende durch die Abwanderung vom Lande bezeichnet. Dieses Datum, das der deutschen Wende von 1850 vergleichbar ist, ist das Jahr 1929 mit dem Beginn des ersten Fünfjahresplans, von dem an durch den nun beginnenden schnellen Aufbau der Industrie einerseits, die radikale Umgestaltung der Agrarverfassung andererseits der Wirkungszusammenhang von Industrialisierung und Bevölkerung, nämlich die Entlastung des Landes von der Überschußbevölkerung, deutlich wird.

Ich meine, daß von einer solchen Sicht her der sozialgeschichtliche Vergleich in der phasenverschobenen Industrialisierungsepoche weiter betrachtet und durchdacht werden könnte.

[a] *A. N. Čistozvonov*, Über die stadial-regionale Methode bei der vergleichenden historischen Erforschung der bürgerlichen Revolution des 16. bis 18. Jahrhunderts in Europa, in: Zeitschrift für Geschichtswissenschaft 21 (1973), S. 31–48.

KARL DIETRICH ERDMANN, KIEL

Der Diskussionsbeitrag von Herrn Kollegen Čistozvonov (vgl. oben S. 142 f.) scheint mir sehr wichtig zu sein für die Methodik auch solcher Gespräche und zukünftiger Kolloquien, wie wir sie ja hoffentlich noch miteinander haben werden. Wenn ich ihn richtig verstanden habe, so hat er vorgeschlagen, daß man bei solchen Gesprächen von der Tatsache ausgehen muß, daß bestimmte Systeme im wesentlichen identisch und also auch miteinander vergleichbar sind. Wir haben ja in der Tat in unseren Diskussionen hier ständig von solchen vergleichbaren Phänomenen gesprochen, und der Doppelbegriff der stadialen und regionalen Abweichungen vom System ist eingeführt worden. Diesem Begriff kann ich ohne Schwierigkeiten zustimmen, und ich halte ihn für hilfreich, um solche Gespräche systematisch zu führen. Die Frage, die sich mir aufdrängt, ist nun aber, was mit solchen stadialen und regionalen Abweichungen gemeint ist, wovon hier abgewichen wird. Wird hier abgewichen von einem bestimmten gesellschaftlich-wirtschaftlichen Strukturphänomen? Oder ist die Abweichung als eine Abweichung von Gesetzmäßigkeiten in der Strukturentwicklung gemeint? Ich bin durchaus der Meinung, daß es in der Geschichte das nomologische Element gibt, um mit Max Weber zu reden.[a] Es gibt Gesetzmäßigkeiten in der Geschichte. Damit will ich keine Antwort auf die ja sehr unterschiedlich beantwortete Frage nach der Gesetzmäßigkeit des Geschichtsverlaufs als solchem geben.

Ich möchte diese Frage verdeutlichen im Hinblick auf einen Begriff, der in verschiedenen Referaten ja heute auch immer wieder auftauchte, den Begriff des Proletariats. Daß das Proletariat als solches ein nomologisches Element in der Entwicklungsphase des Kapitalismus als die notwendige Kehrseite der Herausbildung der Bourgeoisie darstellt, ist unbestritten. Nun hat Herr Bovykin in seinem Referat eine höchst interessante Ziffer mitgeteilt, über die wir uns ja gleich anschließend, Herr Bovykin, in der Pause unterhalten haben, ohne daß wir das Gespräch zu Ende führen konnten. Wenn ich Sie richtig verstanden habe, haben Sie auf die Ziffer hingewiesen, daß um die Jahrhundertwende herum in Rußland etwa 50 Prozent der männlichen berufstätigen Bevölkerung als Arbeiter anzusprechen sind. Was das im einzelnen bedeutet, sei dahingestellt. Wir haben uns schon darüber verständigt, daß in der Erarbeitung exakter Maßstäbe für vergleichende Statistiken wahrscheinlich noch manches zu tun ist. Immerhin ist diese Zahl genannt, und sie hat mich sofort an die analoge Zahl erinnert, die uns aus der deutschen Sozialstatistik geläufig ist, daß nämlich unter den Berufstätigen die Zahl der als Arbeiter, d. h. im Stunden- bzw. Wochenlohn, klassifizierten Berufstätigen vor dem Ersten Weltkrieg sich auch so ungefähr an der Grenze von 50 Prozent und etwas darunter bewegt, in den späteren Entwicklungsphasen ja mit dem interessanten Trend, daß sich diese Zahl eher verringert als vergrößert. So frage ich mich, was diese Zahl im Zusammenhang des Systems der Gesetzmäßigkeiten und der regionalen Abweichungen bedeutet. Ich vermag nichts darüber zu sagen, was Rußland betrifft, aber einige Bemerkungen, die ich über Deutschland machen möchte, verstehen Sie dann bitte als eine Frage, analog, wenn das möglich ist, etwas über Rußland zu sagen. Wer also sind diese ungefähr 50 Prozent von Berufstätigen, die in der deutschen Sozialstatistik als Arbeiter klassifiziert werden? Ich glaube, daß man ganz kurz sagen kann, daß es sich hier um eine in sich selbst außerordentlich differenzierte Personengruppe handelt, die vielleicht nur statistisch als eine Einheit erscheint. Diese Differenzierung ist zunächst eine ökonomische bei den ungeheuren Spannweiten der Entlohnung von der hochbezahlten Arbeiteraristokratie bis herunter zu der untersten Unterschicht schlecht bezahlter Hilfsarbeiter, die kaum das Existenzminimum haben. Diese 50 Prozent der in der Statistik als Arbeiter erscheinenden Personen sind in ihren Interessenverbänden, wenn wir vom 19. Jahrhundert und der Zeit vor dem Ersten Weltkrieg sprechen, außerordentlich unterschiedlich organisiert. Ich erinnere an die verschiedenen Gewerkschaften, die christlichen, die Hirsch-Dunckerschen und die Freien Gewerkschaften. Und diese Gruppe ist drittens in ihrer Selbstorientierung innerhalb der Welt, in der sie leben, politisch außerordentlich differenziert. Zunächst einmal gibt es innerhalb der deutschen Sozialdemokratie die bekannten unterschiedlichen Richtungen, die später zur Parteispaltung geführt haben, aber darüber hinaus hat sich ja ein großer Teil der Arbeiterschaft keineswegs der einen oder anderen sozialistischen Richtung angeschlossen, sondern wir finden Arbeiter, d. h. also potentielles Proletariat, sowohl in liberalen Parteien, wir finden sie sogar in der

Deutschen Nationalpartei, und wir finden sie vor allen Dingen in der Zentrumspartei, die ein sehr starkes Reservoir an Arbeiterwählern hatte. Schließlich stellt sich noch die Frage nach der Differenzierung der Gruppe hinsichtlich des Anteils der verschiedenen Erwerbszweige an ihr, Industrie, Handel, Landwirtschaft. In Deutschland, das kann man, ohne daß ich die Ziffer präsent habe, mit Sicherheit sagen, ist der größte Teil der Arbeiter, die statistisch aufgezeigt sind, in der Industrie zu finden. Ich vermute, aber das ist bitte eine Frage an die sowjetischen Kollegen, ich vermute, daß diese 50 Prozent Arbeiter in Rußland zu einem sehr großen Teil, wenn nicht zum größten Teil, eine ländliche Arbeiterschaft oder ein ländliches Proletariat darstellten. Aus dieser Differenziertheit, die eine ökonomische, eine organisatorische, eine politische und eine wirtschaftliche Differenziertheit ist, ergäbe sich meines Erachtens als Resultat der tatsächlichen historischen Entwicklung, wie sie sich in Deutschland im Unterschied zu Rußland vollzogen hat, daß die These von der dialektischen Gesetzmäßigkeit, die einem solchen Systemablauf eignen könnte, daß eine solche These zu versagen scheint. Das ist eine Beobachtung, die ich aus den sozialökonomischen Gegebenheiten und dem realhistorischen Ablauf in Deutschland ableite, die ja so fundamentale Unterschiede gegenüber dem Gang der Geschichte in Rußland ausweisen. Ich wäre den Kollegen sehr dankbar, wenn ich über die Differenzierungen der Arbeiterschaft und den Platz, der ihnen im System und seiner Entwicklung auch in der russischen Geschichte zukommt, etwas erfahren würde.

[a] *M. Weber*, Gesammelte Aufsätze zur Wissenschaftslehre, 3. Aufl. Tübingen 1968.

ALEKSEJ L. NAROČNICKIJ, MOSKAU

Ich möchte einige Bemerkungen zu den Vorträgen von Professor Kellenbenz und Professor Zorn, aber auch zu den methodologischen Problemen machen, die in den eben erst geleisteten Beiträgen angeschnitten wurden.

Ich schließe mich der Meinung an, daß im Vortrag von Professor Kellenbenz reichhaltiges und interessantes Material zu der vergleichsweise wenig bekannten Frage zusammengetragen worden ist, wie die verfügbaren Geldmittel in die Industrie gelangten und für deren Finanzierung durch verschiedene Kanäle dienten. Will man innerhalb der Grenzen des Bereichs der Geldzirkulation, des Handels und der Bewegung des Bankkapitals bleiben, so muß man anerkennen, daß ein sehr interessantes Bild der Finanzierung der deutschen Industrie gezeichnet worden ist, obwohl man in der Tat darüber streiten kann, wie Professor Kellenbenz die verschiedenen Kategorien dieser Mittel klassifiziert. Er spricht zum Beispiel von gesparten Geldern, und dann redet er von Bankkrediten (vgl. oben S. 85–89). Was ist eigentlich ein Bankkredit? Das können doch auch Ersparnisse sein, die bei Sparkassen und dann in eine Bank eingezahlt werden. Das können auch flüssige Mittel sein, die sich vom Handel lösen konnten und in eine Bank eingezahlt wurden, sowie Ablösungszahlungen, die in eine Bank eingezahlt wurden. Daher überlagern sich einige Kategorien seiner Klassifizierung, und somit ist die Klassifizierung meiner Meinung nach strittig. Gleichzeitig scheint mir, daß in diesem Vortrag das Material über die Banken in Deutschland von besonderem Interesse ist und daß er im großen und ganzen nicht jenen Vorstellungen widerspricht, die unsere sowjetischen Historiker von der Rolle des Bankkapitals in der Periode des Übergangs zum Imperialismus und auch zu Beginn der Periode des Imperialismus haben. Mir erscheint dies sehr wertvoll.

Zugleich möchte ich den Unterschied im Zugang zu dieser Frage hervorheben, der zwischen dem Vortrag von Professor Kellenbenz und dem Zugang der Vertreter der sowjetischen, ich möchte sagen: Schule auf dem Gebiet der Wirtschaftsgeschichte besteht. Bei all dem muß gesagt werden, daß es bei uns allerdings immer noch nur sehr wenige Arbeiten solcher Art gibt.

Natürlich grenzt Professor Kellenbenz den Problemkreis mit Recht ein, den er in seinem Vortrag untersucht (vgl. oben S. 82). Er läßt hauptsächlich die Fragen nach den Quellen der flüssigen Geldmittel, nach ihrer Herkunft, außer acht. Er sagt zu Recht, daß das ein anderes Thema sei. Vielleicht ist dies in der Tat ein besonders großes Problem. Aber der Unterschied im Zugang unserer Historiographie besteht – von unseren Positionen auf dem Gebiet der theoretischen politischen Ökonomie aus gesehen – offensichtlich darin, daß wir es nicht für möglich halten, die Beschreibung, wie die flüssigen Geldmittel in die Industrie gelangen, von der Frage zu trennen, woher diese Mittel genommen werden und welche Rolle die Arbeit der verschiedenen Bevölkerungskategorien spielt: der Bauern, der Arbeiter, der Handwerker und auch der Besitzer des Großkapitals, sofern sie selbst als Organisatoren oder irgendetwas anderes arbeiten. Die Akkumulierung dieser Mittel, ihre Herkunft, wird im Vortrag im Dunkeln gelassen. Obwohl nicht völlig ignoriert wird, daß die Quellen der Akkumulierung im Dunkeln bleiben, wird dadurch eine unbegründet idyllische Vorstellung vom Prozeß der Kapitalakkumulation in Deutschland begünstigt. Im Dunkeln bleiben der Prozeß der Verarmung der Handwerker und der Kampf zwischen Arbeitern und Unternehmern um die Höhe des Arbeitslohnes.

Beiläufig wird die Behauptung aufgestellt (vgl. oben S. 86), daß die Unternehmer nicht deshalb danach strebten, den Arbeitern weniger zu zahlen, weil sie weniger zahlen wollten, sondern aufgrund des Druckes durch die ausländische Konkurrenz oder die Konkurrenz auf dem Binnenmarkt. Ich glaube, daß eine solche verallgemeinernde These nicht akzeptiert werden kann, und es gibt kaum Forschungen, die eine solche Idee überzeugend unterstützen könnten. Es muß gesagt werden, daß es bei uns einige Arbeiten zur Geschichte der Streiks und Aufstände der Arbeiter, zwar nicht in Deutschland und nicht in dieser Periode, gibt, die eine analoge Ansicht widerlegen; z. B. widerlegen die Forschungen des Korrespondierenden Mitglieds der Akademie der Wissenschaften der UdSSR, Potemkin, über die Lyoner Arbeiteraufstände voll und ganz die Version der Lyoner Unternehmer, daß die ausländische Konkurrenz sie gezwungen habe, ihre Arbeiter zu unterdrücken.[a]

Weiter. Mehr als Frage denn als Kritik möchte ich die Aufmerksamkeit von Professor Kellenbenz darauf lenken, daß er nicht davon spricht, wie ein bestimmter Teil der Staatseinkünfte, der Steuern der Bevölkerung, in staatliche Subsidien und Aufträge umgewandelt wurde. Hat Professor Kellenbenz vielleicht Hinweise, daß dies in Deutschland nicht geschah? Mir erscheint dies aber zweifelhaft. Der Staat subventionierte eine Reihe von Unternehmen und erteilte ihnen umfangreiche Aufträge. Ich weiß nicht, ob dies vielleicht über die Banken geschah und ob Professor Kellenbenz dies in den „Bankkredit" einbezieht, mir scheint aber, daß dies ein wichtiger selbständiger Kanal war, den man gern erwähnt fände.

Im Vortrag werden die 5 Milliarden der Kontributionen von 1871 nicht erwähnt. Mir liegt der Gedanke fern, dieser Kontribution eine entscheidende Bedeutung für die Industrialisierung Deutschlands zuzuschreiben, aber dies ist trotzdem keine ‚Nadel in einem Heuschober', wie man auf russisch sagt.

Muß man nicht die Monopolpreise während des Schutzzolls als ein Mittel zur Verstärkung der Akkumulationen und zur Gewinnung von Ressourcen für weitere Investitionen von Geldmitteln in die Industrie erachten? Ich glaube doch.

Vom Standpunkt der marxistischen politischen Ökonomie aus, die bekanntlich die Kategorie des Mehrwerts verwendet, hat die Frage nach der Herkunft des Gewinns, von dem der Unternehmer einen Teil in der Produktion anlegt, eine große Bedeutung. Dies ist gewiß nicht ganz die Finanzierung, obwohl ein solcher Prozeß manchmal auch die Form der Finanzierung eines Unternehmens auf Kosten des Gewinns eines anderen annehmen kann. Ich muß sagen, daß die sowjetischen Ökonomen alle diese Momente in ihren Forschungen obligatorisch berücksichtigen.

Das hohe technische Niveau der deutschen Industrie, die die neuesten technischen Mittel im Vergleich zu den veralteten Ausrüstungen der älteren englischen Industriezweige benutzte, diente vom Standpunkt der theoretischen Konzeption der marxistischen politischen Ökonomie als Quelle des relativen Mehrwerts und erhöhte die Mittel für die Akkumulation der deutschen Industrie.

Ich bin weit davon entfernt, hier zu einer Diskussion über die allgemeinen Kategorien der politischen Ökonomie aufzufordern. Ich möchte hier nur den Unterschied im Zugang hervorheben. Mir scheint, daß wir in der Diskussion kaum über die Grenzen des unmittelbaren Inhalts unserer Vorträge hinausgehen sollten. Andernfalls werden wir ihren konkreten Inhalt vergessen, wie das schon der Fall zu sein beginnt. Ich erlaube mir, meine Bemerkungen zum Vortrag von Herrn Kellenbenz zu beenden, indem ich meinen Gedanken, daß ich diesen Vortrag für eine sehr interessante und wertvolle Arbeit halte, wiederhole.

Ich gehe jetzt zu einigen Bemerkungen zum Vortrag von Professor Zorn über. In diesem Vortrag gibt es eine Reihe von wichtigen Thesen, denen man meiner Meinung nach zustimmen muß, wie dies auch schon einige meiner Kollegen getan haben. Die Bildung des Blocks der Großunternehmer und Junker, die Behauptung ihrer Herrschaft, erscheint mir als ein überzeugender Beweis dafür, daß trotz der gewissen „vertikalen Mobilität" diese Schichten ihre privilegierte Stellung nicht verloren.

Sehr interessant sind einzelne konkrete Stellen dieses Vortrags, an denen zum Beispiel über den Beginn der Herausbildung der Arbeiteraristokratie in Preußen schon in den 50er Jahren gesprochen wird (vgl. oben S. 128). Sehr interessant ist die Erwähnung der Verbindung der russischen und der deutschen Schule der Wirtschaftsgeschichte, oder, wenn Sie so wollen, der historischen Schule der politischen Ökonomie (vgl. oben S. 123). Dies sind sehr interessante Bemerkungen, für die man Professor Zorn unbedingt dankbar sein muß. Zugleich stimme ich Professor Čistozvonov zu, daß es Professor Zorn nicht gelungen ist, mit überzeugendem ökonomischen Material die sozialökonomische Entwicklung Deutschlands und Rußlands zu vergleichen (vgl. oben S. 142–144). In meiner Eröffnungsrede hatte ich mir erlaubt, unsere gelehrten Kollegen aufzufordern, sich statt zweifelhaften Quellen und Experten aus den Reihen der notorischen ausländischen Sowjetologen lieber unseren sowjetischen Quellen und Forschungen zuzuwenden (vgl. oben S. 8). Wenn Professor Zorn dies getan hätte, wäre es wahrscheinlich nicht notwendig geworden, hier diese kritischen Ansichten zu äußern.

Die Gegenüberstellung der Entwicklung Rußlands und Deutschlands als einander völlig unähnlich hält meiner Meinung nach keiner Kritik stand (vgl. oben S. 131–135). Wenn man Professor Zorn glaubt, so war Rußland ein rein feudales, Deutschland hingegen ein rein bürgerliches Land. Dies steht aber in einem direkten Widerspruch sowohl mit dem Vortrag von Professor Puhle als auch mit dem Vortrag von Professor Koval'čenko, die sowohl die Ähnlichkeit als auch die Unterschiede in der wirtschaftlichen Entwicklung der beiden Länder darlegten. Wenn man die vergleichende Methode anwendet, ist es wichtig, vergleichbare Erscheinungen zu wählen und als Kriterium der Vergleichbarkeit das Entwicklungsstadium in Betracht zu ziehen, das Allgemeine vom Einzigartigen zu trennen, die regionale Gemeinsamkeit von Ländergruppen zu berücksichtigen. Dies ist nichts Neues, dieses Prinzip ist vor allem von Fernand Braudel, dem großen französischen Historiker und Ökonomen, und von den Geographen mit ökonomischer Ausrichtung vertreten worden; es wurde bei der Problemstellung auf dem 13. Internationalen Historikerkongreß in Moskau, wo Vorträge über die wirtschaftliche Entwicklung Osteuropas im 17. Jahrhundert vorgelegt wurden, verschiedentlich angewandt[b]

Was den Terminus „Abweichung" vom typischen Weg betrifft, so gibt es in der Bemerkung von Professor Erdmann (vgl. oben S. 150) einen gewissen rationalen Gedanken: Abweichung wovon? Allgemein handelt es sich natürlich um die Abweichung von den Gesetzmäßigkeiten eines abstrakt vorausgesetzten Systems. Aber was ist dann unter einer Abweichung zu verstehen? Vielleicht sollte man besser von Varianten der Entwicklung reden. „Abweichung" ist natürlich so ein Terminus, den man mit Vorsicht verwenden muß. Gegenwärtig meinen die chinesischen maoistischen Historiker, daß die Geschichte Chinas typisch war, weil es sehr viele Chinesen gibt, und alles übrige sind dann Abweichungen. Dieses Beispiel zeigt, daß der Terminus „Abweichung" sehr vorsichtig verwendet werden muß. Vielleicht spricht man besser von Varianten der Entwicklung dieses oder jenes Phänomens.

Vom Standpunkt der marxistisch-leninistischen Geschichtswissenschaft aus ist es notwendig, in jeder gesellschaftlichen Erscheinung das Allgemeine vom Einzigartigen zu unterscheiden. Wir sind Gegner leerer soziologischer Abstraktionen, und wir sind Gegner der Aufteilung der Wissenschaften in idiographische und nomothetische, wir sind gegen leere soziologische Abstraktionen und gleichzeitig dagegen, die Besonderheiten in der Entwicklung einzelner Länder zu verabsolutieren und die historischen Erscheinungen als unwiederholbar und unvergleichbar zu betrachten. Dieser Standpunkt wurde seinerzeit von der deutschen Schule der Philosophie und der Geschichte, der Schule Rickerts, vertreten. Wir sind dagegen.

Ich würde meinen, daß es bei unseren künftigen Treffen nützlich wäre, die Frage nach dem Historismus in der deutschen und in der russischen Historiographie des 19. und des Beginns des 20. Jahrhunderts als eines der Themen zu wählen. Schon damals wurden die angesprochenen Probleme in Kontroversen diskutiert, für die die Ideen von Max Weber, Rickert u. a. der Anlaß waren.[c] Vielleicht sollten wir diese Kontroversen besser bis zu einem künftigen Treffen vertagen und uns jetzt enger an unsere Vorträge halten.

Ich komme daher auf einige Thesen von Professor Zorn zurück. Er ist der Meinung, daß die Narodniki in Deutschland keinerlei Parallelen besaßen (vgl. oben S. 132). Ich bin damit nicht einverstanden. Ich erinnere Sie an die Konzeptionen von einem ausschließlich deutschen Weg der Entwicklung der sogenannten wahren Sozialisten der 40er Jahre, von Karl Grün, Moses Heß u. a., die die Idee einer nichtkapitalistischen Entwicklung Deutschlands vertraten. Sie hatten viel gemein mit den Narodniki, aber es gab auch einen grundlegenden Unterschied: Sie waren nicht mit der Bauernschaft verbunden, sondern offensichtlich mit Strömungen des Kleinbürgertums. Sie vertraten zwar nicht die Idee einer bäuerlichen Landgemeinde, hatten aber trotzdem etwas mit den Narodniki gemein. Und hier hat Professor Zorn nicht recht, wenn er den Unterschied verabsolutiert und bestimmte Ähnlichkeiten ignoriert.

Ich möchte das wichtige Problem hervorheben, inwieweit in Deutschland Voraussetzungen für einen revolutionären Weg der Entwicklung bestanden haben. Aus den erörterten Vorträgen scheint mir hervorzugehen, daß eine Reihe von Voraussetzungen für die Entwicklung eines revolutionären Kampfes in Deutschland bestand, wenn auch nicht in einem solchen Maße wie in Rußland. Objektive Voraussetzungen auf dem Gebiet der Industrie gab es in Deutschland sogar mehr als in Rußland. Die besonderen Bedingungen bestanden darin, daß sich in Rußland gleichzeitig die Widersprüche zwischen dem Großkapital und den Arbeitern, zwischen der Bauernschaft und den Gutsbesitzern, zwischen der herrschenden Nation und den unterdrückten Nationen konzentrierten. Das erklärt jenen Umstand, daß in Rußland trotz des Zurückbleibens in der wirtschaftlichen Entwicklung hinter Deutschland mehr Faktoren für das Einschlagen des revolutionären Weges vorhanden waren, aber eine absolute Gegensätzlichkeit der Entwicklungswege beider Länder kann man meiner Meinung nach nicht beweisen.

Ich möchte noch jene Bemerkung kurz berühren, mit der Professor Conze den Rahmen unserer Thematik verlassen hat: Es handelt sich um seine Gegenüberstellung der sozialistischen Industrialisierung in der Sowjetunion in den 20er Jahren und der kapitalistischen Industrialisierung in Deutschland (vgl. oben S. 149). Selbstverständlich kann man die Fragen der sozialistischen Industrialisierung im Rahmen unserer Tagesordnung nicht einigermaßen detailliert behandeln. Daher wäre es vielleicht besser gewesen, wenn diese Frage nicht aufgeworfen worden wäre. Sie wurde aber angesprochen. Und sie wurde sehr kurz angesprochen. So schwierig es ist, dieses Problem im Detail zu entwickeln, und obwohl uns dies über den Rahmen unserer Erörterung hinausführt, werde auch ich mich kurz fassen und mich nur auf eine kurze Replik an Professor Conze beschränken. Außerdem betrifft dies nicht nur Professor Conze. Es gibt eine ganze Richtung in der ausländischen Sowjetologie, die den Unterschied zwischen der sozialistischen und der kapitalistischen Industrialisierung zu verwischen sucht. Und hier werden an Stelle des Studiums unserer Quellen Arbeiten genommen, die nicht auf einer seriösen Erforschung der wirtschaftlichen Entwicklung der Sowjetunion basieren.

Natürlich hat die sozialistische Industrialisierung vom Sowjetvolk große Opfer und Anstrengungen gefordert. Das war kein leichter Spaziergang, aber hervorgerufen wurden diese Opfer in bedeutendem Ausmaß durch die Folgen des Krieges und der Zerrüttung der Wirtschaft, der Intervention und der Blockade in bezug auf Handel und Kredite sowie durch die ständige militärische Anspannung, in der sich die UdSSR infolge der antisowjetischen Politik der kapitalistischen Staaten befand. Zugleich war der sozialökonomische Inhalt der sich vollziehenden Prozesse vollkommen voneinander verschieden. Das einfache mechanische Gegenüberstellen des Elends und der Entbehrungen der Arbeiter als Ergebnis der kapitalistischen Ausbeutung oder, sagen wir, als Ergebnis des Ruins der Handwerker mit den Schwierigkeiten, die es in der Sowjetunion gab, ist ein Beispiel für eine Annäherung von nicht vergleichbaren historischen Phänomenen. Der Versuch, die Opfer und Entbehrungen, die unser Volk für die Sache der sozialistischen Industrialisierung ertragen hat, der Not der verarmten Handwerker, Bauern und Arbeiter in den Jahren der kapitalistischen Industrialisierung gegenüberzustellen, erweist sich als ein Versuch, Phänomene aus dem Bereich verschiedener sozialer Systeme, die zu vollkommen unterschiedlichen Ergebnissen führen, miteinander zu vergleichen.

Indem das Sowjetvolk die sozialistische Industrialisierung verwirklicht hat, errang es in einem halben Jahrhundert beispiellose Erfolge in der Steigerung seines Lebensstandards und errichtete in seinem Lande eine sozialistische Gesellschaft. Das kann niemand leugnen. Ich betone jedoch, daß ich Ihre Aufmerksamkeit nicht für Exkurse außerhalb unserer Problematik, die durch die Bemerkung von Professor Werner Conze erforderlich wurden, in Anspruch nehmen werde. Die Tatsache, daß unsere Diskussion heute so hitzig und gespannt verläuft, erscheint mir als ein positives Zeichen, weil wir ungeachtet der unterschiedlichen Meinungen dennoch viel Interessantes und vieles, in dem wir übereinstimmen können, finden.

[a] *F. V. Potemkin,* Lionskie vosstanija 1831 i 1834 gg., Moskau 1937; ders., Massovye dviženija vo Francii so vremeni Lionskich vosstanij do revoljucii 1848 g., in: Učenye zapiski po novoj i novejšej istorii, vyp. 1, Moskau 1955, S. 5–170.

[b] XIII Meždunarodnyj kongress istoričeskich nauk. Moskva 16–23 avgusta 1970 goda. Doklady kongressa, T. 1, č. 5, Moskau 1973.

[c] *M. Weber,* Gesammelte Aufsätze zur Wissenschaftslehre, 3. Aufl. Tübingen 1968; *H. Rickert,* Die Grenzen der naturwissenschaftlichen Begriffsbildung. Eine logische Einleitung in die historischen Wissenschaften (1896–1902), 5. Aufl. Tübingen 1929; ders., Kulturwissenschaft und Naturwissenschaft (1899), 7. Aufl. Tübingen 1925; ders., Die Probleme der Geschichtsphilosophie. Eine Einführung (1904), 3. Aufl. Heidelberg 1924.

KARL OTMAR FREIHERR VON ARETIN, MAINZ

Ich habe eine Frage zur Industriefinanzierung. In den Referaten der sowjetischen Kollegen sind zwei Zahlen genannt, die es möglich erscheinen lassen, daß vom Großgrundbesitz eine Industriefinanzierung ausging. Das sind einmal die 850 Millionen Rubel Ablösung der Bauern und sind zum anderen die höheren Einnahmen aus dem großen Agrarexport in den letzten Jahren des 19. und vom Anfang des 20. Jahrhunderts (vgl. oben S. 15 u. 120). Gibt es einen einleuchtenden Grund, weshalb der Großgrundbesitz offenbar so wenig in die Industrie investiert hat, und gibt es hier regionale und sektorale Unterschiede?

WOLFGANG ZORN, MÜNCHEN

Ein Mißverständnis muß hier noch geklärt werden. Herr Kollege Naročnickij hat den Eindruck erweckt, als sei es die Absicht meines Referats gewesen, die Industrialisierung in Deutschland und in Rußland miteinander zu vergleichen (vgl. oben S. 153). Das ist ein Mißverständnis. Mein Thema lautete: „Industrialisierung und soziale Mobilität in Deutschland 1861–1914." Ich habe russische Verhältnisse nur insoweit herangezogen, wie es mir zur Verdeutlichung der besonderen Züge der deutschen Entwicklung erforderlich schien. Das möchte ich klarstellen, weil ich es fast als eine Beleidigung der sowjetischen Kollegen ansehen würde, etwa mit einigen skizzenhaften Ausführungen hier das riesige Problem der Industrialisierung in Rußland zu behandeln.

HERMANN KELLENBENZ, NÜRNBERG

Ich möchte den Hauptdiskussionsrednern zunächst herzlich danken für das, was sie gesagt haben, um es nicht zu vergessen, und dann darf ich gleich medias in res gehen zu Frau Vogel (vgl. oben S. 137 f.). Natürlich kann man bei einem Referat, das etwa zwanzig Seiten hat, nicht auf alle Fragen eingehen. In der Einleitung versuchte ich, den großen Rahmen zu ziehen, innerhalb dessen gesehen werden muß, was ich in bezug auf die Frage der Finanzierung ausdrücken wollte. Unsere Diskussion müßte sich natürlich mit der neueren Literatur auseinandersetzen, vor allem mit den Forschungen von Harald Winkel, unserem Münsteraner Kollegen Richard Tilly und auch mit den Thesen von Knut Borchardt.[a] Leider stehen die Untersuchungen zu diesem Komplex noch in den Anfängen. Aussagen wurden bisher nur für die erste Hälfte des 19. Jahrhunderts gewonnen, wobei detaillierte Erklärungen über die Frage der Auswirkungen der Kapitalakkumulation auf den Industrialisierungsprozeß zwischen 1820 und 1860 sehr schwer abgegeben werden können. Hier fehlen uns noch viele aussagefähige regionale Studien, die etwa derjenigen von Krüger über Köln gleichen. Eine moderne Arbeit über die Geschichte der deutschen Banken ist bisher nicht konzipiert worden. Als wir vor einem Jahr die Geschichte der Kölner Industrie- und Handelskammer herausgegeben haben, ist mir diese Lücke besonders aufgefallen. Es ist betrüblich, wie kümmerlich hier unsere Aussagefähigkeit ist. Ich darf jedoch erfreut mitteilen, daß wir in Nürnberg versuchen, hier neue Ansätze und Ergebnisse herauszuarbeiten. Es ist uns bisher bereits gelungen, Bankverbindungen aufzuspüren, die von elementarer Bedeutung für den Aufbau der Industrie zwischen 1815 und 1850 waren. Für uns ist es wichtig, mit Hilfe von kleinen Bausteinen zu einem großen Gebäude zu gelangen, wobei uns die Arbeiten etwa von Wolfgang Zorn über Augsburg und die Bedeutung des Bankhauses Schäzler große Dienste erweisen. Viel Mühe wird noch erforderlich sein, hier zu einem Gesamtbild zu kommen.

Herr Kollege Tupolev (vgl. oben S. 138–140)! In meiner Einleitung habe ich der Frage der Periodisierung kein besonderes Gewicht beigemessen, aus der Erkenntnis heraus, daß unser Wissen auf diesem Gebiet einfach noch zu bruchstückhaft ist, um hier Ansatzpunkte aus der Finanzierungsgeschichte her zu den Kartell- und Syndikatsbildungen, der Überhitzung der 90er Jahre und des beginnenden 20. Jahrhunderts zu finden. Der große Rahmen ergibt sich aus den verschiedenen Werken über die konjunkturelle Entwicklung. Insbesondere Kondrat'ev hat hier mit seinen Zyklen erfolgreich gearbeitet. Spiethoff und Schumpeter sind ihm gefolgt.[b] Die Veröffentlichung von Hans Rosenberg hat einen sehr interessanten Ansatz gebracht, die wirtschaftlichen Vorgänge in Verbindung mit den politischen zu sehen.[c] Natürlich wird der Historiker immer bemüht sein, neben dem Jahr 1873 das Jahr 1871 zu sehen, und ich darf hier gleich auf die Anregung von Herrn Kollegen Naročnickij eingehen: das Jahr 1871 mit den französischen Milliarden (vgl. oben S. 152). Hier müßte man versuchen, genau nachzuweisen, wer diese Gelder bekommen hat und was damit geschehen ist, denn Aufgabe des Historikers ist es, die Zusammenhänge zwischen den wirtschaftlichen Vorgängen und den politischen im Detail zu verfolgen, um zu einem gesicherten Ergebnis gelangen zu können. Gewiß sehen wir bei diesen Milliardenbeträgen einen mittelbaren Zusammenhang mit der Gründerkrise von 1873, aber im Rahmen meines Referates sah ich leider keine Möglichkeit, hier konkrete Dinge, Sachverhalte und Zusammenhänge aufzuweisen. Dann haben wir, ich bin auch kurz darauf eingegangen, die Phase ab 1890, hier häufen sich die Krisen, aber damit ergibt sich die Frage, welchen Maßstab wir hier anlegen wollen. Nehmen wir die Spiethoffsche These, nach der wir alle zwei, drei Jahre eine Überproduktionskrise haben, die zur Kartell- bzw. Syndikatsbildung führt?

Ein weiterer Punkt, der mich interessiert, ist der Zusammenhang zwischen dem Außenhandel und der Industriefinanzierung. Aber auch hier treten wiederum große Schwierigkeiten auf. Ich verfolge dies besonders für die erste Hälfte des 19. Jahrhunderts an einer Arbeit, die ich über die Beziehungen zwischen Lateinamerika und Nordamerika vorbereite. Trotz meiner langjährigen Bemühungen habe ich noch kein hinreichendes, konkretes Material, um die Verflechtungen sowie die Interdependenzen zwischen dem Außenhandel und dem Industrialisierungsprozeß bei uns genau aufzeigen zu können. Ich möchte nur einige Beispiele nennen: Ich habe Material, aus welchem hervorgeht, wie eine bergische Eisenhändlerfamilie in den dreißiger Jahren versucht, in bewußter Konkurrenz mit den Engländern, über Havanna und andere karibische Häfen in den mexikanischen Markt einzudringen, der als äußerst schwierig galt. Hier läßt sich der Zusammenhang zwischen Löhnen und Preisen aufzeigen. Und damit möchte ich Ihre Frage beantworten, Herr Kollege Naročnickij (vgl. oben S. 152). Es liegt mir nicht daran, die Dinge zu idealisieren; selbstverständlich ist der Unternehmer gewinnorientiert, aber mir ging es darum, darauf hinzuweisen, daß man diese Probleme von verschiedenen Aspekten aus zu sehen hat. Sehr wertvoll fand ich die Ausführungen von Herrn Kollegen Tupolev, die sich auf den Zusammenhang zwischen den Kapitalinvestitionen im Ausland und dem Industrialisierungsprogramm bei uns bezogen (vgl. oben S. 139). Sicherlich haben Sie die Arbeit über die Deutsche Bank eingesehen und festgestellt, wie relativ gering doch hier konkrete Erkenntnisse gewonnen worden sind.[d] Außerdem erinnere ich an meine Beispiele Buenos Aires, Anatolische und Bagdad-Bahn (vgl. oben S. 98 f.).

Ich möchte hier nochmals betonen, daß ich in meinem Beitrag leider nur einige wenige Beispiele anführen konnte. Der Ansatz des Referates war bewußt eng gehalten, um einfach festzustellen, wie weit unsere Erkenntnisse zu diesem Problemkreis reichen. Ich darf betonen, daß wir auf diesem Gebiet zweifellos Fortschritte erzielen werden, wenn wir die zweiseitigen Forschungen intensivieren. Die Verflechtungen zwischen dem Binnenmarkt und dem Außenmarkt erfordern eine genaue Kenntnis auch der Investitionen im Osten und Norden, im Süden und im Westen.

Anläßlich des französischen Wirtschaftshistorikerkongresses im Oktober 1973 in Paris ist viel über die Kapitalinvestitionen im Ausland diskutiert worden. Insgesamt zeigte die Diskussion, daß unser empirisches Wissen über die Investitionen und die Rolle des Außenhandels noch ungenügend ist. Die Basis ist zu schmal, um zu gewissen theoretischen Schlußfolgerungen zu gelangen. Wir müssen die Hypothesen quantitativ mit empirischem Material prüfen und sie dann eventuell revidieren.

Wir sind hier zusammengekommen, um über diese Sachverhalte zu diskutieren. Dieser Meinungsaustausch wird um so fruchtbarer sein, je breiter die Basis ist, auf der wir unser Material zusammenstellen können.

[a] Die hier und im folgenden erwähnten Forschungen sind in der für diesen Druck überarbeiteten Fassung des Vortrages von H. Kellenbenz verzeichnet (vgl. oben S. 80–84).

[b] *N. D. Kondratieff* (Kondrat'ev), Die langen Wellen der Konjunktur, in: Archiv für Sozialwissenschaft und Sozialpolitik 56 (1926), S. 573–609; ders., Die Preisdynamik der industriellen und landwirtschaftlichen Waren, ebda., 60 (1928), S. 1–85; *A. Spiethoff,* Die wirtschaftlichen Wechsellagen Aufschwung, Krise, Stockung, hrsg. von E. Salin, Bde. 1–2, Tübingen 1955; *J. A. Schumpeter,* Business Cycles. A Theoretical, Historical and Statistical Analysis of the Capitalist Process, Vol. 1–2, New York 1939, dt. Übers.: Konjunkturzyklen, Bde. 1–2, Göttingen 1961.

[c] *H. Rosenberg,* Große Depression und Bismarckzeit. Wirtschaftsablauf, Gesellschaft und Politik in Mitteleuropa, Berlin 1967.

[d] *F. Seidenzahl,* 100 Jahre Deutsche Bank 1870–1970, Frankfurt a. M. 1970.

VALERIJ I. BOVYKIN, MOSKAU

Zunächst möchte ich meine tiefe Befriedigung über die Diskussion zu den drei Vorträgen zum Ausdruck bringen. Ich meine, daß diese Vorträge in so engem Zusammenhang miteinander stehen, daß es schwierig wäre, in der Diskussion die Fragen auszusondern, die nur einen Vortrag betreffen. Und eine Reihe von Bemerkungen, die an meine Kollegen gerichtet waren, habe ich insoweit, als diese Bemerkungen ebenfalls in meinem Vortrag angeschnittene Probleme betreffen, auch berücksichtigt. Es scheint mir, daß im Laufe der Diskussion eine ganze Reihe interessanter Überlegungen zum Ausdruck kam, die uns, den Autoren der Vorträge, bei der weiteren Erforschung jener interessanten Probleme helfen werden, denen die Vorträge gewidmet waren. Daher möchte ich insbesondere allen danken, die die Mühe auf sich genommen haben, meinen Vortrag zu lesen, die die Geduld aufbrachten, ihn anzuhören, und die in der Diskussion ihre Ansichten darlegten und mir so die Möglichkeit gaben, sie in meiner weiteren Arbeit zu berücksichtigen.

Ich gewann den Eindruck – ich hoffe, daß er stimmt –, daß die Hauptthesen meines Vortrages bei den Anwesenden keinen Widerspruch hervorgerufen haben. Immerhin verdächtigte mich Professor Geyer, daß ich von Lenin abgewichen sei (vgl. oben S. 140). Ich bin ihm außerordentlich dankbar für die freundliche Sorge darum, daß ich Lenin nicht widerspreche. Es scheint mir aber, daß der Eindruck von irgendeinem Widerspruch in dem vorliegenden Falle das Ergebnis eines Mißverständnisses ist. Ich werde darauf noch eingehen.

Die meisten Bemerkungen gingen im wesentlichen über den Rahmen der Probleme hinaus, denen mein Vortrag direkt gewidmet war. Sicher, wenn man sagt, daß in einem Vortrag etwas nicht enthalten ist, so ist das für den Vortrag ein Manko. Aber mir als dem Autoren des Vortrags war die Aufgabe gestellt, ein derart kompliziertes Problem zu erhellen, daß ich vor die Wahl gestellt wurde, entweder zu allem überhaupt nichts oder wenigstens etwas zu einigen der wichtigsten Fragen zu sagen. Ich hatte den Wunsch, eingehender über die Prozesse der industriellen Konzentration und der Monopolentwicklung in Rußland sowie über die Entwicklung der Beziehungen zwischen Banken und Industrie zu reden und das um so mehr, als diesen Fragen eines meiner Bücher speziell gewidmet ist.[a] Ich wollte auch die sozialen Probleme kurz berühren. Aber als ich merkte, daß ich schon vierzig Seiten geschrieben hatte, sah ich ein, daß es Zeit war, einen Punkt zu setzen, und daß es besser wäre, einige Fragen, vor allem die sozialen Fragen, gesondert zu erörtern. Ich sehe, anders gesagt, selbst ein, daß der Rahmen des Vortrags für die Erörterung eines solchen komplizierten Problems sehr eng ist. Und daher verlasse ich mit Vergnügen diesen Rahmen, um meine Auffassungen zu einigen in der Diskussion berührten Problemen zu äußern.

Professor Geyer hat in seinem Beitrag das Problem der Abhängigkeit Rußlands im Zusammenhang mit der Rolle des ausländischen Kapitals in seiner Volkswirtschaft berührt (vgl. oben S. 140). Dies ist ein sehr kompliziertes Problem, und wenn man darüber spricht, ist es unausweichlich, vor allem die Kriterien und Begriffe zu klären. Was eigentlich ist mit Abhängigkeit gemeint? Als Lenin in seinen „Heften zum Imperialismus" ein Buch exzerpierte, in dem davon die Rede war, daß Anleihen zur Abhängigkeit des Staates führen, der diese Anleihen erhält, notierte er am Rande, daß es auch eine umgekehrte Beziehung gibt: Es entsteht auch eine Abhängigkeit dessen, der das Geld gibt.[b] In der Behandlung der Probleme der Abhängigkeit durch Lenin ist die Fragestellung immer sehr konkret. In jener globalen Verflechtung, die sich als Ergebnis der Entwicklung des Kapitalismus vom Ende des 19. Jahrhunderts bis zum Anfang des 20. Jahrhunderts herausgebildet hatte, sah Lenin unterschiedliche Nuancen und unterschiedliche Kategorien der Abhängigkeit. Insofern wurde der Kapitalismus ein Weltsystem, ein System der Weltwirtschaft; die einzelnen Teile dieses Systems erwiesen sich auf engste Weise miteinander verflochten und voneinander abhängig. Daher sehen wir verschiedene Formen der Abhängigkeit – die finanzielle, wirtschaftliche, diplomatische und politische. Und in jedem einzelnen Fall müssen wir genau wissen, welche Form der Abhängigkeit wir meinen, wenn wir von Abhängigkeit sprechen.

Von diesen allgemeinen Bemerkungen möchte ich zu den Äußerungen übergehen, auf die Professor Geyer verwiesen hat (vgl. oben S. 140). In der Tat hat Lenin in den Jahren des Ersten Weltkrieges und in der Zeit von Februar bis Oktober 1917 wiederholt von der Abhängigkeit Rußlands gesprochen. Dabei hatte er zwei Probleme im Blick. Das erste Problem war die Lage Rußlands im internationalen kapitalistischen System. Lenin sagte: Miljukov & Co. (Miljukov war einer der leitenden Männer der Provisorischen Regierung und deren Außenminister) sind die Abteilung einer Weltfirma, deren Name das englisch-französische Kapital ist. Sie merken gewiß, um welche Problemstellung es sich in dem vorliegenden Fall handelt. Es handelt sich um die Übereinstimmung der Interessen der herrschenden Kreise Rußlands und der herrschenden Kreise Englands und Frankreichs. Es handelt sich um jene zwischen dem damaligen Rußland und seinen Verbündeten bestehenden Bindungen.

Es gab aber auch ein zweites Problem. Die Sache ist die, daß die Kriegszeit eine Periode war, in der die Verschuldung der zaristischen Regierung stark wuchs. Während des Krieges erhielten die zaristische und die Provisorische Regierung Anleihen von ca. 8 Milliarden. Dabei fanden zwei gegenläufige Prozesse statt, die von den sowjetischen Historikern – insbesondere in den Arbeiten von A. L. Sidorov[c] – in der letzten Zeit gut dargelegt worden sind. Auf der einen Seite verringerte sich am Vorabend und in den Jahren des Krieges die Bedeutung des ausländischen Kapitals in der Volkswirtschaft des Landes und erhöhte sich die Bedeutung des einheimischen Finanzkapitals. Anders gesagt: Es vollzog sich ein Prozeß der Befreiung der Volkswirtschaft aus der Abhängigkeit von ausländischem Kapital. Und gleichzeitig nahm die Abhängigkeit der herrschenden Regierungsspitzen von jenen Anleihen zu, die der Regierung von den ausländischen Gläubigern gewährt wurden. Je schmaler die soziale Basis der herrschenden Spitzen wurde, desto nötiger brauchten sie die materielle Hilfe von außen. Je geringer die Unterstützung im Lande wurde, desto größer wurde die Abhängigkeit der Zarenregierung und dann der Provisorischen Regierung von denen, die die Gelder für die Unterdrückung der revolutionären Bewegung und für eine erfolgreiche Kriegsführung gaben. Daher sagte Lenin auch in dieser Zeit, daß die Provisorische Regierung an Händen und Füßen durch die Anleihen und Kredite gebunden sei, die sie vom Ausland erhielt. Aber Sie werden verstehen, daß dies verschiedene Dinge sind – die Abhängigkeit der Volkswirtschaft des Landes und die Abhängigkeit der herrschenden Oberschicht, die die soziale Stütze im Land verloren hat. Gerade darum erwies es sich auch als möglich, nachdem man diese herrschende Oberschicht gestürzt hatte, eine vom Ausland unabhängige Volkswirtschaft zu führen. Die Grundlage dafür war bereits vor der Oktoberrevolution entstanden. Anders ausgedrückt meine ich, daß, wenn man das Erbe Lenins, insbesondere seine Lehre vom Imperialismus, zu erforschen wünscht, es wichtig ist, nicht nur die Buchstaben isolierter Äußerungen zu berücksichtigen, sondern auch den Geist der Lehre als Ganzes zu verstehen und die enge Wechselbeziehung dieser Lehre mit jener konkreten historischen Realität zu sehen, auf deren Basis sie entstanden ist.

Professor Geyer hat die Frage gestellt, ob mein Standpunkt zu den Problemen der industriellen Entwicklung in Rußland eine Präzisierung oder eine Revision der alten Arbeiten sei (vgl. oben S. 140). Ich persönlich würde es vorziehen, in ihm einen Beweis für die Entwicklung unserer historischen Kenntnisse zu sehen.

[a] *V. I. Bovykin*, Zaroždenie finansovogo kapitala v Rossii, Moskau 1967.

[b] *W. I. Lenin*, Hefte zum Imperialismus, in: Ders., Werke, Bd. 39, S. 115 (Randnotiz zu E. Agahd, Großbanken und Weltmarkt, Berlin 1914).

[c] *A. L. Sidorov*, Finansovoe položenie Rossii v gody pervoj mirovoj vojny, Moskau 1960; daraus Auszug in dt. Übersetzung: Zur Finanzlage Rußlands vor 1914: Staatshaushalt und Staatsschuld, in: *D. Geyer* (Hrsg.), Wirtschaft und Gesellschaft im vorrevolutionären Rußland, Köln 1975, S. 252–276; *A. L. Sidorov*, Ėkonomičeskoe položenie Rossii v gody pervoj mirovoj vojny, Moskau 1973.

WOLFGANG ZORN, MÜNCHEN

Ich kann nur hoffen, daß es mir einigermaßen ebenso erfolgreich wie soeben unserem Herrn Kollegen Bovykin gelingen wird, Mißverständnisse aufzuklären. Ich möchte vor allem den drei sowjetischen Kollegen herzlich danken, die auf einzelne Punkte meiner Ausführungen näher eingegangen sind. Zuerst hat Herr Kollege Čistozvonov mich auf einen Unterlassungsfehler aufmerksam gemacht. Ich habe versäumt, ausdrücklich auf die entscheidende Rolle der Kaufmannschaft in der Bildung des deutschen Unternehmertums hinzuweisen (vgl. oben S. 142). Der Ausdruck Besitzbürgertum, den ich hier verwendet habe, bedeutet meistens Kaufmannsfamilien. Die Kaufleute sind in der deutschen Sozialgeschichte des 19. Jahrhunderts allerdings wenig hervorgetreten, sofern sie nicht Industrielle und Bankiers geworden sind. Sie waren aber die größte Herkunftsgruppe unter den deutschen Industriellen überhaupt und dann vorher meistens Rohstoffhändler oder Verleger von Hausgewerbe für Export oder schon Privatbankiers. Das Sozialansehen der reinen Warenkaufleute war in Deutschland im 19. Jahrhundert nur in Handelsstädten groß, wie in Frankfurt oder Leipzig, und vor allem in den Hansestädten Hamburg und Bremen. Am bekanntesten sind unter den hanseatischen Kaufleuten dann wieder die Kolonialpioniere geworden, wie etwa Woermann oder Lüderitz. Herr Kollege Čistozvonov hat in einem Aufsatz auf den ökonomischen Konservativismus des Kaufmannskapitals, also des reinen Handelskapitals hingewiesen.[a] Es wäre eine interessante Frage, warum sich auch die deutsche Unternehmer- und Unternehmensgeschichtsschreibung mit den „reinen" Kaufleuten relativ wenig beschäftigt hat. Eine wichtige Rolle spielte in einer Gesellschaft mit starken herrschaftlichen Zügen sicher der Umstand, daß der Kaufmann wenig Beschäftigte hatte. Der Industrielle wurde dagegen vielfach als Ausübender von Betriebsherrschaft gesehen, in Parallele zum Offizier oder auch zum Schiffskapitän. Ein charakteristischer deutscher Ausdruck ist ja das Wort „Industriekapitän".

Die großen Bankiers präsentieren sich selbst mit einem Ausdruck von Georg Siemens, dem Begründer der Deutschen Bank, als „Führer des Unternehmungsgeistes der Nation". Die reine Gütervermittlung innerhalb Deutschlands war sozial weniger angesehen, vor allem da, wo die Landaristokratie das System des Sozialprestiges bestimmte. So wurde z. B. von den hochadeligen Bergwerksunternehmen in Oberschlesien der nicht-standesgemäße Kohlenhandel bürgerlichen Kohlenhändlern überlassen. Herr Čistozvonov hat dann auf die besondere Stellung der Angestellten und Beamten zur herrschenden Klasse hingewiesen (vgl. oben S. 142). Bei den unteren Beamten, auch bei den Volksschullehrern, gibt es jedoch, wie ich an den bayerischen Verhältnissen gesehen habe, eine Unterströmung geheimsozialdemokratischer Einstellung. Das machte den Regierungen schon vor dem Weltkrieg Sorge. Ein weiterer wichtiger Punkt von Herrn Čistozvonov war die Frage der stadial-regionalen Methode, die er in einem Aufsatz der Zeitschrift für Geschichtswissenschaft 1973 auf Europa vom 16. bis 18. Jahrhundert angewandt hat.[b] Der interessanteste Punkt ist m. E. die neue Definition des Begriffes „Region". Unsere Zeit reicht leider nicht aus, um dieses Sonderproblem hier zu diskutieren.

Herr Kollege Čistozvonov hat bedauert, daß ich mich bei den wenigen Bemerkungen über die russische Entwicklung mehr auf russische Emigranten und westliche Osteuropa-Historiker gestützt habe als auf Sowjethistoriker (vgl. oben S. 143). Das ist aber leider mehr eine sprachliche Frage, beispielsweise wird die russische Wirtschaftsgeschichte von Ljaščenko bei uns sehr oft benützt, einfach weil sie in einer englischen Kurzübersetzung verfügbar ist.[c] Mit besonderer Freude habe ich die Anerkennung meines Interesses für die große russische Literatur durch Herrn Čistozvonov gehört. Ich danke ihm für die wertvollen Hinweise und werde mich bemühen, die angegebenen Quellenstellen zu lesen (vgl. oben S. 143 f.).

Herr Kollege Koval'čenko hat bedauert, daß ich die Ablösung der zwei Klassen der alten Feudalgesellschaft durch die zwei neuen Klassen Bourgeoisie und Proletariat nicht klar und richtig dargestellt habe (vgl. oben S. 145). Ich bedauere es aufrichtig, daß es sich in dieser Frage vielleicht nicht nur um Mißverständnisse handelt. Schon in meinem Text habe ich die Rolle der Gewerbebürgerschaft in der deutschen Entwicklung erwähnt. Das städtische Bürgertum trat eben doch in wichtigen Teilen Deutschlands gesellschaftsprägend in Erscheinung. Es ist so, daß in der altdeutschen Stadt das Patriziat zwar zur „Klasse der Feudalherren" addiert werden kann, daß aber die Masse des handwerklich tätigen Zunftbürgertums stellenweise sogar die Herrschaft in den städtischen Räten ausübte. Es bietet sich also doch das Bild einer Dreigliederung, mindestens einer Dreigliederung, mit einem breiten Mittelstand an, und die deutsche Regierungspolitik im Kaiserreich hat bewußt eine Mittelstandsschutzpolitik angewandt: Das Handwerkerschutzgesetz von 1897 sollte gerade der Zerstörung des alten Mittelstandes durch ein Zweiklassensystem Bourgeoisie-Proletariat entgegenwirken. Auch die Bemerkungen von Herrn Koval'čenko haben mir wertvolle Hinweise gegeben, diese Probleme im einzelnen noch präziser zu durchdenken.

Schließlich danke ich Herrn Kollegen Naročnickij. Ich möchte ihm sagen, daß ich über die Erfolge der russischen Industrialisierung auch im Vergleich in meinen eigenen Studien zur Industrialisierungsgeschichte des heutigen Jugoslawien[d] mich zu informieren gesucht habe (vgl. oben S. 153). Ich bin nicht mit der Vorstellung hierher gekommen, Rußland sei vor 1914 noch ein rein feudales Land gewesen. Sehr interessant fand ich den Hinweis des Vergleichs zwischen den Volkstümlern in Rußland und der Gruppe der sogenannten deutschen oder wahren Sozialisten von 1848 (vgl. oben S. 154). Es scheint mir freilich, daß die Bedeutung dieser Gruppe für Deutschland nicht entfernt die gleiche gewesen ist wie die Bedeutung der Volkstümler für Rußland. Ich mache diese Bemerkung in einem quantitativen Sinne des Wirkungsausmaßes. Soweit ich sehe, hatte die Gruppe der „Wahren Sozialisten" um Moses Heß und Karl Grün zwar nach Marx Züge des „sentimentalen Kommunismus", vertrat aber doch viel mehr einen Handwerkerradikalismus und hatte nur wenig Beziehung zu den Agrarproblemen. Es mag sein, daß man auch hier wieder auf den sozialgeschichtlichen Charakter der deutschen Sozialdemokratie mit ihrer starken handwerklichen Einmischung stößt, und es mag auch sein, daß eine spezielle Untersuchung im Sinne des von Herrn Naročnickij angeregten Vergleichs noch neue Verbindungen aufdeckt, auf die bisher nicht geachtet wurde. Ich leugne selbstverständlich auch nicht ab, daß es in Deutschland romantisch-nationalistische Strömungen, teilweise mit Germanenkult, schon im 19. Jahrhundert gegeben hat. Diese hatten aber wieder wenig Beziehung zu den modernen Industrialisierungsproblemen und haben kaum in dieser Periode einen sozial-revolutionären Einfluß ausgeübt.

Zum Schluß möchte ich mir erlauben, noch eine Bemerkung zu einer Frage von Herrn Kollegen Geyer (vgl. oben S. 141) zu machen, nachdem die sowjetischen Kollegen diese Frage nicht aufgegriffen haben. Unter den deutschen Wirtschaftswissenschaftlern und Wirtschaftshistorikern sind Kondrat'ev und die Leistung seines damaligen sowjetischen Instituts für Konjunkturforschung in Moskau wichtiger und bekannter als die großen Konjunkturforschungsbeiträge auch von Juglar und Kitchin.[e] Auch die historisch-ökonometrischen Untersuchungen von Vajnštejn und anderen sind bekannt und werden herangezogen.[f] Im allgemeinen ist im Interesse der westlichen Wissenschaft Konjunkturtheorie und Konjunkturforschung fast ganz von Entwicklungstheorie und Wachstumsforschung verdrängt worden. Auch im Westen geschieht also auf diesem Gebiete zur Zeit verhältnismäßig wenig, mit Ausnahme der zunächst nur für die USA diskutierten sogenannten Kuznets-Zyklen.[g] Auch Kuznets ist nun wieder zwar kein Sowjetbürger, aber ein Russe. In diesem Sinne möchte ich zunächst mit Dank meine Bemerkungen abschließen.

[a] *A. N. Čistozvonov,* Über die stadial-regionale Methode bei der vergleichenden historischen Erforschung der bürgerlichen Revolutionen des 16. bis 18. Jahrhunderts in Europa, in: Zeitschrift für Geschichtswissenschaft 21 (1973), S. 35 f.

[b] Ebda., S. 31–48.

[c] *P. I. Ljaščenko,* Istorija narodnogo chozjajstva SSSR, T. 1–2, 2-oe izd. Moskau 1947 bis 1948, amerik. Übers.: *P. Lyashchenko,* History of National Economy of Russia to the 1917 Revolution, New York 1949, second ed. 1970.

[d] *W. Zorn,* Umrisse der frühen Industrialisierung Südosteuropas im 19. Jahrhundert, in: Vierteljahrschrift für Sozial- und Wirtschaftsgeschichte 57 (1970), S. 500–533; *W. Zorn, S. Schneider,* Das Unternehmertum im Gebiet der heutigen föderativen Volksrepublik Jugoslavien im 19. Jahrhundert, in: Tradition 16 (1971), S. 3–15; *W. Zorn, S. Schneider,* Das räumliche Bild der frühen Industrialisierung im heutigen Jugoslawien: Industriekarte um 1800, in: Vierteljahrschrift für Sozial- und Wirtschaftsgeschichte 60 (1973), S. 166–185.

[e] *N. D. Kondratieff* (Kondrat'ev), Die langen Wellen der Konjunktur, in: Archiv für Sozialwissenschaft und Sozialpolitik 56 (1926), S. 573–609; ders., Die Preisdynamik der industriellen und landwirtschaftlichen Waren, ebda., 60 (1928), S. 1–85; *C. Juglar,* Des crises commerciales et de leur retour périodique, 2-ième éd. Paris 1889; *J. Kitchin,* Cycles and Trends in Economic Factors, in: Review of Economic Statistics 5 (1923), S. 10–16.

[f] *A. Vajnštejn,* Obloženija i plateži krest'janstva v dovoennoe i revoljucionnoe vremja, Moskau 1924; ders., Narodnoe bogatstvo i narodnochozjajstvennoe nakoplenie predrevoljucionnoj Rossii, Moskau 1960.

[g] *S. S. Kuznets,* Secular Movements in Production and Prices, Boston/New York 1930; ders., Economic Growth and Structure, Selected Essays, New York 1965; ders., Economic Change. Selected Essays in Business Cycles, National Income and Economic Growth, New York 1953.

KARL DIETRICH ERDMANN, KIEL

Da ich das Privileg habe, im Augenblick der Vorsitzende zu sein, erlauben Sie mir bitte noch ein kurzes Wort über den Stand unserer Beratungen. Es wird jetzt sicherlich mancher von uns am Ende dieses Beratungsganges die Empfindung haben, nun müsse das Gespräch weitergehen. Die interessante Frage nach der Interpretation der Lenin-Schriften, die zwischen Herrn Geyer und Herrn Bovykin angeschnitten worden ist (vgl. oben S. 140 u. 157 f.), würde sicherlich zu weiteren Wechselgesprächen führen können, die uns alle hier interessieren. Das ist nicht möglich. Ich könnte mir ebenso vorstellen, daß es für uns alle von höchstem Interesse wäre, nun wieder eine Replik etwa von Herrn Čistozvonov zu hören auf das, was Herr Zorn eben gesagt hat über das Problem der stadialen und regionalen Differenzierung. Ich selbst würde gerne das Gespräch fortführen über das von mir formulierte Problem über die Frage nach der Art der Gesetzmäßigkeit, die in dem Antagonismus von Kapital und Proletariat in den verschiedenen Ausprägungen im kapitalistischen Rußland und im kapitalistischen Deutschland sich ergibt oder nicht ergibt, die möglichen Alternativen der Ausgänge (vgl. oben S. 150 f.). Eine Fülle von Fragen, die wir hoffentlich noch in privaten Gesprächen vertiefen werden. Darum möchte ich persönlich sehr bitten. Wir haben in den Mittags- und Abendpausen trotz bestehender Sprachschwierigkeiten die Möglichkeit, solche Gespräche zu suchen.

Unsere Diskussionen verlaufen so, wie man es wohl erwarten soll und darf. Dazu gehört es, daß wir uns gegenseitig mit harten Fragen und kritischen Bemerkungen nicht verschonen. Die Kritik ist das Salz der wissenschaftlichen Diskussion. Deswegen sind wir hier zusammengekommen, und ich glaube, in dem kollegialen Geist, in dem wir hier miteinander reden, geht dies in einer Weise vor sich, die uns für die Zukunft der noch folgenden Tage und für die sich hoffentlich später anschließenden Symposien eine gute Prognose stellen läßt.

VALENTIN S. DJAKIN, LENINGRAD*

AUS DER GESCHICHTE DER RUSSISCH-DEUTSCHEN WIRTSCHAFTSBEZIEHUNGEN

(DAS DEUTSCHE KAPITAL IN DER INDUSTRIE RUSSLANDS)

Unter den Problemen der Geschichte der Wirtschaftsbeziehungen zwischen Rußland und Deutschland am Ende des 19. Jahrhunderts und zu Anfang des 20. Jahrhunderts wurde die Frage nach der Rolle des deutschen Kapitals in der Industrie Rußlands lange Zeit kaum untersucht. Die wenigen Arbeiten aus der Zeit vor der Revolution und aus den ersten Jahren der Sowjetmacht litten unter Oberflächlichkeit und Einseitigkeit, was teilweise durch die Begrenztheit ihrer historischen Grundlage bedingt war.[1] Die Forschungen der 20er und 30er Jahre, die dem Problem des ausländischen Kapitals gewidmet waren, betrachteten es in der Regel als Ganzes.[2] In ihnen wurde den deutschen Kapitalinvestitionen nur wenig Platz eingeräumt. Erst der Anfang der 60er Jahre brachte eine Wende. Sowohl in sowjetischen als auch in ausländischen wissenschaftlichen Veröffentlichungen erschienen die Resultate eines breiteren Studiums der Geschichte des deutschen Kapitals in der Volkswirtschaft Rußlands auf der Grundlage von Archivmaterialien. Diese Ergebnisse fanden ihren Ausdruck in einem Zyklus regionaler Arbeiten, die die Positionen des deutschen Kapitals in einzelnen Wirtschaftsregionen, Wirtschaftszweigen und Unternehmen beleuchteten.[3] Die ersten Ergebnisse einer mehr oder weniger breit

* Da der Verfasser an dem Kolloquium nicht teilnehmen konnte, trug Professor Dr. Ivan I. Kulikov, Moskau, das Referat vor.

[1] *A. N. Zak*, Nemcy i nemeckie kapitaly v russkoj promyšlennosti, St. Petersburg 1914; *V. S. Ziv*, Inostrannye kapitaly v russkich akcionernych predprijatijach, vyp. 1: Germanskie kapitaly, Petrograd 1915; *I. I. Levin*, Germanskie kapitaly v Rossii, 2-oe izd. Petrograd 1918.

[2] *N. Vanag*, Finansovyj kapital v Rossii nakanune mirovoj vojny. Opyt istoriko-ėkonomičeskogo issledovanija sistemy finansovogo kapitala v Rossii, 2-oe izd. Moskau 1925; *S. L. Ronin*, Inostrannyj kapital i russkie banki. K voprosu o finansovom kapitale v Rossii, Moskau 1926; *I. F. Gindin*, Banki i promyšlennost' v Rossii do 1917 g., Moskau/Leningrad 1927; *E. L. Granovskij*, Monopolističeskij kapitalizm v Rossii, Leningrad 1929; *L. Ju. Ėventov*, Inostrannye kapitaly v Rossii, Moskau 1934.

[3] *Ju. N. Netesin*, Iz istorii proniknovenija germanskogo kapitala v ėkonomiku Rossii (po materialam akcionernogo obščestva brat'ev Fel'zer i Ko, Riga), in: Izvestija Akademii nauk Latvijskoj SSR 1960, No. 4 (153), S. 33–45; *K. F. Šacillo*, Inostrannyj kapital i voenno-morskie programmy Rossii nakanune pervoj mirovoj vojny, in: Istoričeskie zapiski 69 (1961), S. 73–100; *V. S. Djakin*, Iz istorii proniknovenija inostrannych kapitalov v ėlektropromyšlennost' Rossii („Bol'šoj russkij sindikat 1899 g."), in: Monopolii i inostrannyj kapital v Rossii, Moskau/Leningrad 1962, S. 208–239; ders., Inostrannye kapitaly v russkoj

angelegten Untersuchung der deutschen Investitionen in die russische Industrie wurden im Buch von Joachim Mai[4] und in meinem eigenen, fast gleichzeitig erschienenen, vorgelegt.[5]

Das Studium der Geschichte der Beteiligung des deutschen Kapitals in der russischen Industrie ist mit einer Reihe von Schwierigkeiten verbunden. Dies sind sowohl allgemeine, wie sie beim Studium von Kapital beliebigen staatlichen Ursprungs auftreten, als auch spezielle.

Zu den allgemeinen zählen besonders die Schwierigkeiten beim Auffinden derartiger Beteiligungen und ihrer genauen Berechnung. Das Fehlen erschöpfender dokumentarischer Angaben, das mit der Vernichtung von Archiven oder der Aufbewahrung von Archivmaterialien in verschiedenen Ländern verbunden ist, und die sich daraus ergebende Schwierigkeit ihrer Benutzung durch den Autor sind auch Aspekte dieses Problems.

Die spezifischen Schwierigkeiten beim Studium speziell des deutschen Kapitals sind mit der Notwendigkeit verbunden, zwischen dem Kapitalexport und der Emigration von Kapital zu unterscheiden, d. h. dem Verlust der Verbindung des Kapitals zum Ausfuhrland, dem Kapitalexport und der Emigration von Menschen. Die territoriale Nähe Deutschlands und Rußlands, ihre von jeher engen Verbindungen, die dauerhaften politischen Bündnisse Rußlands mit den deutschen Staaten und die Beziehungen der Herrscherhäuser, die Existenz einer großen Zahl von Menschen deutscher Abstammung in Rußland (der baltische Adel und die Kolonisten) – das alles schuf in Rußland ein besonderes Klima für die Unternehmer- und Handelstätigkeit deutscher Auswanderer und verschaffte diesen im 18. und 19. Jahrhundert (teilweise auch im 20. Jahrhundert) bestimmte Vorteile. Dadurch wurde im Vergleich mit Übersiedlern aus anderen Ländern die Naturalisierung deutscher Staatsangehöriger in Rußland leichter, die Möglichkeit eines Abbruchs der ursprünglichen ökonomischen Beziehungen mit ihrer Heimat größer, selbst dann, wenn die verwandtschaftlichen Beziehungen weiterbestanden und die Auswanderer ihre deutsche Staatsbürgerschaft beibehielten. In der Arbeit von Joachim Mai[6] wird in überzeugender Weise gezeigt, wie sich das Kapital der deutschen Textilbetriebe im König-

ėlektroėnergetičeskoj promyšlennosti v 1890–1900-ch godach, in: Ob osobennostjach imperializma v Rossii, Moskau 1963, S. 345–362; *Ju. N. Netesin*, Ob inostrannom kapitale v obrabatyvajuščej promyšlennosti Latyšskogo kraja, in: Izvestija Akademii nauk Latvijskoj SSR 1964, No. 1 (198), S. 3–20; *Z. Pustuła*, Kapitały obce w przemyśle ciężkim Królestwa Polskiego (1876–1900), in: Kwartalnik Historyczny 71 (1964), S. 931–956; *V. S. Djakin*, Finansovokapitalističeskie gruppirovki v ėlektroindustrii i ėlektričeskom transporte Rossii v period predvoennogo promyšlennogo pod-ema i mirovoj vojny, in: Istoričeskie zapiski 75 (1965), S. 170–211; *J. Mai* (I. Maj), Germanskij kapital v russkom bankovom dele v 60–70-ch godach XIX veka, in: Vestnik Moskovskogo universiteta, Istorija, 1967, 4, S. 81–86; ders., Das deutsche Kapital in Industrie und Handel Rußlands von 1850 bis 1876, in: Jahrbuch für Wirtschaftsgeschichte 1968, 2, S. 205–236.

4 *J. Mai,* Das deutsche Kapital in Rußland 1850–1894, Berlin 1970.

5 *V. S. Djakin,* Germanskie kapitaly v Rossii. Ėlektroindustrija i ėlektričeskij transport, Leningrad 1971.

6 *Mai,* Das deutsche Kapital, S. 209–214.

reich Polen aus exportiertem in emigriertes verwandelte, obwohl die Besitzer dieser Betriebe in der Regel ihre deutsche Staatsangehörigkeit beibehielten.

Meiner Meinung nach vollzog sich ein gleicher Prozeß, obwohl nicht so schnell und eindeutig, auch in anderen Unternehmen, besonders in den Bergbauunternehmen des Königreichs Polen, die mit deutschem Geld gegründet worden waren – mit der Ausnahme des Geldes der größten deutschen Monopole wie Donnersmarck. Große Schwierigkeiten treten auch auf, wenn man sich mit den Besitzern von Unternehmen beschäftigt, die deutscher Staatsangehörigkeit waren, aber ihren Besitz in Rußland erwarben. Als klassisches Beispiel für diesen Fall mögen Heinrich Schliemann, der mit 150 Rubeln nach Petersburg kam und hier Millionär wurde[7], und die Mitglieder des bekannten Handelshauses Wogau dienen. Dieses Haus wandelte sich, obwohl seine Gründung auf einen Auswanderer aus Deutschland zurückging, durch die Geschäftsverbindungen mit England[8] zu einem mächtigen Konzern. Dergleichen Beispiele gibt es viele. In der Rezension über das Buch von Joachim Mai[9] schrieb ich, daß meiner Meinung nach die Dinge mit dem Gründer der Bank Junker & Co. ähnlich standen.

Es ist unmöglich, so meine ich, das Kapital des bekannten Handelshauses Kunst & Albers im Fernen Osten ohne Einschränkung als deutsches anzuerkennen. Das Handelshaus Kunst & Albers, das im Jahre 1864 in Vladivostok gegründet worden war und sich dort erfolgreich entwickelte, gründete erst im Jahre 1881 eine eigene Firma in Hamburg, und zwar in Form einer Vladivostoker Filiale.[10]

Die Historiker, die sich mit dem ausländischen Kapital in Rußland beschäftigen, benutzen in der Regel die Berechnungen des bekannten Ökonomen P. V. Ol'[11], auf die ich ebenfalls zurückgreifen werde. In der Literatur wird die Meinung geäußert, daß diese zu hoch seien.[12] Die von mir durchgeführte Prüfung dieser Berechnungen für Industrieunternehmen der Elektrotechnik und der Elektrobeleuchtung sowie für Straßenbahnbetriebe brachte eine ganze Reihe gravierender Fehler an den Tag, doch gleichzeitig auch noch höhere Werte über die ausländische Beteiligung.

Das Jahr 1887, die zweite Hälfte der 90er Jahre und die Jahre 1904–1906 sind Marksteine in der Geschichte des deutschen Kapitalexports nach Rußland. Die im Jahre 1887 eingeführten Einschränkungen der Rechte der Bürger anderer Staaten im unmittelbaren Grenzgebiet veranlaßte einen Teil der Besitzer von deutschen Unternehmen im Königreich Polen, ihre Betriebe zu verkaufen, die überwiegende Zahl

7 *Mai,* Das deutsche Kapital.

8 Materialy po istorii SSSR, T. 6: Dokumenty po istorii monopolističeskogo kapitalizma v Rossii, Moskau 1959, S. 657.

9 Voprosy istorii 1971, 4, S. 189–192.

10 *B. Morozov,* Die Stellung des deutschen Kapitals in der Wirtschaft des russischen Fernen Ostens in den Jahren 1860–1904, in: Jahrbuch für Geschichte der UdSSR und der volksdemokratischen Länder Europas 6 (1962), S. 139–172, insbesondere S. 156 ff.; *Mai,* Das deutsche Kapital, S. 106.

11 *P. V. Ol',* Inostrannye kapitaly v narodnom chozjajstve dovoennoj Rossii, Leningrad 1925; ders., Inostrannye kapitaly v Rossii, Petrograd 1922.

12 *I. F. Gindin,* Nekotorye spornye voprosy istorii finansovogo kapitala v Rossii, in: Istorik-marksist 1929, 12, S. 47–90; ders., Russkie kommerčeskie banki. Iz istorii finansovogo kapitala v Rossii, Moskau 1948.

aber, ihre Beteiligung zu verschleiern, indem sie entweder die russische Staatsbürgerschaft erwarben oder ihre Privatbetriebe in Aktienunternehmen mit einer russischen Satzung umwandelten.

In der zweiten Hälfte der 90er Jahre wirkten sich die Einführung der Goldvaluta, der allgemeine ökonomische Aufschwung in Rußland und die Verstärkung protektionistischer Tendenzen der russischen Regierung auf den deutschen Kapitalexport aus. Die Regierung zog es vor, Aufträge an russische Firmen zu geben, was eine massenhafte Einrichtung von Filialen ausländischer Firmen in Form von russischen Aktiengesellschaften in Rußland zur Folge hatte. Der im Jahre 1906 in Kraft getretene Handelsvertrag erhöhte die Zölle für Industrieprodukte beträchtlich und bewirkte erneut die Überführung einiger Industrien, besonders chemischer, nach Rußland.

Mit der formellen Umwandlung privater Unternehmen deutscher Besitzer in Aktiengesellschaften kann man wahrscheinlich die Tatsache erklären, daß von 1880 bis 1890, d. h. in der Periode der Verschärfung der russisch-deutschen Wirtschaftsbeziehungen, das deutsche Kapital das englische und französische überholte und unter dem ausländischen Kapital in Rußland vom dritten auf den ersten Platz vorstieß. Joachim Mai bemerkt völlig zu recht, daß sich in diesen Jahren die feindseligen politischen Beziehungen zwischen Rußland und England auf die Möglichkeiten des englischen Kapitalexports negativ auswirkten. Was den französischen Geldmarkt betrifft, so interessierte er sich zu dieser Zeit noch wenig für russische private Wertpapiere. Aber es ist auch zu vermuten, daß das schnelle Anwachsen der deutschen Investitionen (um das 2,65fache) in einem gewissen Maße nur scheinbar ist, da es lediglich die Umwandlung schon arbeitenden Kapitals in Aktienkapital widerspiegelt.

Die 90er Jahre, die durch ein Anwachsen des deutschen Kapitals um das 2,8fache gekennzeichnet waren, warfen es jedoch wieder auf den dritten Platz zurück, da sich die belgischen Investitionen um das 12fache und die französischen um das 3,4fache steigerten. Bedeutend schneller, nämlich um das 3,87fache, wuchsen auch die englischen Kapitalanlagen. Hierfür gab es, wie es scheint, zwei Gründe. Einmal verschlang die deutsche Industrie zu dieser Zeit einen bedeutend größeren Teil der Geldmittel, die sich auf ihrem Binnenmarkt befanden, als die englische oder französische, weil sie sich bedeutend schneller entwickelte. Zum anderen zog die deutsche Industrie nach 1894 die großen Gewinne nicht aus dem Kapitalexport, sondern als Ergebnis des Anwachsens des russisch-deutschen Handels aus dem Warenexport.

Zu Beginn des Ersten Weltkrieges betrugen die deutschen Investitionen in die russische Industrie nach P. V. Ol' 436,1 Mill. Rubel. Die Kapitalanlagen der elektrotechnischen Konzerne machten hierbei nach meinen Berechnungen 116,5 Mill. Rubel, d. h. mehr als ein Viertel der gesamten deutschen Investitionen, aus. Das erklärt auch, warum ich gerade die Elektroindustrie zum Objekt meiner speziellen Studien machte. Man muß auch anmerken, daß die geringe Zahl russischer Unternehmen in diesem Bereich und der relativ gute Zustand ihrer Archive die Möglichkeit gaben, vielleicht vollständige Untersuchungen des gesamten Zweiges sowohl im Bereich des Auffindens kapitalistischer Finanzgruppierungen, Monopolvereinbarungen usw. als auch im Bereich der Berechnungen der Kapitalanlagen durchzuführen.

Die Ergebnisse meiner Studien habe ich im bereits genannten Buch und in einem Aufsatz[13] dargelegt und möchte sie deshalb nur kurz zusammenfassen.

Die russische Elektroindustrie wird traditionsgemäß als eine Sphäre gekennzeichnet, in der deutsche Konzerne, in erster Linie Siemens und die AEG, eindeutig dominierten. Und in der Tat war das erste große elektrotechnische Unternehmen in Rußland eine 1855 gegründete Zweigstelle der Firma Siemens & Halske. Mit den 80er Jahren des 19. Jahrhunderts begann das Eindringen weiterer deutscher Elektrokonzerne, aber ebenso das des belgischen und französischen Kapitals nach Rußland. Gegen Ende des Jahres 1899 existierten im Lande sieben deutsche und drei belgische Konzerne. Kleinere russische Unternehmen, die der Konkurrenz nicht standhielten, wurden entweder liquidiert oder in die Lage von Outsidern gedrängt. In diese Zeit gehört auch der Versuch der Schaffung eines mächtigen Bank- und Industriesyndikats für den Bau und den Betrieb von Beleuchtungs- und Straßenbahnbauunternehmen in Rußland („Das große russische Syndikat von 1899").

Die Krise um die Jahrhundertwende beschleunigte den Prozeß der Konzentration des Kapitals in der Elektroindustrie Rußlands, wobei die deutschen Konzerne Siemens und AEG und die belgische Gruppe Société Générale und Thys im Konkurrenzkampf siegten und die dominierenden Positionen einnahmen. Als ihr Gegner und später als Partner in einer Reihe von Kartellverträgen trat die amerikanische Gesellschaft Westinghouse (mit Beteiligung französischen Kapitals) auf, die jedoch 1913 nach dem Verkauf ihres Unternehmens aus dem Rennen ausschied. In den Jahren vor dem Ersten Weltkrieg verstärkten sich die Aktionen französischer Banken und mit ihnen verbundener Firmen, die auch erste Erfolge brachten, unter denen der Erwerb der Bankgesellschaft „Elektrosila" besonders herausragte.

Zur gleichen Zeit, so konnte ich herausfinden, nahm auch das russische Kapital am Konkurrenzkampf um die Elektrounternehmen teil. Dies zeigte sich Ende des 19. Jahrhunderts im Bestreben der Petersburger Internationalen Bank, die führende Rolle im Syndikat von 1899 zu spielen, und im, wenn auch erfolglosen, Versuch der Petersburger Privatbank, die Kontrolle über das größte Unternehmen der Elektrobeleuchtungsindustrie, die Gesellschaft von 1886 (Siemens-Gruppe), an sich zu reißen. In den Vorkriegsjahren kämpften russische Banken, mit der Russisch-Asiatischen Bank an der Spitze, energisch um die Positionen in der Elektroenergieerzeugung des Petersburger Gebietes und in den Straßenbahnunternehmen. Die größten Erfolge erzielte das russische Kapital in der Elektrotechnik. P. O. Gukasov gründete hier einen Konzern, der bedeutende Unternehmen einschloß. Die wohl größten waren „Dynamo", das den Betrieb Westinghouse aufkaufte, und Ruskabel. Ebenso begann die Diskonto- und Kreditbank in der Elektroindustrie eine eigene Gruppe zu bilden. Insgesamt aber nahm das russische Finanzkapital, das erst begonnen hatte, seinen Einfluß auf die Elektroindustrie auszudehnen, im Kampf gegen das deutsche Kapital in diesem Industriezweig nur Ausgangspositionen ein.

Allgemein bekannt ist die breite Beteiligung deutschen Kapitals in der chemischen Industrie, besonders in der Farben- und Sprengstoffproduktion, und in der Man-

[13] *V. Djakin*, Zur Stellung des deutschen Kapitals in der Elektroindustrie Rußlands, in: Jahrbuch für Geschichte der UdSSR und der volksdemokratischen Länder Europas 9 (1966), S. 121–143.

ganerzförderung, in der die Gelsenkirchener Bergwerks-AG und die Kaukasische Erzgrubengesellschaft ein Drittel des kaukasischen Manganerzes und die Gesellschaft Pyroluzit die gleiche Menge des Erzes von Nikopol' ausführten.[14] Große Ausmaße hatte auch die Beteiligung deutschen Kapitals an den metallurgischen Unternehmen in den polnischen Gouvernements. Die Bedeutung des deutschen Kapitals in der metallverarbeitenden und feinmechanischen Industrie kann man nicht in erster Linie mit dem Umfang der Investitionen erklären, denn im Vergleich mit den französischen und russischen waren sie unbedeutend. Die meisten der deutschen Unternehmen in diesem Zweig waren bei relativ geringer Größe hochspezialisiert und nahmen aus diesem Grunde eine sichere Stellung auf dem russischen Markt ein. So waren die Possehl-Betriebe, von denen der erste Sensen, der zweite Hufeisen produzierte, die größten Hersteller dieser Artikel in Rußland. Das Unternehmen der Gebrüder Körting war das einzige seiner Art in der Herstellung von Pumpen und produzierte zusammen mit einem zweiten Unternehmen Zentralheizungseinrichtungen. Der Betrieb der Gebrüder Klein produzierte Walzstraßen und hydraulische Pressen und versorgte große metallurgische Unternehmen. Die Arthur Koppel Aktiengesellschaft nahm faktisch die Monopolstellung in der Produktion von Ausrüstungen für Schmalspureisenbahnen ein. Deutsche Kapitalisten besaßen ebenso eine kleinere Anzahl von Unternehmen in der Holz- und Papierindustrie. Zu ihnen zählte die größte Zellulose-Fabrik Europas – die Gesellschaft Waldhof in Pernau.

Es ist zweckmäßig, auf den am wenigsten erforschten, aber bedeutenden Bereich deutscher Kapitalanlagen einzugehen – den Großhandel. Hierbei muß man besonders das Handelshaus Gerhard & Hey erwähnen, das seit 1880 in Rußland tätig war und im Jahre 1901 sein russisches Kontor in eine Gesellschaft mit russischer Satzung umwandelte. Diese Gesellschaft gründete Zweigstellen in vielen Städten des Landes, besonders aber in den Hafenstädten. Sie monopolisierte faktisch den Export von Butter, Fleisch, Eiern und Leinen über Windau und Libau und tätigte sehr große Exportoperationen über Riga. Im Jahre 1912 betrug der Anteil der Gesellschaft Gerhard & Hey am Gesamtwert des Exports auf dem Seeweg über Riga von 220 Mill. Rubel ca. 63,5 Mill. Rubel.[15] In den Vorkriegsjahren schwankte der Export der erwähnten Waren, den die Firma Gerhard & Hey in den genannten Häfen abwickelte, zwischen 30 und 98 Prozent, im Vergleich zum Gesamtexport dieser Waren aus Rußland zwischen 12 und 72 Prozent. Über die Landgrenzen exportierte die Gesellschaft Zucker nach Deutschland.[16]

Von Interesse sind ebenfalls die Handelsgesellschaften Wossidlo & Co. und Span & Co., die im Kommissionshandel mit Maschinen, Metallen und Geräten verschiedener Art arbeiteten. Sie unterhielten enge Kontakte mit vielen russischen metallurgischen und metallverarbeitenden Unternehmen und deutschen Konzernen.[17] Hierzu gehörte noch die G.-Sievers-Aktiengesellschaft, die mit dem deutschen Kali-

[14] Central'nyj gosudarstvennyj istoričeskij archiv v Leningrade (= CGIAL) f. 23, op. 28, d. 3118, l. 220; d. 1643, l. 25.

[15] CGIAL f. 23, op. 28, d. 3109, l. 47.

[16] CGIAL f. 23, op. 28, d. 526, l. 27; d. 524, ll. 61–66.

[17] CGIAL f. 23, op. 28, d. 449, l. 2, 63–65; d. 450, l. 3–5; d. 486, l. 13.

Syndikat verbunden war und die Hauptpositionen im Handel mit Kunstdüngemitteln innehatte.[18]

Man muß darauf hinweisen, daß viele deutsche Industrieunternehmen in Rußland als Großhändler tätig waren. Vor allem ist die Tätigkeit der Gelsenkirchener Bergwerks-AG im Kaukasus zu nennen, die dort weit weniger Manganerz förderte, als sie bei den ansässigen kleinen Industriellen aufkaufte, indem sie ihnen Kredite für die Sicherung der Grundstücke gewährte und dafür Sonderrechte auf das geförderte Erz beanspruchte.[19] Das Handelshaus Tillmanns, das in Rußland eine Reihe von Industrieunternehmen besaß, vertrat in erster Linie nicht nur deutsche Firmen, sondern auch russische Unternehmen (Prodamet, Gesellschaft russischer Röhrenwalzwerke).[20] Die Gesellschaft Waldhof besaß eine eigene Flotte, die ihre Export- und Importoperationen sicherte. Im Jahre 1913 entfielen 72 Prozent des Warenumschlags im Pernauer Hafen auf Ladungen der Gesellschaft Waldhof.[21] Die Tätigkeit deutscher Handelsfirmen und die Handelsoperationen deutscher Industrieunternehmen vergrößerten den Anteil Deutschlands am russischen Außenhandel noch weit mehr.

Die Frage nach dem Einfluß der deutschen Kapitalinvestitionen auf die ökonomische Entwicklung Rußlands kann man nicht pauschal beantworten. Der Zufluß des ausländischen Kapitals, darunter des deutschen, nach Rußland beschleunigte ohne Zweifel die industrielle Entwicklung des Landes und förderte die Entstehung neuer Industriezweige. Dies bezieht sich in erster Linie natürlich nur auf das 19. Jahrhundert, als der Prozeß der Akkumulation eigenen Kapitals im Land eben erst begann. Trotzdem trug der Zustrom deutschen Kapitals auch im 20. Jahrhundert zur Entwicklung solcher Industriezweige wie der Elektroindustrie und der chemischen Industrie bei. Andererseits aber bremsten deutsche Firmen, indem sie ihre Zweigstellen in Rußland gründeten und in technischer und finanzieller Beziehung schwächere russische Unternehmen erdrückten, in einigen Fällen die wissenschaftlichen Forschungen in diesen Betrieben und die Ausbildung qualifizierter russischer Kader.[22] Die Tätigkeit des deutschen Kapitals in der Manganindustrie des Kaukasus war eine bewußte Ausplünderung der natürlichen Reichtümer des Landes, die in keiner Weise durch die Gründung eines funktionierenden Industrieunternehmens kompensiert wurde.

Die Berechnung des Gewinns, den die deutschen Industrieunternehmen in Rußland erzielten, wird durch das Fehlen einer Gesamtdokumentation und die Fälschung der offiziellen Buchführung erschwert (das ist für die Unternehmen jeder beliebigen nationalen Zugehörigkeit kennzeichnend). Die Zahlenangaben, über die ich im Bereich der Elektroindustrie verfüge, gestatten die Behauptung, daß, sogar wenn man die kurze Zeitdauer der Tätigkeit der um die Jahrhundertwende gegründeten Unternehmen berücksichtigt, ihre Besitzer bis zum Jahre 1914 in jedem Fall die investierten Mittel erwirtschaftet hatten. Wie Joachim Mai in seinem Buch schreibt, begannen die deutschen Firmen im 19. Jahrhundert, nach der ursprüng-

18 CGIAL d. 1997, l. 21–23, 56–63. 19 CGIAL d. 514, l. 260–261.

20 CGIAL d. 2198, l. 39–52. 21 CGIAL d. 331, l. 30–34.

22 Vgl. *Mai,* Das deutsche Kapital, und über das 20. Jahrhundert mein Buch (wie Anm. 5).

lichen Investition einer relativ geringen Kapitalmenge aufgrund der hohen Rentabilität nicht nur die weitere Entwicklung ihrer russischen Zweigstellen mit Hilfe des Gewinns, den sie im Land erwirtschaftet hatten, zu finanzieren, sondern sie entwickelten sich selbst mit Hilfe aus Rußland abgezogener Mittel. Als im 20. Jahrhundert das Tempo der Kapitalinvestitionen anstieg, übertraf der Umfang der neuen Investitionen nicht selten die Höhe des Gewinns aus den alten Anlagen. Meines Erachtens ist nicht zu bezweifeln, daß die Gesamtsumme der Gewinne der Unternehmen, die schon im 19. Jahrhundert tätig waren, die Summe der in sie investierten Mittel um ein Vielfaches übertraf. Das bezieht sich besonders auf die deutschen Unternehmen, die im Vergleich zu den belgischen und französischen besser organisiert waren und höhere Gewinne brachten.

Die Tätigkeit des deutschen Kapitals in Rußland wies im Vergleich zu dem anderen ausländischen Kapital eine Reihe von Unterschieden auf. Die bedeutendsten Unternehmen wurden als Filialen großer deutscher Firmen gegründet und bewahrten bis zum Ende die engen finanziellen, technischen und organisatorischen Verbindungen zu ihnen selbst dann, wenn sie formell in russische Aktiengesellschaften umgewandelt worden waren. Infolgedessen waren die deutschen Unternehmen in Rußland weit weniger als die französischen oder belgischen mit russischen Banken verbunden. Die existierenden Verbindungen trugen in der Regel keinen finanziellen, sondern kommerziellen Charakter. Wenn auch russische Banken (besonders die Petersburger Internationale Bank in den 90er Jahren des 19. Jahrhunderts) zur Umwandlung deutscher Unternehmen in Aktiengesellschaften und zur anschließenden Emission ihrer Aktien herangezogen wurden, so gehörten sie doch selten zum finanzierenden Konsortium dieser Unternehmen, und gehörten sie ihm doch an, so spielten sie in ihm nur eine zweitrangige Rolle. Im sich formierenden System des russischen Finanzkapitals nahmen die deutschen Unternehmen deshalb einen weniger organischen Platz ein.

Die mit dem Eintritt Rußlands in die Epoche des Imperialismus zu Beginn des 20. Jahrhunderts spürbar gewordenen neuen Tendenzen führten zur Verringerung der Spezifik in der Tätigkeit des deutschen Kapitals. Wenn man auch das Gesagte in Betracht ziehen muß, so verbreiterte doch die Umwandlung der Filialen von deutschen Unternehmen in „russische Aktiengesellschaften" die Verbindungen der letzteren mit den russischen Banken und verlieh ihnen größere Kontinuität.

Die in Rußland tätigen deutschen Unternehmen schlossen hier Kartellverträge und Syndikatsvereinbarungen mit Unternehmen, die sich in russischen, belgischen und französischen Händen befanden. Doch zur gleichen Zeit waren sie nicht selten mit in Deutschland abgeschlossenen Monopolverträgen verbunden, deren Tätigkeit sich auf Rußland erstreckte – selbst dann, wenn ihre (formal unabhängigen) russischen Filialen solche Vereinbarungen nicht abschlossen. Außerdem suchten die an deutsch-russischen Monopolverträgen Beteiligten ihren „Partnern" in Rußland entweder besondere Verträge mit deutschen Unternehmen außerhalb Rußlands aufzuzwingen (z. B. Tillmanns im Syndikat über die Lieferungen von Elektro- und Signalausrüstungen für Eisenbahnen) oder sie in Vereinbarungen mit analogen Syndikaten in Deutschland einzubeziehen (Syndikat der Knochenmühlen). Die Hauptsache besteht darin, daß die Vereinbarungen über gemeinsame Aktionen in Rußland häufig Teile viel breiterer Vereinbarungen über die Aufteilung von Einflußsphären im gesamteuropäischen Bereich oder im Weltmaßstabe darstellten (im Prinzip alle Vereinbarungen von Siemens, AEG, Thompson-Houston, General Electric und anderen elektrotechnischen Konzernen). Alles das erschwerte die Bildung von Finanzmonopolverbindungen und verschärfte den Konkurrenzkampf der Monopole in Rußland in einem noch steigenden Maße.

HELMUT BÖHME, DARMSTADT

DIE DEUTSCH-RUSSISCHEN WIRTSCHAFTSBEZIEHUNGEN UNTER DEM GESICHTSPUNKT DER DEUTSCHEN HANDELSPOLITIK (1878–1894)

Entsprechend der politischen Entwicklung deutsch-sowjetischer Beziehungen beginnt das Interesse an der Aufarbeitung des deutsch-russischen Verhältnisses – auch unter ökonomischen Aspekten –, nachdem dies bislang ein Forschungsgegenstand eher für Nachwuchshistoriker in der DDR gewesen war (Kumpf-Korfes[1], Bornemann[2], Schmiedel[3]), auch in der Bundesrepublik zuzunehmen. Nach den bereits um die Jahrhundertwende vorgelegten Arbeiten von Wittschewsky, Bayerdörffer, Stieda, Gravenhoff, Humann, Zweig[4] hat unlängst Hans-Ulrich Wehler in einem Aufsatz über die deutsch-russischen Beziehungen[5] apodiktisch auf eine Arbeit von Horst Müller-Link[6] hingewiesen, die, aus der Kölner Schule kommend, „am besten" diese Beziehungen analysieren würde. Dieser Vortrag kennt jene Arbeit nicht; sie ist noch nicht veröffentlicht. Ausgangspunkt für diese Arbeit ist die Aufnahme und Weiterentwicklung von Thesen, die Eckart Kehr bereits vor zwei Generationen im

[1] *S. Kumpf-Korfes*, Bismarcks „Draht nach Rußland". Zum Problem der sozial-ökonomischen Hintergründe der russisch-deutschen Entfremdung im Zeitraum von 1878 bis 1891, Berlin 1968.

[2] *H. Bornemann*, Die deutsch-russischen Handelsbeziehungen in der zweiten Hälfte des 19. Jahrhunderts, Phil. Diss. Berlin 1957 (Ms).

[3] *K. Schmiedel*, Deutsch-russische Handelsbeziehungen 1856–1871 (Unter besonderer Berücksichtigung der Rolle des russischen Marktes für den deutschen Industriekapitalismus), Phil. Diss. Leipzig 1963 (Ms.).

[4] *V. Wittschewsky*, Die russische Zoll- und Handelspolitik Rußlands während der letzten Jahrzehnte, in: Schriften des Vereins für Socialpolitik 49 (1892), S. 361–449; ders., Rußlands Handels-, Zoll- und Industriepolitik von Peter dem Großen bis auf die Gegenwart, Berlin 1905; *H. Bayerdorffer*, Der Zolltarif Rußlands, in: Jahrbücher für Nationalökonomie und Statistik 44 (1885), S. 339–351, 412–433, 520–531; *W. Stieda*, Russische Zollpolitik, in: Schmollers Jahrbuch 7 (1883), S. 909–973; *D. Gravenhoff*, Rußlands Außenhandel und der neue Zolltarif, Berlin 1892; *A. Humann*, Der deutsch-russische Handelsvertrag vom 20. III. 1894, Leipzig 1900; *E. Zweig*, Die russische Handelspolitik seit 1877, Leipzig 1906.

[5] *H.-U. Wehler*, Bismarcks Imperialismus und späte Rußlandpolitik unter dem Primat der Innenpolitik, in: *M. Stürmer* (Hrsg.), Das kaiserliche Deutschland. Politik und Gesellschaft 1870–1918, Düsseldorf 1970, S. 235–264; überarb. unter dem Titel: Bismarcks späte Rußlandpolitik 1879–1890, in: *H.-U. Wehler*, Krisenherde des Kaiserreiches 1871 bis 1918. Studien zur deutschen Sozial- und Verfassungsgeschichte, Göttingen 1970, S. 163 bis 180.

[6] Jetzt erschienen unter dem Titel: *H. Müller-Link*, Industrialisierung und Außenpolitik. Preußen-Deutschland und das Zarenreich 1860–1890, Göttingen 1977.

Zusammenhang mit seiner Definition des Imperialismus formuliert hat[7], und die ausgezeichnete Analyse, die Rudolf Ibbeken 1928 zu diesem Problem vorgelegt hat[8] und der dann George F. W. Hallgarten[9] ebenso folgte wie Arkadij S. Erusalimskij[10], Hans Rosenberg[11], Hans-Ulrich Wehler[12] und ich in meiner Arbeit zur deutschen Handelspolitik.[13] Diese Arbeiten teilen nicht den grundsätzlich nicht sozialgeschichtlichen, auch methodisch begründeten Ausgangspunkt der Arbeiten von Gerhard Ritter, Felix Rachfahl, Hans Rothfels, Reinhard Wittram, Hans Hallmann, Otto Becker und Werner Markert, die deutsch-russischen Beziehungen vor dem Hintergrund der Staats- und Diplomatiegeschichte zu analysieren.[14] In diesen Arbeiten wird denn auch keine Beziehung zu den ökonomischen Entwicklungen hergestellt; für die Analyse der deutsch-russischen Beziehungen in der zweiten Hälfte des 19. Jahrhunderts sind nach der Meinung dieser Historiker ökonomische Faktoren nicht erstrangig oder gar entscheidend einzuordnen.

Ausgangspunkt für den vorgelegten Vortrag sind zwei Dokumentationsstränge: die Überlieferung in den deutschen Archiven Potsdam, Merseburg, Bonn und Koblenz. Ergänzt wurden diese Materialien durch Aktenpublikationen im Krasnyj archiv, der Akten des Auswärtigen Amtes, der Großen Politik der Europäischen Kabinette, Zeitungen (vor allem Börsenzeitung, Börsencourier, Kölnische Zeitung, Nationalzeitung), Memoiren (Fürstenberg, Siemens, Schweinitz, Šuvalov) und Geschäftsberichte der deutschen Großbanken und ihrer russischen Klientel. Zum anderen wurde auf eine möglichst breite Zahl von Monographien zurückgegriffen.[15]

I.

Ausgangspunkt dieser Überlegungen zum deutsch-russischen Wirtschaftsverhältnis haben – nach dem raschen Abbau „zeitgebundener Betrachtungsweisen wie der staatsnationalen und volksnationalen Geschichtsbilder“ – folgende Elemente einer Thesenbildung für eine Diskussion der deutsch-russischen Beziehungen zu sein:

[7] *E. Kehr*, Der Primat der Innenpolitik. Gesammelte Aufsätze zur preußisch-deutschen Sozialgeschichte im 19. und 20. Jahrhundert, hrsg. von H.-U. Wehler, 2. Aufl. Berlin 1970.

[8] *R. Ibbeken*, Das außenpolitische Problem Staat und Wirtschaft in der deutschen Reichspolitik 1880–1914, Schleswig 1928.

[9] *G. W. F. Hallgarten*, Imperialismus vor 1914, Bde. 1–2, 2. Aufl. München 1963.

[10] *A. S. Jerussalimski* [Erusalimskij], Die Außenpolitik und die Diplomatie des deutschen Imperialismus Ende des 19. Jahrhunderts, Berlin 1954; ders., Bismarck. Diplomatie und Militarismus, Frankfurt a. M. 1970.

[11] *H. Rosenberg*, Große Depression und Bismarckzeit. Wirtschaftsablauf, Gesellschaft und Politik in Mitteleuropa, Berlin 1967.

[12] *Wehler*, Bismarcks späte Rußlandpolitik.

[13] *H. Böhme*, Deutschlands Weg zur Großmacht. Studien zum Verhältnis von Wirtschaft und Staat während der Reichsgründungszeit, 2. Aufl. Köln 1972.

[14] Vgl. die Arbeiten in den folgenden Sammelbänden: *H. Hallmann* (Hrsg.), Zur Geschichte und Problematik des deutsch-russischen Rückversicherungsvertrages von 1887, Darmstadt 1968; *L. Gall* (Hrsg.), Das Bismarck-Problem in der Geschichtsschreibung nach 1945, Köln/Berlin 1971; *H. Hallmann* (Hrsg.), Revision des Bismarckbildes. Die Diskussion der deutschen Fachhistoriker 1945–1955, Darmstadt 1972; *W. Markert* (Hrsg.), Deutsch-russische Beziehungen von Bismarck bis zur Gegenwart, Stuttgart 1964.

[15] Vgl. die Auswahlbibliographie Anm. 20.

1. Das Mitte des Jahrhunderts einsetzende anhaltende industrie- und agrarwirtschaftliche Wachstum verband sich sowohl in Rußland als auch in Deutschland in besonderem Maße mit präindustriellen Organisationen, die in ihrer politischen Funktion dadurch erhalten blieben. Hieraus entwickelte sich in beiden Staaten jene politisch-ökonomisch zu analysierende Krisensituation, zu deren Überwindung Ende des Jahrhunderts eine national-aggressive Politik eingeschlagen wurde, um mit Hilfe einer „erfolgreich-begeisternden" Außenpolitik die sozialen Folgen der Industrialisierung innenpolitisch paralysieren zu können.
2. Im Hinblick auf diese Tradition ist der soziale Wandel als Voraussetzung, Begleiterscheinung und Folge des säkularen Wachstums eingebettet und zu interpretieren in einer Politik, die als Versuch der Staatsleitung und der sie tragenden Gruppen und Interessen gewertet werden kann, den raschen Veränderungen einer sich wandelnden Gesellschaft keine Umwälzung der Eigentums- und Distributionsverhältnisse entsprechen zu lassen, sondern in der Ablenkung von inneren Fragen auf äußere das Mittel der Herrschaftsstabilisierung zu sehen, das in der Forschung als „Sozialimperialismus" definiert wird. Trotz Industrialisierung bewahrten sich Grundbesitz, Militär, Kirche und Bürokratie den unkontrollierten, auf alle Teile bestimmenden Einfluß.
3. Die Verschiebung der ökonomischen Kräftekonstellation durch die seit der Mitte der achtziger Jahre erkennbar werdenden schroffen Gegensätze zwischen industriellem Wachstum und agrarstaatlicher Restaurationspolitik gab dieser antinomen Entwicklung ihr politisches Gepräge. Zwischen Industrie- und Agrarstaatinteresse entwickelte sich der Primat der Systemerhaltung als einzige Lösung, den politischen und gesellschaftlichen Status quo zu erhalten und neu zu legitimieren.
4. Besonders das deutsch-russische Verhältnis kennzeichnet das Aufeinanderprallen dieser beiden Strömungen. Da beide Staaten, geprägt durch ihre industrielle „Rückständigkeit", in vergleichbarer Weise Formen der Überwindung ihres jeweiligen sozialen Konflikts in einem „Kartell der schaffenden Stände" zur Erhaltung der alten Machtordnung mit Hilfe der eingebundenen großbürgerlichen Interessen suchten, wählte die deutsche, aber auch die russische Politik in besonderem Maße die dialektische Verbindung von ökonomischen und politischen Elementen zur Interpretation der Entwicklung moderner Staatlichkeit im Rahmen des organisierten Kapitalismus. Denn russisches Getreide und preußisch-deutsche Machtelite in Ostelbien und russischer Markt und neudeutsches Industrielles Exportinteresse trafen aufeinander und verstärkten den Krisenfaktor einer konservativ-agrarischen Politik (stagnierende landwirtschaftliche Preisentwicklung und rasches industrielles Wachstum) in einem Maße, daß nur die beide Interessen überlagernde Gefahr eines sozialen Umsturzes eine einheitliche Politik begründete, die aber wiederum eine schroffe Gegensätzlichkeit der Staaten förderte. So gesehen erhält dann das Auseinanderbrechen der Bismarckschen Sammlungspolitik Ende der 80er Jahre und die Öffnung des deutschen Marktes für russisches Getreide und die des russischen Marktes unter Caprivi für die deutsche Industrieproduktion das Gewicht, den deutschen und russischen Imperialismus zu begründen. Die Handels- und Finanzpolitik bestimmte viel ent-

scheidender den Beginn des jeweiligen nationalen Chauvinismus als die allgemeine oder auch „große“ genannte Politik, weil nunmehr – nach 1893 – der organisierte Kapitalismus „im Streckbett nationaler Rivalitäten imperialistische Züge entwickelte“ (Wolfgang J. Mommsen).

II.

Pragmatisch durchgeführte industrielle Expansion sollte dem sich während der Depression nach 1873 ausbildenden mittel- und osteuropäischen Interventionsstaat die Chance eröffnen, mit ausgeglichener Wirtschaftskonjunktur die soziale Kontrolle über ungleichmäßiges Wachstum zu erhalten, um so die „Stabilisierung einer alten Sozialordnung trotz völliger Wandlung der wirtschaftlich-sozialen Struktur“ (Sigmund Neumann) zu erreichen. Während aber die Heranziehung der deutschen Überseeaktivität für eine solche sozialimperialistische Deutung der späten Bismarckzeit von Hans-Ulrich Wehler als überzogen erscheint, geben die Hinweise Hans Rosenbergs auf die deutsch-russischen Beziehungen Beleg für den sozialimperialistischen Grundzug der preußisch-deutschen Politik. Allerdings nicht umgekehrt, wie Wehler es will. Die wirtschaftsgeschichtlichen Fakten des deutschen Kapitalexports sind mit Aufmerksamkeit und Akribie von der Forschung in der Sowjetunion und der DDR zusammengetragen worden. Außer der a priori gesetzten Annahme, daß die Leninsche Imperialismustheorie den größtmöglichen Erklärungshorizont für die Analyse biete, kennzeichnet diese Arbeiten eine Überfülle an empirischer Information mit rein positivistischer Interpretation. Die entscheidenden Gesichtspunkte einer erkenntniskritischen Aufarbeitung der Fakten fehlt. So ist der Take-off der russischen Industriewirtschaft, gekennzeichnet durch den raschen Ausbau der Eisenbahnen mit Hilfe deutschen Kapitals, nicht durch Privatinitiative europäischer Banken, deren Profitgier unermüdlich als entscheidende Motivation deutschen Kapitalexports angeführt wird, sondern wesentlich durch Staatsintervention bestimmt. Diesem Phänomen wird keine Aufmerksamkeit geschenkt; das Privatkapital im russischen Eisenbahnwesen, im Bankwesen, in der Erdölindustrie, dem Berg- und Hüttenwesen, der metallverarbeitenden, der Elektro-, der chemischen und Textilindustrie ist minuziös zusammengestellt worden. Das Ergebnis zeigt – nach Joachim Mai sind von 1880 bis 1890 900 Mill. Rubel nach Rußland „exportiert“ und „profitbringend“ angelegt worden – ein starkes Engagement der Deutschen, das sich im Anteil des russischen Imports mit über 40 Prozent ebenfalls darstellt. Aber die spezifischen, mit Deutschland zum Teil aber durchaus vergleichbaren Besonderheiten der russischen industriellen Revolution sind nicht hervorgehoben worden. Jene enge (noch enger als im Deutschen Reich) Verzahnung zwischen Staatsintervention, Agrarexport, Kapitalimport und industriellem Wachstum fehlt durchaus in der Darstellung, und hier kann die Gerschenkronsche These, daß die „ökonomische Rückständigkeit“ die Heftigkeit der sozialen Konflikte und die Konstanz der wirtschaftlichen Entwicklung bestimme, durchaus für die ökonomische Expansion der deutschen Industrie in Rußland, die Erhaltung der Agrarstruktur als politischer Machtgrundlage der Staatsleitung und die Bedingung der russischen Industrieentfaltung den Entwicklungsrahmen kennzeichnen. In Rußland besorgte der Staat die Kapitalakkumulation, er war Partner deutscher Privatbanken, später der großen Konsortien; um die Tilgung und die Zinsen aufbringen zu können, forcierte der Staat den Agrarexport, legte mit der Zollpolitik und der Außenhandelspolitik die Grundlagen für die eigene Kreditwürdigkeit an den internationalen Börsen und schuf damit die Voraussetzung für die Entwicklung einer nationalen Industriewirtschaft. So betrieb der russische Staat in eigener Regie den Eisenbahnbau, er gründete Industrien, garantierte die Dividende und schuf ein System industrieller Anreize, um damit die Stabilisierung der Autokratie erhalten zu können. Dasselbe Paradoxon wie für die deutsche Entwicklung galt nach dem Zusammenbruch der Welthochkonjunktur 1873 und dem Verfall des Weizen- und Roggenpreises durch die Entstehung eines Agrarweltmarktes auch für Rußland: Um die Dominanz der bürokratischen und agrarischen Führungsschichten auch gegenüber den Forderungen nach Parlamentarisierung und begrenzter Demokratie zu erhalten, war man angesichts der Bevölkerungsvermehrung (die Bevölkerung wuchs in Rußland von 74 Millionen bis 1887 auf 113 Millionen), der wirtschaftlichen Strukturveränderungen (nach 1882 stieg die durchschnittliche Wachstumsrate von 3,5 auf 6,1 Prozent) einerseits gezwungen, den technologischen Wandel ständig zu forcieren, andererseits aber verstärkte diese Prozeßbeschleunigung wieder jene Tendenzen, die auf eine tiefgreifende Reform, also auf das Ende der alten Ordnung, hinausliefen.

Im Unterschied aber zu Deutschland war diese Politik entsprechend der „Rückständigkeit“ in Rußland ganz unmittelbar mit der Staatsleitung und der gesellschaftlichen Struktur verflochten und auch einseitig von dem Problem des Getreideexports gekennzeichnet, wenn man will also mit den Problemen der Monokultur. Zwischen 1860 und 1914 machte das Getreide drei Viertel aller russischen Exporte aus. An dieser Exportrate war Weizen allein mit 60 Prozent beteiligt, und dementsprechend kraß war die Rückwirkung, als ab 1876 Preisrückgänge auf dem Weltmarkt die Indexziffern von 97,7 auf 62,6 drückten und die Deutschen gleichzeitig begannen, durch Zölle ihren Markt zu schließen (16,8 Prozent Weizen, 25,7 Prozent Roggen, das sind 50 Prozent des deutschen Roggenimports; 17,4 Prozent Hafer, 11,4 Prozent Gerste gingen nach Deutschland). Gleichzeitig stagnierte die russische Roheisenproduktion (1860 sogar 340 000 Tonnen, 1882 460 000 Tonnen), und die junge, soeben erst innovierte Industrieproduktion ging teilweise zurück. Dafür aber begann ab 1872 eine ungehemmte Einfuhr von Eisen, Maschinen und Eisenbahnmaterial, besonders aus Oberschlesien. In den Jahren 1873 und 1874 wurden, da zwischen beiden Ländern kein Handelsvertrag bestand, zwei Abkommen geschlossen, die die Grundlagen für einen weiteren Exportaufschwung der deutschen Industrie boten: Einmal wurde ein gegenseitiger Schutz der Warenbezeichnungen und der Fabrikmarken vereinbart, und zum zweiten wurde ein Konsularvertrag geschlossen.

Aufbauend auf den wirtschaftlichen Beziehungen, die seit dem Krimkrieg durch den russischen Eisenbahnbau gelegt waren (der „großen russischen Eisenbahngesellschaft“ war es gestattet, zollfrei einzuführen und im Ausland zu kaufen), gelang es besonders Berliner Privatbanken und hernach in den 70er Jahren den neugegründeten Aktienbanken, Berlin zum zentralen Börsenplatz für die russische Wirtschaftsentwicklung zu machen. Krupp, Donnersmarck, Löwe, Borsig und Schwarzkopff zum Beispiel konnten mit deutschem Leihkapital, das Ende 1876 mit 900 Millionen Mark angegeben wird, arbeiten.[16]

Dabei war neben dem Leitsektor Eisenbahnbau der russische Markt überhaupt für die deutsche Industrie während der Depression zum umkämpften Absatzmarkt für Maschinen, Apparate, Fahrzeuge, Waffen, Elektrowaren, chemische Industrie und Textilien geworden. Mitte der 70er Jahre hatte Rußland 24 Prozent der deutschen Ausfuhr aufgenommen; im Jahrfünft von 1868 bis 1872 wuchs Deutschlands Anteil an der russischen Einfuhr auf 44 Prozent, und Siemens, Krupp und Löwe bewaffneten das russische Heer um und rüsteten die Marine neu. Rußland zahlte einen Zinssatz von 5 Prozent und mehr, in Berlin lag der Zinsfuß unter 5 Prozent; die Hauptträger des Rußlandgeschäfts schütteten während der Hochkonjunktur 1868 bis 1872 zwischen 9²/₅ (Berliner Handelsgesellschaft) und 11⁴/₅ (Diskontobank) Dividende aus.

„Kpax" (krach) bedeutet noch heute im Russischen der „völlige Bankrott, Zusammenbruch einer Bank oder Aktiengesellschaft". 1873 entstanden, signalisierte dieses Wort den tiefen Einbruch der „Großen Depression", die Rußland, von außen kommend, traf und seine industrielle Entwicklung am empfindlichsten „verteuerte", da Rußland das letzte Glied in der allgemeinen Finanzierungsnot war. Die unmittelbaren Folgen waren, daß Rußland von seiner bislang liberalen Zollpolitik abging und daß sich nunmehr in immer deutlicherer Weise die von Moskau gegen Petersburg angestrebte Berücksichtigung russischer Industrieentwicklung gegenüber den reinen Agrarinteressen des deutschfreundlichen Großadels durchzusetzen begann.

Im Laufe der 70er Jahre entwickelte sich im Zeichen der industriellen, ab 1876 aber auch noch mehr im Zeichen der Agrarmarktdepression jene neue gesellschaftliche Ordnung, in der der russische Matronalismus, die politische Kirche, zur Abwehr der sozialen Revolution als Bindemittel der Nation eine Machtpolitik entfalten mußte, um die Interessen der nationalrussischen Industriellen Poljakov, Ginzburg, Chrjakov etc. mit denen der Agrarier, des Adels und der hohen Bürokratie zu verbinden. Der mit dem Jahre 1873 eingeleitete, dann mit dem Übergang zu den Goldrubelzöllen von 1877, die eine 50prozentige Erhöhung des russischen Zollsatzes bedeuteten, eröffnete latente europäische Zollkrieg lieferte eine Erhöhung der fiskalischen Einnahmen um ein Drittel, band große Teile der russischen Bourgeoisie an den zaristischen Staat, sicherte dem inneren Markt garantierte Preise auf Kosten des Verbrauchers, schuf hohe Verzinsung und erlaubte damit der russischen Valuta, nach wie vor international gefragt zu sein. Nachdem 1881 und 1884 weitere jeweils 10prozentige Zollerhöhungen in Rußland verfügt wurden, sank der Anteil des Rußlandexports im deutschen Außenhandel von 40 Prozent des Jahres 1880 auf 4,5 Prozent im Jahre 1885. Dabei wurde besonders die deutsche Schwerindustrie getroffen. Ihr Export sank von 20 Prozent (1880) auf 10 Prozent (1886), der Export von Eisendraht (5,4 Mill. auf 0,1 Mill. Mark), der Export von Eisenschienen (3,4 Mill. auf 0,08 Mill.) hörte auf, der Export von Schmiedeeisen (3,0 Mill. auf 2,3 Mill.), Lokomotiven (4,2 Mill. auf 0,8 Mill.), Ambossen (1,0 Mill. auf 0,2 Mill.), Maschi-

[16] O. *Matthesius*, Russische Eisenbahnpolitik im 19. Jahrhundert, in: Archiv für Eisenbahnwesen 1904, S. 102.

nen (12,4 Mill. auf 7,3 Mill.) ging stark zurück. Nur Roheisen und grobe Eisenwaren konnten ihre Position wahren.

Im Juli 1885 wurde der russische Zollsatz noch einmal durch einen 20prozentigen Zuschlag auf nahezu alle Waren angehoben, stieg dann kontinuierlich ab 1887, und im Juni 1891 erreichte der Zolltarif mit einem 33prozentigen Wertzoll eine Spitzenposition, die über den ebenfalls stark protektionistischen Zollsätzen Frankreichs (Méline-Tarif), der USA (McKinley-Tarif) und Deutschlands (Bismarck-Tarif von 1887) lag. Folge dieser Zollpolitik war in Rußland der endgültige Durchbruch zum industriellen Wachstum und gleichzeitig die Abschließung vom deutschen Markt.

III.

Wie reagierte nun Deutschland auf diesen Wirtschaftskampf? In Deutschland hatte die Entwicklung früher begonnen und war, bereits geprägt durch den industriellen Take-off der fünfziger Jahre, ähnlich verlaufen. Unmittelbar nach dem Einbruch der Hochkonjunktur begründete sich im Übergang zu einer Politik des Solidarprotektionismus von Industrie und Landwirtschaft eine Sammlungspolitik nationaler und konservativer Kräfte, die es Bismarck ermöglichen sollte, mit einer im wesentlichen auf ihn zugeschnittenen bonapartistischen Herrschaftstechnik divergierende ökonomische Interessen politisch auf einen gemeinsamen Nenner zu bringen. Und dieser Nenner sollte für die Allianz von Roggen und Eisen ein angemessener und ausgewogener Schutzzoll sein.

Die Agrarier benötigten Schutz, die Schwerindustriellen Marktsicherung, Preisgarantie und Produktionserhöhung. 1879 schien dieses neue System der Solidarität der staatserhaltenden Kräfte erreicht; Deutschland führte zum erstenmal wieder Agrarzölle in Europa ein. Dies war angesichts der russischen Getreideausfuhr nach Deutschland (insgesamt 34 Prozent) eine direkte Kampfansage an den östlichen Nachbarn. 1885 bereits wurden die ersten Sätze verdreifacht, um im März 1887 noch einmal verdoppelt zu werden. Weizen und Roggen wurden mit 5 Mark je Doppelzentner an der deutschen Grenze belastet.

Bereits 1884 war denn auch der russische Import um 50 Prozent gesunken. „Handel und Gewerbe liegen darnieder", wußte Rechenberg aus Polen zu berichten. Nicht weniger alarmierend waren aber auch die Nachrichten, die Bismarck von den Schwerindustriellen erhielt, die, angewiesen auf den russischen Markt, immer mehr die Agrarzollpolitik als lästige Fessel empfanden und begannen, die Politik der „sekundären Integration" nach ihrem ökonomischen und politischen Nutzen zu befragen. Für Bismarck aber bot diese Politik die einzige Möglichkeit, „die Grundbesitzverteilung und die industriell-monopolistische Ordnung als eine unantastbare Grundlage der bestehenden politischen und sozialen Organisation zu erhalten" (Hans Rosenberg). Zudem zeigte sich, daß angesichts der wirtschaftlichen Gegensätze die kunstvollen außenpolitischen Bemühungen Bismarcks – Drei-Kaiser-Abkommen, Bulgarienfrage, Türkeipolitik – ohne Wirkung bleiben müßten. Da nun, nach Bismarcks Worten, die „inneren Verhältnisse" der 80er Jahre „immer schweinischer" wurden, mußten die Garanten des Bismarckschen Systems, nämlich „Armee und Tarif", intakt bleiben. Gerade aber der „Tarif" war immer mehr zum Zankapfel zwischenstaatlicher Beziehungen geworden, weil sich in ihm das innere Kräfteparallelogramm sowohl des Zaren- als auch des Bismarckreiches in gegenseitiger Stoßrichtung darstellte, und die allgemeine Politik beider Reiche keineswegs so schicksalhaft fatalistisch, wie es Meisner meinte, sondern den ökonomischen Interessen entsprechend bestimmte.

Zwei Phasen deutsch-russischer Beziehungen sollen diese Entwicklung belegen: 1. die Grundsatzdiskussion um Vergeltungszölle gegen Rußland (1886) und 2. das Lombardverbot, die Sperrung des deutschen Kapitalmarkts für Rußland (1887).

1. Da „in starken Umwälzungen des Verkehrsverhältnisses an sich eine Gefahr liegt, wie in jeder Entwertung alter und Schöpfung neuer Werte anstelle der alten", befahl Bismarck Ende März 1886, dem im Rahmen des Auswärtigen Amts für Wirtschaftsangelegenheiten zuständigen Unterstaatssekretär von Berchem, einem Intimus von Herbert Bismarck und Freund Kiderlen-Wächters, lange Jahre Botschaftssekretär in Petersburg und keineswegs als Rußlandfreund geltend, das weitere Vorgehen Deutschlands zu entwerfen und hierzu die deutschen Großindustriellen beizuziehen. Bereits am 13. April 1886 legte Berchem in einer großen Denkschrift dieses Programm vor, das schon fünf Tage später die uneingeschränkte Unterstützung des preußischen Finanzministers Scholz erhielt.[17] Berchem ging davon aus, daß „Rußland vom deutschen Markt ungleich mehr abhängig ist als wir vom russischen". „Nur bei uns", so Berchem, könne Rußland „sein Getreide absetzen"; außerdem „sind wir nicht bloß die größten Abnehmer russischer Waren, sondern wir sind auch im Laufe der Jahre der Hauptgläubiger und Banquier des östlichen Nachbarn geworden". Dementsprechend könne und müsse, so sein Vorschlag, Deutschland nicht nur Kampfzölle auf Getreide und Holzeinfuhr androhen, sondern müsse auch die gerade von Rußland vorbereitete Konversion seiner Staatsschuld verhindern. Dadurch könne Rußland gezwungen werden, den zollpolitischen status quo aufrechtzuerhalten, den Differentialzoll auf Kohlen auszusetzen und sich zu verpflichten, „innerhalb der nächsten fünf Jahre die Zollsätze für Eisen- und Eisenwaren aller Art, Maschinen, Kohlen, Salz, Mauer- und feuerfeste Steine, Gips und Zement, Baumwolle-, Wolle-, Seidengarne und -waren nicht zu erhöhen und keinerlei Einfuhrverbote für diese Artikel einzuführen". Bereits weitere fünf Tage später gab Bismarck die Anweisung, den Russen mitzuteilen, daß, sollte Rußland weitere Zollerhöhungen durchführen, „wir zu unserem Bedauern gezwungen sein würden, die russische Einfuhr auf Getreide, Holz und Borstenvieh nach Deutschland mit Retorsionszöllen zu belegen". Das Lombardverbot blieb also noch in der Tasche.

Ein zäher Wirtschaftskrieg begann. Bismarck ließ „die Sache zunächst in der Presse eingehend behandeln". Zugleich wurden die Industriellen und Bankiers (vornehmlich Henckel von Donnersmarck und Bleichröder) aufgefordert, ihre Klagen öffentlich einzureichen und für eine allgemeine öffentliche Darstellung der Not zu sorgen. Alle Klagen trafen auch prompt in kürzester Frist ein. Wie Bismarck gefordert hatte, betonten die Zentralvertretungen der Industriellen: „Wir sind mit Rußland zwar befreundet, können uns aber nicht ausbeuten lassen."

[17] DZA Potsdam RdI Nr. 4858; vgl. ebda. RSchA Nr. 4215 u. DZA Merseburg Rep. 120, C. XIII, 6a, Nr. 27, Vol. 43.

Auf dieser Grundlage begannen nahezu alle Ressorts, sich mit den Rußlandfragen zu befassen: Vom Auswärtigen Amt erhielt der Minister des Innern den Auftrag, zusammen mit dem preußischen Ministerium für Handel und Gewerbe, dem Reichsschatzamt und dem Finanzministerium die zollpolitischen Wünsche zu koordinieren. Ergebnis: Bindung und Ermäßigung aller Zollsätze für Industrieprodukte, ebenso für Textilien, chemische Produkte und Elektrowaren. Man ging also noch weiter als Berchem und forderte „Ermäßigung". Als Gegengabe lehnten aber Bismarck und die preußischen Minister eine Bindung der eigenen Agrarzölle ab. Bismarck persönlich bestimmte die Ansicht des Auswärtigen Amtes: „Die bisherige russische Zollpolitik hat entmutigend und verstimmend auf unsere wirtschaftlichen Kreise gewirkt. Diese Empfindung, von dem uns politisch eng befreundeten Nachbarn wirtschaftlich ausgebeutet und geschädigt zu sehen . . ., muß Folgen haben . . . Wir müssen unsere eigene Autonomie dagegen mehr als bisher geltend machen."

Genau aber dies tat Rußland. Rußland hob seine Zölle rigoros an; z. B. für ein Produkt „grobe Eisenwaren", das bislang noch „weniger" belastet war, von 30 auf 1 287 Mark je Tonne. Damit war die Politik, „in specialia Rußland viel Lärm und Aufsehen zu machen", ohne Erfolg geblieben. Ja, in Rußland wurde der deutschfreundliche, stärker landwirtschaftlich interessierte Finanzminister Bunge von dem als extremer Protektionist und Franzosenfreund geltenden, aus der russischen Industriegesellschaft kommenden Vyšnegradskij abgelöst, der als erstes weitere „handgreifliche Beweise für die streng schutzzöllnerische Richtung der Finanzverwaltung" gab: Zollerhöhung auf Kohle, auf Roheisen, Eisen, Stahl und „Erzeugnisse aus ihnen". Außerdem begann Vyšnegradskij eine allgemeine Reform des Zolltarifs vorzubereiten und sukzessive nun auch landwirtschaftliche Maschinen, Schiffe, Waggons, Kabel, Pulver, Baumwollgewebe und Wolle in erhöhte Zollbindungen einzubringen. Vyšnegradskijs Ernennung, die durchaus gegen die Interessen russischer Großagrarier durchgesetzt wurde, bedeutete einen Sieg der protektionistischen Industriebourgeoisie über die freihändlerischen Tendenzen der deutschfreundlichen Grundbesitzer, über das Handels- und Finanzbürgertum. Gleichzeitig markierte aber diese Ernennung sehr deutlich, daß sich die die russische ebenso wie die deutsche Politik bestimmenden Kräfte von Industrie und Landwirtschaft in einem spannungsgeladenen Gleichgewicht befanden. „Brutaler wie dies seitens der russischen Regierung dem deutschen Export gegenüber geschehen, zu verfahren . . . ist wohl kaum möglich", stellte Henckel von Donnersmarck als Sprecher der oberschlesischen Industrie fest und verlangte nun sofort „Kampfzölle gegen Petroleum, land- und forstwirtschaftliche Produkte oder Besteuerung der russischen Werte auf deutschen Börsen".[18]

Bismarck war nun ebenfalls entschlossen zu handeln. Im Februar 1887 bereiteten die preußischen Minister für das Reich die Erhöhung der Getreidezölle vor, die noch im selben Monat verkündet wurden, und im selben Monat begann Bismarck nun auch in Sachen „Lombardpolitik" aktiv zu werden. Er war sich „bewußt" geworden, daß durch „unsere Rücksichtnahme auf Landwirtschaft und Industrie uns jede Annäherung an Rußland äußerst enge Grenzen zieht", die nur überwunden werden

[18] DZA Potsdam RdI Nr. 4927.

könnte durch eine umfassende Kooperation oder durch ein volles Entgegenkommen Rußlands. „Nicht kriechend" sollte das deutsch-russische Verhältnis ausgelotet werden – parallel zu diesen Überlegungen liefen die Verhandlungen zum Rückversicherungsvertrag –, sondern „im Holzhackerton".

2. Unmittelbar nach den schroffen Auseinandersetzungen in der Handelsfrage griff Bismarck zum nächsten Mittel, „Rußland botmäßig" zu machen, ihm zu verdeutlichen, „daß es ohne unsere Hilfe in der großen Politik ... sehr schnell festsitzt". Bereits ab Mai 1887 begann eine Pressekampagne gegen „die Überschwemmung" des deutschen Kapitalmarktes mit russischen Fonds. 6 Mrd. Rubel sollten im Ausland aufgelegt sein, ließ Bismarck verbreiten, davon allein 2 bis 2,5 Mrd. Mark in Deutschland, dessen preußische Spareinlagen auch nur 2,2 Mrd. Mark betrugen. Gerichtsentscheide, daß russische Papiere nicht als „mündelsicher" anzusehen seien, kamen ihm dabei ebenso gelegen wie der Ukas des Zaren, der am 24. Mai 1887 befahl, Immobilienerwerb für Ausländer im Weichselgouvernement nicht mehr zuzulassen.

Acht Tage vor dem Besuch des Zaren im Spätherbst, wenige Monate nach dem Rückversicherungsvertrag, verkündete der Reichsbankpräsident, daß „ausländische Papiere in Zukunft weder als Kaution angenommen, noch auch zum Zweck von Vermögensanlagen angehäuft werden dürfen". Die Kettenreaktion auf dem deutschen Kapitalmarkt war durchschlagend. Die Russenpapiere verfielen; eine Deroute aus den Werten setzte ein, eine andauernde Baisse trieb die Werte ins Ausland, besonders nach Frankreich, das 1890 bereits russische Papiere von 3 Mrd. Francs besaß, die, der Emissionsrendite ungeachtet, bereits einen Profit von 600 Mill. Francs einbrachten. Auch diese Politik erwies sich offenbar als ein Schlag ins Wasser und trug nur dazu bei, die wirtschaftspolitischen Gegensätze anzuheizen, was auch in den Jahren bis 1890 geschah. In der wissenschaftlichen Analyse ist der Frage nach dem Sinn dieser Aktion – mit Ausnahmen – wenig nachgegangen worden. Im Mittelpunkt dieser Überlegungen stand die geistvolle Analyse des Rückversicherungsvertrages als Krönung Bismarckscher Staatskunst. Und gerade die Erstarrung der ökonomischen Fronten bei gleichzeitiger Aktivität an der diplomatischen Front scheint einer solchen Betrachtungsweise der politischen Faktoren Sinn und Gewicht zu geben, wie denn auch das russische Interesse an einem Vertrag mit den Deutschen Beleg sein könnte für den Erfolg von Bismarcks Taktik. Dieser Argumentation entging bislang eine zweite diplomatische Aktion der Reichszentrale. Von Bismarck beauftragt, entwarfen Berchem und Holstein, parallel zur Politik des Rückversicherungsvertrages, eine Alternative, die erreichen wollte, entweder über den geheimen Vertrag hinaus ein Agreement mit Rußland zu erreichen oder, gelang dies nicht, eine klare Entscheidung der deutschen Politik für – wie es Berchem nannte – „Mitteleuropa", zugunsten also eines Ausbaus der deutsch-österreichischen Freundschaft, herbeizuführen.

Die große Zurückhaltung der engsten Mitarbeiter Bismarcks gegenüber dem Rückversicherungsvertrag erhält von dieser Politik aus ihre Begründung. So betonte Herbert Bismarck: „Wir müssen uns auf einen Bruch mit Rußland einstellen", „mit dialektischen Turnerkunststücken" sei die Freundschaft mit Rußland nicht zu halten, und auch der Kanzler offerierte seinem Botschafter in Petersburg, „auf einen

Bruch gefaßt zu sein". Im September 1887 erhielt die Kölner Zeitung den Auftrag, das Verhältnis mit Rußland unter dem Titel „Ohne Freundschaft und ohne Feindschaft" abzuhandeln. Und Herbert Bismarck lamentierte vor den Mitarbeitern im Auswärtigen Amt und vor Industriellen fünf Tage vor Abschluß des Vertrages über die „Hinterhältigkeit, Feigheit, Verlogenheit und Betrügereien der Russen".

Bereits wenige Tage nach Unterzeichnung des Rückversicherungsvertrages war für Herbert Bismarck der Vertrag „wertlos"; auf alle Fälle war aber Bismarck überzeugt, daß das deutschfreundliche Lager „gänzlich einflußlos" sei am Zarenhof. „Wir werden uns", so ließ er dem Zaren mitteilen, „da wir uns um das Wohlwollen Rußlands vergeblich bemühen, die Aufgabe stellen müssen, durch Änderung unserer Politik das Wohlwollen anderer Mächte zu gewinnen und diese anderen Mächte in ihren Neigungen zur antirussischen Politik zu ermutigen."

Gleichzeitig insistierte der Kanzler, daß deutsche Banken und Industrieunternehmen in Gegenden russischer Expansionsinteressen aktiv werden sollten: Das Bagdadbahnprojekt wurde Georg v. Siemens gegenüber erstmals „mit Wohlwollen" betrachtet, das Chinakonsortium gegenüber Bleichröder in Erinnerung gebracht, Bahnbaupläne in Rumänien, Krupp sollte sich in der Türkei engagieren, die Germaniawerft ebenso, für Bulgariens, Ungarns und Italiens Eisenindustrie bot das Auswärtige Amt seine Vermittlerdienste zum Bochumer Bergwerksverein an.

Aber trotz all dieser Hektik gelang es der deutschen Politik nicht, eine beständige, auf wirtschaftlicher Basis abgesicherte, kontinuierliche und konfliktlose Beziehung zu Rußland herzustellen und gleichzeitig den drängenden, aber sich nicht entsprechenden Wünschen von Großindustriellen und Großagrariern entgegenzukommen. Bismarcks Politik gewann im Gegenteil einen eigentümlich irrealistischen Zug, und es ist gefragt worden, ob er denn nicht gesehen habe, daß er mit eigener Hand sein außenpolitisches System zerstöre.

Vyšnegradskijs Stellung war durch die Sperrung des Kapitalmarkts nicht untergraben worden; das Lombardverbot hatte die russischen Finanzen nicht ruiniert, es hatte den russischen Markt nicht geöffnet, es hatte die russische Rüstung nicht verhindert, sondern im Gegenteil deutsche Präventivkriegsabsichten angeheizt; es sollte die Läger der konservativen Kräfte gegen Umsturz und Revolution erneuern und zerstörte vollends die Basis des gegenseitigen Vertrauens. Unsinnige Politik also? Nein! Bismarcks Politik entsprach den politisch-ökonomischen Gegebenheiten, die unter den Bedingungen jenes innenpolitischen Systems entstanden waren, das, gesichert durch die Förderung der Kartellierung, der Rüstungs- und Hochschutzzollpolitik der „privilegierten Herrscherelite der vorindustriellen Gesellschaft und des vorkonstitutionellen Staates auch im Zeitalter der permanenten Industrierevolution und des allgemeinen Wahlrechts" (Hans Rosenberg) ihren bestimmenden Einfluß beließ. Ziemlich genau entsprach z. B. die Lombard- und Handelspolitik den „traditionsgeheiligten Beschwerden, daß der landwirtschaftliche Kredit zu teuer, ja wegen des Abflusses vom mobilen inländischen Kapital ausgerechnet nach Rußland eigentlich unerschwinglich geworden sei, daß mit diesem Kapital exportfördernde russische Eisenbahnlinien gebaut würden" etc. etc. Solange das System Bismarcks funktionierte, gelang es, getragen vom „Bündnis der schaffenden Hand", die „soziale Frage als Verfassungsfrage" unbehandelt zu lassen. Doch Bismarcks

System, das zeigten sehr deutlich die deutsch-russischen Wirtschaftsbeziehungen, beruhte auf politisch-ökonomischen Interessenkonflikten, die sich – ab 1886 erkennbar –, selbst bei größter Virtuosität nicht mehr im Sinne einer Politik des „sorgenden und führenden Patriarchalismus" (Eckart Kehr) lösen ließen. Gerade die letzten Zollkonflikte im Jahre 1889 mit Rußland machten das Scheitern von Bismarcks Politik deutlich; die brutale Umleitung der russischen Kapitalversorgung und der wirtschaftliche Antagonismus machten den Zweifrontenkrieg auch als Ergebnis der Bismarckschen Politik unvermeidbar. Und dies fand sein Nachfolger Leo von Caprivi auch vor: ein Bündel unentwirrter, ungelöster und hochexplosiver Probleme. Ein Vertrag mit Rußland, der keine Wirkkraft hatte; ein Bündnissystem – der Dreibund –, das weitgehend durch wirtschaftliche Gegensätze ausgehöhlt war, ein koloniales Engagement ohne innenpolitische Absicherung, eine gescheiterte Finanzreform, eine Sozialpolitik, die die Kluft der Klassengegensätze des Reiches nicht verdecken konnte, eine gespaltene Nation, deren integrierender Faktor, die Wirtschaftspolitik, in eine Sackgasse geführt hatte; die Nahrungspreise hoch, der Industrieabsatz stockend, die Lebens- und Wohnverhältnisse der breiten Masse beengt. In dieser Situation hatte Bismarck 1890 die Probleme „nicht ohne Bluttaufe" lösen wollen.

IV.

Leo von Caprivi, der Nachfolger Bismarcks, hat in der deutschen nationalen Geschichtsschreibung keine guten Zensuren bekommen. Es ist hier nicht der Ort, dieses Bild insgesamt zu korrigieren, was um so schwieriger ist, als Caprivi seinen Nachlaß verbrannte und seine engen Mitarbeiter in der neomerkantilistischen Ära in der Senke verschwanden; aber unter dem Gesichtspunkt der deutsch-russischen Wirtschaftsbeziehungen kann seine Politik im Rahmen der oben angegebenen Prämissen eine Beleuchtung erhalten, die die These von der Begründung der deutschen Weltpolitik durch den „Neuen Kurs" ebenso problematisiert wie die Beachtung der Lombard- und Handelspolitik in der Beurteilung des Rückversicherungsvertrages.

In der engeren Beurteilung der Caprivischen Handelspolitik ist gesagt worden, daß dieselbe „die gleichen Ziele" wie Bismarck angestrebt habe, „doch schenkte Caprivi den Interessen des wachsenden Industriekapitalismus mehr Gehör" und „trug den Erfordernissen des kapitalistischen, industriell hochentwickelten Staates und der Bourgeoisie besser Rechnung". Außerdem hätten sich seine Methoden „den Interessen dieser Kräfte" besser angepaßt als die Bismarcks (Sigrid Kumpf-Korfes). Es wird zu fragen sein, ob diese Beurteilung den Kern der Politik des zweiten Kanzlers trifft.

Ohne Zweifel ist es korrekt, daß Caprivi im Gegensatz zu Bismarck sofort auf den industriellen Fortschritt setzte. Caprivis Prinzipien und die seiner engsten Mitarbeiter Göring und Huber stellten die Bismarckschen Grundprinzipien einer preußisch-deutschen Gesellschaft kraß infrage. Für sie galten nicht mehr die agrarisch-orientierten Führungsschichten als „die zuverlässigsten Stützen" der Krone, als die sie Bismarck noch 1879 bezeichnet hatte. Für Caprivi schien eher „eine Revolution auf agrarischer Basis nicht unmöglich und für den Augenblick gefährlicher als eine sozialdemokratische". „Da der kleine Adel seine Gesinnung von seinen Einnahmen abhängig zu machen" beginne, sei sowieso „das Beste ..., seine staatliche Gesinnung", hin, und es „lohne dem Staate nicht, noch für diese Klasse Opfer zu bringen".

Vorbereitet durch seine intensiven Kontakte mit den Rußlandopponenten im Auswärtigen Amt und den Reichsbehörden, besonders Berchem und Holstein, begann deswegen Caprivi, den gordischen Knoten Bismarckscher Verwirrungspolitik dort zu durchschlagen, wo er die Freisetzung „der wirtschaftlichen Kraft" durch die Steigerung des Exports mit Hilfe von langfristigen, bindenden Handelsverträgen erwartete, um so die soziale Frage mit dem ökonomischen Fortschritt zu verbinden. Er wollte nicht mehr durch Subventionen und politische Rücksichtnahme das alte System der Produzenten erhalten, sondern sah in der Abkehr vom Solidarprotektionismus, in der Öffnung der Grenzen, in der „möglichst freien Konkurrenz" das Allheilmittel, die dahinlahmende Konjunktur zu beleben und die innenpolitischen Krankheitssymptome zu heilen. Bereit, mit dem Zentrum zusammenzugehen, mit den Sozialdemokraten sich zu verständigen, war er bestrebt, die Nahrungspreise zu senken, das hieß, die Agrarzölle zu reduzieren. Damit legte er die Axt an die Wurzeln der Adelsmacht, an die überlieferte Machtverteilung in Preußen-Deutschland.

Dieser Grundüberlegung entsprach nun eine zweite, die den reinen Exportgedanken, die bessere Anpassung an das kapitalistische System, deutlich einschränkte. Diese Politik hätte nämlich einen sofortigen handelspolitischen Ausgleich mit Rußland ermöglicht, was aber Caprivi nicht anstrebte. Seine Intentionen, niedergelegt in zwei großen intensiv begründeten Memoranden und vier ebenfalls unpublizierten sehr umfassenden Denkschriften seiner Mitarbeiter, besonders Berchems, Görings und Hubers, richteten sich auf die von Berchem seit 1886 entwickelte Idee einer mitteleuropäischen Wirtschafts- und, darauf aufbauend, einer politischen Union. Kern der gesamten Überlegungen waren zwei Gedanken:

1. Das Reich kann als industrialisierter Nationalstaat nicht mit einer anachronistischen Gesellschaftsordnung existieren, die nur durch diplomatisch begründete Verträge außenpolitisch abgesichert war.

2. Um wirtschaftlich zwischen Nordamerika und Rußland unabhängig seine machtpolitische Stellung einnehmen zu können, müßte es gelingen, zwischen Wien und Berlin durch ein Handelsvertragssystem mit Präferenzen ein „Kristallisationszentrum" zu schaffen, an das sich „nicht nur der Dreibund" anschließen und sich damit neu beleben sollte, sondern um dieses Zentrum sollte sich ein „Rayon neutraler Staaten" anschließen, verbunden „durch gleichartige kommerzielle Interessen".

Berchem dachte dabei an Belgien, Serbien, Rumänien, Spanien. Caprivi vor allem hoffte durch eine Lösung des Elsaß-Lothringen-Problems auch Frankreich einbringen zu können. Bereits Mitte und Ende 1890 hatte Caprivi dieses System einer „lega doganale" mit den Österreichern und Italienern festgemacht. Kálnoky und Caprivi gaben ihr Einverständnis, „da eine Gemeinschaft in kommerziellen und industriellen Fragen die betreffenden Länder und Völker fester aneinander bindet". Außerdem hatten im September 1890 die beiden Kaiser in Rohnstock ihr placet für den Aufbau eines Zollbundes gegeben, dem sich in Monza, November 1890, auch König

Humbert anschloß: Der erste Schritt sollte eine „engere Bindung Deutschlands und Österreich-Ungarns sein“, und dem sollten sich Italien, die Schweiz und die Niederlande anbinden, „nicht zum Ausgleich von Gegensätzen, sondern zum Aufbau eines Systems“.

Im Herbst 1890 wurden die neuen Prinzipien des Handelsvertragssystems dargelegt: Die Einfuhrzölle auf Getreide, Vieh und Holz sollten gesenkt werden, und zwar unter Benutzung der kurzfristigen Agrarkrise 1890. Die deutsche Öffentlichkeit war irritiert. Zum erstenmal erhielt ein Kanzler von links Unterstützung. Nicht minder beunruhigt war Rußland. Die Absicht, die „Wiederherstellung und Kräftigung einer mitteleuropäischen Konföderation, die auch wirtschaftlich stark genug ist, der Konkurrenz von Rußland und Amerika standzuhalten“ – so Caprivi vor dem Reichstag – schloß Rußland aus Europa aus, ja noch mehr: Rußland würde von Europa isoliert, wenn es Caprivi gelänge, „in gleicher Weise wie Preußen Deutschland geeinigt hat“, nun Deutschland und Europa zu einigen. Die Folge war, daß in Rußland eine starke Kritik gegen Vyšnegradskij aufbrach; ob Deutschland „durch die Verhältnisse seiner inneren wie auch seiner äußeren Politik genötigt sein werde, Rußland bedingungslos zuzugestehen, was Österreich-Ungarn nur unter Opfern sich wird erkaufen müssen“, wurde von den Grundbesitzern in Frage gestellt. Sie setzten durch, daß bereits im November 1890 Verhandlungen mit den Deutschen aufgenommen wurden. In außerordentlichen Beratungen beim Zaren konnte sich aber Vyšnegradskij gegen Giers mit seinem autonomen Tarifsystem, das dieser seit 1887 entwickelt hatte, behaupten, und zwar wesentlich dadurch, daß die Deutschen „nicht zu den kleinsten Zugeständnissen“ in Sachen Zollabbau bei Industriegütern bereit waren.[19]

[19] DZA Potsdam, RdI Nr. 4858; DZA Merseburg Rep. 120, C. XIII, 3a, Nr. 35, Bd. 1.

Russische Zolltarife und Forderung Deutschlands
(in Kopeken [Gold] pro Pud)

Verzollter Gegenstand	1877	1882	1887	1891	Forderung Deutschlds.
Gußeisen a) zur See	5	6	25	30	30
b) westl. Landgrenze	5	6	30	35	30
Schmiedbares Eisen in Stäben, Winkel- u. Eckeisen	35	40	50	60	40
Eiserne Schienen	20	50	50	60	35
Eisen in Blättern	50	55	70	85	50
Schmiedbarer Stahl in Stäben, Winkel- u. Eckstahl	80	40	50	60	40
Stahlschienen	45	50	50	60	35
Stahl in Blättern	80	55	70	85	50
Gußeisen verarbeitet	80–250	110	140	170	100
Kupferdraht	150	165	400	400–600	200–300
Drahtfabrikate aus Kupfer	300	330	550	600	500
Eisen- u. Stahlfabrikate	100–135	88	120	170	90
Eisen- u. Stahlkesselarbeiten (Kessel, Röhren, Brücken)	55–100	55–100	140	170	100
Landwirtschaftliche Geräte	44–80	55	140	140	60
Maschinen u. Apparate	frei–45	frei–165	350	480	200
Lokomotiven	125	140	200	240	100
Landwirtsch. Maschinen	frei	frei	70	70	50
Baumwollgarn	325	600	600	900	600

Die Schaffung eines mitteleuropäischen Zollbundes als Zentrum Caprivischer Politik band alle Energien. Caprivi betonte noch öffentlich am 1. Juni 1891 die Entschlossenheit, nur mit Österreich abzuschließen, um so auch durch die politische Aufwertung des Dreibundes gegen die von Bismarck eingeleitete Gefahr eines Zweifrontenkrieges gewappnet zu sein. Außerdem bedeutete eine starke Ablehnung russischer Wünsche, daß die deutschen Agrarier, wenn auch murrend, im Boot blieben. Im mitteleuropäischen Rahmen konnte das preußisch-deutsche System im Sinne eines aufgeklärten Konservativismus gewahrt bleiben, nicht aber bei einer Öffnung gegenüber Rußland.

Bis Mitte 1891, ja selbst bis Mai 1892 schien es, als ob Caprivi mit seiner Grundidee, Bismarcks kompliziertes, aber uneffektives Bündnissystem auf wenige, doch, wie er hoffte, tragfähige Konstellationen zurückzuführen, Erfolg haben würde. Außerdem unterstützte ihn seine industriefördernde Politik, der Aufbau des Arbeiterschutzes unter Berlepsch, die Aufhebung des Sozialistengesetzes. Als nun die ersten vier langfristigen Handelsverträge im Frühjahr 1892 angenommen waren, war Caprivi auf dem Höhepunkt seines Erfolgs; konsequent nahm Rußland nun die enge Verbindung mit Frankreich an und ließ sich auf einen vehementen Zollkrieg mit den neuen Handelsvertragspartnern ein. In diesem Zollkrieg nun wiederholte sich die bereits mehrfach angesprochene Potenzierung gegensätzlicher Interessen sowohl in Deutschland als auch in Rußland. In der Industrienation Deutschland setzte sich das Exportinteresse durch, im Agrarstaat Rußland ebenfalls. Der deutsch-russische Handelsvertrag, im Jahre 1894 geschlossen, war demnach der Zusammenbruch der Caprivischen Politik, nicht ihr Abschluß, denn nunmehr rissen die mühsam in ein mehr reformoffenes Programm gebundenen Kräfte, und Caprivi verlor nun alle Gruppenverbündeten: die Agrarier, weil er die Zölle gesenkt hatte, die Industriellen, weil er die Arbeiterschutzpolitik fortsetzte, den Mittelstand, weil er ihn nicht vor dem Industriekapitalismus, dem freien Wettbewerb, dem Prestigeverlust in Gesellschaft und Staat rettete, die Offiziere, den Kaiser, weil er die Rüstungsausgaben kürzte, Präventivkriegwünsche torpedierte und eine Heeresreform durchsetzte, das liberale Bürgertum, weil er eine konservative Schul- und Kirchenpolitik betrieb, die Arbeiter, weil er an der machtstaatlichen Tradition und Hierarchie festhielt. So scheiterte am Handelsvertrag mit Rußland der Versuch, mit einem aufgeklärten Konservatismus die Probleme des industrialisierten Agrarstaates lösen zu wollen, weil mit seinem Abschluß die konstituierenden Kräfte deutscher Staatlichkeit wieder zum Durchbruch kamen und sich das Bündnis zwischen Schwerindustrie und Landwirtschaft gegen die soziale Umwälzung erneut herstellte. Das Erbe von 1879 war stärker.[20]

[20] Die folgende Auswahlbibliographie gibt einen kurzen Überblick über einige der wichtigsten Monographien zu diesem Thema:

E. Agahd, Großbanken und Weltmarkt. Die wirtschaftliche und politische Bedeutung der Großbanken im Weltmarkt unter Berücksichtigung ihres Einflusses auf Rußlands Volkswirtschaft und die deutsch-russischen Beziehungen, Berlin 1914.

J. v. Bazant, Die Handelspolitik Österreich-Ungarns (1872–1892) in ihrem Verhältnis zum Deutschen Reich und dem westlichen Europa, Leipzig 1894.

A. Börner, Der Klassencharakter der Caprivischen Handelsvertragspolitik, vornehmlich dargestellt am Beispiel des Kampfes um den Abschluß des deutsch-russischen Handelsvertrages von 1894, Phil. Diss. Leipzig 1961 (Ms.).

V. I. Bovykin, Očerki istorii vnešnej politiki Rossii (konec XIX v. – 1917), Moskau 1960.

E. Brandenburg, Von Bismarck zum Weltkrieg, Berlin 1924.

W. Christians, Die deutschen Emissionshäuser und ihre Emissionen in den Jahren 1886 bis 1891, Berlin 1893.

V. M. Chvostov, Franko-russkij sojuz i ego istoričeskoe značenie, in: Desjatyj meždunarodnyj kongress istorikov v Rime, Sent. 1955 g. Doklady sovetskoj delegacii, Moskau 1956, S. 618–647.

R. Claus, Das russische Bankwesen, Leipzig 1908.

G. Diouritch, L'expansion des banques allemandes à l'étranger, Paris/Berlin 1909.

E. Engelberg, Bismarck, Rußland und die bornierten Bonner Ultras. Einige zeitgenössische Gedanken zur Frage der Realpolitik damals und heute, in: Neues Deutschland, 18. II. 1962.

W. Gerloff, Die deutsche Zoll- und Handelspolitik von der Gründung des Zollvereins bis zum Frieden von Versailles, Berlin 1920.

A. Gerschenkron, Economic Backwardness in Historical Perspective, Cambridge, Mass., 1962.

I. F. Gindin, K voprosu ob ėkonomičeskoj politike carskogo pravitel'stva v 60–80-ch godach XIX veka, in: Voprosy istorii 1959, 5, S. 63–82.

K. Helfferich, Georg von Siemens. Ein Lebensbild, Bde. 1–3, Berlin 1923.

O. *Hoetzsch*, Grundzüge der Geschichte Rußlands, Stuttgart 1949.

B. Ischchanian, Die ausländischen Elemente in der russischen Volkswirtschaft, Berlin 1913.

O. *Jeidels*, Das Verhältnis der deutschen Großbanken zur Industrie, mit besonderer Berücksichtigung der Eisenindustrie, Leipzig 1905.

Das „Zwischenspiel Caprivi" und die Erneuerung der traditionellen Handelspolitik dann unter Bülow hatten aber weiterreichende Folgen; was zur Zeit der Reichsgründung letzten Endes noch an einem Strang zog, das löste sich nun endgültig in wirtschaftliche Einzelinteressen auf. Nunmehr zeigte es sich aber, daß die neue „Weltpolitik" definiert werden muß als Abwehrideologie und Abwehrpolitik gegen Caprivis Versuch, mit Hilfe einer rigoros durchgeführten Industrieförderungspolitik den sozialen Ausgleich zu erreichen. Erst die Verknüpfung mit agrarstaatlichen Interessen und die Notwendigkeit einer gesellschaftlich begründeten Machtkonservierung läßt die Flottenpolitik, die Heeres- und Handelspolitik im Rahmen einer Sammlungspolitik als imperialistische Politik deutlich machen. So trennt denn die Handelspolitik Caprivis in ihrem Scheitern die Sammlungspolitik Bismarcks von der der späten 90er Jahre. Die erstere kann als bonapartistischer Versuch einer Konsensusbildung gewertet werden, der innere Reformen autoritär durchzuführen suchte, die letztere kann nur als Ersatzideologie eines Cäsarismus verstanden wer-

F. Klein, Deutschland von 1897/98 bis 1917 (Deutschland in der Periode des Imperialismus bis zur Großen Sozialistischen Oktoberrevolution), Berlin 1961.

K. Körlin, Zur Vorgeschichte des russisch-französischen Bündnisses, 1879–1890, Halle 1926.

H. Krausnick, Holsteins Geheimpolitik in der Ära Bismarcks 1886–1890, Hamburg 1942.

D. H. Kruger, Hobson, Lenin and Schumpeter on Imperialism, in: Journal of the History of Ideas 16 (1955), S. 252–259.

D. S. Landes, Some Thoughts on the Nature of Economic Imperialism, in: Journal of Economic History 21 (1961), S. 496–512; dt. in: *H.-U. Wehler* (Hrsg.), Imperialismus, 2. Aufl. Köln 1975, S. 66–82.

P. I. Ljaščenko, Istorija narodnogo chozjajstva SSSR, T. 2, Moskau 1952.

J. Mai, Die preußisch-deutsche Polenpolitik 1885–1887. Eine Studie zur Herausbildung des Imperialismus in Deutschland, Berlin 1962.

C. Matschoss, Ein Jahrhundert deutscher Maschinenbau, Berlin 1919.

A. Manfred, Iz predistorii franko-russkogo sojuza, in: Voprosy istorii 1947, 1, S. 24–52.

O. Matthesius, Russische Eisenbahnpolitik im 19. Jahrhundert von 1836–1881, in: Archiv für Eisenbahnwesen, 1903, S. 933–980, 1225–1272; 1904, S. 72–118.

O. Mertens, 30 let (1882–1911) russkoj železnodorožnoj politiki i ee ėkonomičeskoe značenie, Petrograd 1923.

G. Michon, L'alliance franco-russe 1891–1917, Paris 1927.

B. Morozov, Die Stellung des deutschen Kapitals in der Wirtschaft des russischen Fernen Ostens (1860–1904), in: Jahrbuch für Geschichte der UdSSR und der volksdemokratischen Länder Europas 6 (1962), S. 139–172.

B. Nolde, L'alliance franco-russe. Les origines du système diplomatique d'avant-guerre, Paris 1936.

H. Oncken, Das Deutsche Reich und die Vorgeschichte des Weltkrieges, Bde. 1–2, Leipzig 1933.

S. A. Pervushin, Cyclical Fluctuations in Agriculture and Industry in Russia, 1869–1926, in: Quarterly Journal of Economics 42 (1928), S. 563–592.

M. N. Pokrovskij, Diplomatija i vojny carskoj Rossii v XIX stoletii. Sbornik statej, Moskau 1923.

H. Preller, Zur Entstehung und Struktur des russisch-französischen Zweibunds von 1890 bis 1894, in: Archiv für Politik und Geschichte 2 (1924), S. 463–475.

F. Rachfahl, Bismarcks englische Bündnispolitik, Freiburg 1922.

G. v. Rauch, Rußland im Zeitalter des Nationalismus und Imperialismus 1856–1917, München 1961.

A. Zimmermann, Die Handelspolitik des Deutschen Reiches vom Frankfurter Frieden bis zur Gegenwart, Berlin 1901.

den, der keine Reformen wagen konnte, ohne das Staatsgebäude zum Einsturz zu bringen. Imperialistische Politik, geplant als Sammlungs- und Assimilierungspolitik, als „Sozialreform" durch Weltmachtpolitik, kann demnach gekennzeichnet werden als der Versuch, die politisch-soziale Instabilität durch propagandistisch-psychologische Aktivität zu überwinden, d. h. den Untergang des Systems vorzubereiten.

V.

Wenn die „ökonomische Rückständigkeit" die Heftigkeit der sozialen Konflikte bestimmt und wenn Ideologie das Spiegelbild sozialer Spannungen darstellt, so werden im Rahmen unserer Überlegungen die deutsch-russischen Wirtschaftsbeziehungen zu interpretieren sein als der Ausfluß der gesellschaftlichen Widersprüche des mit der Industriellen Revolution in Gang gesetzten fundamentalen Wandels der gesellschaftlichen Ordnung. Die Lösungen, die der organisierte Kapitalismus zur Überwindung der Probleme des industriellen und sozialen Modernisierungsprozesses angeboten hat, kennen wir. Zwei Weltkriege und die Kette der nicht abreißenden Kriege in der Dritten Welt genügen. Es ist aber die Frage, ob die Lösung, die der „Sozialismus" anzubieten hat, eingebunden in ähnliche nationale Kategorien wie der „Kapitalismus", die „gesellschaftspolitische Unfähigkeit" überwinden kann, „innerhalb einer Volkswirtschaft mit den ökonomischen Folgen permanenter technologischer Innovation und ihren gesellschaftlichen Auswirkungen fertig zu werden" (Hans-Ulrich Wehler).

DISKUSSION

KARL DIETRICH ERDMANN, KIEL

[Von dem Beitrag, der zu den unterschiedlichen theoretischen Ansprüchen und Voraussetzungen der beiden Vorträge Stellung nahm, ist aus technischen Gründen keine Tonbandaufnahme erhalten geblieben. C. Sch.]

DIETRICH GEYER, TÜBINGEN

Ich habe den Eindruck, daß es für unsere sowjetischen Kollegen nützlich wäre, wenn von deutscher Seite, vielleicht von Herrn Böhme selbst, Begriffe wie die des Sozialimperialismus, Bonapartismus, Cäsarismus und andere, die sich in seinem Papier finden, noch ein wenig deutlicher definiert werden könnten, weil diese Begriffe im Kontext der marxistisch-leninistischen Geschichtswissenschaft eine andere Bedeutung haben und man durch solche Definitionen möglicherweise unnötige Mißverständnisse vermeiden könnte.

HELMUT BÖHME, DARMSTADT

Ich will die Anregung von Herrn Kollegen Geyer, ganz kurz jene drei Begriffe, die ich angesprochen habe, zu präzisieren, aufnehmen.

1. „Sozialimperialismus": Soweit ich sehe, hat Herr Kollege Hans-Ulrich Wehler in einem umfassenden, die seitherige Forschung kritisch analysierenden Buch zur Bismarckschen Innen- und vor allem Kolonialpolitik[a] den Begriff so allgemein verwandt, daß er zur Kennzeichnung einer allgemeinen historischen Entwicklung herangezogen werden konnte. „Sozialimperialismus" bezeichnet den Versuch, innenpolitische Gegensätze und Schwierigkeiten nach außen abzulenken. Der Begriff ist meiner Meinung nach nicht gerade glücklich gewählt, weil er sich nicht von selbst versteht. Er läßt durchaus auch eine andere Interpretation zu. So gibt es z. B. im russischen Sprachraum eine andere Interpretation dafür. Ich habe den Begriff „Sozialimperialismus" nicht in dieser politisch-aktuellen Beziehung gebraucht.

2. „Bonapartismus". Auch dieser Begriff hat für die jüngere westdeutsche Historikergeneration einen wichtigen „Stellenwert" erhalten. Er ist besonders vom Kollegen Michael Stürmer verwandt worden[b], und zwar zur Kennzeichnung eines Regierungsstils, der sich am politischen Handeln Napoleons III. exemplarisch darstellen läßt.

Nicht demokratische Spielregeln sind es, die für diesen Stil kennzeichnend sind, sondern die Manipulation der Massen für eine ganz bestimmte politische Zielrichtung. Auch diese Interpretation ist ebenso wie die Interpretation des Begriffes „Sozialimperialismus" auf der Grundlage der Arbeiten von Eckart Kehr entwickelt worden.[c] Dabei ist die Begründung oder der Einfluß, der aus der Engelsschen Analyse kommt, Ihnen sicher deutlich.

3. „Cäsarismus". Der dritte Begriff, den ich hier verwandt habe, gehört in den Kontext der beiden vorerwähnten Termini. Mit ihm wird die Überwindung der gesellschaftspolitischen Widersprüche eines Staates in der kaiserlichen Person bezeichnet.

[a] *H.-U. Wehler*, Bismarck und der Imperialismus, Köln 1969, 4. Aufl. München 1976.

[b] *M. Stürmer*, Staatsstreichgedanken im Bismarckreich, in: Historische Zeitschrift 209 (1969), S. 566–615; ders., Konservatismus und Revolution in Bismarcks Politik, in: Ders. (Hrsg.), Das kaiserliche Deutschland. Politik und Gesellschaft 1870–1918, Düsseldorf 1970, S. 143–167; jetzt: ders., Regierung und Reichstag im Bismarckstaat 1871–1880. Cäsarismus oder Parlamentarismus, Düsseldorf 1974.

[c] *E. Kehr*, Der Primat der Innenpolitik. Gesammelte Aufsätze zur preußisch-deutschen

Sozialgeschichte im 19. und 20. Jahrhundert, hrsg. u. eingel. von H.-U. Wehler, Berlin 1965, 2. Aufl. 1970.

GÜNTHER STÖKL, KÖLN

Ich will versuchen, den Bann zu brechen und möchte anknüpfen an eine Feststellung in dem Referat von Herrn Böhme (vgl. oben S. 175 f.). Dort heißt es, daß der Beginn des jeweiligen nationalen Chauvinismus mehr bestimmt wird durch Handels- und Finanzpolitik als durch die allgemeine oder auch „große" genannte Politik. Ob diese Verteilung der Gewichte richtig ist, sei dahingestellt, sicher sind damit weder der Beginn noch die Motivierung noch der Mechanismus nationalistischen Denkens erschöpfend gekennzeichnet. Das war aber auch nicht die Aufgabe des Referates. Ich bitte daher meinen Diskussionsbeitrag weniger als Kritik denn als Ergänzung, als Erweiterung oder vielleicht auch als Vertiefung zu betrachten. Es wird die sowjetischen Kollegen vielleicht interessieren, daß seit einigen Jahren in der Bundesrepublik an verschiedenen Stellen Untersuchungen zur Entwicklung der deutschen Vorurteile über Rußland durchgeführt werden. Vorurteile und Fehlurteile führender Persönlichkeiten sind ja einigermaßen bekannt. Weniger bekannt sind die Wege, auf denen sich solche Vorurteile, solche Klischees verbreiten und vererben. Wir haben in Köln u. a. drei Zeitschriften für den Zeitraum von 1860–1880 untersucht, und zwar die „Gartenlaube", die führende Illustrierte der damaligen Zeit, die „Grenzboten" und „Westermanns Monatshefte". Ich hoffe, daß das Ergebnis etwa in einem Jahr publiziert werden kann. So viel scheint aber sicher, daß die Reizbildung von 1871, also ein positives nationales Ereignis, eine Verstärkung negativer nationaler Vorurteile nach sich gezogen hat. Wie war es aber nun in den 80er Jahren, um hier an das Referat von Herrn Böhme anzuknüpfen?

Ich kann nur ein Beispiel dafür geben, und zwar handelt es sich um eine etwas merkwürdige Persönlichkeit namens Johannes Scherr[a], einen unglaublichen Vielschreiber; er hat eine Deutsche Kulturgeschichte, eine Geschichte der deutschen Literatur, Romane und vieles andere geschrieben und war zweifellos ein Popularisator ersten Ranges, mit einer ganz interessanten Biographie. Er stammte aus ärmlichen Verhältnissen, war der Sohn eines schwäbischen Volksschullehrers, der dann als 48er Revolutionär in die Schweiz emigrierte und es schließlich 1862 zum Professor für Geschichte an der Eidgenössischen Technischen Hochschule in Zürich brachte. Sicher kein professioneller Historiker, aber jemand, der viel über Geschichte geschrieben hat, u. a. auch über russische Geschichte – kleinere Essais, u. a. einen Essai über Ivan IV. unter dem Titel „Der grause Zar", und schließlich 1885, ein Jahr vor seinem Tod, ein Buch über den Nihilismus. In allen diesen Publikationen zur russischen Geschichte von Johannes Scherr, die keinerlei wissenschaftliche Bedeutung haben, tauchen nun die bekannten negativen Vorurteile auf, etwa derart, daß expansionistische Tendenzen oder Vermutungen in bezug auf Rußland immer mit dem Adjektiv „mongolisch" verbunden werden. Nun gibt es bei diesem Johannes Scherr eine Verdichtung seiner sich mit Rußland beschäftigenden Publikationen, die zum Teil auch als Vorabdruck in der „Gartenlaube", einer Zeitschrift mit sehr hoher Auflage, erschienen sind, und zwar gerade in den 80er Jahren, und das würde zu der Feststellung von Herrn Böhme ganz gut passen. Aber die negative Einstellung dieses Publizisten oder Popularisators dem Ausland gegenüber hat folgende zwei Wurzeln: 1. die Abneigung des 48er Revolutionärs, der ein Republikaner und ein Antiklerikaler war, gegen das Rußland Nikolaus' I., und 2. der Schock, den die Ermordung Alexanders II. 1881 ausgelöst hat.

Und wenn ich mir einen ganz kurzen Exkurs über die uns gesetzte Zeitgrenze hinaus erlauben darf: Diese Essais von Johannes Scherr sind in einer dreibändigen Sammlung zusammengefaßt mit dem Titel: „Menschliche Tragikomödie"; etwa der zehnte Teil dieser drei Bände ist einzelnen Ereignissen der russischen Geschichte gewidmet. Diese „Menschliche Tragikomödie" erlebte vor dem Ersten Weltkrieg fünf Auflagen, in den zwanziger Jahren zwei Neuauflagen, darunter in Reclams Universalbibliothek, den damaligen Taschenbüchern. Eine weitere Auflage erschien 1936; und der Essai über Ivan IV. ist als ein obskurer Privatdruck sogar noch einmal 1955 erschienen. Dies nur ein Beispiel für die Tradierung solcher Vorurteile, und vielleicht kann dieses Fragment aus der Vorurteilsforschung verstanden werden als Anregung, auch dieses Thema, das ja, sofern es sich um nationale Vorurteile handelt, immer ein zweiseitiges Thema ist, in Zukunft einmal zum Gegenstand unserer Diskussionen zu machen.

[a] Zu Scherr jetzt mit genauen Belegen: *G. Stökl,* Johannes Scherr und die Geschichte Rußlands. Zur Popularisierung eines Feindbildes, in: *U. Liszkowski* (Hrsg.), Rußland und Deutschland [Festschrift für Georg von Rauch], Stuttgart 1974, S. 193–205.

HANS-JÜRGEN PUHLE, MÜNSTER

Mir scheinen zwei Ergänzungen angebracht. Der erste Punkt betrifft das, was Herr Böhme gerade noch einmal kommentierend zum Phänomen des „Sozialimperialismus" gesagt hat (vgl. oben S. 191). Seine Ausführungen könnten in ihrer Verkürzung mißverstanden werden, wenn man sie nicht auch im Lichte der Entwicklung bestimmter Strömungen in der deutschen Geschichtswissenschaft sieht. Es ist ja, wie den sowjetischen Kollegen sicherlich bekannt ist, sehr lange in der deutschen Historiographie – auch in einer gewissen Bismarck-Tradition und Bismarck-Apologie – ausgegangen worden vom sogenannten Primat der Außenpolitik, d. h. von der Annahme, daß die Außenpolitik nicht nur für die Gesamtpolitik einen höheren Stellenwert habe als andere politische Sektoren, sondern daß sie auch weitgehend autonom gegenüber jenen sei. Es ist dann, in der Tradition marxistisch inspirierter oder radikaldemokratischer Historiker und vor allem auch angeregt durch die Arbeiten Eckart Kehrs, während der letzten zehn Jahre von einer Reihe westdeutscher Historiker zunehmend auch der Primat der Innenpolitik herausgestellt worden. Die zuerst 1965 posthum herausgegebenen gesammelten Aufsätze von Eckart Kehr tragen genau diesen Titel: „Der Primat der Innenpolitik".[a] Inzwischen sieht man den Streit um Primate weitgehend als unfruchtbar an und versucht vielmehr, stärker in das komplizierte Geflecht der wechselseitigen Beziehungen zwischen Außenpolitik und Innenpolitik einzudringen, und zwar unter den spezifischen Bedingungen durchgreifender sozioökonomischer Strukturveränderungen, die hier sowohl in meinem Referat (vgl. oben S. 39 f.) als auch jetzt von Herrn Böhme (vgl. oben S. 175 f.) mit dem Terminus „Übergang zum organisierten Kapitalismus" etwas pauschal zusammenfassend charakterisiert worden sind. Auch der Begriff „Sozialimperialismus", wie ihn etwa Wehler definiert[b], soll ein analytisches Instrument zur Aufhellung dieser Zusammenhänge sein, gehört in diesen spezifischen Kontext und hat nichts mit einer anderen, eher propagandistischen Verwendung des Wortes zu tun.

Ein zweites Problem ist der letzte Absatz des gedruckt vorliegenden Beitrags von Herrn Böhme, den er hier nicht mündlich vorgetragen hat. Dort heißt es, daß man die Losungen, die der organisierte Kapitalismus angeboten habe, kenne, und es wird suggeriert, daß zwei Weltkriege und die nicht abreißenden Kriege in der dritten Welt die Folgen des organisierten Kapitalismus seien (vgl. oben S. 190). Mir scheint, daß diese pauschale Bemerkung sehr vereinfacht ist und des näheren Kommentars und der Differenzierung bedarf, zumal nicht durchgängig bewiesen ist, daß zunehmend organisierter Kapitalismus unter allen denkbaren und historisch möglichen Bedingungen nichts als Kriege produziere. Aber selbst wenn man das beweisen könnte, scheint doch zumindest festzustehen, daß zunehmend organisierter Kapitalismus in seinen historisch konkreten Ausprägungen, etwa seit dem Ende des 19. Jahrhunderts in Deutschland und seit dem Rooseveltschen New Deal in den Vereinigten Staaten, aufgrund unterschiedlicher Voraussetzungen auch durchaus verschiedene politische Ausprägungen finden und verschiedene Angebote von Lösungsmöglichkeiten aufweisen kann, daß er in politischer Hinsicht und zur Zukunft hin innerhalb bestimmter Grenzen gewissermaßen „polyvalent" (Wehler[c]) ist. Im Zusammenhang der hier diskutierten Probleme, einmal des Verhältnisses von Innenpolitik zu Außenpolitik im Spannungsfeld der sozioökonomischen Veränderungen der Industrialisierung und ihrer politischen Implikationen und zum anderen angesichts der Tatsache, daß die konkreten Bedingungen und Auswirkungen der Organisation des Kapitalismus unter Einbezug der Staatsmacht selber empirisch noch zu wenig erforscht sind, scheinen noch folgende Schritte wichtig zu sein: Es wäre anregend, wenn man gerade in dem hier anstehenden Vergleich zwischen Rußland und Deutschland im Zeitalter des Kapitalismus noch intensiver eingehen könnte auf das jeweilige und in konkreten Situationen möglicherweise unterschiedliche Wechselverhältnis zwischen den ökonomischen, sozialen und politischen Bereichen und deren jeweiligen Entwicklungstendenzen. Außerdem wäre es nützlich, das Problem der deutsch-russischen Wirtschaftsbeziehungen im einzelnen auch im Hinblick auf jeweils in der Gesamtpolitik angelegte militärische Interessen (z. B. Interessen des Generalstabs) und auf die gesamtpolitischen Implikationen, z. B. im Hinblick auf die Solidarität der autokratischen, antidemokratischen Mächte, genauer zu untersuchen. Wenn es möglich wäre, hier konkreter zu werden, ließe sich m. E. auch mehr beitragen sowohl zu dem noch im Raume stehenden Desiderat einer genaueren Definition von „Abhängigkeit" als auch zu einer besseren Klärung des Verhältnisses von sozioökonomischen Zwängen auf der einen Seite und den eventuellen autonomen Handlungsmöglichkeiten eines politischen Systems und seiner Träger andererseits. Die jeweiligen Entwicklungstendenzen und ihre Grenzen könnten dann gerade im Vergleich deutlicher hervortreten.

[a] *E. Kehr*, Der Primat der Innenpolitik. Gesammelte Aufsätze zur preußisch-deutschen Sozialgeschichte im 19. und 20. Jahrhundert, hrsg. u. eingel. von H.-U. Wehler, Berlin 1965, 2. Aufl. 1970.

[b] *H.-U. Wehler*, Bismarck und der Imperialismus, Köln 1969, 4. Aufl. München 1976; ders., Bismarcks Imperialismus, 1862–1890, in: Ders. (Hrsg.), Imperialismus, Köln 1970, 3. Aufl. 1975, S. 259–288.

[c] *H.-U. Wehler*, Der Aufstieg des Organisierten Kapitalismus und Interventionsstaates in Deutschland, in: *H. A. Winkler* (Hrsg.), Organisierter Kapitalismus. Voraussetzungen und Anfänge, Göttingen 1974, S. 36–57, hier S. 52.

BARBARA VOGEL, HAMBURG

Die in Djakins Vortrag mitgeteilten Materialien über Umfang und Schwerpunkte des deutschen Kapitalexports nach Rußland sind sehr wertvoll. Ich sehe, wenn ich das sagen darf, darin eine Bestätigung meiner These, daß die russische Wirtschaftspolitik bestrebt war, den Industriewarenimport durch Kapital- und Unternehmenimport zu ersetzen, um auf diese Weise die Industrialisierung zu beschleunigen. Zur besseren Einordnung der empirischen Daten und Fakten habe ich dennoch zwei Fragen: 1. Welche Bedeutung hat das deutsche Kapital für die wirtschaftliche Entwicklung Rußlands? 2. Welche Schlüsse lassen sich aus den vorgetragenen Beispielen für die Expansion deutschen Kapitals in Rußland hinsichtlich der wirtschaftspolitischen und politischen Beziehungen zwischen Deutschland und Rußland ziehen?

Einige Sätze zur Erläuterung dieser Fragen: Es geht dabei um die hier bereits vielfach, zuletzt von Herrn Puhle (vgl. oben S. 193 f.) angeschnittene Frage der Abhängigkeit einerseits der russischen Wirtschaft, andererseits der russischen Regierung von auswärtigen Mächten. In der deutschen Regierung wie auch unter deutschen, am Rußlandexport interessierten und beteiligten Kreisen betrachtete man Rußland als ein, um einen modernen Begriff zu benutzen, Entwicklungsland, in dem man sich einen bestimmenden Einfluß zu sichern suchte. Bei einem Vergleich der sozialen und ökonomischen Grundlagen Deutschlands und Rußlands am Ende des 19. Jahrhunderts muß betont werden, daß beide Mächte sich in verschiedenen Entwicklungsstufen des Kapitalismus und des Industrialisierungsprozesses befanden. Nun zurück zur Frage der Abhängigkeit: Es ist ein Faktum, daß die deutsche Außenpolitik unter dem Reichskanzler Bülow intensiv eine politische Annäherung an Rußland oder ein Bündnis mit Rußland angestrebt hat und daß trotz des immensen Kapitalexportes Deutschlands nach Rußland und trotz des intensiven Handelsverkehrs zwischen Deutschland und Rußland die russische Regierung sich dieser Umarmung entzog und statt dessen die anglo-russische Entente zustande kam. Auf der anderen Seite bildete die politische Entfremdung seit 1906 offenbar kein Hemmnis für die guten außenwirtschaftlichen Beziehungen. Welchen Stellenwert hat also der deutsche Kapitalexport nach Rußland für die deutsch-russischen Beziehungen in der hier zur Debatte stehenden Epoche des Imperialismus?

VALERIJ I. BOVYKIN, MOSKAU

Der Vortrag von Professor Böhme führt zu sehr interessanten Überlegungen. Mir scheint der Gedanke sehr fruchtbar, daß die Handelspolitik Deutschlands das Bestreben ausdrückte, die widersprüchlichen Interessen der Agrarier einerseits und der Industriebourgeoisie andererseits miteinander in Einklang zu bringen.

Das Bestreben, sich auf diesen Block zu stützen, in dem die Widersprüche unvermeidbar waren, führte zu einer Politik von gleichfalls sehr widersprüchlichem Charakter.

Aber auch in Rußland strebte die Zollpolitik dasselbe Ziel an. Auch hier wollte die Regierung unvereinbare Dinge vereinen und sowohl die Gutsbesitzer als auch die Industriebourgeoisie zufriedenstellen. Daraus entstanden zwei Typen von Widersprüchen: auf der einen Seite die Gegensätze im Lande, insbesondere die Widersprüche zwischen Bourgeoisie und Agrariern in den Fragen der Zollpolitik. In der letzten Zeit hat eine Reihe von unseren jungen Forschern interessante Aufsätze veröffentlicht, die gerade diesen Problemen gewidmet sind. Und auf der anderen Seite führte dies zu Gegensätzen in den Handelsbeziehungen zwischen den beiden Staaten. Hier geriet man in einen Teufelskreis. Die Erhöhung der Zolltarife, die die Einfuhr beschränkte, verminderte die Kaufkraft des Partners und beschränkte somit auch den Export. Es vollzog sich eine Art von Kettenreaktion.

In der älteren Literatur der ersten Jahre unseres Jahrhunderts, als diese Probleme lebhaft erörtert wurden, schenkte man der Frage große Aufmerksamkeit, wer den Zollkrieg begonnen hätte. Im Vortrag von Böhme steht diese Frage nicht an erster Stelle – und dies ist gut, weil es für das Verständnis der Ursprünge und des Charakters des russisch-deutschen Zollkrieges bei weitem wichtiger ist, jene objektiven Prozesse zu untersuchen, die ihm zugrundelagen. Beide Länder – sowohl Deutschland als auch Rußland – entwickelten sich als Länder agrarisch-industriellen Charakters. Das erzeugte auch Gegensätze. Gleichzeitig aber war charakteristisch, daß – ungeachtet der bestehenden Handelsgegensätze zwischen Rußland und Deutschland – der Warenumsatz zwischen ihnen nicht abnahm, sondern wuchs. Der Handelsvertrag von 1894 rief die Unzufriedenheit beider Seiten hervor. Und von der einen wie von der anderen Seite wurde befürchtet, daß er die weitere Entwicklung des Handels stören werde. Aber der Handel entwickelte sich weiter! Wie viele Vorwürfe wurden in Rußland an die Adresse von Witte bezüglich seiner Zugeständnisse im Jahre 1904 gerichtet, als der neue russisch-deutsche Handelsvertrag unterzeichnet wurde! Im übrigen gab es auch in Deutschland Personen, die mit diesem Vertrag nicht zufrieden waren. Bis heute wird er in der Literatur unter dem Aspekt beurteilt, wer mehr Zugeständnisse gemacht hat. Ich glaube, daß die Zolltarife damals von beiden Seiten recht stark angehoben wurden. Aber vergleichen Sie den Handel am Vorabend dieses Vertrages und in der Periode von 1909–1913. In den vier Vorkriegsjahren vergrößerte sich der Jahresumsatz um das Doppelte im Vergleich zu den vier Jahren vor dem Vertrag von 1904. Das bedeutet, daß es sich hier um die Gegensätze zweier wechselseitig interessierter Partner handelte. Ihr Interesse wurde durch das sich herausbildende System einer internationalen Arbeitsteilung erzeugt. Die Gegensätze zwischen ihnen waren die Gegensätze zwischen Verkäufer und Käufer. Jeder wollte billiger kaufen und teurer verkaufen. Und der eine wie der andere war daran interessiert, daß die Handelsbeziehungen zwischen ihnen existierten, und keiner konnte ohne den anderen auskommen. Dasselbe kann man von den Gegensätzen sagen, die aus dem Zufluß deutschen Kapitals in die Volkswirtschaft Rußlands entstanden. Daher glaube ich, daß man die Handelsgegensätze zwischen Rußland und Deutschland nur mit großer Vorsicht mit der Verschärfung ihrer politischen Beziehungen in Verbindung bringen kann. Ich bezweifle, daß hier eine klare und unmittelbare Verbindung bestand.

Wir werden uns noch besonders der Erhellung der politischen Beziehungen zuwenden (vgl. unten S. 207–250) und vor allem der Frage, wie es kam, daß die Politik Bülows nicht erfolgreich war. Mir scheint, daß der Verschärfung der politischen Beziehungen zwischen Rußland und Deutschland am Vorabend des Krieges nicht die Gegensätze, die mit dem Handel zu tun hatten, und nicht die mit dem Kapitalexport von Deutschland nach Rußland verbundenen Gegensätze zugrundelagen, sondern Gegensätze anderer Art, insbesondere die Gegensätze im Nahen Osten. Dabei spielten diese beim Ausbruch des Krieges nicht die entscheidende Rolle. Aber ich wiederhole, daß diese Frage mehr der Tagesordnung der nächsten Sitzung entspricht.

Abschließend möchte ich den letzten Absatz im Referat von Professor Böhme kurz behandeln (vgl. oben S. 190). Einwände gegen diesen Absatz hat schon Professor Puhle erhoben (vgl. oben S. 193 f.). Soweit es die in diesem Absatz enthaltene Beurteilung der Rolle des organisierten Kapitalismus betrifft, kann ich mich einverstanden erklären, obwohl Professor Puhle recht hat, wenn er hervorhebt, daß diese Beurteilung mit Faktenmaterial untermauert werden müsse. Aber ich bin nicht geneigt, in bezug auf die Fähigkeit des Sozialismus, Fragen der historischen Entwicklung zu lösen, die Zweifel von Professor Böhme zu teilen. Welche Ansichten wir aber auch immer hier vertreten, das Thema der russisch-deutschen Wirtschaftsbeziehungen und der Handelspolitik Deutschlands Ende des 19. Jahrhunderts ist keine hinreichende Grundlage für die Lösung, ja nicht einmal für das Aufwerfen solcher großen und sehr komplizierten Probleme, wie sie Professor Böhme beiläufig im letzten Absatz seines interessanten Referates kurz ansprach.

FRITZ FISCHER, HAMBURG

Zu den Bemerkungen von Frau Vogel (vgl. oben S. 194) möchte ich noch eine Zusatzfrage an die sowjetischen Kollegen stellen. Gibt es irgendeinen Nachweis, ob russische Banken an den zu Aktiengesellschaften umgewandelten ursprünglich deutschen oder später von naturalisierten Deutschen geleiteten Firmen Anteile gewonnen haben?

Sodann möchte ich nochmals auf das Referat von Herrn Böhme zurückkommen. Er geht davon aus, daß sich bei Bismarck ein offensichtlicher Widerspruch feststellen läßt zwischen politischer Zielsetzung, also dem Festhalten an den Beziehungen zu Rußland, und ökonomischer Zielsetzung, also dem Zollkrieg über Industrie und Landwirtschaft, gipfelnd im „Lombardverbot". Und er sagt, daß bei Caprivi ein ähnlicher innerer Zwiespalt vorliegt; und er möchte zwischen der sog. Mitteleuropapolitik der ersten Handelsverträge und dem deutsch-russischen Handelsvertrag von 1894 einen fundamentalen Gegensatz sehen. Er beurteilt diesen unter Caprivi abgeschlossenen Handelsvertrag sehr kritisch als Ausgangspunkt des deutsch-russischen imperialistischen Gegensatzes. Man könnte aber doch meinen, daß es sich hier um einen Ausgleich handelte, wenn Herr Böhme den Vertrag so umschreibt: Öffnung des deutschen Marktes für russisches Getreide, Öffnung des russischen Marktes für deutsche Industrieproduktion. Darin lag eine gewisse Konzession von deutscher Seite, wenn diese auch zu vehementen Protesten der deutschen Agrarier führte. Meine Frage wäre nun: Wie verhielt es sich mit dem Handelsvertrag von 1904, mit dem der Kanzler Bülow offensichtlich wieder auf den Kollisionskurs von Bismarck zurückschwenkte und sowohl deutschen Industrieexport nach Rußland als auch einen Stopp für russischen Getreideimport nach Deutschland erzwingen wollte? Damit wurde, bei fortgehenden Handelsbeziehungen, ein andauernder starker Druck auf Rußland ausgeübt. Dieser war um so stärker, als nicht nur der Import russischen Getreides abgewehrt wurde, sondern durch das sogenannte Einfuhrscheinsystem die deutschen Agrarier sogar in steigendem Maße Getreide nach Rußland ausführen konnten. Ich möchte darum Herrn Böhme fragen, ob er sagen will, daß die Durchsetzung der deutschen industriellen *und* agrarischen Interessen durch das deutsche „sozioökonomische" System erzwungen wurde und Bülow nur der Handlanger dieser Zwangsläufigkeit war?

HELMUT BÖHME, DARMSTADT

Ich möchte zu den beiden Fragen von Frau Vogel (vgl. oben S. 194) und Herrn Fischer (vgl. oben S. 196) versuchen, eine kurze Antwort zu geben. Ich möchte aber vorweg sagen, daß ich die Ausführungen von Herrn Kollegen Stökl (vgl. oben S. 192 f.) als interessant empfunden habe und ihm durchaus beipflichte, wenn er in meinen Überlegungen die Akzentsetzung einer möglichen Interpretation zu erkennen glaubte. Doch ehe ich darauf eingehe, erlauben Sie mir, daß ich noch ein Wort über den Gegensatz des „theoretischen Referats" Böhme und des „empirischen Referats" von Herrn Kollegen Djakin verliere (vgl. oben S. 191).

Ich glaube, daß „Geschichte", als Wissenschaft verstanden, wenn nicht empirisch gearbeitet wird, als Wissenschaft fragwürdig wird. Empirische Wissenschaft bedarf aber ohne Zweifel der dialektischen Begründung ihrer Ausgangspositionen, der wissenschaftlich begründeten Erläuterung ihrer Beurteilungen. Zugleich, davon gehe ich auch aus, gehört es mit zu dieser Wissenschaft, daß es auch ihre Aufgabe ist, spekulativ begründete Akzente zu setzen. Herr

Kollege Erdmann hat gesagt, daß Diskussion, daß Kritik das Salz unserer Wissenschaft ist (vgl. oben S. 162). Dem stimme ich zu. Aber ich gehe weiter und sage: Es genügt nicht die bloße hermeneutische Diskussion, es genügt nicht das „Fliegenbeinzählen“. Deswegen habe ich mir erlaubt, sicherlich für den einen oder anderen zu weit ausholend, zu wenig differenziert, eine Akzentsetzung zu geben, die ich als Fragestellung verstanden wissen will, mehr als These denn als eine voll im Detail nachgewiesene Feststellung.

Ich komme nun zu den Fragen von Frau Vogel.

Ich verweise hierbei auf das Referat von Herrn Kollegen Djakin. Hier ist bereits eine Antwort gegeben worden, warum die intensive Annäherung Bülows an Rußland keinen Erfolg gehabt hat. Die seit 1887 nachweisbare Vertreibung der russischen Werte von den deutschen Börsen und die zu Beginn des 20. Jahrhunderts feststellbare besondere Rolle der deutschen Industrie in Rußland (Herr Kollege Djakin verweist auf die Gelsenkirchener Bergwerksgesellschaft, und ich kenne die Aktenüberlieferung dieses Unternehmens) bestätigen das Urteil von Herrn Djakin. Ich bin deswegen mit ihm der Meinung, daß die deutsch-russische ökonomische Verflechtung die Widersprüche innerhalb des russischen gesellschaftlichen Systems begründet und akzentuiert hat. Dabei bitte ich, die geographische Situation, in der sich das Deutsche Reich und Rußland zueinander befanden, zu beachten. Diese Fakten haben dazu beigetragen, daß die beabsichtigte und teilweise durchgeführte intensive Annäherung Bülows an das Zarenreich ohne Erfolg blieb. Ich möchte auch hier auf die Arbeiten von Herrn Kollegen Poidevin aus Metz verweisen.[a] Von hier ausgehend ist auch die Antwort an Fritz Fischer zu geben. Er hat meine beiden Hauptthesen korrekt wiedergegeben. Es ist eben das Kennzeichnende, daß die ökonomischen Gegensätzlichkeiten in ihren innenpolitischen Auswirkungen nicht überspielt werden konnten. Die Bülowsche Wirtschafts- und Außenhandelspolitik mußte scheitern, weil die volle Öffnung des deutschen Marktes für russisches Getreide innenpolitisch nicht vertretbar war. Deswegen konnte das wirtschaftspolitische Engagement gegenüber Rußland außenpolitisch nicht so ausgenützt werden, daß darüber die Entente aufgerollt werden konnte. Dementsprechend war auch die Öffnung des russischen Marktes für die deutsche Industrieproduktion ebenfalls nicht außenpolitisch einsetzbar.

Erlauben Sie mir abschließend darauf hinzuweisen, daß diese ökonomischen Gegensätze zu Beginn des 20. Jahrhunderts weltumspannend gewesen sind. Es ist meine These, daß die innen- und sozialpolitischen Spannungszustände des Deutschen Reiches so waren, daß ein materiell begründeter Interessenausgleich mit einer Nation wie Rußland von der ökonomischen Seite her keine so tragfähige Begründung erhalten konnte, daß sich darauf ein politisches System einer Entente cordiale aufbauen ließ. Vielleicht ist dies auch eine Begründung jenes Zick-Zack-Kurses der wilhelminischen Politik. Es ist hier nicht die Rede von Verurteilen oder Kritisieren, sondern es ist hier der Versuch zu unternehmen, Elemente zu suchen, die uns heute diese Politik verständlicher erscheinen lassen können.

[a] *R. Poidevin*, Les relations économiques et financières entre la France et l'Allemagne de 1898 à 1914, Paris 1969; ders., Weltpolitik allemande et capitaux français (1898–1914), in: *I. Geiss, B. J. Wendt* (Hrsg.), Deutschland in der Weltpolitik des 19. und 20. Jahrhunderts, Fritz Fischer zum 65. Geburtstag, Düsseldorf 1973, S. 237–249.

PETER SCHEIBERT, MARBURG

Jede neue Historikergeneration urteilt aus ihren jeweiligen politischen Erfahrungshorizonten. Gewiß ist die Landwirtschaft weniger bedeutend für eine nationale Wirtschaft, als dieses früher der Fall war. Wenn Herr Puhle dem Bund der Landwirte eine so schlechte Zensur erteilt, so ist das zum großen Teil verstandlich, aber doch nicht ganz. Nicht nur die großen Agrarier des Ostens waren die Träger landwirtschaftlicher Interessen; auch im Osten gab es Millionen kleiner Bauern. Die Frage, wer das Volk ernährt, hat sich damals gestellt; immer wieder ist die Landwirtschaft die schwache Stelle in der Volkswirtschaft gewesen. So befand sich jede, auch die deutsch-russische Handelspolitik in einer Klemme, als eine starke Industrie gefördert und die schwache Landwirtschaft gestützt werden mußte. Wie groß war der Entscheidungsspielraum einer deutschen Regierung im Blick auf eine minimale Rentabilität der landwirtschaftlichen Betriebe? Dies ist eine ökonomisch quantitative Frage; erst wenn diese gelöst ist, können wir davon reden, ob der Einfluß der landwirtschaftlichen Interessenverbände auf die allgemeine Wirtschaftspolitik übermäßig gewesen sei.

Das Jahr 1887 hat ja eine Wende in den deutsch-russischen ökonomischen Beziehungen gebracht. Wir müssen die materielle Seite des Verbotes der russischen Regierung sehen, wodurch ausländische Staatsangehörige in den Westgebieten keinen Immobilienbesitz haben durften. Dies hat viele Tausende von Grundbesitzern und Kolonisten getroffen und großes Aufsehen erregt. Außerdem hat damals die Kampagne in der russischen Presse gegen die deutschen Kolonisten eingesetzt.

KARL DIETRICH ERDMANN, KIEL

Herr Böhme hat sich in der Diskussion bezogen auf das, was ich über den unterschiedlichen Charakter eines mehr empirischen und eines mehr theoretischen Referates gesagt habe (vgl. oben S. 191 u. 196 f.). Erlauben Sie mir, kurz darauf zurückzukommen. Das eine bedingt das andere: Nach Immanuel Kant sind Begriffe ohne Anschauungen blind und Anschauungen ohne Begriffe leer. Wir sind mit einer Theorie konfrontiert worden, die Herr Böhme in seinem Referat mit Absicht pointiert präsentiert hat, nämlich mit der in der deutschen Geschichtswissenschaft zur Zeit diskutierten Theorie des Sozialimperialismus. Sie bezieht sich auf einen Widerspruch, der sich aus der wirtschaftlichen und gesellschaftlichen Entwicklung ergeben habe und der weniger gesehen wird in dem industriekapitalistischen System als solchem als vielmehr in der ökonomischen Rückständigkeit der noch bestehenden gesellschaftlich-politischen Herrschaftsstruktur, die vorwiegend großagrarisch bestimmt gewesen sei, auf der einen Seite, und der Industrialisierung auf der anderen Seite. Um diese gesellschaftlich-wirtschaftlichen Spannungen zu überwinden, so will es die Theorie des Sozialimperialismus, seien die Energien bewußt nach außen gelenkt worden. Nun ist es an sich nichts Neues, daß innere Schwierigkeiten dadurch zu überwinden gesucht werden, daß man Ziele außen sucht, und die Untersuchungen, die in den letzten Jahren in Deutschland gemacht worden sind, haben in der Tat ein sehr reichhaltiges Material zutage gefördert, das uns zeigt, daß solche Motivationen bestanden haben, in Deutschland wie übrigens auch in anderen Industrieländern, z. B. in England. Die Frage ist nun, welches Gewicht solchen Motivationen im Zusammenhang des Gesamtbildes zukommt. Ich glaube, eben diese Frage hat auch Herr Bovykin in seinem Diskussionsbeitrag mit anderen Worten gestellt (vgl. oben S. 195). Ich möchte hier einen Begriff von Max Weber verwenden. Max Weber spricht in seiner Theorie der sozialwissenschaftlichen Begriffsbildung von „adäquater Verursachung".[a] Unter adäquater Verursachung versteht er denjenigen Kausalfaktor im Zusammenhang der Gesamtverursachung, den man sich unter keinen Umständen wegdenken kann, wenn man das eingetretene Ereignis erklären will. Das heißt: Er legitimiert den Historiker, ein gedankliches Experiment anzustellen, nämlich einen Verursachungsfaktor, der vielleicht entscheidend sein könnte, hypothetisch wegzudenken. Im Zusammenhang unserer Überlegung müßte man sich also die Frage vorlegen, was die Folge gewesen wäre, wenn das Motiv der besonderen Stabilisierung der großagrarisch-feudalen Herrschaftsstruktur nicht vorhanden gewesen wäre. Man könnte sich vielleicht denken, daß in diesem Fall der deutsch-russischen Handelsbeziehungen auf deutscher Seite eine größere Bereitschaft vorhanden gewesen wäre, russische Getreideimporte hereinzunehmen. Aber nun gab es eine große Fülle anderer Probleme zwischen Deutschland und Rußland, von denen in den Diskussionen z. T. schon die Rede gewesen ist: das politisch-psychologische Verhältnis gegenüber Rußland war belastet; Herr Stökl hat ein einleuchtendes Beispiel dafür aus einer Analyse der Zeitschriften gegeben (vgl. oben S. 192 f.). Es sei auch daran erinnert, daß, von Marx und Engels herrührend, in der sozialdemokratischen Arbeiterschaft ein starker Vorbehalt gegen Rußland aufgebaut wurde, das als ein despotisches Land galt, ohne auch nur die Anfänge einer sozialen Versicherung zu kennen, wie sie in Deutschland bestand. Es gab den militärischen Faktor, den Mechanismus der Bündnissysteme und die Angst vor der wachsenden militärischen Macht Rußlands, die bei manchen deutschen Politikern sehr deutlich zu sehen ist, vorab bei Bethmann Hollweg, wie wir aus den Riezler-Tagebüchern[b] und anderen Quellen wissen. Es gab ferner spezifisch politische Gegensätze, die sich mit wirtschaftlichen Rivalitäten verbanden;

geographisch sind sie im südosteuropäischen Raum und, wie Herr Bovykin eben sagte (vgl. oben S. 195), darüber hinaus im Vorderen Orient zu suchen. Zu meiner Ausgangsfrage zurück: Man muß sich überlegen – und hier werden die sowjetischen Kollegen gleichsam Zeuge einer Auseinandersetzung innerhalb der deutschen Geschichtswissenschaft –, ob mit der Theorie des „Sozialimperialismus" wirklich die „adäquate Verursachung" getroffen ist, aus der sich die deutsch-russischen Spannungen, die zum Krieg führten, hinreichend erklären lassen. Diese Frage wird uns wohl noch nach den nächsten Referaten beschäftigen.

[a] *M. Weber,* Kritische Studien auf dem Gebiet der kulturwissenschaftlichen Logik (1906), in: Ders., Gesammelte Aufsätze zur Wissenschaftslehre, 3. Aufl. Tübingen 1968, S. 266 bis 290.

[b] *K. Riezler,* Tagebücher, Aufsätze, Dokumente, eingel. u. hrsg. von K. D. Erdmann, Göttingen 1972.

HANS-JÜRGEN PUHLE, MÜNSTER

Ich begrüße es, daß Herr Scheibert den Versuch macht, mit großer synthetischer Kraft den Bogen zurückzuschlagen von der Thematik der deutsch-russischen Handelsbeziehungen zu der Agrarthematik (vgl. oben S. 197 f.) Nur glaube ich, daß sein Beitrag ein paar kleine – und nicht nur terminologische – Mißverständnisse enthält. Es ist sicherlich richtig, daß jede Historikergeneration auch aus dem Rahmen ihrer eigenen politischen Erfahrung urteilt, aber deswegen muß man ihr doch nicht gleich Zensuren erteilen. Zum anderen hat Herr Scheibert darauf hingewiesen, daß es neben den Großagrariern, die im Bund der Landwirte entscheidend waren, auch, wie er sagte, Millionen kleiner Landwirte und Bauern gegeben habe, die gleichfalls Träger landwirtschaftlicher Interessen waren. Das wird nicht bestritten, aber es ändert doch nichts daran, daß diese kleineren Besitzer in der Regel ihre Interessen gegen die Größeren nicht haben durchsetzen können (abgesehen von den seltenen Fällen, in denen die Interessen nicht kontrovers waren) und daß der politische, nicht nur agrarpolitische, sondern vor allem gesamtpolitische Einfluß der kleineren Landwirte an den der Großagrarier in keiner Weise heranreicht. Gerade das Mißverhältnis zwischen großen und kleinen Landwirten in politischer Hinsicht ist doch ein ganz wesentlicher Zusammenhang, der nicht unterschlagen werden darf.

GOTTHOLD RHODE, MAINZ

Einige Bemerkungen zu dem Referat von Herrn Professor Djakin (vgl. vor allem oben S. 164 f.). Es geht um die Frage des Exportes bzw. der Emigration von Kapital oder in manchen Fällen nicht von Kapital, sondern von dem, was wir heute modern „Know how" nennen würden, also von technischen Fähigkeiten und Kenntnissen. Herr Djakin spricht, sich auf Mai[a] stützend, von der Textilindustrie im Königreich Polen, d. h. wohl in erster Linie im Bereich von Lodz und Umgebung, und sagt, daß sich da das Kapital aus aus Deutschland exportiertem in nach Rußland emigriertes verwandelte, obwohl die Besitzer der Fabriken in der Regel ihre deutsche Staatsangehörigkeit beibehalten hätten. Ich habe eine Reihe von den großen Lodzer Textilbetrieben überprüft und festgestellt, daß nur in ganz wenigen Fällen von wirklichem Kapitalexport die Rede sein kann. In erster Linie bei der großen Firma Scheibler, die vor dem Ersten Weltkriege 10 000 Beschäftigte hatte und damit der größte Textilbetrieb in Europa war.

Carl Wilhelm Scheibler, der Gründer (1820–1881), kam mit einem kleinen Kapital im Jahre 1852 nach Lodz und konnte, z. T. wohl mit Hilfe seines Schwiegervaters Wilhelm Werner, der in Ozorków und Zgierz Schönfärbereien hatte, im Herbst 1854, unmittelbar nach seiner Eheschließung, seinen ersten Teilhaber Schwark mit 10 000 Rubeln auskaufen. Ein Großteil des Startkapitals, das später mit 180 000 Rubel angegeben wurde, dürfte aus dem Land selbst gestammt haben, wohl auch von seinem schon seit 1816 in Ozorków tätigen Onkel Friedrich Schlösser. 1856 nahm er bei der Bank Polski einen Kredit von 20 000 Rubeln auf.

Carl Scheibler hat dann akkumuliert und immer neu investiert, was er mit seiner schnell expandierenden eigenen Firma verdient hat, und ist zu einem vielfachen Millionär geworden. Nur einer seiner Söhne hat die deutsche Staatsbürgerschaft behalten, ein Enkel Erich Eduard ist dann 1915 als deutscher Offizier gefallen, alle anderen sind russische Staatsbürger geworden, einige waren russische Offiziere, wie der Bruder Erich Eduards, Karl Wilhelm Scheibler d. J., und wurden vom Zaren geadelt. Sieht man die Liste der anderen Fabriken durch, die nicht ganz so groß sind, aber doch sehr bedeutend, dann findet man, daß die meisten Inhaber schon in Lodz und Umgebung als Söhne von Webern geboren sind, also als russische Staatsbürger, und daß sie sich selber ohne importiertes eigenes Kapital, zum Teil mit Hilfe von Krediten des polnischen Großgrundbesitzes oder der Bank Polski oder von anderen Unternehmen, hochgearbeitet haben. Sie setzten eben ihre technischen Fähigkeiten und ihr Organisationsvermögen in Kapital um. Einige der Unternehmer sind ursprünglich sozusagen „kleine Leute“ aus Württemberg, Sachsen, Böhmen: durchweg fangen sie recht klein an, und es scheint mir deshalb nicht gerechtfertigt, hier auf einen großen Kapitalexport aus Deutschland hinzuweisen, der auch politisch motiviert gewesen sein könnte. Ich kann eine politische Motivation bei dieser Einwanderung von Arbeitskraft und technischem Können nicht entdecken. Herr Scheibert hat von der um 1887 einsetzenden Propagandawelle gegen deutsche Kolonisten im Russischen Reich gesprochen (vgl. oben S. 198); in diesem Zusammenhang wurde 1886 eine Regierungskommission nach Lodz geschickt, um die Verhältnisse zu überprüfen. Ich verfüge leider nur über die deutsche Übersetzung des russischen Textes, in der es heißt: „Der Lodzer Fabrikant ist nicht nur Inhaber der Fabrik, sondern eine Person, die praktisch bis zu den geringsten Kleinigkeiten mit ihrem Geschäft vertraut ist.“ Und weiter: „Die Mehrzahl der Lodzer Fabrikanten verdankt ihre gegenwärtige Lage der eigenen Arbeit. Nicht wenige von ihnen haben ihre Laufbahn vom einfachen Arbeiter begonnen und als solche in fremden Fabriken gearbeitet.“ Es wird dann betont, daß sie selbst 12 Stunden arbeiten, und gesagt, daß es manchmal schwer sei, den Fabrikbesitzer, der tausend und mehr Arbeiter beschäftigt, dem Äußeren nach von gewöhnlichen Arbeitern zu unterscheiden.[1] Ein weiterer russischer Bericht aus dem Jahre 1892 sagt ähnliches aus. Ich möchte das nicht weiter ausführen, aber doch darauf hinweisen, daß gerade in zahlreichen Bereichen der russischen Leichtindustrie nicht so sehr das Kapital als eben technische Fähigkeiten und ein enormer Arbeitseinsatz der Einwanderer eine sehr entscheidende Rolle gespielt haben. In dem Bereich von Jaroslavl' wirkte ja der Bremer Textilfachmann Ludwig Knoop, der ebenfalls in erster Linie sein Wissen, seine Organisationsfähigkeiten und seine Beziehungen und nicht so sehr sein Kapital einzusetzen hatte. Es scheint mir, daß gerade die rein menschlichen Fragen der Arbeitskraft, der Ausbildung, des Könnens viel stärker als bisher berücksichtigt werden sollten.

[a] *J. Mai,* Das deutsche Kapital in Rußland 1850–1894, Berlin 1970.

[1] Zitate nach *Otto Heike:* Aufbau und Entwicklung der Lodzer Textilindustrie, Mönchengladbach 1971, S. 236.

WOLFGANG ZORN, MÜNCHEN

Ich möchte einige Worte zu den beiden Referaten sagen. Zum Referat von Herrn Djakin: Ich glaube, die von Herrn Rhode unterstrichene Tüchtigkeit der deutschen industriellen Unternehmer (vgl. oben S. 200) ist auch von russischer Seite nicht bestritten worden. Aus der auch erwähnten Ausweitung der Großunternehmen ergibt sich aber selbstverständlich ein ganz erheblicher Kapitaleinsatz und die Notwendigkeit entsprechender Kapitaldisposition. Knoop hat ja seine berühmte Fabrik in Krenholm bei Narva mit den modernsten und sehr teuren technischen Einrichtungen ausgestattet. Im ganzen bleibt es wohl doch auch bei Kapitalimport, wobei man zwischen den Industriezweigen ja auch differenzieren muß. Ich muß sagen, daß mir das Referat von Herrn Djakin ganz ausgezeichnet gefallen hat, und zwar viel besser als das sehr inhaltsreiche Buch von Herrn Mai[a], weil Herr Mai den Blick zu sehr auf die deutsche Betätigung beengt, während Herr Djakin den internationalen Charakter des großen Kapitalismus, auch die internationale Zusammenarbeit von Unternehmungen verschiedener Nationen in Rußland sehr sorgfältig herausarbeitet.

Zum Referat von Herrn Böhme möchte ich sagen, daß ich die Bedenken von Herrn Kollegen Puhle gegen die Formulierungen auf Seite 190 voll unterstütze. Zunächst ist mir schon fraglich, ob man so pauschal von einem Verhalten des organisierten Kapitalismus sprechen kann. Wie Sie wissen, hat Jürgen Kuczynski ja versucht, eine unterschiedliche Haltung der Industriegruppe Bergbau und Schwerindustrie einerseits und der Gruppe Elektro und Chemie andererseits zur Handhabung imperialistischer Wirtschaftspolitik herauszuarbeiten.[b] In der Gruppe der sogenannten jüngeren Industrien war der Gedanke der nationalen Industriepolitik doch wohl stärker mit einem internationalen Horizont erweitert. Die Unternehmungen des Hauses Siemens haben ja bekanntlich unter Überspringung der Zollgrenzen einen deutschen, einen russischen, einen englischen Zweig, einen Zweigkonzern in Österreich–Ungarn gehabt. Nicht einleuchtend ist mir, inwieweit die Finanzpolitik den nationalen Chauvinismus hervorgerufen oder verstärkt haben soll. Es ist mir nicht einmal klar, daß die Zollpolitik, als ein Teil der Finanzpolitik, diese Wirkung gehabt haben soll. War das Kausalverhältnis nicht umgekehrt? Der Historiker soll nach unserer Meinung nicht counterfactual history betreiben, aber was wären die Folgen des Gegenteils, einer Öffnung Deutschlands für die volle Einfuhr russischen Getreides gewesen? Zunächst doch ohne Zweifel ein Absinken der Getreidepreise in Deutschland, eine Beschäftigungskrise in der Landwirtschaft, ein noch verstärkter Druck auf schnelle Industrialisierung, noch verstärkte Kostenvorteile für deutsche Fertigwarenausfuhr nach Rußland, Niederdrückung der im Aufbau befindlichen russischen Industrie, Verstärkung der inneren Krisen in Rußland und Behinderung eines Modernisierungsvorganges, der in der geschichtlichen Notwendigkeit einer europäischen Großmacht wie Rußland lag. Im übrigen war es dieses, das 1877 mit Zollprotektionismus voranging. Auch da bedeutete Finanzpolitik zugleich Steuer- und Anleihe politik. Wollte Rußland seine Industrialisierung beschleunigt fördern, so benötigte es im gewaltigen Umfang Startkapital. Diese Lücke wurde zum Teil durch angeeignetes Auslandskapital ausgefüllt, dem der Zollschutz mit zugutekam. Hätte dieses gefehlt, hätte die direkte Intervention des Staates eine noch stärkere sein müssen. Er hätte noch stärkere Steuern eintreiben müssen, oder es hätte ein Zwangssparen bei den Industriellen betrieben und noch tiefere Herabdrückung der Löhne erfolgen müssen. Wenn man diese ganze Situation überdenkt, kann man eigentlich auch nicht erkennen, in welcher Weise die Finanzpolitik zu der Verschärfung des nationalen Gegensatzes gerade gegenüber Deutschland geführt haben soll. Ich möchte also auch glauben, daß die wirtschaftshistorische Begründung hier zur speziellen Erklärung nicht ausreicht.

[a] *J. Mai,* Das deutsche Kapital in Rußland 1850–1894, Berlin 1970.

[b] *J. Kuczynski,* Zur Soziologie des imperialistischen Deutschland, in: Jahrbuch für Wirtschaftsgeschichte 1962, Tl. 2, S. 11–90.

ALEKSEJ L. NAROČNICKIJ, MOSKAU

Erlauben Sie mir, für einige Minuten die Rolle des Vorsitzenden abzulegen, damit ich mich an unserer Diskussion beteiligen kann.

Vor allem einige Bemerkungen zu den, wie ich meine, wichtigsten Seiten des Vortrags von Professor Böhme, die mir in höchstem Grad als ein nützlicher Beitrag in der Erforschung der Geschichte der russisch-deutschen Beziehungen erscheinen.

Dieser Vortrag beleuchtet sehr klar und gründlich den Einfluß der Handelsgegensätze auf die Beziehungen der beiden Länder, insbesondere zur Zeit des sogenannten Zollkrieges, sowie die Rolle des deutschen Privatkapitals in Rußland und deckt wichtige Seiten der Verbindung zwischen Innen- und Außenpolitik auf. Er enthüllt die Verbindung der Außenpolitik des deutschen Kaiserreichs mit den konservativen, bewahrenden Tendenzen der herrschenden Klassen, des Junkertums, also der Großagrarier, und der Großindustriellen. Der Vortrag zeigt, daß in dieser Politik die Angst vor der Möglichkeit einer Verschärfung der sozialen Gegensätze in Deutschland, über deren Fehlen oder Schwäche in den vorangegangenen deutschen Vorträgen so viel, wenn auch nicht überzeugend, geredet worden ist (vgl. oben S. 49–52 u. 133 f.), eine bestimmte Rolle gespielt hat. Diese Thesen von Professor Böhme werden von den Vertretern der sowjetischen Historiographie geteilt, die die Geschichte der russisch-deutschen Beziehungen bearbeitet haben und weiter bearbeiten. Diese

Seite des Vortrags von Professor Böhme erscheint mir außerordentlich wertvoll, ich erlaube mir sogar, sie vortrefflich zu nennen.

Dennoch gilt der Vortrag nicht allein der Erforschung einer konkreten Frage. Wie schon Professor Erdmann unterstrichen hat (vgl. oben S. 191), erhebt der Vortrag Anspruch auf die Entwicklung und Ausarbeitung eines neuen Modells oder einer Methode zur Erforschung der internationalen Beziehungen der Außenpolitik in der Periode des Imperialismus. Das ist ein sehr weit reichendes Postulat. Im Vortrag wird das Modell eines sich selbst behauptenden Systems mit konservativ-bewahrenden Tendenzen dargelegt, das für seine Selbstbehauptung die Handelsexpansion betreibt.

Es muß gesagt werden, daß dieses Postulat nicht nur auf einigen Seiten des Vortrags erhoben wird, sondern indirekt oder direkt zwischen den Zeilen oder offen auf vielen Seiten vernehmbar ist. Dabei bringt Professor Böhme eine gewisse Geringschätzung gegenüber Lenins Imperialismustheorie zum Ausdruck und glaubt offensichtlich, daß er eine bessere und universellere Methode der Erforschung dieser Probleme vorlegen kann. Den Historikern, insbesondere anscheinend den sowjetischen, die in ihren Arbeiten der Imperialismustheorie Lenins folgen, wirft er Illusionen im Hinblick auf die schöpferischen Möglichkeiten der Theorie Lenins, auf den Empirismus und die Anhäufung von Faktenmaterial ohne eine Weiterentwicklung der Theorie vor. Erlauben Sie mir zu zitieren (vgl. oben S. 176): „Außer der a priori gesetzten Annahme, daß die Leninsche Imperialismustheorie den größtmöglichen Erklärungshorizont für die Analyse biete, kennzeichnet diese Arbeiten eine Überfülle an empirischer Information mit rein positivistischer" – ich verstehe nicht, was hier das Wort ‚positivistisch' bedeutet – „Interpretation."

Jenen Umstand, daß sich die sowjetischen Gelehrten nach Meinung von Professor Böhme von der Geschichte des Exports des deutschen Kapitals nach Rußland fesseln ließen und sich, wie er meint, nicht mit den Handelsbeziehungen dieser Länder beschäftigten, schreibt er ebenfalls dem Einfluß der Imperialismuskonzeption Lenins zu. All dies können Sie auf Seite 7 und (Zwischenruf: „Römisch zwei auf Seite 8") Seite 8 des Manuskriptes nachlesen – gleich zwei Seiten (vgl. S. 176). Ich sehe in dieser Replik die Bestätigung, daß ich mich nicht geirrt habe, als ich Professor Böhme diesen Gedanken zuschrieb. Welches Forschungsmodell schlägt uns nun Professor Böhme vor, um eine Methode zu erhalten, die angeblich besser als die Imperialismustheorie von Lenin ist? Wie ich schon sagte, ist dies das Modell eines sich selbst behauptenden konservativen und aggressiven Systems. Dies ist wenig. In dem Vortrag von Herrn Böhme gibt es eine Art von Systemanalyse, deren Anwendung in den Gesellschaftswissenschaften heute weit verbreitet ist. Vor allem möchte ich sagen, daß es von unserem Standpunkt aus überhaupt unmöglich ist, die Systemanalyse und Systemmodelle solcher Art der marxistisch-leninistischen Theorie der sozialökonomischen Faktoren gegenüberzustellen. Im Grunde genommen besaß und besitzt diese Theorie seit jeher alle Möglichkeiten der Systemanalyse. Der Marxismus betrachtet die sozialökonomischen Formationen als sich nach einem bestimmten Gesetz entwickelnde Systeme der Beziehungen und Gesetzmäßigkeiten.

Zur Zeit befassen wir uns viel mit diesen Fragen der Systemanalyse und anderen modernen methodologischen Problemen. Die Arbeiten unserer Soziologen und Historiker zeigen, daß die marxistisch-leninistische Theorie eine außerordentlich weite Anwendung der Systemmethode ist, alle ihre Möglichkeiten besitzt und die neuesten positiven Arbeitsergebnisse dieser Methodologie der Systemanalyse und die mit ihr zusammenhängenden hochentwickelten mathematischen Verfahren integrieren kann, sofern die gesellschaftlichen Fakten für eine quantitative Analyse geeignet sind.

Ich werde darauf eingehen, wie Lenin die Gesetzmäßigkeiten der Außenpolitik in der Periode des Imperialismus analysierte. 1. Lenin folgte immer dem Prinzip, daß alle gesellschaftlichen Erscheinungen im Rahmen eines bestimmten Systems der Beziehungen allseitig, in allen Zusammenhängen und Vermittlungen betrachtet werden müssen, d. h. Lenin war dagegen – sagen wir – die Fakten der Außenpolitik allein aus der Wirtschaft oder nur aus der Furcht vor der Revolution oder – sagen wir – aus militärpolitischen Überlegungen abzuleiten. Das heißt, er empfahl, an das Problem allseitig heranzugehen, was Professor Böhme nicht tut, weil er die wirtschaftlichen und sozialen Probleme der Außenpolitik von ihren politischen und militärischen Aspekten trennt.

2. Indem Lenin die Motive für die wirtschaftliche und politische Expansion und die Kriege der kapitalistischen Staaten in der Periode des Übergangs zum Imperialismus und während des Imperialismus aufdeckte, unterstrich er zwei Momente: Da ist erstens das unmittelbare ökonomische Interesse an neuen Territorien, Rohstoffquellen und Absatzmärkten – das unmittelbare wirtschaftliche und politische Interesse der imperialistischen Staaten im Kampf um die Aufteilung und Umverteilung der Welt, um Märkte und Rohstoffquellen. Und dies hielt V. I. Lenin für die Hauptsache. Beiläufig gesagt, wird man die Zollgegensätze zwischen Rußland und Deutschland gewiß nicht auf die Furcht beider Seiten vor einer möglichen Entwicklung der Revolution zurückführen können. Hier handelt es sich vor allem um unmittelbare wirtschaftliche Vorteile, nicht so sehr um die Erhaltung des Systems als vielmehr um seine Ausdehnung, seine Vorteile, ohne eine Änderung seiner Grundlagen.

Der zweite Umstand, den Lenin unterstrich, besteht darin, daß die kapitalistischen Staaten, indem sie eine Expansionspolitik führten und in Gegensätze mit ihren anderen Konkurrenten gerieten, in der Tat in gewissem Maße die sozialen Widersprüche fürchteten. Lenin führte Beispiele an: die Erklärung von Cecil Rhodes, daß Großbritannien, wenn es keine aggressive Kolonialpolitik führe, die Revolution zu erwarten habe. Lenin sagte das auch von den Führern der französischen Kolonialpolitik. Aber Lenin warnte vor der Einseitigkeit und wandte, seiner Methodologie folgend, mit den allerbesten Ergebnissen jenes Prinzip an, an das Professor Erdmann hier mit den Worten Max Webers erinnerte (vgl. oben S. 198), das Prinzip eines adäquaten, d. h. der Wirklichkeit entsprechenden, Gesamtkomplexes und einer Wechselbeziehung von Ursachen dieser oder jener Erscheinung in ihrer Gesamtheit. Er riß niemals eine solche Gesetzmäßigkeit aus dem Zusammenhang und verabsolutierte sie, sondern er interpretierte den Primat der Ökonomie als letztlich den Ausschlag gebend, aber nicht unmittelbar wirksam.

In der sowjetischen historischen Literatur wurden sowohl die unmittelbaren ökonomischen Stimulantien und Motive der Politik des Imperialismus dargestellt als auch das, was Professor Böhme den Sozialimperialismus nennt (ich werde aber diesen Terminus nicht benutzen, da er auch eine andere Bedeutung hat), d. h. die Furcht vor sozialen Erschütterungen und der Wunsch, die inneren Widersprüche mit Hilfe einer nach außen gerichteten Aggression zu lösen.

Eine Reihe der in der Kolonialpolitik der kapitalistischen Länder aktiven Staatsmänner und der Ideologen der außenpolitischen Aggression schrieben und redeten sowohl über die unmittelbaren wirtschaftlichen Ziele der kolonialen Eroberungen als auch über den Wunsch, auf diesem Wege einem Anwachsen der sozialen Konflikte in ihrem eigenen Lande vorzubeugen. Man kann die deutschen Geographen Ende des 19. und Anfang des 20. Jahrhunderts nennen, die vor einem drohenden Anwachsen des Klassenkampfes im Lande warnten und dieses Rezept – die Kolonialpolitik – als Ausweg empfahlen.

Aber der gesamte Komplex der Fakten zeigt, daß das Erste das Hauptsächliche, das Zweite jedoch ein ergänzendes Moment war. Dies stimmt, nebenbei gesagt, mit den Konzeptionen der vorangegangenen Vortragenden über die sozialökonomische Entwicklung in Deutschland als dem repräsentativen Typ eines relativ gemäßigten Bildes des Klassenantagonismus überein (vgl. oben S. 49–52 u. 133 f.). Im Unterschied zu ihnen verwandelt Prof. Böhme eigentlich die Furcht vor einer Verschärfung der sozialen Gegensätze in das Hauptstimulans der gesamten imperialistischen Außenpolitik, verabsolutiert diesen Zugang, der einen bestimmten rationalen Kern hat und ihm half, eine wichtige Frage konkret zu erforschen, der aber kein Universalschlüssel für die Analyse der kolonialen Expansion und der Außenpolitik der imperialistischen Staaten im allgemeinen ist.

Ich meine, daß Professor Böhme eine große Einseitigkeit an den Tag gelegt hat, als er die Handelsgegensätze von den politischen und militärischen Gegensätzen trennte, wobei diese und jene manchmal in entgegengesetzter Richtung wirkten. Lenin ist niemals so einseitig gewesen. Er hat die Erforschung der gesellschaftlichen Erscheinungen als Ganzes mit allen ihren Zusammenhängen und Vermittlungen zum Prinzip erhoben.

Einige Worte zum Stand dieser Frage in der sowjetischen Historiographie. Das Prinzip des Zusammenhangs zwischen Innen- und Außenpolitik und der letzten Endes bestimmende Einfluß der Innenpolitik – (nur letzten Endes, aber nicht in jedem einzelnen Moment) – ist eine der methodologischen Voraussetzungen der sowjetischen Forschungen auf diesem

Gebiet, insbesondere auf dem Gebiet der Geschichte der russisch-deutschen Beziehungen. Die Arbeit, die wir als klassisch für die sowjetische historische Schule ansehen, das Buch des Akademiemitgliedes Skazkin „Das Ende der österreichisch-russisch-deutschen Allianz"[a] gibt eine umfassende Analyse der Zusammenhänge der österreichisch-deutschen und russisch-deutschen Beziehungen mit der Klassenstruktur und den Interessen der herrschenden Klassen aller drei Monarchien.

Dieselben Merkmale kennzeichnen die Forschungen von Akademiemitglied Chvostov[b] und eine Reihe anderer Arbeiten. In meinem Buch über die Kolonialpolitik der kapitalistischen Mächte im Fernen Osten von 1860 bis 1895[c] habe ich, dieser Methode folgend, versucht, sowohl die eindeutigen wirtschaftlichen Vorteile und Interessen der Expansion dieser Staaten als auch einen gewissen Einfluß der Furcht vor einem Auftreten von Armut und Arbeitslosigkeit, vor Massen von Unzufriedenen in den Metropolen und das Bestreben, diese Erscheinung auf dem Wege der kolonialen Expansion abzuwenden, systematisch aufzuzeigen versucht.

Ich glaube, daß dies das richtigere Verständnis, die der Wirklichkeit adäquatere Widerspiegelung der Summe der Ursachen der Außenpolitik ist im Vergleich mit dem, was Professor Böhme als Universalmodell für die Erforschung dieser Fragen vorschlägt. Von einem sogar ausgezeichneten Vortrag über ein konkretes Problem bis zur Schaffung eines solchen Universalmodells ist es sehr weit! Ja, überhaupt kann man es nicht erfinden, sondern man muß dem Prinzip der allseitigen Erforschung der Erscheinungen folgen.

Jetzt zum Export deutschen Kapitals nach Rußland und zu den Handelsbeziehungen der beiden Kaiserreiche: Wie steht es mit der Klärung dieser Fragen in der sowjetischen Historiographie? Werden die russisch-deutschen Handelsbeziehungen tatsächlich nicht erforscht, weil die sowjetischen Historiker sich den Gedanken über die Bedeutung des Kapitalexports angeeignet haben und daher überall den Kapitalexport suchen, an den Handel aber nicht denken, wenn man der Beurteilung unserer Arbeiten durch Professor Böhme glaubt? Nichts dergleichen jedoch ist zu beobachten. Bei uns gibt es Forschungen zu den russisch-deutschen Handelsbeziehungen, die offensichtlich dem Blickfeld von Professor Böhme entzogen sind. Da ist die seit langem schon geschriebene, aber in der Tat erst teilweise veröffentlichte Dissertation von Kopelova.[d] Da ist die Dissertation von M. N. Maškin über den nicht erneuerten Rückversicherungsvertrag.[e] Da sind die Forschungen von M. Ostrecova zu den russisch-deutschen Beziehungen zur Zeit des russisch-japanischen Krieges und im Jahr 1905, in denen eine ziemlich gründliche Erarbeitung der Meinungsverschiedenheiten über die Zollfragen im Zusammenhang mit dem Vertrag von 1904 dargeboten wird[f], u. a. m.

Es fällt mir schwer, Professor Böhme vorzuwerfen, daß er diese Arbeiten nicht benutzt hat. Sie sind nicht vollständig veröffentlicht und in der Hauptsache in verschiedenen unserer regionalen Editionen erschienen, die nicht in ausreichendem Maße bekannt sind.

Es muß gesagt werden, daß ein so großer Fachmann, wie das vor kurzem verstorbene Akademiemitglied Chvostov eine recht bedeutende Arbeit über die Außenpolitik Rußlands in der zu untersuchenden Periode für das Kollektivwerk „Skizzen zur Geschichte der UdSSR in der zweiten Hälfte des 19. Jahrhunderts" vorbereitet hat. Es ist ein umfangreicher Band, aber er ist noch nicht herausgegeben worden. Die Arbeit von Akademiemitglied Chvostov wird jedoch jetzt in der posthumen Ausgabe seiner Arbeiten veröffentlicht werden. So kann man Professor Böhme natürlich nicht vorwerfen, daß er von dieser Arbeit nichts wußte.

Ungeachtet dessen, daß er von diesen sowjetischen Forschungen nichts gewußt hat und daher einen gewissen Teil der darin gelösten Fragen ein zweites Mal durchleuchtet hat, finde ich, daß er eine schöne Arbeit über die russisch-deutschen Handelsbeziehungen geschrieben hat. Aber ich teile, wie Sie sehen, einige weitgehende methodologische Ansprüche nicht, die in diesem Vortrag dargelegt worden sind.

[a] *S. D. Skazkin,* Konec avstro-russko-germanskogo sojuza. Issledovanie po istorii russko-germanskich i russko-avstrijskich otnošenij v svjazi s vostočnym voprosom v 80-e gody XIX stoletija, T. 1, Moskau 1928, 2-oe izd. 1974.

[b] Hauptwerk: *V. M. Chvostov,* Diplomatija v Novoe vremja. 1871–1914, Moskau 1963 (= Istorija diplomatii, 2-oe izd. T. 2); eine Reihe anderer Veröffentlichungen von Chvostov führt *B. M. Tupolev* in seinem Vortrag an, vgl. unten S. 221–233.

[c] *A. L. Naročnickij*, Kolonial'naja politika kapitalističeskich deržav na Dal'nem Vostoke 1860–1895, Moskau/Leningrad 1956.

[d] *Ju. I. Kopelova*, Tamožennaja vojna i vopros o torgovom dogovore v russko-germanskich otnošenijach 1890–1894, Kand.-Diss. Gor'kij 1950; dies., O tamožennoj vojne meždu Rossiej i Germaniej v načale 90-ch godov XIX v., Gor'kij 1956 (= Trudy Gor'kovskogo pedagogičeskogo instituta T. 18).

[e] *M. N. Maškin*, Germanskaja diplomatija i konec russko-germanskogo dogovora o nejtralitete v 1890 g., Kand.-Diss. Moskau 1951.

[f] *M. L. Ostrecova*, Politika germanskogo imperializma v otnošenii Rossii vo vremja russko-japonskoj vojny (1904–1905), Kand.-Diss. Moskau 1950; dies., Russko-germanskij torgovyj dogovor 1904 g., in: Učenye zapiski Moskovskogo gorodskogo pedagogičeskogo instituta im. V. P. Potemkina T. 93 (1959), Kaf. istorii novogo vremeni, vyp. 5, S. 137–216.

HELMUT BÖHME, DARMSTADT

Da die Zeit weit fortgeschritten ist, möchte ich meine Überlegungen auf drei Punkte konzentrieren:

1. auf die Frage, was für eine politische Funktion die Handelspolitik gegenüber Rußland gehabt hat,
2. kurz auf die Überlegungen von Herrn Erdmann und
3. auf die Bemerkungen zu der bei meinen Ausführungen kritisierten „Einseitigkeit".

1. Herr Kollege Bovykin hat in einem für mich ausgesprochen interessanten Beitrag (vgl. oben S. 194–196) Probleme angesprochen, die auch in Deutschland diskutiert werden. Auch in der deutschen Literatur wird der Handelsvertrag von 1894 als eine wirtschaftlich gelungene Aktion bezeichnet. Es ist allerdings nicht gesehen worden, welche allgemeinen politischen Folgen dieser Handelsvertrag gehabt hat. Auf diese politisch-ökonomischen Folgen versuchte ich hinzuweisen. Dabei ist es für mich wichtig zu betonen, daß mit einer monokausalen ökonomischen Interpretation die Probleme nicht gelöst werden können. Noch deutlicher macht dies eine Überlegung zum Handelsvertrag von 1904. Ich frage hier etwas salopp: Wer hatte denn die Zeche zu bezahlen, die das Einverständnis von 1904 ermöglichte? Der handelspolitische Austausch hatte im Bilanzspiegel der Großunternehmen und der Bankenkonsortien nachweislich seinen Niederschlag und gleichzeitig eine innenpolitische Rückwirkung. Damit wird deutlich, daß „Handelspolitik" nicht so verstanden werden soll, als ob hier die monokausale Begründung politischen Handelns vorliege. „Handelspolitik" hat die Funktion, die verschiedenen Elemente politischer, ökonomischer oder sozialer Überlieferung in ihrer Verflechtung darzustellen, entsprechend der Nachweisbarkeit dieser Überlieferung. Natürlich erhält die Interpretation des Imperialismus, die mehrfach angesprochen worden ist, von dieser Überlegung ausgehend eine andere Akzentuierung. Mein Referat konzentriert sich bewußt anläßlich dieser Tagung auf ein Phänomen, das aber exemplarische Bedeutung hat.

Nehmen Sie als Beispiel „Afrika". Als ökonomischer Faktor bedeutet „Afrika" der deutschen Weltpolitik nichts. Es wird bei der Analyse dieser Politik deutlich, daß eine direkte ökonomische Kausalinterpretation der Kolonialpolitik nicht möglich ist. Infolgedessen gilt es hier, die Fragen zu verdeutlichen und neu zu begründen

2. Mein Hauptinteresse bei diesem Referat ging in die Richtung, die Herr Erdmann angegeben hat (vgl. oben S. 198 f.). Welches Gewicht haben die oft angeführten historischen Fakten für eine hinreichende Erklärung der politischen Beziehungen zwischen Rußland und Deutschland am Ende des 19. Jahrhunderts? Oder, wie Herr Erdmann gesagt hat, wie kann die Frage nach der adäquaten Verursachung beantwortet werden? Wenn aber nun die Bemerkungen von Herrn Erdmann und Herrn Zorn (vgl. oben S. 200 f.) auf diesem Hintergrund gesehen werden, dann sind sie Beispiele einer für mich sehr interessanten Experimentierkunst. Denn wenn wir die Frage nach der Funktion der Großagrarier – wie vorgeschlagen – negativ beantworten, dann ist die Welt des kaiserlich-preußischen Deutschlands nicht mehr existent. Dann ist aber das Experiment einer hinreichenden Erklärungskunst nicht mehr definierbar.

In gleicher Weise beurteile ich die theoretische Annahme von Herrn Zorn. Seine Ausführungen sind nur dann schlüssig, wenn die deutsche Reichspolitik wie im Ersten Weltkrieg die Möglichkeit gehabt hätte, die russische Eisenbahnspurbreite auf deutsche Spurbreite umzunageln, d. h. also, russisches Getreide ohne Zollgrenzen, ohne irgendwelche politischen Behinderungen und Folgen einzuführen. Beide „theoretischen" Annahmen scheinen mir trotz allem hilfreich zu sein, Einseitigkeiten festzustellen, und anzuregen. Zum jetzigen Zeitpunkt bin ich dankbar für diese Hinweise. Sie unterstützen sehr deutlich meine Analyse.

3. Ich habe mit Interesse die Ausführungen zur Interpretation imperialistischer Politik im Zusammenhang mit Lenins Ansichten vernommen (vgl. oben S. 201–204). Lenins Überlegungen sind ein sehr wichtiger Faktor innerhalb der historischen Thesenüberlegungen zu diesem Problemkreis auch bei den jüngeren deutschen Historikern. Ich bin der Meinung, daß es wichtig ist, die Kritik dialektisch voranzutreiben.

Lassen Sie mich abschließend folgendes bemerken: Für die Interpretation der historischen Entwicklung, die das Antlitz der mitteleuropäischen Staaten verändert hat, wird deutlich, daß die politischen Voraussetzungen nunmehr eingetreten sind, die eine gegenseitige offene wissenschaftlich-kritische Zusammenarbeit zwischen der Bundesrepublik Deutschland und der Sowjetunion ermöglichen. Ich werde Ihre Anregungen aufnehmen und bedanke mich für Ihr Interesse.

ANDREAS HILLGRUBER, KÖLN

DIE DEUTSCH-RUSSISCHEN POLITISCHEN BEZIEHUNGEN (1887–1917)

GRUNDLAGEN, GRUNDMUSTER, GRUNDPROBLEME*

In meinem Vortrag sollen die seit der ausgehenden Bismarck-Zeit in der Rußland-Politik des kaiserlichen Deutschland erwogenen und zum Teil realisierten ‚Alternativen' aufgezeigt und die wechselnde Dominanz der verschiedenen (mehr oder minder klar durchdachten und ausformulierten) ‚Konzeptionen' in den einzelnen Etappen von 1887 bis 1917 in ihren Ursachen und Begleiterscheinungen dargelegt werden. Eine fortlaufende diplomatiegeschichtliche Erzählung der deutsch-russischen Beziehungen in diesem Zeitraum ist nicht beabsichtigt und in diesem Rahmen auch nicht möglich.

*

Ausgangspunkt zum Verständnis des Ganzen ist der grundlegende Wandel in der europäischen Mächtekonstellation durch die Reichsgründung, d. h. die Zusammenfassung des größten Teils Deutschlands unter Führung der noch Anfang der 1860er Jahre weitaus schwächsten europäischen Großmacht Preußen. Damit war auch das bis dahin mehr oder weniger stark ausgeprägte Abhängigkeitsverhältnis Preußens von Rußland, das seit der Zeit Friedrichs des Großen bestanden hatte, aufgehoben und, jedenfalls im Selbstverständnis der politischen Führung des neuen Deutschen Reiches und der sie tragenden sozialen Schichten, ein neues Gravitationszentrum innerhalb des Mächtesystems in Mitteleuropa geschaffen. Die Behauptung und der Ausbau der 1866/71 errungenen labilen „halbhegemonialen" mitteleuropäischen Stellung Preußen-Deutschlands unter den sich wandelnden ökonomischen Gegebenheiten und der für die Bewahrung der vollen machtpolitischen „Souveränität" (wiederum im Selbstverständnis der preußisch-deutschen Führung) besonders wichtigen Bedingungen der Technik und Militärstrategie war in der sich verschärfenden Konkurrenz mit den in außereuropäische Räume expandierenden und zu „Weltmächten" aufsteigenden Nachbargroßmächten der zentrale Bezugspunkt aller außenpolitischen Erwägungen, gleichsam der gemeinsame Sockel, auf dem die verschiedenen ‚Konzeptionen' ruhten, von dem die unterschiedlichen Leitlinien für die deutsche Außenpolitik allgemein und in ihrem Rahmen: für die Gestaltung des Verhältnisses zu Rußland ausgingen. In der großen Ost-West-Doppelkrise des Jahres

* Der Vortrag erschien inzwischen in überarbeiteter Fassung: Deutsche Rußland-Politik 1871–1918: Grundlagen – Grundmuster – Grundprobleme, in: Saeculum 27 (1976), S. 94 bis 108.

1887 traten in der Diskussion innerhalb der deutschen Führungsspitze wie in dem starken publizistischen Niederschlag, den der internationale Konflikt um Bulgarien und um Boulanger fand, erstmals in voller Auffächerung die ‚Alternativen' heraus, die, zum Teil später ins Extreme gesteigert, bis in den Ersten Weltkrieg (und in z. T. erheblicher Verwandlung bis in die Hitler-Zeit) hinein in der deutschen Rußland-Politik eine Rolle spielten.

Zutiefst in Frage gestellt war damals schon *(1.)* die bis dahin infolge der überlegenen Position des ersten Kanzlers in der Führungsspitze des Reiches eindeutig dominierende Linie der Rußland-Politik, die in den beiden ersten Jahrzehnten nach der Reichsgründung bestimmend gewesen war und die nun von Bismarck noch einmal gegen größte Widerstände in den zentralen Instanzen und gegen einen beträchtlichen Teil der öffentlichen Meinung (von der politischen „Rechten" über die „Mitte" bis zur „Linken") durchgesetzt wurde. Nach seiner Entlassung 1890 behielt sie dann lediglich noch für einige wenige preußische Konservative Geltung und wurde so bestenfalls zu einer immer schwächeren Unterströmung in der deutschen Gesamtpolitik. Von der Reichsleitung wurde sie allenfalls gelegentlich, ohne Realitätsbezug, als vermeintlicher Trumpf im diplomatischen Spiel oder in der Korrespondenz zwischen den Kaisern zwecks Vorspiegelung einer Rückwendung der Politik zu Rußland hin oder einer Wiederaufnahme der Bismarck-„Tradition" ins Feld geführt. Nicht in erster Linie aus gesellschaftspolitisch-ideologischer Solidarität gemäß der Devise von der Aufrechterhaltung des „monarchischen Prinzips" in der europäischen Staatenwelt gegen die von Frankreich ausgehende, überall drohende Revolution – einer Parole, über deren geringe Durchschlagskraft in der Mächtepolitik sich Bismarck seit dem Aufkommen der panslawistischen Bewegung und nationalistischer Strömungen in der Petersburger und Moskauer „Gesellschaft" im klaren war –, als vor allem aus der aus seiner Überzeugung von der Unzerstörbarkeit des „Reiches russischer Nation" erwachsenen Sorge, daß „wir" einen „von deutscher Seite eröffneten" „russischen Krieg ... nie hinter uns haben" würden, war die auch in härtesten Krisenlagen immer betonte Entschlossenheit des Reichskanzlers erwachsen, einen in seiner Sicht existenzbedrohenden Zweifrontenkrieg des Reiches unter allen Umständen zu vermeiden. Er blieb folglich bestrebt, den noch so „dünn" gewordenen „Draht" nach Petersburg aufrechtzuerhalten, so lange wie möglich unter zumindest indirekter Einbeziehung Österreich-Ungarns, da die Verbindung der beiden mitteleuropäischen Monarchien erst dem Deutschen Reich seine relativ überlegene Stellung innerhalb des Mächtesystems gegeben hatte; im äußersten Notfall aber war Bismarck nicht nur zur Überlassung Südosteuropas an Rußland, sondern als ultima ratio auch zur Opferung des Habsburger Reiches bereit.

Stellte somit die Kombination mit der Donaumonarchie für Bismarck eine höchst wünschenswerte, aber keine absolut gesetzte Größe in seinem von der Aufrechterhaltung der Verbindung mit Rußland in jedem Falle ausgehenden Kalkül dar, so war das Bündnis mit Österreich-Ungarn für seine Gegenspieler in der deutschen Führung (im Auswärtigen Amt und im Generalstab) in der Krise von 1887, die dann nach 1890 unter Caprivi den „Neuen Kurs" steuerten, der Dreh- und Angelpunkt ihrer ‚Konzeption' eines deutsch geführten „Mitteleuropa" *(2.)*. Durch unbedingtes Festhalten an der Habsburger Monarchie (und am Dreibund mit Italien) –

dies wurde von jetzt an die kontinental-europäische Grundlinie der deutschen Außenpolitik bis in den Ersten Weltkrieg hinein – sollte die Stellung des Reiches im Mächtegefüge gehalten und der mitteleuropäische „Block" im Krisenfall, möglichst angelehnt an die Seemacht Großbritannien, gegen Rußland (und Frankreich), deren Gegnerschaft als unvermeidlich angesehen und hingenommen wurde, gefestigt und ausgebaut werden.

Im Vergleich zu dieser Grundlinie stellten die in zwei sehr verschiedenen Phasen der deutschen Politik (1893–95 und vor allem in der Zeit der Bülow-Tirpitzschen „Weltpolitik" 1902–05) unternommenen Versuche, mit Rußland (und, wenn möglich, Frankreich) zu einer „Kontinentalliga" *(3.)* mit Spitze gegen Großbritannien zu gelangen, primär Aushilfskonstruktionen und Zwischenlösungen dar, die ihren ‚Stellenwert' im Rahmen der jeweiligen, seit 1890 durchgängig primär vom nunmehr als zentral angesehenen Verhältnis zu Großbritannien bestimmten Gesamtkonzeptionen fanden. Die ‚Konzeption' einer „Kontinentalliga" konnte allerdings im Falle eines Gelingens auch zu einer gleichwertigen ‚Alternative', zu einer vollen ‚Option' werden. Mit den zwei letztgenannten machtkalkulatorisch ansetzenden Möglichkeiten einer deutschen Rußlandpolitik ließen sich *(4.)* handels- und wirtschaftspolitisch sowie *(5.)* militärisch akzentuierte ‚Konzeptionen' mehr oder minder überzeugend verbinden, während sie zur Bismarck-Linie gleichsam quer gestanden hatten. Auch diese Problematik trat in der Krise 1887 erstmals in großer Klarheit zutage. Galt es in den 1880er Jahren in der deutschen Außenhandels- und Wirtschaftspolitik unter stärker defensiven Aspekten, durch einseitige zoll-, finanz- und handelspolitische Maßnahmen, die Interessen der eigenen Landwirtschaft und Industrie zu wahren – selbst unter Inkaufnahme negativer Auswirkungen auf den russischen Konkurrenten und einer daraus resultierenden Belastung des deutsch-russischen politischen Verhältnisses, die im Krisenjahr 1887 die Situation auf das schärfste komplizierte – *(4a)*, so ließ sich in der Folgezeit, in der Phase des wirtschaftlichen Aufschwungs ab 1894/95 ins Offensive gewendet *(4b)*, durch vorteilhafte Handelsverträge unter Ausnutzung prekärer Verhältnisse beim Partner eine wirtschaftliche Verflechtung mit zumindest partieller Abhängigkeit Rußlands erzielen, wobei aus der Sicht der Reichsleitung die Kardinalfrage lautete, ob daraus für die russische Seite auch Zwänge für eine bündnispolitische Orientierung nach Deutschland hin entstanden. Wie derartige handels- und wirtschaftspolitische Spekulationen, so begleiteten von 1887 an auch militärische Überlegungen ständig die deutsche Rußlandpolitik, während die älteren Operationspläne ohne Verbindung zu Bismarcks Politik entworfen worden waren, also in den 1870er und 1880er Jahren noch weitgehend unverbunden neben der politischen ‚Konzeption' standen. Wichtiger noch als die Tatsache, daß über die Querverbindung zwischen Schlieffen und Holstein die mehrfach abgewandelten Zweifrontenkriegsoperationsplanungen des Generalstabes nunmehr enger an die kontinentale Grundlinie der Reichspolitik heranrückten, war die Ausprägung eines spezifisch deutschen Präventivkriegsdenkens. In Umformung der gleichsam ‚klassischen', eng militärisch begrenzten Präventivkriegsauffassung wurde darin zum Leitmotiv die Absicht, eine für die Machtposition des Deutschen Reiches unerwünschte allgemeine Entwicklung des Kräfteverhältnisses zwischen den konkurrierenden Mächten oder Mächtegruppen durch die

Zerstörung oder zumindest schwere Beeinträchtigung des Potentials wenigstens eines wichtigen Gegenspielers, Frankreichs oder Rußlands, nach Möglichkeit zugunsten des rascheren Wachsens des eigenen Potentials zu wenden. Die Zurückdrängung Rußlands, im Falle einer ‚kleinen' Ost-Lösung *(5a)* durch Verschiebung der deutsch-russischen Grenze gewissermaßen auf dem Rücken Polens, im Falle einer ‚größeren' Ost-Lösung *(5b)* durch Absprengung der westlichen Provinzen des Russischen Reiches, lag in der Konsequenz dieser Konzeption. Als Extremlösung *(5c)*, die allerdings erst während des Weltkrieges, in den Jahren 1917/18, konkret anvisiert wurde, ergab sich aus einer Verbindung von Präventivkriegs- und wirtschaftlich akzentuierter ‚Konzeption' die Zielvorstellung, Rußland als Ganzes in den Griff zu bekommen und als „Hinterland" für ein in Frontstellung gegen die angelsächsischen Weltmächte aufgerichtetes deutsches Kontinentalimperium zu gewinnen, indem die ökonomisch wie strategisch wichtigsten Gebiete des Russischen Reiches militärisch erobert und „Rest-Rußland" über enge vertragliche Bindungen und unter fortdauerndem Druck von außen indirekt beherrscht wurden. Nicht nur die zuletzt genannten, sondern auch die anderen ‚Konzeptionen' – abgesehen von der noch aus Voraussetzungen einer älteren Epoche der europäischen Geschichte herzuleitenden Linie der Bismarckschen Rußland-Politik – sind historisch nur zu ‚verstehen' von den die Politik aller europäischen Großstaaten in der Epoche des Hochimperialismus mehr oder weniger ausgeprägt in ihren Bann ziehenden sozialdarwinistischen Axiomen vom unaufhebbaren Ringen permanent „wachsender" Mächte um ihre Stellung und – im Endeffekt – um den beherrschenden Platz in der Weltpolitik, von biologistisch, „völkisch", rassistisch getönten Auffassungen von der besonderen „Mission" jeweils des eigenen Imperiums, im Falle Deutschland–Rußland: vom unvermeidlichen Krieg zwischen ihnen, hypostasiert bis zu der auf beiden Seiten verbreiteten Vorstellung vom bevorstehenden „Endkampf" zwischen „Slawentum" und „Germanentum". Sie verdrängte in Deutschland die ältere, in der liberalen Bewegung des 19. Jahrhunderts geläufige Überzeugung von der notwendigen Befreiung der vom Despotismus der Zaren unterdrückten Völker „Ostmitteleuropas", eine Auffassung, die noch in der Krise von 1887 in der deutschen öffentlichen Meinung engagiert vertreten worden war und – mit etwas anderer Akzentsetzung – bis in die deutsche Sozialdemokratie hinein Anhänger gefunden hatte, sich dort auch am längsten hielt. Im Rahmen der überall in Europa zu konstatierenden sozialdarwinistischen Deutungen der Mächtepolitik war die Überschätzung des militärischen Faktors im Vergleich zu den für die Epoche des Imperialismus insgesamt konstitutiven ökonomischen und kulturideologischen Momenten in der als permanenter „Kampf" interpretierten „Großen Politik" für die deutsche Reichsleitung und die sie tragenden sozialen Schichten – eine Folge der seit dem Ausgang des Verfassungskonflikts in Preußen 1862–66 festliegenden Führungsstruktur mit dem starken Eigengewicht der obersten militärischen Instanzen – charakteristisch. Sie neigte daher in zugespitzten Krisensituationen, die die militärgeographische Mittelstellung besonders gefährdet erscheinen ließen, eher als andere Regierungen zu militärischen Lösungen. Diese allerdings öffneten – wie sich 1914/18 zeigen sollte – dann noch radikaleren sozialdarwinistischen und „völkisch"-rassistischen politischen ‚Konsequenzen' die Bahn.

Das Rußland-Bild, das den deutschen ‚Konzeptionen' seit der Entlassung Bismarcks mehr oder minder bewußt zugrunde lag, war doppelgesichtig. Der schon in der ersten Hälfte des 19. Jahrhunderts entwickelten Vorstellung von einem ungeheuren Wachstum der Stärke Rußlands, das bei seinem „Drang nach Westen" alles in Europa überrollen werde, wenn ihm nicht frühzeitig Einhalt geboten würde, einer Vorstellung, die sich später vielfach zum „Komplex" von der „russischen Gefahr"[1] verdichtete, stand die Auffassung gegenüber, daß das Russische Reich ein „tönerner Koloß" und noch nicht so fest gefügt sei, daß es nicht bei einigen kräftigen Stößen von außen zum Einsturz gebracht und in seine Bestandteile zerlegt werden könne. Diese von Liberalen 1848 und während des Krimkrieges vertretene, in Verbindung mit der Überzeugung von der Notwendigkeit einer Befreiung der Völker „Ostmitteleuropas" in eine „Kreuzzugs"-Ideologie einmündende Auffassung wurde in der Wilhelminischen Ära von deutsch-baltischen Publizisten in eine militant offensive Propaganda für einen deutschen „Drang nach Osten" umgewendet. Diese erlebte nach Anfängen in den 1880er und frühen 1890er Jahren in der Zeit nach 1905 eine kräftige Renaissance, gewann dann für einige Jahre in Ausdeutung der russischen Niederlage im Krieg gegen Japan im Sinne des eigenen, die Schwäche des Zarenreiches betonenden Rußland-Bildes eine dominierende Position in der deutschen öffentlichen Meinung. Ihre Wirkung trat jedoch, was für den Gang der „Großen Politik" entscheidend werden sollte, in den letzten Jahren vor 1914, soweit es die politische Führung des Reiches, speziell den Reichskanzler v. Bethmann Hollweg betraf, wieder ganz zurück hinter der anderen Leitvorstellung vom unaufhaltsamen, das Reich erdrückenden Wachsen Rußlands und verband sich mit der traumatischen Vorstellung, daß die Zeit gegen Deutschland „arbeite". In der öffentlichen Meinung hingegen behielt das Rußland-Bild seine ambivalenten Züge. Im Effekt allerdings wirkten beide „Gesichter" des verzerrten Rußland-Bildes, die Überschätzung wie die Unterschätzung der Stärke und des Zusammenhalts des Russischen Reiches, insofern zusammen, als sie – so oder so – die Auffassung von der zwingenden Notwendigkeit oder aber von den verlockenden Möglichkeiten eines Kampfes gegen Rußland stützten. Demgegenüber drangen die Bemühungen der zu spät, 1913, auf Initiative von Otto Hoetzsch gegründeten „Deutsche Gesellschaft zum Studium Rußlands" nicht durch, realistische Vorstellungen von Rußland in der deutschen Öffentlichkeit zu vermitteln.[2]

*

Die verschiedenen Etappen der deutschen Rußland-Politik von der Nichterneuerung des Rückversicherungsvertrages bis zum Hohepunkt der expansiven deutschen

[1] *F. T. Epstein*, Der Komplex „Die russische Gefahr" und sein Einfluß auf die deutsch-russischen Beziehungen im 19. Jahrhundert, in: *I. Geiss*, *B.-J. Wendt* (Hrsg.), Deutschland in der Weltpolitik des 19. und 20. Jahrhunderts, Fritz Fischer zum 65. Geburtstag, Düsseldorf 1973, S. 143–159.

[2] *W. Markert*, Die deutsch-russischen Beziehungen am Vorabend des Ersten Weltkrieges. Zur Gründung der ‚Deutschen Gesellschaft zum Studium Rußlands' im Jahre 1913, in: Ders. (Hrsg.), Deutsch-russische Beziehungen von Bismarck bis zur Gegenwart, Stuttgart 1964, S. 40–79.

Ostpolitik in den Jahren 1917/18 sind in den letzten Jahren, die eine gegenüber der Zeit vor der Rückführung und Freigabe der deutschen Akten (etwa 1960) unvergleichlich breitere quellenmäßige Fundierung ermöglicht haben, mit sehr unterschiedlicher Intensität und mit sehr verschiedenartiger Fragestellung (vor allem stärker als früher: Einfluß innenpolitischer Momente, Bedeutung ökonomischer „Zwänge“ und sozialer Konflikte für die Außenpolitik) erforscht worden. Das Forschungsinteresse in der Bundesrepublik hat sich – auf die Zeiträume bezogen, hier etwas vereinfachend zusammengefaßt – zunächst ganz auf die Ostkriegsziele der Jahre 1914/18 konzentriert (F. Fischer[3], E. Zechlin[4], G. Ritter[5], W. Steglich[6], W. Baumgart[7], P. Borowsky[8], H. Böhme[9] u. a.), im Folgenden in Verbindung mit der Veröffentlichung zunächst von Teilen, vor kurzem dann des ganzen Riezler-Tagebuches[10] – dem ‚Faktor Rußland‘ im Kalkül der deutschen Reichsleitung in der Julikrise 1914 und – sozusagen zeitlich rückwärtsschreitend – in den Monaten und Jahren davor zugewandt (K. D. Erdmann[11], A. Hillgruber[12], W. J. Mommsen[13]). Einen größeren ‚Sprung‘ in der fortschreitenden Verlagerung nach ‚rückwärts‘ machte die Forschung mit den auf die Phase der deutschen ‚Weltpolitik‘ gerichteten Untersuchungen zum „Tirpitz-Plan“[14], in die in jüngster Zeit auch die damit kor-

[3] *F. Fischer*, Griff nach der Weltmacht. Die Kriegszielpolitik des kaiserlichen Deutschland 1914/1918, Düsseldorf 1961, 4. Aufl. 1970; ders., Krieg der Illusionen. Die deutsche Politik von 1911 bis 1914, Düsseldorf 1969, 2. Aufl. 1971.

[4] *E. Zechlin*, Friedensbestrebungen und Revolutionierungsversuche. Deutsche Bemühungen zur Ausschaltung Rußlands im Ersten Weltkrieg, in: Aus Politik und Zeitgeschichte, Beilage der Wochenzeitung „Das Parlament“ B 20/61, B 24/61, B 25/61, B 20/63 und B 22/63; ders., Deutschland zwischen Kabinettskrieg und Wirtschaftskrieg. Politik und Kriegführung in den ersten Monaten des Weltkrieges 1914, in: Historische Zeitschrift 199 (1964), S. 347 bis 458; ders., Bethmann Hollweg, Kriegsrisiko und SPD 1914, in: Der Monat 208 (1966), S. 17–31.

[5] *G. Ritter*, Staatskunst und Kriegshandwerk. Das Problem des „Militarismus“ in Deutschland, Bde. 3 u. 4, München 1964 u. 1968.

[6] *W. Steglich*, Die Friedenspolitik der Mittelmächte 1917/18, Bd. 1, Wiesbaden 1964.

[7] *W. Baumgart*, Deutsche Ostpolitik 1918. Von Brest-Litowsk bis zum Ende des Ersten Weltkrieges, Wien/München 1966.

[8] *P. Borowsky*, Deutsche Ukrainepolitik 1918 unter besonderer Berücksichtigung der Wirtschaftsfragen, Lübeck/Hamburg 1970.

[9] *H. Böhme*, Die deutsche Kriegszielpolitik und Finnland im Jahre 1918, in: *I. Geiss, B.-J. Wendt*, Deutschland in der Weltpolitik des 19. und 20. Jahrhunderts, S. 377–396.

[10] *K. Riezler*, Tagebücher, Aufsätze, Dokumente, eingel. u. hrsg. von K. D. Erdmann, Göttingen 1972.

[11] *K. D. Erdmann*, Zur Beurteilung Bethmann Hollwegs, in: Geschichte in Wissenschaft und Unterricht 15 (1964), S. 525–540.

[12] *A. Hillgruber*, Riezlers Theorie des kalkulierten Risikos und Bethmann Hollwegs politisches Kalkül in der Julikrise 1914, in: Historische Zeitschrift 202 (1966), S. 333–351; ders., Deutschlands Rolle in der Vorgeschichte der beiden Weltkriege, Göttingen 1967; ders., Zwischen Hegemonie und Weltpolitik – Das Problem der Kontinuität von Bismarck bis Bethmann Hollweg, in: *M. Stürmer* (Hrsg.), Das kaiserliche Deutschland. Politik und Gesellschaft 1870–1918, Düsseldorf 1970, S. 187–204.

[13] *W. J. Mommsen*, Die latente Krise des Deutschen Reiches 1909–1914 (= Handbuch der deutschen Geschichte, neu hrsg. von L. Just, Bd. 4/1a), Frankfurt a. M. 1973.

[14] *V. R. Berghahn*, Der Tirpitz-Plan. Genesis und Verfall einer innerpolitischen Krisenstrategie unter Wilhelm II., Düsseldorf 1971.

respondierende deutsche Rußland-Politik in den ersten Jahren nach der Jahrhundertwende einbezogen wurde.[15] Hingegen blieben die 1890er Jahre bisher weitgehend ausgespart, sieht man von einer die deutsche Rußlandpolitik nach der Entlassung Bismarcks mehr als Folie einbeziehenden Studie über „Das Werden des französisch-russischen Zweibundes" ab.[16] Von sozial- und wirtschaftshistorischem Ansatz her ist demgegenüber der deutschen Rußlandpolitik im Krisenjahr 1887 starke Aufmerksamkeit gewidmet worden (H. Böhme[17], H.-U. Wehler[18]). Je nach den Schwerpunkten und den Lücken in der modernen Forschung sollen im Folgenden etwas länger oder knapper die Etappen der deutschen Rußland-Politik in ihren wesentlichen Zügen umrissen werden.

Unbeschadet aller Hinweise vor allem von seiten liberaler ‚politischer' Historiker auf den geringen Wert des Rückversicherungsvertrages für die deutsche Politik und folglich die sehr begrenzte Bedeutung seiner Nichterneuerung kann doch kein Zweifel an der grundlegenden Zäsur des Jahres 1890 für die deutsche Gesamtpolitik bestehen. Es wurde nunmehr in der deutschen Führung ein Denken dominierend, das den Wert von Bündnissen nicht mehr unter dem Gesichtspunkt der Friedensbewahrung, sondern dem der Kriegsvorbereitung, im Blick auf den Konfliktfall einschätzte. Entscheidend war unter außenpolitischem Aspekt die Veränderung der Maßstäbe, an denen die Großmachtstellung des Reiches gemessen wurde, war die ‚Umpolung' der außenpolitischen Leitlinie des Reiches vom bisher zentralen Bezugspunkt Rußland auf den neuen Fixpunkt Großbritannien. Auch der Nachdruck, den die erwähnten sozial- und wirtschaftspolitisch akzentuierten neuen Studien auf die Wichtigkeit der zoll-, finanz- und handelspolitischen Entscheidungen 1887 für die langfristige Verschlechterung des deutsch-russischen Verhältnisses legen, kann nichts dran ändern, zumal der Versuch Bismarcks, die Chancen für ein Bündnis mit Großbritannien ‚durch dick und dünn' zu sondieren (Januar 1889), um gewissermaßen in einem ‚Test' die Möglichkeit einer totalen Umkehrung seiner bisherigen außenpolitischen Leitlinie zu erproben, wie zu erwarten, ergebnislos blieb und die Reichspolitik bis zu seiner Entlassung noch der von ihm gezeichneten Linie folgte.

Erst das Jahr 1890 markierte den Umbruch. Der neue Reichskanzler v. Caprivi war wie die den „Neuen Kurs" inaugurierenden Schlüsselfiguren des Auswärtigen Amtes (vor allem Holstein) von der Unausweichlichkeit eines Krieges zwischen Rußland/Frankreich und den Mittelmächten überzeugt und erwartete wie die meisten Repräsentanten des Generalstabes den Angriff Rußlands „jeweils für das näch-

[15] *B. Vogel,* Deutsche Rußlandpolitik. Das Scheitern der deutschen Weltpolitik unter Bülow 1900–1906, Düsseldorf 1973.

[16] *P. Jakobs,* Das Werden des französisch-russischen Zweibundes 1890–1894, Wiesbaden 1968.

[17] *H. Böhme,* Politik und Ökonomie in der Reichsgründungs- und späten Bismarckzeit, in: *M. Stürmer,* Das kaiserliche Deutschland, S. 26–50.

[18] *H.-U. Wehler,* Bismarcks Imperialismus und späte Rußlandpolitik unter dem Primat der Innenpolitik, in: *M. Stürmer,* Das kaiserliche Deutschland, S. 235–264, überarb. u. d. T.: Bismarcks späte Rußlandpolitik 1879–1890, in: *H.-U. Wehler,* Krisenherde des Kaiserreiches 1871–1918. Studien zur deutschen Sozial- und Verfassungsgeschichte, Göttingen 1970, S. 163–180.

ste Jahr". Die tatsächliche Abwendung der russischen Außenpolitik von Europa und Hinwendung nach Ostasien in dieser Zeit und das daraus resultierende veränderte Interesse Rußlands an einer Erneuerung des nunmehr für die eigene „Rücken"-Sicherung wichtigen Vertrages von 1887 wurde nicht erfaßt. Die „Mitteleuropa"-Konzeption, die Caprivis Handelsvertragspolitik mit Österreich-Ungarn, Italien, Serbien, der Schweiz und Belgien zugrunde lag, enthielt neben der ferneren Perspektive eines deutsch-geführten europäischen Großwirtschaftsraums, der konkurrenzfähig gegenüber den aufstrebenden Weltmächten, vor allem gegenüber Amerika, sein sollte, unmittelbar anti-russische Implikationen. Russische Reaktionen hierauf und der sich daraus entwickelnde Zollkrieg zwischen Rußland und Deutschland führten schließlich unter dem Druck der dadurch empfindlich getroffenen deutschen industriellen Interessenverbände auf die Reichsleitung zur Einbeziehung Rußlands in das System der Handelsverträge durch den Vertrag vom 1. 10. 1893. Damit aber war der Ansatz zur Verwirklichung der „Mitteleuropa"-Konzeption faktisch wieder aufgegeben. Der frühere Generalstabschef Graf Waldersee, Exponent der für einen Präventivkrieg plädierenden Kräfte in der deutschen Führung, kommentierte: „Wir haben . . . aus Furcht vor Rußland kapituliert und helfen nun, die wirtschaftliche Lage des bis an die Zähne gegen uns gerüsteten Feindes zu verbessern."[19] Tatsächlich war das Nachgeben gegenüber Rußland auch eine Folge davon, daß die Bemühungen der Vertreter des „Neuen Kurses", über Zwischenlösungen von Einzelproblemen allmählich zu einer festeren Bindung Großbritanniens an den Dreibund zu gelangen, ergebnislos geblieben waren. Innen- und außenpolitische Gründe hatten somit ein vorübergehendes Zurückstecken notwendig gemacht. Eine temporäre Schwenkung zu Rußland hin war eingeleitet, die in der Folgezeit, nach dem Regierungsantritt des Zaren Nikolaus II., über die ‚Brücke' zwischen den beiden Monarchen in dem taktisch hochstilisierten sog. „ostasiatischen Dreibund" mit Rußland und Frankreich während des chinesisch-japanischen Krieges 1894/95 immerhin so weit gefestigt und ausgebaut werden konnte, daß britische Annäherungsversuche an Deutschland zu verzeichnen waren, die die Vertreter des „Neuen Kurses" in ihrer von der irrigen Prämisse, daß „Bär" und „Walfisch" niemals zueinander finden würden, abgeleiteten Auffassung zu bestätigen schienen, daß Großbritannien schon „kommen" werde, wenn es direkt oder indirekt unter Druck gesetzt würde. Eine entscheidende Wendung im Sinne der angestrebten Bindung Großbritanniens an den Dreibund trat jedoch nicht ein, so daß das Dilemma des wegen des unterschiedlichen Verfassungs- und Gesellschaftsgefüges und des grundsätzlich divergierenden Wertesystems unlösbaren England-Problems aus der kontinentalen Grundlinie der deutschen Außenpolitik heraus offenkundig wurde.

Dieses langfristig aufzulösen, versprach der offensive „weltpolitische" Neuansatz, der der kontinentalen Grundlinie der Reichspolitik im Zusammenhang mit dem „Tirpitz-Plan" von 1897 an von Wilhelm II., Bülow und vor allem Tirpitz gleichsam ‚übergestülpt' wurde. Die volle Spannweite dieser ‚Konzeption' ist erst durch Berghahns Forschungen zutage getreten. Ob die vieldiskutierte Zurückhaltung der

[19] *A. Graf von Waldersee,* Denkwürdigkeiten, bearb. und hrsg. von H. O. Meisner, Bd. 2, Stuttgart/Berlin 1923, S. 311.

deutschen Außenpolitik in den Jahren um die Jahrhundertwende mit ihrem Lavieren und Ausweichen vor (zwar ad hoc recht günstig scheinenden, aber unter den nach Fertigstellung der Flotte mit den davon erhofften „weltpolitischen" Chancen nur einengend wirkenden) vertraglichen Bindungen an Großbritannien oder an Rußland tatsächlich, wie Berghahns Hypothese lautet, auf einem die deutsche Gesamtpolitik in der sog. „Gefahrenzone" (bis zum Abschluß des Flottenbaus) bestimmenden einheitlichen ‚Konzept' beruhte oder, wie der amerikanische Historiker Jonathan Steinberg dagegen hält[20], eher eine Folge des Hin und Her und des unkoordinierten Neben- und Gegeneinanders in der deutschen Führung war, muß vorerst dahingestellt bleiben. Eine Lösung ließe sich vielleicht in der Weise finden, daß gerade in dem bestehenden Kompetenzgewirr ein Entschlossener mit einem ‚Programm' die Chance hatte, sich durchzusetzen. Immerhin trat frühzeitig heraus, daß Bülow schon als Staatssekretär und stärker noch als Kanzler die Auffassung vertrat, daß eine deutsche „Weltpolitik" zugleich gegen Großbritannien und gegen Rußland zum Scheitern verurteilt sei, daß es folglich in der Logik des zumindest mittelfristig (bis evtl. in fernerer Zukunft ein Bündnis mit ihm in Frontstellung gegen Amerika erzwungen werden konnte) gegen Großbritannien gerichteten „Tirpitz Planes" liege, zu einem wie immer gearteten Zusammengehen mit Rußland zu kommen. B. Vogel konnte inzwischen nachweisen, wie systematisch Bülow mit einem – traditionelle (dynastische Beziehungen, Betonung anti-revolutionärer Gemeinsamkeiten) wie moderne (wirtschaftliche Kooperation, vor allem industrielle Durchdringung Rußlands; Handelsvertragspolitik) Elemente zusammenbindenden – Instrumentarium das Projekt eines Bündnisses mit Rußland vorangetrieben und unter Ausnutzung der Schwierigkeiten Rußlands in Fernost (und unter vorläufiger Ausklammerung des Problems einer Einbeziehung Frankreichs im Sinne der ‚Konzeption' einer „Kontinentalliga") in den Jahren 1904/05 zu realisieren versucht hat. Die Entrevue von Björkö (24. 7. 1905) mit der Überrumpelungsaktion der Unterzeichnung des bekannten umstrittenen Vertragstextes durch die beiden Monarchen stellte dabei nur ein Glied im Rahmen eines ‚Programms' dar, dessen Verwirklichung mit dem Abschluß des für Deutschland außerordentlich vorteilhaften neuen Handelsvertrages (28. 7. 1904) so erfolgreich begonnen hatte, blieb der deutschen Exportindustrie doch damit, wie B. Vogel pointiert resümiert, die „vorherrschende Stellung" auf dem russischen Markt gesichert. Allerdings schlossen die Nichtrealisierung des Björkö-Vertrages und die bündnispolitische Folgenlosigkeit des für das Reich so günstigen Handelsvertrages auch in den nächsten Jahren, die im britisch-russischen Interessenausgleich in Asien vom 31. 8. 1907 in deutscher Sicht ihren drastischsten Ausdruck fand, das Scheitern von Bülows Bündnis-Konzeption und seiner (sich unter dem Eindruck des nach dem britischen „Dreadnought"-Sprung vorauszusehenden „Verfalls" des „Tirpitz-Plans" stärker von diesem distanzierenden) Gesamtpolitik ein. Die nachträglich so gedeutete, vermeintlich „größte Chance" für Deutschland, im Jahre 1905 die Schwächesituation Rußlands auszunutzen, um in einem Zweifrontenkrieg – wie es die Kritiker später sahen – den „gordischen Knoten" zu zerhauen und im kontinentalen Präventivkrieg das Dilemma der deut-

[20] *J. Steinberg*, The Tirpitz Plan, in: The Historical Journal 16 (1973), S. 196–204.

schen Politik zu lösen, war aus der Sicht der am „Tirpitz-Plan" und der Frontstellung gegen die Seemacht Großbritannien orientierten Reichsleitung überhaupt keine, da die unfertige Flotte noch keine Siegeserwartung über den selbst bei einem Triumph auf dem Kontinent weiterkämpfenden Hauptgegner zuließ, ja, ihren Ausbau gefährden würde. Die noch keineswegs durchschrittene „Gefahrenzone" verlangte 1905 gebieterisch eine Fortsetzung der militärischen Zurückhaltung sowie einen Verzicht auf jede Drohpolitik. Nach dem sich schon unter Bülow abzeichnenden Zurückschwenken auf die kontinentaleuropäische Grundlinie des „Neuen Kurses", mit dem eine erneute Konzentration der Blickrichtung auf die Zweifrontensituation verbunden war, errang die deutsche Reichsleitung mit der kompensationslosen Durchsetzung der Annexion Bosniens und der Herzegowina durch Österreich-Ungarn in der Krise von 1908/09 einen Pyrrhus-Sieg über das noch vom Ostasien-Krieg militärisch geschwächte Rußland, und dies nach der Einigung Großbritanniens mit Rußland über asiatische Probleme 1907. Die davon ausgehenden kontinentalen Rückwirkungen und Anstöße waren auf deutscher Seite ebenso wenig erkannt worden wie die Tatsache, daß schon seit 1905/06 wieder Europa im Zentrum der britischen Außenpolitik lag.

Nach der Übernahme der Reichskanzlerschaft durch Bethmann Hollweg (Juli 1909) setzten in Konsequenz dieser Rückkehr zur ‚alten' Leitlinie dann allerdings Bemühungen ein, das Verhältnis zu Großbritannien Zug um Zug zu verbessern mit dem Ziel, ein möglichst vertraglich abgesichertes neutrales Abseitsstehen der Seemacht im Falle eines Kontinentalkrieges zu erreichen. Allerdings ließ sich die Phase der „Weltpolitik" weder in der deutschen öffentlichen Meinung und bei den massiv auf diese einwirkenden Agitationsverbänden ‚auslöschen', noch konnte – trotz aller Distanzierung der politischen Reichsleitung – der ‚Faktor Tirpitz' in der Führungsspitze des Reiches ausgeschaltet werden, so daß die Divergenzen in ihr verschärft zum Ausdruck kamen (Haldane-Besuch, Februar 1912). Vor dem Hintergrund des Werbens um Großbritannien hatte das Treffen zwischen den Kaisern und den leitenden Staatsmännern Rußlands und Deutschlands in Potsdam am 3./4. 11. 1910 vor allem die Funktion, der britischen Seite den Eindruck einer deutsch-russischen Annäherung zu vermitteln, um Großbritannien der Annahme der deutschen Vorschläge näher zu bringen. Ferner ging es um die Abmilderung der Spannungen, die die Bosnien-Krise als akuter Brennpunkt des allgemeinen deutsch-russischen Gegensatzes im Orient hinterlassen hatte. Diese Konfrontation hatte sich seit dem Übergang des bis dahin auf militärische Beratung beschränkten deutschen Engagements im Türkischen Reich zu einer ökonomischen Durchdringung um die Jahrhundertwende infolge des seit dem russisch-japanischen Krieg wieder verstärkten Interesses Rußlands am Balkan und an den türkischen Meerengen immer mehr verschärft und die ‚Fronten' zwischen Deutschland und Rußland gleichsam von der Ostsee bis zum Schwarzen Meer und dem Kaukasus ausgeweitet. In den beiden Balkankriegen 1912/13 gelang es der deutschen Reichsleitung, im Kontakt mit der britischen Diplomatie die Erfolge Rußlands in Südosteuropa in Grenzen zu halten. Auf dem Höhepunkt der Krise plädierte der Chef des Generalstabes v. Moltke für einen Präventivkrieg gegen die beiden Kontinentalnachbarn („je eher desto besser"), während Wilhelm II. in einer Pressekampagne „die Volkstümlichkeit eines Krieges gegen

Rußland besser vorzubereiten" wünschte (sog. „Kriegsrat" vom 8. 12. 1912).[21] Die nunmehr eingebrachte Heeresvorlage, die die größte Vermehrung der preußisch-deutschen Armee seit der Reichsgründung vorsah, begründete Bethmann Hollweg vor dem Reichstag (7. 4. 1913), konkrete Sorgen mit wirkungsvoller Deklamation unter Ausspielung des „Rußland-Komplexes" verknüpfend, im Blick auf Rußland: Dort „vollzieht sich eine staunenswerte ökonomische Entwicklung dieses mit unerschöpflichen Naturschätzen ausgestatteten Riesenreiches, und Hand in Hand damit geht eine Reorganisation der Armee, wie sie Rußland wohl noch niemals gehabt hat".

Im Winter 1913/14 ließ dann die Liman-von-Sanders-Krise erneut den deutsch-russischen Interessengegensatz im Orient grell in Erscheinung treten, während die fortgesetzten Bemühungen Bethmann Hollwegs um Großbritannien in Einzelabmachungen über partiellen Interessenausgleich (u. a. Bagdad-Bahn-Abkommen vom 15. 6. 1914) begrenzte Erfolge zeitigten. Bis zu welchem Grade die Spannungen zwischen Deutschland und Rußland insgesamt gestiegen waren und welche Breiten-russischer Massenhysterie"[22] auslöste, die die machtpolitischen Kalkulationen der wirkung sie in der Öffentlichkeit gefunden hatten, machte die durch einen provokativen Artikel der „Kölnischen Zeitung" (2. 3. 1914) ausgelöste deutsch-russische Pressekampagne im Frühjahr 1914 deutlich, die in Deutschland eine „Art von anti-politischen Reichsleitung ad absurdum zu führen drohte.

Abgesehen davon setzten vor allem drei innen- und außenpolitische Momente miteinander verbindende Motivkomplexe in der sich zuspitzenden Gesamtlage dem Handlungsspielraum Bethmann Hollwegs enge Grenzen: 1. Am 31. 12. 1917 lief der deutsch-russische Handelsvertrag von 1904, der die deutsche Landwirtschaft so begünstigt hatte, aus. An seine Erneuerung auf gleicher Basis war wegen des dann völlig veränderten Kräfteverhältnisses nicht zu denken. Die Gruppe der – cum grano salis: relativ immer noch am stärksten eine deutsch-russische Verständigung befürwortenden konservativen Großagrarier schwenkte nun auch in die breite anti-russische Front in der deutschen Gesellschaft ein. 2. In der zeitlichen Perspektive fiel damit zusammen die verbreitete, vom Generalstab geteilte Auffassung, derzufolge Rußland nach Abschluß seines Heeresrüstungsprogramms 1916/17 in Verbindung mit Frankreich Deutschland überfallen und dann mit seinen „Massen" Mitteleuropa überfluten würde. Durch die Verbesserung des westrussischen Verkehrsnetzes und eine dadurch ermöglichte Beschleunigung des russischen Aufmarsches würden die Prämissen des Schlieffen-Plans von Jahr zu Jahr mehr in Frage gestellt. Jetzt, 1914, hingegen könnte die Entscheidung bei einem Präventivkrieg ‚noch' zu deutschen Gunsten gewendet werden. 3. Aus geheimen Informationen aus der russischen Botschaft in London wußte die Reichsleitung, daß im Frühsommer 1914 russisch-britische Marineverhandlungen im Gange waren und dadurch die ohnehin im Vergleich zu den sehr begrenzten formellen Vertragsverpflichtungen

[21] *J. C. G. Röhl,* Admiral von Müller and the Approach of War, 1911–1914, in: The Historical Journal 12 (1969), S. 651–673.

[22] *W. J. Mommsen,* Die latente Krise, S. 91; auch das Folgende z. T. in Anlehnung an Mommsen.

faktisch weit engeren Bindungen zwischen den drei Entente-Partnern an der bislang noch ‚offenen' Stelle fester geknüpft werden sollten. (Daß die sehr ernste Lagebeurteilung der Reichsleitung hinsichtlich der realen Bindungen zwischen der Dreierkoalition Rußland-Frankreich-Großbritannien begründet war, geht aus einer in Vorbereitung befindlichen Studie von K. Wormer [Mannheim] über „Rußland als Faktor der britischen Deutschlandpolitik", die sich erstmals auf die ganze Breite des britischen Aktenmaterials stützen kann, eindeutig hervor; ebenso klar zeigt sie allerdings, daß für die Entscheidung Großbritanniens im Ernstfalle das defensive oder offensive Verhalten seiner Partner [Rußland und Frankreich] bzw. des Deutschen Reiches ausschlaggebend sein würde.)

In der Juli-Krise 1914 wurde von Bethmann Hollweg Bismarcks „ultima ratio" (in einer zugespitzten Krisensituation) einer Aufteilung Südosteuropas und des Habsburger Reiches zwischen Deutschland und Rußland verworfen.[23] Sie ließ sich angesichts des starken ökonomischen Engagements Deutschlands im Orient auch gar nicht mehr realisieren. Stattdessen suchte der Kanzler in einer Politik des ‚brinkmanship' zu ergründen, ob „Rußland nicht davor zurückschreckte, für seine Interessen, jetzt, wo es stärker war als in den vorhergehenden Krisen (aber seine Aufrüstung noch nicht abgeschlossen hatte), das militärische Machtinstrument einzusetzen und es allenfalls auf den Krieg ankommen zu lassen. Zeigten sich die Russen jetzt kriegsbereit, dann war um so mehr zu erwarten, daß sie es sein würden, wenn es in den folgenden Jahren und eben unter für Deutschland ungünstigeren Umständen zu Krisen und Machtproben der Bündnissysteme kommen würde."[24] Die Entscheidung über Krieg und Frieden wurde durch den „Blankoscheck" für Österreich-Ungarns Vorgehen gegen Serbien Rußland zugeschoben – aus einem aus der internationalen Konstellation abgeleiteten Kalkül heraus, aber auch unter innenpolitischen Gesichtspunkten, zwecks Einfügung der Sozialdemokratie in den deutschen ‚Verteidigungskrieg'. „Kommt der Krieg aus dem Osten, so daß wir also für Österreich-Ungarn und nicht Österreich-Ungarn für uns zu Felde zieht, so haben wir Aussicht, ihn zu gewinnen. Kommt der Krieg nicht, will der Zar nicht oder rät das bestürzte Frankreich zum Frieden, so haben wir doch noch Aussicht, die Entente über diese Aktion auseinanderzumanövrieren."[25] Als das politische Kalkül fehlschlug, überließ die politische Reichsleitung fatalistisch dem Präventivkriegskonzept des Generalstabes das Feld: „Die Zukunft gehört Rußland, das wächst und wächst und sich als immer schwererer Alb auf uns legt", äußerte Bethmann Hollweg am 7. Juli 1914 gemäß Riezler-Tagebuch. Der Reichskanzler räumte am 30. Juli 1914 ein, „daß alle Regierungen – einschließlich Rußlands – und die große Mehrheit der Völker an sich friedfertig seien, aber es sei die Direktion verloren und der Stein ins Rollen geraten".[26] Einen Einfrontenkrieg gegen Rußland, wie er sozusagen für einen Moment am 1. August 1914 als Möglichkeit von Wilhelm II. und Bethmann Hollweg in die Diskussion innerhalb der deutschen Führung geworfen wurde[27], lehnte Moltke mit

[23] *K. Riezler,* Tagebücher, S. 189 (23. 7. 1914).
[24] *E. Zechlin,* Bethmann Hollweg, Kriegsrisiko und SPD, S. 21.
[25] *K. Riezler,* Tagebücher, S. 184 (8. 7. 1914).
[26] *I. Geiss* (Hrsg.), Julikrise und Kriegsausbruch 1914, Bd. 2, Hannover 1964, S. 373.
[27] Ebda., S. 555 f.

dem Hinweis auf die bestehende militärtechnische Zwangslage hin: seit 1913 gab es keinen Ostaufmarschplan mehr im Generalstab.

Das auf dem Höhepunkt der Siegesillusionen im Westen (9. 9. 1914) im sog. „September-Programm" Bethmann Hollwegs niedergelegte „Ziel des Krieges", eine „Sicherung des Deutschen Reiches nach West und Ost auf erdenkliche Zeit"[28], schloß, im Vergleich zu den recht präzisen Forderungen im Westen, hinsichtlich des Ostens relativ vage ein, daß „Rußland von der deutschen Grenze nach Möglichkeit abgedrängt und seine Herrschaft über die nichtrussischen Vasallenvölker gebrochen werde". Das Eingeständnis des Nachfolgers v. Moltkes, v. Falkenhayn, wenige Wochen danach, am 18. 11. 1914, daß ein militärischer Triumph Deutschlands über die Dreierkoalition nicht erzwungen werden könne, legte den Versuch nahe, zu einem Separatfrieden mit Rußland zu gelangen. Die – im Effekt vergeblichen – Sondierungen schlossen eine Begrenzung der deutschen Kriegsziele im Osten, eine „kleine Lösung" in Gestalt einer bloßen Verschiebung der deutsch-russischen Grenze („polnischer Grenzstreifen"), ein.[29] Die in Unkenntnis der tatsächlichen Gesamtkriegslage weithin erhobenen (von den gesellschaftlichen, ideologischen und sozialpsychologischen Voraussetzungen der Vorkriegsdiskussion her bei den Interessengruppen und den Agitationsverbänden in der ganzen Breite der öffentlichen Meinung zu erwartenden) Kriegszielforderungen gerade auch gegenüber Rußland gingen weit über diese (im Falle einer Absprache mit der Zarenregierung innenpolitisch demnach von der Reichsleitung schwer durchzusetzende) ‚Minimal-Lösung' hinaus, wobei ein deutsch geführtes, zumindest Polen und die südlich der Düna gelegenen baltischen Provinzen des Russischen Reiches einschließendes erweitertes „Mitteleuropa" bis 1918 die gemeinsame Basis der im übrigen in verschiedenste Richtungen ausufernden Kriegszieldiskussion in Deutschland blieb. Die divergierenden Zielvorstellungen mündeten in den Monaten nach dem Frieden von Brest-Litowsk in die Vision eines von Deutschland beherrschten, die ‚Autarkie' des Reiches ermöglichenden und ihm eine strategisch kaum mehr angreifbare ‚Weltmachtausgangsstellung' für den ‚nächsten Krieg' gegen die angelsächsischen Seemächte verschaffenden „Großraums" im Osten ein, dessen Realisierungsversuch im Sommer 1918 von „völkischen" Umsiedlungs- und Kolonisationsplänen begleitet war, die in vielen Zügen auf Hitlers ‚Ostpolitik' im Zweiten Weltkrieg vorauswiesen. Dennoch bleibt der qualitative Unterschied in der deutschen Rußlandpolitik 1914/18 und 1941/45 gravierend.

*

Eine Bilanz der in die Weltkriegskatastrophe führenden Beziehungen zwischen Deutschland und Rußland vom Ende der Bismarck-Zeit bis zum Ausgang der Wilhelminischen Ära ist nach dem in dem systematisierend-analytischen Teil und in dem die Entwicklung in den wichtigsten Etappen umreißenden Abschnitten Dargelegten zugleich leicht und schwer; leicht bei einem addierenden Zusammenfassen, schwer

[28] *E. Zechlin,* Friedensbestrebungen und Revolutionierungsversuche, in: Aus Politik und Zeitgeschichte (wie Anm. 4), B 20/63, S. 42.

[29] *W. Conze,* Polnische Nation und deutsche Politik im Ersten Weltkrieg, Köln/Graz 1958; *I. Geiss,* Der polnische Grenzstreifen 1914–1918. Ein Beitrag zur deutschen Kriegszielpolitik im Ersten Weltkrieg, Lübeck/Hamburg 1960.

bei einem die Gewichte der einzelnen Faktoren ordnenden Bemühen. Die Ursachen, die zum Ende des kaiserlichen Deutschland wie der Zarenherrschaft in Rußland führten, liegen gewiß nicht allein in den bilateralen Beziehungen, auch wenn man diese, wie hier versucht, umfassend und nicht vordergründig unter dem diplomatisch-politischen Aspekt versteht. Die enge Verflochtenheit der internationalen Politik jener Zeit und die gesellschaftlichen Veränderungen in der europäischen Staatenwelt insgesamt verbieten jede isolierende Deutung. Es wäre sicher auch verfehlt, die aus verschiedenen Prämissen herausgebildeten und sich wechselseitig ‚aufladenden' „Feindbilder" mit ihrer enormen Breitenwirkung (und – über alle sozialen Umbrüche hinweg – ihrer bis in die Gegenwart hinein zu registrierenden Nachwirkung) einseitig in den Vordergrund zu rücken. Dennoch muß im Rahmen einer so relativierten Konzentration des Blicks auf das Verhältnis Deutschland-Rußland in dem Motivbündel, das auf deutscher Seite die – sich lange anbahnende – Entscheidung zum Krieg auslöste, dem „Rußland-Komplex" mit seinen darin enthaltenen, miteinander verknoteten gesellschaftlichen, ökonomischen, sozialpsychologischen, machtpolitischen und militärischen Implikationen ein sehr hoher Rang – vor allen sonstigen, scheinbar ‚realeren' Faktoren – eingeräumt werden. Diesen „Komplex" abzubauen, war der darum bemühten „Gesellschaft zum Studium Rußlands" in der kurzen Zeit 1913/14 nicht möglich. Nachdem das Fortleben, die Verhärtung und die Radikalisierung der „Feind-Vorstellungen" nach 1918 mit den 1938/45 eintretenden Konsequenzen und den daraus erwachsenen schwersten Belastungen nicht verhindert werden konnten, ist nunmehr der Gegenwart die Aufgabe gestellt, die überkommene Problematik allmählich aufzulösen. Begegnungen zwischen Historikern beider Länder wie dieser Kongreß bieten gute Chancen hierfür.

BORIS M. TUPOLEV, MOSKAU

DIE ERFORSCHUNG DER RUSSISCH-DEUTSCHEN BEZIEHUNGEN ZWISCHEN 1871 UND 1900 IN DER SOWJETISCHEN HISTORIOGRAPHIE*

Der Geschichte der internationalen Beziehungen und der Diplomatie der zweiten Hälfte des 19. Jahrhunderts ist eine umfangreiche wissenschaftliche Literatur gewidmet; es sind fast keine bedeutenden Probleme mehr verblieben, die nicht in irgendeiner Form durch die Geschichtswissenschaft untersucht worden wären. In den Arbeiten sowjetischer Wissenschaftler nimmt die Geschichte der russisch-deutschen Beziehungen in der Epoche, die unmittelbar dem Ausbruch des Ersten Weltkrieges voranging, einen besonderen Platz ein. Der Veröffentlichung der geheimen Verträge und Abkommen der zarischen und der Provisorischen Regierung und anderer Dokumente der Außenpolitik Rußlands, die durch die Entscheidung der Sowjetregierung schon in den ersten Monaten nach dem Sieg der Großen Sozialistischen Oktoberrevolution eingeleitet wurde, kommt hierbei eine große Bedeutung in wissenschaftlicher und politischer Hinsicht zu.

Eine Vielzahl wichtiger Dokumente zur Außenpolitik am Ende des 19. Jahrhunderts wurde in einzelnen Sammelbänden und in der Zeitschrift „Krasnyj archiv" („Das rote Archiv") herausgegeben. Von zweifellosem wissenschaftlichen Interesse ist eine Publikation von Dokumenten aus dem Geheimarchiv des ehemaligen Ministeriums für Auswärtige Angelegenheiten, die mit einem Vorwort von M. N. Pokrovskij 1922 unter dem Titel „Russisch-deutsche Beziehungen 1873–1914, Geheime Dokumente" im „Krasnyj archiv" gedruckt wurde und auch separat erschien.[1] In der gleichen Zeitschrift wurden im Jahre 1938 Materialien über die französisch-deutsche Krise von 1875 veröffentlicht. 1933 erschien im „Krasnyj archiv" die Publikation „P. A. Šuvalov über den Berliner Kongreß des Jahres 1878" mit einem Vorwort von V. M. Chvostov. Die dokumentarischen Materialien der Auslandsreisen von M. N. Murav'ev im Jahre 1897 wurden mit einem Vorwort von F. Kel'in 1931, Dokumente über die Eroberung von Kiautschou durch Deutschland 1938 im „Krasnyj archiv" gedruckt.[2]

* Ein Teilabdruck erschien unter dem Titel: *B. M. Tupolew*, Zur Erforschung der russisch-deutschen Wirtschaftsbeziehungen zwischen 1871 und 1900 in der sowjetischen Historiographie, in: Vierteljahrschrift für Sozial- und Wirtschaftsgeschichte 61 (1974), S. 212–223.

1 Russko-germanskie otnošenija. Sekretnye dokumenty. Predislovie: *M. N. Pokrovskij*, in: Krasnyj archiv 1922, T. 1, S. 3–208; dass. separat: Moskau 1922.

2 P. A. Šuvalov o Berlinskom kongresse 1878 g. Predislovie: *V. M. Chvostov*, in: Krasnyj archiv 1933, T. 4, S. 82–109; Zagraničnoe putešestvie M. N. Murav'eva v 1897 g. Predislovie: *F. Kel'in*, in: Krasnyj archiv 1931, T. 4–5, S. 71–89; Zachvat Germaniej Kiao-Čao v 1897 g. Predislovie: *F. A. Rotštejn*, in: Krasnyj archiv 1938, T. 2, S. 19–63.

Die Materialien der folgenden Periode wurden seit 1931 in der Dokumentenserie aus den Archiven der zarischen und der Provisorischen Regierung „Die internationalen Beziehungen in der Epoche des Imperialismus“ veröffentlicht.[3] Unter den späteren Publikationen von Dokumenten vom Ende des 19. und vom Anfang des 20. Jahrhunderts verdient die 1952 herausgegebene „Sammlung von Verträgen Rußlands mit anderen Staaten 1856–1917“ Aufmerksamkeit.[4] Die Herausgabe der Dokumente aus den Archiven der zarischen und der Provisorischen Regierung gab den Historikern die Möglichkeit, an Hand von konkretem historischen Material die Entwicklung der gegenseitigen Beziehungen der beiden militärisch-politischen Gruppierungen zu verfolgen und wissenschaftlich begründete Schlüsse über die Politik der Kriegsvorbereitung der imperialistischen Staaten zu ziehen.[5]

In der Periode zwischen den beiden Weltkriegen erschienen auch in Westeuropa und in den USA umfangreiche Publikationen diplomatischer Dokumente, eine breite Memoirenliteratur und ein ganzer Schwall historischer und publizistischer Artikel, die sowohl einzelne Fragen als auch den Gesamtkomplex der internationalen Beziehungen von 1871 bis 1914 betrafen. Dies erklärt sich in erster Linie durch das Bestreben, die Geschichte der Außenpolitik als Waffe des politischen Kampfes in der schwierigen internationalen Situation am Vorabend des Zweiten Weltkrieges auszunutzen. Gegenwärtig hat sich die Anzahl der Bücher, die sich mit diesem Thema beschäftigen, verringert, weil die grandiosen Ereignisse des Zweiten Weltkrieges 1939–1945 in gewissem Sinne das Interesse der Historiker von den internationalen politischen Ereignissen um die Jahrhundertwende abgelenkt haben.

Gleichzeitig muß man darauf hinweisen, daß in der sowjetischen Historiographie nach dem Zweiten Weltkrieg eine ganze Reihe von Forschungen erschienen ist, die der Problematik des internationalen politischen und wirtschaftlichen Geschehens von 1871 bis 1914 gewidmet sind. Dies liegt zweifelsohne in dem Streben begründet, das „Geheimnis, in dem Kriege geboren werden“, aufzudecken. Als methodologische Basis der Arbeiten der sowjetischen Historiker dient der Marxismus-Leninismus, die Leninsche Imperialismustheorie. V. I. Lenin kennzeichnete das letzte Viertel des 19. Jahrhunderts als die Periode des Hinüberwachsens des Kapitalismus der

[3] Meždunarodnye otnošenija v ėpochu imperializma. Dokumenty iz archivov carskogo i Vremennogo pravitel'stv, 1878–1917. Serija 3: 1914–1917, T. 1–10, Moskau 1931–1938. Serija 2: 1900–1913, T. 8–20. Moskau 1938–1940; dt. Ausgabe: Die internationalen Beziehungen im Zeitalter des Imperialismus. Dokumente aus den Archiven der Zarischen und der Provisorischen Regierung, hrsg. von Otto Hoetzsch, Reihe 1: Das Jahr 1914 bis zum Kriegsausbruch, Bde. 1–5, Berlin 1931–1934; Reihe 2: Vom Kriegsausbruch bis zum Herbst 1915, Bde. 6–8, Berlin 1934–1936; Reihe 3: Vom Frühjahr 1911 bis zum Ende 1913, Bde. 1 bis 2 u. 4, Berlin 1939–1943.

[4] Sbornik dogovorov Rossii s drugimi gosudarstvami, 1856–1917, Moskau 1952.

[5] Unter den Publikationen des Krasnyj archiv, die unmittelbar der Vorkriegsperiode gewidmet sind, nenne ich die folgenden: Russko-germanskij dogovor 1905 g., zaključennyj v B'erke, in: Krasnyj archiv 1924, T. 5, S. 3–49; *A. Zajončkovskij*, Vokrug anneksii Bosnii i Gercegoviny, in: Krasnyj archiv 1925, T. 3, S. 41–53; K istorii Potsdamskogo soglašenija 1911 g. Predislovie: *A. Erusalimskij*, in: Krasnyj archiv 1933, T. 3, S. 46–57; vgl. auch: Russkie finansy i evropejskaja birža v 1904–1906 gg. Red. i predislovie: *E. A. Preobraženskij*, podgot: B. A. Romanov, Moskau/Leningrad 1926.

freien Konkurrenz in den Monopolkapitalismus – den Imperialismus. Lenin hob hervor, daß in dieser Zeit „ein ungeheurer ‚Aufschwung' der kolonialen Eroberungen beginnt und der Kampf um die territoriale Aufteilung der Welt sich im höchsten Grade verschärft. Unzweifelhaft ist daher die Tatsache, daß der Übergang des Kapitalismus zum Stadium des Monopolkapitalismus, zum Finanzkapital, mit einer Verschärfung des Kampfes um die Aufteilung der Welt *verknüpft* ist."[6] Im letzten Jahrzehnt des vorigen Jahrhunderts verstärkte sich die Ungleichmäßigkeit der ökonomischen und politischen Entwicklung verschiedener Länder in starkem Maße. Dies führte zur Verschärfung der internationalen Widersprüche, zur Aufrüstung, zur Verstärkung des Expansionismus der kapitalistischen Staaten und zur Entstehung von aggressiven militärisch-politischen Gruppierungen. Gerade zu dieser Zeit formierten sich der Dreibund mit Deutschland an der Spitze und das französisch-russische Bündnis.

Indem ich keineswegs auf ein allseitiges Erfassen der breiten Massen der monographischen Forschungen und der großen Anzahl von Einzelbeiträgen, die der Problematik der russisch-deutschen Beziehungen zu Ende des 19. Jahrhunderts gewidmet sind, Anspruch erhebe, möchte ich versuchen, einen Überblick über die Leistungen der sowjetischen Historiographie auf diesem Gebiet zu geben. In diesem Überblick sind speziell die zahlreichen unveröffentlichten Dissertationen nicht einbezogen.

Die 20jährige Periode Bismarcks in der Geschichte der Beziehungen zwischen Rußland und Deutschland wurde in den Arbeiten bekannter sowjetischer Forscher allseitig beleuchtet. So im zweiten Band der „Geschichte der Diplomatie – Die Diplomatie der Neuzeit. 1871–1914" von V. M. Chvostov[7]; in der im Jahre 1928 erschienenen, jetzt zur Neuauflage vorbereiteten Arbeit von S. D. Skazkin über „Das Ende des österreichisch-russisch-deutschen Bündnisses. Studien zur Geschichte der russisch-deutschen und russisch-österreichischen Beziehungen in Verbindung mit der orientalischen Frage in den 80er Jahren des 19. Jahrhunderts, 1879–1884"[8], im Buch von E. V. Tarle über „Europa in der Epoche des Imperialismus, 1871 bis 1919"[9] und in der Arbeit von A. S. Erusalimskij über „Bismarck als Diplomat".[10]

Die Betrachtung der außenpolitischen Probleme in unlösbarer Verbindung mit ihren sozialökonomischen Wurzeln und das Studium des sozialökonomischen Wesens des einen oder anderen Umschwungs in den Wechselbeziehungen zwischen

[6] *W. I. Lenin,* Der Imperialismus als höchstes Stadium des Kapitalismus. Gemeinverständlicher Abriß, in: Ders., Werke Bd. 22, Berlin 1960, S. 260.

[7] *V. M. Chvostov,* Diplomatija v Novoe vremja, 1871–1914, Moskau 1963 (= Istorija diplomatii, 2-oe izd., T. 2); *M. N. Maškin,* Predislovie, in: *A. Dž. P. Tejlor,* Bor'ba za gospodstvo v Evrope (1848–1918), Moskau 1958; russ. Ausg. von: *A. J. P. Taylor,* The Struggle for Mastery in Europe, Oxford 1954.

[8] *S. D. Skazkin,* Konec avstro-russko-germanskogo sojuza. Issledovanie po istorii russko-germanskich i russko-avstrijskich otnošenij v svjazi s vostočnym voprosom v 80-e gody XIX stoletija, T. 1., Moskau 1928, 2-oe izd. 1974.

[9] *E. V. Tarle,* Evropa v ėpochu imperializma, 1871–1918 gg., Moskau/Leningrad 1958 (= Ders., Sočinenija, T. 5).

[10] *A. S. Erusalimskij,* Bismark kak diplomat. Vstupitel'naja stat'ja, in: O. Bismark, Mysli i vospominanija, T. 1, Moskau 1940, S. V–XLVIII.

Deutschland und Rußland stellen charakteristische Züge der Arbeiten der sowjetischen Historiker dar.

Große Erfolge erzielte die sowjetische Geschichtswissenschaft bei der Klärung der Geschichte des Eindringens deutschen Kapitals in die Wirtschaft des zaristischen Rußlands. Nach dem Krimkrieg und der Abschaffung der Leibeigenschaft in Rußland (1861) verwandelte Deutschland sich in den Hauptlieferanten von Industriewaren und Kapital nach Rußland. I. F. Gindin kommt in seiner Untersuchung über die russischen Kommerzbanken zu dem Schluß, daß der Zustrom ausländischen Kapitals in den 80er und 90er Jahren des 19. Jahrhunderts keinerlei Einfluß auf das Wachstum der russischen Banken gezeigt hat, weil sie selbst noch nicht in der Lage gewesen seien, als Vermittler zwischen den russischen und den ausländischen Geldmärkten aufzutreten. „Die Verbindungen zu ausländischen Banken entwickelten sich zu dieser Zeit vor allem als Folge der Beteiligung deutscher und österreichischer Banken am Aktienkapital russischer Banken, in erster Linie der Petersburger und der Polnisch-Baltischen Bank. Die Beteiligung deutscher Banken am Kapital der Petersburger Banken führte nur zu großen (gemeinsamen) Spekulationen mit dem russischen Papierrubel, mit staatlichen Fonds und Eisenbahnpapieren auf der Berliner und der Petersburger Börse."[11] Im folgenden drang das deutsche Kapital aktiv in Industrieunternehmen Rußlands ein. P. I. Ljaščenko bemerkt in seiner „Geschichte der Volkswirtschaft der UdSSR", daß das deutsche Kapital besonders beachtenswerte Erfolge in Kongreß-Polen erzielte, wo sich ganze Industriezweige in deutsche Filialen verwandelten.[12] Die deutsche Börse verteilte mit Vergnügen russische Wertpapiere und vor allem Anleihen der zaristischen Regierung.

Die ökonomische Expansion des deutschen Kapitals mußte natürlich den Widerstand von seiten des Industrie- und Handelskapitals Rußlands hervorrufen. Andererseits führte das preußische Junkertum einen unermüdlichen Kampf gegen den Export russischer landwirtschaftlicher Produkte nach Deutschland. Die Politik des Hochprotektionismus, die sowohl Deutschland als auch Rußland durchzusetzen begannen, verschärfte die ökonomischen Widersprüche zwischen den herrschenden Klassen beider Länder noch stärker.

Die Geschichte der deutschen wirtschaftlichen Expansion in Rußland und der Frage der russisch-deutschen Wirtschaftsbeziehungen werden im Beitrag von Ju. N. Netesin zur Geschichte des Eindringens deutschen Kapitals in die Ökonomie Rußlands (nach Materialien der Gebrüder-Felser-und-Co.-AG in Riga) und im Buch von V. S. Djakin „Deutsches Kapital in Rußland. Elektroindustrie und elektrischer Transport" (1971) behandelt. Gleiche Themen werden in den folgenden Arbeiten berührt: in dem Buch von I. V. Bestužev über den Kampf um die Probleme der Außenpolitik in Rußland 1906–1910; in einem Beitrag von V. I. Bovykin über Fragen der Erforschung des ausländischen Kapitals in Rußland sowie in der Monographie desselben Autors über die Entstehung des Finanzkapitals in Rußland; in

[11] *I. F. Gindin*, Russkie kommerčeskie banki. Iz istorii finansovogo kapitala v Rossii. Red.: S. G. Strumilin, Moskau 1948, S. 62 f.; vgl. auch: Ders., Gosudarstvennyj bank i ėkonomičeskaja politika carskogo pravitel'stva 1861–1892 gg., Moskau 1960.

[12] *P. I. Ljaščenko*, Istorija narodnogo chozjajstva SSSR, T. 2, Moskau 1947, S. 207.

der Arbeit von B. V. Anan'ič über „Rußland und das internationale Kapital 1897 bis 1914"; im Buch des ukrainischen Wissenschaftlers Ju. S. Chonigsman über das Eindringen ausländischen Kapitals in die Wirtschaft der Westukraine in der Epoche des Imperialismus (bis 1918) und in anderen Arbeiten sowjetischer Historiker.[13]

Die sowjetische Historiographie leistete einen bedeutenden Beitrag zum Studium der Geschichte des „Dreikaiserbündnisses", indem sie die Ziele aufdeckte, die alle Teilnehmer dieses Paktes verfolgten.

Bismarck verstand wie kein Zweiter die großen potentiellen Möglichkeiten Rußlands. „Solange", schrieb er im Jahre 1870, „wir keine bessere und sicherere Grundlage unserer Beziehungen mit Österreich gelegt haben, solange sich nicht in England das Verständnis verstärkt hat, daß es in Deutschland seinen einzigen, vollwertigen und zuverlässigen Verbündeten auf dem Kontinent finden kann, besitzen unsere guten Beziehungen mit Rußland für uns den größten Wert."[14] Auf die Politik Bismarcks gegenüber Rußland übten das gemeinsame Interesse an der Erhaltung der bestehenden Ordnung und die gemeinsame Teilnahme beider Länder an der Aufteilung Polens einen bedeutenden Einfluß aus.[15]

Indem er aktiv an der Schaffung des „Dreikaiserbündnisses" – eines Paktes zwischen Deutschland, Rußland und Österreich-Ungarn – mitwirkte, suchte Bismarck die internationale Lage Deutschlands, wie sie sich nach dem Frankfurter Frieden entwickelt hatte, zu festigen. Damit strebte Bismarck in erster Linie die außenpolitische Isolation Frankreichs an. Diese Probleme wurden von Ju. V. Borisov in einer Monographie über die russisch-französischen Beziehungen nach dem Frankfurter Frieden, in der Dissertation von Ju. A. Demkov über die Vorbereitung auf eine militärische Aggression durch Deutschland in der Periode von 1871–1875 und in einigen anderen Arbeiten untersucht.[16] Die sowjetischen Historiker zeigten, daß der Pakt zwischen dem russischen, dem deutschen und dem österreichischen Kaiser faktisch auf den reaktionären Prinzipien der Heiligen Allianz begründet war – auf den Prinzipien der monarchischen Solidarität gegen die revolutionäre und demokratische Bewegung.

[13] *Ju. N. Netesin*, Iz istorii proniknovenija germanskogo kapitala v ėkonomiku Rossii, in: Izvestija Akademii nauk Latvijskoj SSR, No. 4 (153), 1960, S. 33–45; *V. S. Djakin*, Germanskie kapitaly v Rossii (Ėlektroindustrija i ėlektričeskij transport), Leningrad 1971; ders., Zur Stellung des deutschen Kapitals in der Elektroindustrie Rußlands, in: Jahrbuch für Geschichte der UdSSR und der volksdemokratischen Länder Europas 9 (1966), S. 121 bis 141; *V. I. Bovykin*, O nekotorych voprosach izučenija inostrannogo kapitala v Rossii, in: Ob osobennostjach imperializma v Rossii, Moskau 1963, S. 250–313; ders., Zaroždenie finansovogo kapitala v Rossii, Moskau 1967; *B. V. Anan'ič*, Rossija i meždunarodnyj kapital, 1897–1914. Očerki finansovych otnošenij, Leningrad 1970; *Ja. S. Chonigsman*, Proniknovenie inostrannogo kapitala v ėkonomiku zapadnoj Ukrainy v ėpochu imperializma (do 1918 g.), L'vov 1971; *I. V. Bestužev*, Bor'ba v Rossii po voprosam vnešnej politiki 1906–1910 gg., Moskau 1961.

[14] Die Große Politik der europäischen Kabinette 1871–1914, Bd. 2, 2. Aufl. Berlin 1924, Nr. 225.

[15] *E. I. Rubinštejn*, Politika germanskogo imperializma v zapadnych pol'skich zemljach v konce XIX – načale XX veka, Moskau 1953.

[16] *Ju. V. Borisov*, Russko-francuzskie otnošenija posle Frankfurtskogo mira. 1871–1875, Moskau 1951.

Der Umschwung in Richtung auf eine Verschlechterung der Beziehungen zwischen Deutschland und Rußland erfolgte im Ergebnis der „Kriegsgefahr“ des Jahres 1875. Nach Meinung einiger Forscher begann Bismarck gerade von dieser Zeit an, dem „Alpdruck der Koalitionen“ zu unterliegen, d. h. vor allem der Furcht vor der Bildung eines französisch-russischen Bundes, in dessen Folge Deutschland gezwungen sein könnte, den Krieg an zwei Fronten zu führen.

In den Arbeiten sowjetischer Historiker werden die militärischen Absichten Bismarcks vor und während der Periode der „Kriegsgefahr“ im Jahre 1875 aufgedeckt. Die Frage der französisch-deutschen Krise im Jahre 1875 fand ihren Niederschlag im 2. Band der „Geschichte der Diplomatie“ von V. M. Chvostov, im oben genannten Buch von Ju. V. Borisov und in anderen Arbeiten.[17] Die sowjetische Historiographie zeigte auf der Grundlage einer sorgfältigen Analyse der Dokumente, daß die herrschenden Kreise Deutschlands im Frühjahr 1875 in militärischer, propagandistischer und diplomatischer Hinsicht Frankreich einen besonders heftigen Schrecken einjagten. Für die Verwirklichung seiner Pläne war Bismarck eine günstige internationale Lage nötig, deren wichtigstes Element die Unterstützung oder im Mindestfall die wohlwollende Neutralität von seiten Rußlands darstellte. Die Kontakte mit Petersburg stärkten die Position Frankreichs. Der deutschen Diplomatie gelang es nicht, von Rußland die Garantie für seine Neutralität im Falle eines Krieges mit Frankreich zu bekommen.[18]

„Die Verschlechterung des russisch-deutschen Verhältnisses wurde nicht durch den bösen Willen Bismarcks oder eines beliebigen Staatsbeamten Rußlands hervorgerufen, sondern gründete sich auf objektive Ursachen, in erster Linie auf ökonomische“, heißt es in der im Jahre 1970 in Moskau herausgegebenen „Deutschen Geschichte der neuen und neuesten Zeit“.[19] Gegen Ende der 1870er Jahre erreichte die industrielle Entwicklung Deutschlands ein ziemlich hohes Niveau, und die Entwicklung des Kapitalismus schritt weiter fort. Rußland führte Maßnahmen durch, um seine sich entwickelnde Industrie vor dem Zustrom deutscher Industriewaren zu schützen, für die Rußland als traditioneller Absatzmarkt diente. Andererseits ermunterte die Agrarkrise, die alle Staaten der Erde erfaßte, die Kreise der deutschen Junker, nachhaltig die Schließung des deutschen Marktes für den Export russischer landwirtschaftlicher Erzeugnisse zu fordern. Keine weniger wichtige Rolle im Prozeß der Verschärfung der russisch-deutschen Beziehungen spielte die Annäherung Deutschlands an Österreich-Ungarn, welche, wie in den Arbeiten sowjetischer Historiker gezeigt wird, schon lange vor dem Berliner Kongreß im Jahre 1878 ihren Anfang nahm.

Die Geschichte der Bildung des österreichisch-deutschen Bündnisses und danach des Dreibundes, der das erste Glied im System der Militärblöcke war, die die Länder Europas in feindselige Gruppierungen teilten und den Ersten Weltkrieg entfesselten, wie auch der aggressive Charakter des Dreibundes sind in der Monographie von S. D. Skazkin über das Ende des österreichisch-russisch-deutschen Bundes und im zweiten Band der „Geschichte der Diplomatie“ gründlich analysiert worden.

17 *V. M. Chvostov,* Diplomatija (wie Anm. 7).

18 *Ju. V. Borisov,* Russko-francuzskie otnošenija, S. 275.

19 Germanskaja istorija v novoe i novejšee vremja, T. 1, Moskau 1970, S. 411.

Noch vor der endgültigen Formierung des militärisch-politischen Blocks zwischen Deutschland, Österreich-Ungarn und Italien gelang es Bismarck, die Vereinbarung mit Rußland, das „Dreikaiserbündnis", zu erneuern. Es handelte sich um die Erhaltung des „Drahtes nach Rußland", wie Bismarck sagte, um einen Krieg mit Rußland aus dem Wege zu gehen.[20] Die Erneuerung des „Dreikaiserbündnisses" war ein Erfolg der Außenpolitik Deutschlands, weil sie Rußland von einer Einmischung in die französisch-deutschen Beziehungen abhielt, indem sie dem Zarismus dort Handlungsfreiheit gewährte, wo die Interessen Deutschlands noch unbedeutend waren. Gleichzeitig bemerkte S. D. Skazkin, daß „die Politik Bismarcks die ganze Zeit zwischen zwei Polen schwankte: er konnte einerseits keine österreichisch-russischen Zusammenstöße zulassen – in einem solchen Falle wäre der europäische Krieg im großen Stil unausweichlich gewesen –, und andererseits wollte er nicht, daß die Russen den Balkan verließen, denn in diesem Falle wäre für Rußland die Notwendigkeit des österreichisch-russischen Bündnisses entfallen und die Bedeutung des Bündnisses mit Deutschland vermindert worden".[21] Gerade die Ereignisse auf dem Balkan, die sich 1885 und in den darauffolgenden Jahren entwickelten, versetzten dem „Dreikaiserbündnis" einen vernichtenden Stoß.

Die Geschichte der Balkankrisen wird in der Monographie von F. A. Rotštejn über die internationalen Beziehungen am Ende des 19. Jahrhunderts[22] und in der „Geschichte der Diplomatie" sehr ausführlich beschrieben. Diesem Problem ist auch die Arbeit des grusinischen Historikers V. E. Artilakva über die russisch-deutschen Beziehungen während der Balkankrise 1885–1886 gewidmet.[23]

In der sowjetischen Historiographie wurde die Frage nach den militärischen Plänen Bismarcks gegenüber Frankreich während der „Kriegsgefahr" im Jahre 1887 tiefgründig untersucht. Der Problemkomplex, der mit der „Kriegsgefahr" von 1887 verbunden ist, wurde in einem Aufsatz von V. M. Chvostov über Rußland und die deutsche Aggression in den Tagen der europäischen Krise von 1887[24] und in einer Arbeit von G. P. Morozov über die französisch-deutsche Krise von Ende April 1887 (der Fall Schnebele) und die Position Rußlands[25] analysiert. Der gleichen Problematik war eine Publikation im „Krasnyj archiv" von 1935 über den Boulangismus und die zaristische Diplomatie gewidmet.[26] Die Geschichte der Kriegsgefahr von

[20] Vgl. die folgende interessante Untersuchung aus der DDR: *S. Kumpf-Korfes*, Bismarcks „Draht nach Rußland". Zum Problem der sozial-ökonomischen Hintergründe der russisch-deutschen Entfremdung im Zeitraum von 1878 bis 1891, Berlin 1968.

[21] *S. D. Skazkin*, Konec avstro-russko-germanskogo sojuza, Moskau 1928, S. 343.

[22] *F. A. Rotštejn*, Meždunarodnye otnošenija v konce XIX veka, Moskau/Leningrad 1960.

[23] *V. E. Artilakva*, Russko-germanskie otnošenija vo vremja balkanskogo krizisa (1885–1886 gg.), Tiflis 1957 (in grusinischer Sprache).

[24] *V. M. Chvostov*, Rossija i germanskaja agressija v dni evropejskogo krizisa 1887 g. (K predistorii franko-russkogo sojuza), in: Istoričeskie zapiski 18 (1946), S. 201–254.

[25] *G. P. Morozov*, Franko-germanskij krizis konca aprelja 1887 g. (incident Šnebele) i pozicija Rossii, in: Naučnye doklady Vysšej školy, Istoričeskie nauki, 1961, 1, S. 132 bis 145; ders., Russko-francuzskie otnošenija vo vremja voennoj trevogi 1887 g., in: Francuzskij ežegodnik za 1959 g., Moskau 1961, S. 248–281.

[26] Bulanžizm i carskaja diplomatija. Predislovie: *C. Fridljand*, in: Krasnyj archiv 1935, T. 5, S. 51–109.

1887 wird auch in der 1968 posthum herausgegebenen Arbeit „Bismarck. Diplomatie und Militarismus" von A. S. Erusalimskij berührt.[27]

Das Studium des Problems des „Rückversicherungsvertrages", den Bismarck hinter dem Rücken seiner Verbündeten im Jahre 1887 mit Rußland abschloß, war ein bedeutender Erfolg der sowjetischen Geschichtswissenschaft. Dieser Vertrag garantierte Deutschland im Falle eines Angriffs Frankreichs die Neutralität Rußlands und Rußland die Neutralität Deutschlands im Falle eines Angriffs seitens Österreich-Ungarns. Deutschland erkannte die „Rechte" des zaristischen Rußlands auf der Balkanhalbinsel an und sicherte seine Unterstützung in den Fragen Konstantinopels und der Meerengen zu. Im gleichen Jahr jedoch unterstützte der „Eiserne Kanzler" die Schaffung einer Mittelmeerentente zwischen Großbritannien, Österreich-Ungarn und Italien, die gerade Aktionen gegen Rußland auf dem Balkan und in den Meerengen zum Ziel hatte. Der tiefere Sinn dieses Vorgehens der deutschen Diplomatie bestand folglich in der Absicht, einen Krieg, in erster Linie zwischen Rußland und England, zu provozieren.

Dieser Problemkreis wird in der Dissertation von M. N. Maškin über die deutsche Diplomatie und das Ende des russisch-deutschen Vertrags über die Neutralität im Jahre 1890, in einer Einleitung des gleichen Autors zur russischen Ausgabe des Buches von A. J. P. Taylor „The Struggle for Mastery in Europe 1848–1918"[28], im zweiten Band der „Geschichte der Diplomatie" und in anderen Arbeiten betrachtet. Das Anwachsen der Widersprüche zwischen Deutschland und Rußland in den 90er Jahren beleuchtet ein Artikel von Ju. I. Kopelova.[29] In den Arbeiten der sowjetischen Historiker wird bemerkt, daß Bismarck im Interesse der Erhaltung des „Kartells" der politischen Parteien der preußischen Junker und der deutschen Bourgeoisie mit allen Kräften die ökonomischen Interessen dieser Klassen verteidigte. Einerseits kämpfte er gegen die russische Konkurrenz auf dem Getreidemarkt Deutschlands, und andererseits ebnete er deutschen Produzenten und deutschem Kapital den Weg auf den russischen Markt. Zwischen Rußland und Deutschland entwickelte sich faktisch ein ökonomischer Krieg.

Das Problem des Rücktritts Bismarcks wird in den Arbeiten von A. S. Erusalimskij „Probleme der Außenpolitik Bismarcks in der deutschen Historiographie der Nachkriegszeit", „Bismarck als Diplomat", im zweiten Band der „Geschichte der Diplomatie" u. a. einer gründlichen Analyse unterzogen.[30] Die gleiche Frage wird in einem 1922 veröffentlichten Beitrag von E. V. Tarle über die russisch-deutschen Beziehungen und den Rücktritt Bismarcks[31] und in einem Beitrag von V. M. Chvo-

[27] *A. S. Erusalimskij,* Bismark: Diplomatija i militarizm, Moskau 1968; dt. Ausgabe: *A. S. Jerussalimski,* Bismarck. Diplomatie und Militarismus, Frankfurt a. M. 1970.

[28] *M. N. Maškin,* Germanskaja diplomatija i konec russko-germanskogo dogovora o nejtralitete v 1890 g., Kand.-Diss. Moskau 1951; ders., Predislovie, in: *A. J. P. Taylor,* russ. Ausg. (wie Anm. 7).

[29] *Ju. I. Kopelova,* O tamožennoj vojne meždu Rossiej i Germaniej v načale 90-ych godov XIX v., Gor'kij 1956 (= Trudy Gor'kovskogo pedagogičeskogo instituta T. 18).

[30] *A. S. Erusalimskij,* Problemy vnešnej politiki Bismarka v poslevoennoj germanskoj istoriografii, in: Istorik-marksist 12 (1929), S. 214–237; ders., Bismark kak diplomat (wie Anm. 10); *V. M. Chvostov,* Diplomatija.

[31] *E. V. Tarle,* Russko-germanskie otnošenija i otstavka Bismarka, in: Sbornik statej po russkoj istorii, posvaščennyj S. F. Platonovu, Petrograd 1922, S. 419–424.

stov über die Krise der Außenpolitik Bismarcks[32] untersucht. Nach Meinung der sowjetischen Historiker bestand der Hauptgrund für den Rücktritt Bismarcks in dem vergeblichen Versuch, die sozialistische Arbeiterbewegung zu unterdrücken, und in den wachsenden Schwierigkeiten für Deutschland in der internationalen Arena. Das Bismarcksche System der „Rückversicherung“ war eine schwierige diplomatische Konstruktion, die auf einem schwankenden Untergrund ökonomischer Widersprüche und Konflikte ruhte. Indem Bismarck ökonomischen Druck auf Rußland ausübte, wollte er der zaristischen Regierung den Zugang zum deutschen Geldmarkt verwehren. Als die Türen der Berliner Banken für die Regierung Rußlands verschlossen blieben, wandte sie sich mit der Bitte um die Gewährung von Darlehen an die französische Börse. So zeichneten sich auf der politischen Karte Europas die Konturen des zukünftigen französisch-russischen Bündnisses immer deutlicher ab. Dies war ein großer Mißerfolg des außenpolitischen Kurses Bismarcks. Ungeachtet seiner Bemühungen, den politischen „Draht“ nach Rußland zu erhalten, verschlechterten sich die deutsch-russischen Beziehungen zusehends. Die Entstehung des junkerlich-bourgeoisen Imperialismus in Deutschland war untrennbar mit dem Anwachsen der expansionistischen Bestrebungen der deutschen Großbourgeoisie verbunden, die besonders eine Aktivierung der Kolonialpolitik forderte. Der alte Kanzler befriedigte die Gebote der zukünftigen neuen Epoche der Entwicklung des Kapitalismus schon nicht mehr. Wilhelm II., der von einer „Weltpolitik“ träumte, hielt die Europapolitik Bismarcks für provinziell und beschuldigte ihn, daß er sich in seinen Beziehungen zu Rußland zu sehr verstrickt hätte. Im März des Jahres 1890 war der „Eiserne Kanzler“ gezwungen, seinen Rücktritt einzureichen.

In der sowjetischen Historiographie wird den Problemen des deutschen Militarismus und der Verschärfung der Aggressivität der damaligen deutschen Kriegstreiber in Verbindung mit dem allmählichen Übergang des Kapitalismus in das Stadium des Imperialismus besondere Aufmerksamkeit gewidmet. Die Gegner Bismarcks aus den Kreisen der Militärs und des Junkertums, aus Teilen der Bourgeoisie und der höfischen Kamarillen hielten es für angebracht, einen Krieg gegen Rußland zu beginnen. Die aggressivsten Bestrebungen des deutschen Militarismus, die gegen Rußland gerichtet waren, vertrat der Große Generalstab Preußens, in dem einige Varianten eines Zweifrontenkrieges gegen Rußland ausgearbeitet wurden. Mitte der 80er Jahre kamen im deutschen Generalstab Pläne über einen sogenannten Präventivkrieg zum Vorschein. Die Idee vom Präventivkrieg war lange Jahre eine der Hauptdoktrinen des deutschen Militarismus. In der Monographie von A. S. Erusalimskij über die Außenpolitik und Diplomatie des deutschen Imperialismus am Ende des 19. Jahrhunderts[33] wird in einem speziellen Kapitel eine gründliche Analyse der expansionistischen Pläne des deutschen Imperialismus und Militarismus gegeben. Diese Fragen werden in gewissem Maße auch in dem Buch von F. A. Rotštejn

[32] *V. M. Chvostov,* Krizis vnešnej politiki Bismarka, in: Istorik-marksist 1934, 5, S. 35 bis 55.

[33] *A. S. Erusalimskij,* Vnešnjaja politika i diplomatija germanskogo imperializma v konce XIX veka, 2-oe izd. Moskau 1951; dt. Ausg.: *A. S. Jerussalimski,* Die Außenpolitik und die Diplomatie des deutschen Imperialismus Ende des 19. Jahrhunderts, Berlin 1954.

„Aus der Geschichte des preußisch-deutschen Reiches“[34], im Beitrag von M. N. Maškin „Aus der Geschichte der deutschen militaristischen Propaganda Ende des 19. und Anfang des 20. Jahrhunderts“[35] und in anderen Arbeiten sowjetischer Historiker berührt.

In der sowjetischen Historiographie wurde auch die Frage nach dem Einfluß der deutsch-russischen Beziehungen auf die Formierung des französisch-russischen Bündnisses untersucht. Wie bekannt ist, befriedigte die Regierung Caprivi, die nach dem Rücktritt Bismarcks an die Macht kam, die Forderungen der militaristischen Kreise Deutschlands und verlängerte den „Rückversicherungsvertrag“ mit Rußland nicht. Das Ende des russisch-deutschen „Rückversicherungsvertrages“ beschleunigte die Schaffung des französisch-russischen Bündnisses, das gegen die Mächtegruppierungen in Mitteleuropa gerichtet war. Die Entstehungsgeschichte des Bündnisses zwischen Rußland und Frankreich wird in der Monographie von A. Z. Manfred über die Außenpolitik Frankreichs von 1871–1891[36] in enger Verbindung mit den verschiedenen Aspekten der deutschen Außenpolitik betrachtet.

Die Geschichte des Abschlusses des russisch-deutschen Handelsvertrages vom Jahre 1894 und des mit ihm verbundenen innenpolitischen Kampfes in Deutschland wird in einer Reihe sowjetischer Arbeiten beleuchtet. Diese Fragen wurden im einzelnen im zweiten Band der „Geschichte der Diplomatie“, in der Monographie von F. A. Rotštejn über die internationalen Beziehungen am Ende des 19. Jahrhunderts und in anderen Arbeiten in dieser oder jener Weise behandelt. Man muß in Verbindung hiermit jedoch unterstreichen, daß die gesamte Periode der Kanzlerschaft Caprivis und der Politik des „Neuen Kurses“ einer weiteren vertieften Analyse bedarf.

Den letzten Jahren des 19. Jahrhunderts, als der Übergang des Kapitalismus in sein höchstes und letztes Stadium, den Imperialismus, erfolgte, wurde in der sowjetischen Historiographie immer besondere Bedeutung zugemessen. Hier reicht es aus, die „Geschichte der Diplomatie“, die genannte Monographie von A. S. Erusalimskij über die Außenpolitik und Diplomatie des deutschen Imperialismus am Ende des 19. Jahrhunderts und den „Abriß der neuesten Geschichte Deutschlands 1890 bis 1914“ von N. M. Lukin-Antonov[37] zu nennen.

Am Ende der 90er Jahre des 19. Jahrhunderts stellten die führenden Kräfte der Schwerindustrie, des Finanzkapitals und des Junkertums ein Programm der breiten imperialistischen Expansion Deutschlands, das sogenannte Programm der „Weltpolitik“, auf. Die wichtigsten Posten im Lande nahmen Leute ein, die offen davon sprachen, daß die Deutschen angeblich keinen „Lebensraum“ besäßen und daß sie neue Territorien erwerben müßten. Mit dem Wachstum der Monopole und der Ent-

[34] *F. A. Rotštejn,* Iz istorii prussko-germanskoj imperii, Moskau/Leningrad 1948; dt. Ausgabe: *F. A. Rotstein,* Aus der Geschichte des Preußisch-Deutschen Reiches. Zwei preußische Kriege, Berlin 1952.

[35] *M. N. Maškin,* Iz istorii germanskoj militaristskoj propagandy konca XIX – načala XX v., in: Slavjano-germanskie otnošenija, Moskau 1964, S. 135–152.

[36] *A. Z. Manfred,* Vnešnjaja politika Francii 1871–1891 gg., Moskau 1952.

[37] *N. Lukin-Antonov,* Očerki po novejšej istorii Germanii 1890–1914 gg., Moskau/Leningrad 1925.

wicklung des Finanzkapitals in Deutschland beginnt der Kapitalexport immer mehr an Bedeutung zuzunehmen, wobei der deutsche Imperialismus mit besonderer Virtuosität die Methoden des „friedlichen“ ökonomischen Eindringens mit den Methoden der politischen und militärischen Expansion verband. Bei der Verwirklichung seiner expansionistischen Pläne stieß der deutsche Imperialismus sehr hart mit Großbritannien zusammen.[38] Die englisch-deutschen Widersprüche wurden zu den internationalen Hauptwidersprüchen der neuen, der imperialistischen Epoche.

Nach der Ablehnung der Zusammenarbeit mit England griff die deutsche Diplomatie zur Taktik des Balancierens zwischen Großbritannien und Rußland und versuchte, beide Mächte aufeinanderprallen zu lassen. Rußland in Abenteuer weitab von Europa, besonders im Fernen Osten, hineinzustoßen, wurde zu einer beliebten Methode der deutschen Politiker. Diese Seite der deutsch-russischen Beziehungen wurde in einer Reihe sowjetischer Arbeiten erschöpfend untersucht. Hier muß man vor allem folgende Publikationen nennen: die Monographie von B. A. Romanov über die diplomatische Geschichte des russisch-japanischen Krieges (1895–1907)[39], die fundamentale Arbeit von A. L. Naročnickij über die Kolonialpolitik der kapitalistischen Mächte im Fernen Osten 1860–1895[40] und die unter der Redaktion von E. M. Žukov herausgegebene Arbeit „Die internationalen Beziehungen im Fernen Osten“.[41] In seiner Untersuchung hebt A. L. Naročnickij hervor, daß die deutsche Diplomatie daran interessiert gewesen sei, Rußland in verschiedene Kollisionen in Mittelasien und im Fernen Osten zu verwickeln. „Das Deutsche Reich rechnete damit, daß jede beliebige Verschärfung der englisch-russischen Widersprüche ihm die ungehinderte Durchführung seiner aggressiven Politik erleichtern würde. Den russischen Markt in großem Maße ausbeutend, wünschte die deutsche Bourgeoisie zu dieser Zeit, daß die Rivalität mit England und die Konflikte mit den östlichen Nachbarn die russischen Kräfte binden und schwächen würden.“[42] Einige von Chauvinismus erfüllte Presseorgane Deutschlands, besonders die „Heeres-Zeitung“, nannten China den einzigen „Verbündeten“ Deutschlands gegen Rußland und gaben den herrschenden Kreisen Chinas sogar provokatorische Ratschläge, die russischen Gebiete am Pazifik und am Amur anzugreifen. Als Folge der Unversöhnlichkeit des anglo-deutschen Antagonismus und der sich abzeichnenden Annäherung Großbritanniens an Japan stand Deutschland im Jahre 1895 nicht zufällig im Lager der Gegner Englands.

Verschiedene Aspekte der russisch-deutschen Beziehungen in Verbindung mit der Expansion Rußlands und Deutschlands im Fernen Osten fanden ihre Widerspiege-

[38] *A. S. Erusalimskij*, Transvaal'skij krizis 1896 g. i germanskie plany „kontinental'noj ligi“ (Iz istorii anglo-germanskogo soperničestva), in: Trudy po novoj i novejšej istorii, T. 1, Moskau/Leningrad 1948, S. 22–59; ders., Vnešnjaja politika (wie Anm. 33).

[39] *B. A. Romanov*, Očerki diplomatičeskoj istorii russko-japonskoj vojny 1895–1907 gg., 2-oe izd. Moskau/Leningrad 1955.

[40] *A. L. Naročnickij*, Kolonial'naja politika kapitalističeskich deržav na Dal'nem Vostoke 1860–1895, Moskau 1956.

[41] Meždunarodnye otnošenija na Dal'nem Vostoke. V dvuch knigach. Red.: *E. M. Žukov*, kn. 1: S konca XVI v. do 1917 g., Moskau 1973; Autoren: *A. L. Naročnickij, A. A. Guber, M. I. Sladkovskij, I. Ja. Burlingas.*

[42] *A. L. Naročnickij*, in: Meždunarodnye otnošenija (wie Anm. 41), kn. 1, S. 247.

lung im Beitrag von A. A. Guber über die internationalen Beziehungen im Fernen Osten (1894–1904), der 1947 veröffentlicht wurde, im Beitrag von A. L. Popov über die Fernostpolitik des Zarismus in den Jahren 1894–1901, im Beitrag von G. V. Efimov über den deutschen Imperialismus in China (1894–1902) und in anderen Arbeiten.[43]

In einer Reihe von Arbeiten sowjetischer Historiker wird der Einfluß der deutschen Expansion auf dem Balkan und im Nahen Osten auf die Entwicklung der deutsch-russischen Beziehungen untersucht. Hier sind folgende Arbeiten zu nennen: die Monographie von G. L. Bondarevskij über die Bagdadbahn und das Eindringen des deutschen Imperialismus in den Nahen Osten (1888–1903), das Buch von A. S. Silin über die Expansion Deutschlands im Nahen Osten am Ende des 19. Jahrhunderts, der Beitrag „Die deutsch-türkischen Beziehungen am Ende der 80er Jahre des 19. Jahrhunderts und die russische Diplomatie" vom selben Autor, der Beitrag von I. A. Genin über das ökonomische Eindringen Deutschlands in die Türkei und das Buch von M. G. Orudžev „Aus der Geschichte des Eindringens des deutschen Imperialismus in die Türkei (Ende des 19. Jahrhunderts – 1914)", das 1961 in Baku herausgegeben wurde.[44]

Das Eindringen des deutschen Kapitals in das Osmanische Reich war so bedeutungsvoll, daß der deutsche Imperialismus nicht nur Kleinasien, sondern auch die Meerengen als Sphäre seiner unmittelbaren Interessen ansah und dadurch in diesem strategisch außerordentlich wichtigen Gebiet mit Rußland kollidierte. Unaufhörlich wuchsen die deutschen Kapitalinvestitionen in den Ländern der Balkanhalbinsel und in Österreich-Ungarn und sowohl die politischen als auch die militärisch-strategischen Interessen Deutschlands in Südosteuropa. Gerade hier wurden die Symptome tiefer Widersprüche zwischen Deutschland und Rußland, freilich weit weniger ökonomischer als politischer und strategischer, sichtbar. Unter diesen Bedingungen sah es die deutsche Diplomatie als wichtige Aufgabe an, die Widersprüche zwischen England und Rußland im Nahen Osten und auf dem Balkan allseitig auszunutzen. Diesen Problemen sind viele Abschnitte in der „Geschichte der Diplomatie" und ein Beitrag von V. M. Chvostov über die Nahostkrise 1895–1897 gewidmet.[45]

[43] *A. A. Guber*, Meždunarodnye otnošenija na Dal'nem Vostoke (1894–1904), in: Učenye zapiski Tichookeanskogo instituta, Moskau/Leningrad 1947, T. 1, S. 3–50; *A. L. Popov*, Dal'nevostočnaja politika carizma v 1894–1901 godach, in: Istorik-marksist 1935, 11, S. 38 bis 59; *G. V. Efimov*, Germanskij imperializm v Kitae (1894–1902 gg.), in: Učenye zapiski Tichookeanskogo instituta, Moskau/Leningrad 1947, T. 1, S. 51–84.

[44] *G. L. Bondarevskij*, Bagdadskaja doroga i proniknovenie germanskogo imperializma na Bližnij Vostok (1888–1903 gg.), Taschkent 1955; *A. S. Silin*, Ėkspansija Germanii na Bližnem Vostoke v konce XIX v., Moskau 1971; ders., Germano-tureckie otnošenija v konce 80-ch godov XIX veka i russkaja diplomatija (Iz istorii germanskoj ėkspansii na Bližnem Vostoke), in: Issledovanija po istorii stran Vostoka. Sbornik statej, Leningrad 1964, S. 3–15; *I. A. Genin*, Ėkonomičeskoe proniknovenie Germanii v Turciju, in: Trudy Moskovskogo instituta vostokovedenija 1947, 5, S. 85–101; *M. G. Orudžev*, Iz istorii proniknovenija germanskogo imperializma v Turciju (ot konca XIX veka do 1914 g.), Baku 1961.

[45] *V. M. Chvostov*, Bližne-vostočnyj krizis 1895–1897 gg., in: Istorik-marksist 1929, 13, S. 19–54; vgl. auch: *N. D. Ratner*, Očerki po istorii pangermanizma v Avstrii v konce XIX veka, Moskau 1970; *B. M. Tupolev*, Ėkspansija germanskogo imperializma v Jugo-Vostočnoj Evrope v konce XIX – načale XX v., Moskau 1970.

Die Beziehungen zwischen Deutschland und Rußland verschärften sich auch im Bereich der Ökonomie weiter. Es konnte hier von keiner engen Annäherung Deutschlands an Rußland die Rede sein, weil in ökonomischen Fragen die Interessen des deutschen junkerlich-bürgerlichen Imperialismus anderen Interessen widersprachen. Das deutsche Kapital hatte bereits anerkannte Positionen in Rußland erobert, teilweise durch den politischen Einfluß der Deutschen und ihrer Agenten, teilweise durch die alten Verbindungen mit der Petersburger Finanzwelt, einigen Kreisen der Industrie und Bürokratie. Doch versuchte das Junkertum mit allen Kräften, den existierenden Handelsvertrag mit Rußland zu annullieren und den Export russischer Agrarprodukte nach Deutschland zu behindern. Die Frage nach dem weiteren Schicksal dieses Vertrages verwandelte sich in einen der wichtigsten Faktoren des innenpolitischen Kampfes zwischen der deutschen Bourgeoisie und dem Junkertum und in einen Faktor, der das politische Verhältnis zu Rußland kennzeichnete. Dieses Thema wird in der Arbeit von A. S. Erusalimskij über die Außenpolitik und Diplomatie des deutschen Imperialismus am Ende des 19. Jahrhunderts behandelt sowie in dem Buch von S. A. Pokrovskij über den Außenhandel und die Außenhandelspolitik Rußlands und im „Abriß der Geschichte der Außenpolitik Rußlands“ von V. I. Bovykin gestreift.[46]

Der um die Jahrhundertwende vollzogene Übergang des Kapitalismus in sein imperialistisches Stadium bedeutet gleichzeitig auch den Beginn einer neuen Etappe in der Entwicklung der deutsch-russischen Beziehungen, der in der sowjetischen Historiographie große Aufmerksamkeit zuteil wird. Es ist hierbei eine bestimmte Verringerung des Interesses der Historiker an der Problematik des Endes des 19. Jahrhunderts festzustellen, die sich dadurch erklärt, daß viele Schlüsselprobleme dieser Periode gründlich erforscht sind.

Man muß jedoch an eine ganze Reihe von Fragen erinnern, die weitere Untersuchungen erfordern: In der Historiographie gibt es noch kein klares Bild über die öffentliche Meinung in Deutschland und Rußland zu den Fragen der Beziehungen zwischen beiden Ländern. Wenn die Geschichte des Eindringens des deutschen Kapitals in die Ökonomie Rußlands ziemlich gründlich analysiert wurde, so kann man das nicht von allen Wendepunkten des deutsch-russischen Handels sagen. Es existiert keine erschöpfende marxistische Untersuchung zur Geschichte des Dreibundes. Ungenügend untersucht ist die Periode der Kanzlerschaft Caprivis und die Politik des „Neuen Kurses“. Wenig untersucht sind auch die Fragen der russisch-deutschen kulturellen Beziehungen.

So stehen vor der Geschichtswissenschaft große Aufgaben im Bereich der vielseitigen und vielschichtigen Thematik der russisch-deutschen Beziehungen am Ende des 19. Jahrhunderts. Die sowjetische Historiographie hat einen wertvollen Beitrag zur Untersuchung der Beziehungen zwischen Deutschland und Rußland geleistet, was ohne Zweifel der weiteren Erkenntnis der Rolle der deutsch-russischen Gegensätze bei der Entfesselung des Ersten Weltkrieges dient.

[46] *S. A. Pokrovskij,* Vnešnjaja torgovlja i vnešnjaja torgovaja politika Rossii, Moskau 1947; *V. I. Bovykin,* Očerki istorii vnešnej politiki Rossii (konec XIX v. – 1917 g.), Moskau 1960.

DISKUSSION

HANS-JÜRGEN PUHLE, MÜNSTER

Ich fand es außerordentlich dankenswert, daß die Referenten sich nicht nur darauf beschränkt haben, das breite Spektrum der in beiden Ländern vorliegenden neueren Arbeiten vorzustellen. Besonders interessant waren für mich die Ausführungen von Herrn Tupolev, da ich die meisten der von ihm vorgestellten Arbeiten noch nicht kannte. Beide Referenten haben sich darüber hinaus auch bemüht, Thesen aufzustellen, die, wenn ich die Hauptpunkte richtig verstanden habe, einander in wichtigen Punkten diametral widersprechen. Herr Tupolev hat in seinem Referat (vgl. S. 228) darauf hingewiesen, daß nach seiner Meinung und nach Meinung der Autoren, auf die er sich stützt, für die Verschlechterung der Beziehungen zwischen Deutschland und Rußland primär ökonomische Ursachen ausschlaggebend gewesen sind. Er ist darin weitgehend einig mit den Hauptthesen, die Herr Böhme hier gestern aufgestellt hat und für die er sich den Vorwurf der Einseitigkeit zugezogen hat. Auf der anderen Seite hat Herr Hillgruber besonders betont, daß seines Erachtens der „Rußland-Komplex", wie Herr Epstein das genannt hat[a], wesentlich mehr für die Formulierung der deutsch-russischen Beziehungen von Bedeutung gewesen ist als viele der sogenannten realen Grundlagen oder Gründe. Mir scheint, daß eben diese Frage, ob primär die ökonomischen Gründe oder aber sehr vermittelte, nicht mehr direkt ökonomisch faßbare Vorstellungen wie Feindbilder, Komplexe usw. einen höheren Stellenwert gehabt haben, eine der interessantesten Fragen nicht nur innerhalb dieses Problems, sondern zur Formulierung eines Urteils über die deutsch-russischen Beziehungen in jener Zeit überhaupt darstellt. Es ist ja leider im allgemeinen so, daß sich Historiker oftmals entweder auf die Außenpolitik oder auf die Innenpolitik spezialisieren. Das eigentlich Interessante wäre dagegen die Untersuchung der jeweiligen Beziehungen beider Bereiche zueinander unter Einbezug ökonomischer und sozialer Entwicklungstendenzen in den jeweils zur Debatte stehenden und aufeinander bezogenen Ländern. So schiene es mir wichtig, das, was Herr Hillgruber hier ausgeführt hat, nun in Beziehung zu setzen zu den jeweils innenpolitischen Konstellationen in Deutschland und zu der Frage, inwieweit jene Faktoren, die man ganz allgemein sozioökonomisch nennen kann, Bedeutung gehabt haben und welcher Stellenwert ihnen zukommt. Selbst wenn wir hier nicht die Zeit haben, die jeweiligen Stellenwertzuordnungen und Vermittlungsmechanismen zu überprüfen, wozu man m. E. gerade auch zum Zwecke des Vergleichs noch wesentlich tiefer in eine ganze Reihe engerer Sachdebatten vordringen müßte, so sollte doch wenigstens festgehalten werden, daß die angesprochenen Zusammenhänge noch zahlreiche ungeklärte Probleme aufweisen. Diese offenen Fragen markieren aber nicht nur Desiderata der weiteren Forschung einzelner oder in den einzelnen Ländern, sondern stellen m. E. auch wichtige Gegenstände für die weiteren Gespräche miteinander dar.

[a] *F. T. Epstein*, Der Komplex „Die russische Gefahr" und sein Einfluß auf die deutsch-russischen Beziehungen im 19. Jahrhundert, in: *I. Geiss, B.-J. Wendt* (Hrsg.), Deutschland in der Weltpolitik des 19. und 20. Jahrhunderts, Fritz Fischer zum 65. Geburtstag, Düsseldorf 1973, S. 143–159.

EBERHARD KOLB, WÜRZBURG

Ich möchte zu Beginn dieser Diskussion den Gedanken unterstreichen, den Herr Hillgruber in den Schlußbemerkungen seines Referates zum Ausdruck gebracht hat: daß nämlich auf deutscher Seite der Rußland-„Komplex" eine außerordentlich große Bedeutung besessen hat, eine größere Bedeutung als manche scheinbar realeren Faktoren; man darf wohl sagen, dieses deutsche Rußlandbild *war* ein sehr realer Faktor. Ich bin überzeugt, daß dies auch umgekehrt gilt, daß auch in Rußland das Deutschlandbild ein realer Faktor der deutsch-russischen Beziehungen seitens Rußlands gewesen ist. Man wird konstatieren dürfen, daß das deutsche Rußlandbild vor 1914 ein Feindbild gewesen ist, zumindest für den weitaus größten Teil der sich artikulierenden öffentlichen Meinung, und ich möchte annehmen, daß gleichermaßen auch das russische Deutschlandbild in diesen Jahren ein Feindbild gewesen ist. Nach meiner Auffassung hat die Forschung hier noch ein großes Feld vor sich; es gilt zu erforschen, wie in Rußland und in Deutschland sich in den rund 50 Jahren vor 1914 das Bild der anderen Nation gewandelt hat, so daß in den Jahren vor 1914 jede der beiden Nationen die jeweils andere Nation als im Wege stehend für die Verwirklichung der eigenen Politik und der eigenen Ambitionen empfunden hat. In der Bundesrepublik läuft gegenwärtig ein großes Forschungsprojekt an, durch welches das Rußlandbild der deutschen Tagespresse aller politischen Schattierungen von der 48er Revolution bis zum Ende der Bismarck-Ära untersucht wird. Es ist anzunehmen, daß von diesem Forschungsprojekt wichtige Ergebnisse für die angeschnittene Frage zu erwarten sind, und ich möchte die sowjetischen Kollegen fragen, ob es ähnliche Projekte und Untersuchungen auch in der Sowjetunion gibt.

Eine zweite Frage an die sowjetischen Kollegen: In dem interessanten Überblick über die sowjetrussische Historiographie zu den deutsch-russischen Beziehungen habe ich keine Arbeiten erwähnt gefunden, die die Haltung der nationalistischen Kreise Rußlands, die slavophilen Tendenzen in den Jahren vor 1914 ausführlicher behandeln würden, während ja gerade in der westdeutschen Forschung in den vergangenen Jahren die nationalen und aggressiven Tendenzen deutscher bürgerlicher und militaristischer Kreise sehr stark herausgearbeitet worden sind. Meine Frage an die sowjetischen Kollegen also: Wie bewertet die gegenwärtige sowjetische Historiographie die nationalistischen, aggressiven Tendenzen, die in Kreisen des russischen Bürgertums und der führenden Sozialschichten von Aristokratie und Militär anzutreffen sind?

ALEKSEJ L. NAROČNICKIJ, MOSKAU

Erlauben Sie mir, einige Bemerkungen zu dem Referat von Professor Hillgruber über die deutsch-russischen politischen Beziehungen von 1887–1917 zu machen. Ich glaube, daß dieses Referat sehr inhaltsreich darstellt, mit welchen verschiedenen Konzeptionen von den Beziehungen zwischen den beiden Ländern die deutsche Reichsregierung jeweils ihre politischen Entscheidungen vorbereitete.

Ich meine jedoch, daß die Gründe, weshalb für die Annahme einer Lösung diese oder jene Konzeption, diese oder jene Vorstellung von Rußland und seiner militärischen Stärke sowie diese oder jene Konzeption der Beziehungen Deutschlands mit anderen Ländern ausgewählt wurde, im Referat von Herrn Hillgruber nicht hinreichend geklärt werden.

Ich möchte ausführlicher bei diesem Referat verweilen und eine Reihe von Herrn Hillgrubers Thesen unterstreichen, die im allgemeinen mit den Ansichten übereinstimmen, die in sowjetischen historischen Forschungen fundiert worden sind; auf der anderen Seite möchte ich die Fragen hervorheben, in denen der Standpunkt der sowjetischen Historiker – ich denke dabei an bereits veröffentlichte Arbeiten – von den Behauptungen von Herrn Hillgruber abweicht.

Zunächst erscheint es mir völlig gerechtfertigt, die für Rußland vorteilhafte Politik Bismarcks hervorzuheben. Ich präzisiere diesen Gedanken. Ich habe dabei im Auge, daß Bismarck keinen Krieg mit Rußland und ganz allgemein keinen Zweifrontenkrieg wollte.

Ich glaube, daß Professor Hillgruber die Ziele Deutschlands, genauer des deutschen Imperialismus, in einem Krieg mit Rußland richtig charakterisiert. Professor Hillgruber stützt sich hier auf ein breites Spektrum von Forschungen. Mit diesen Fragen haben sich die sowjetischen Historiker viel beschäftigt. Im Zusammenhang damit muß ich hervorheben, daß die sowjetischen Historiker die Arbeiten von Professor Fritz Fischer sehr hoch einschätzen, die einen großen internationalen Bekanntheitsgrad genießen. Er ist auf der Basis eines riesigen Archivmaterials zu den richtigen Ergebnissen bezüglich der Ziele des deutschen Imperialismus zur Zeit des Ersten Weltkriegs gelangt. Im wesentlichen stimmen diese Ergebnisse auch mit den Ergebnissen der sowjetischen Historiker überein. Es ist Professor Fischer gelungen – ich sage es direkt –, dies genauer und mit bei weitem größerer Vollständigkeit insbesondere aufgrund von Archivforschungen zu leisten. Die Tatsache, daß Professor Hillgruber die Ergebnisse dieser Arbeiten berücksichtigt, macht sein Referat in diesem Teil sehr überzeugend.

Ebenso wie Professor Hillgruber sind auch die sowjetischen Historiker der Ansicht, daß es insbesondere für Deutschland am günstigsten war, den Krieg gerade 1914 und nicht 1915 oder 1916 zu entfesseln, weil zu dem Zeitpunkt die militärischen Vorbereitungen Rußlands noch nicht abgeschlossen waren. Das unterstreichen auch die sowjetischen Historiker. Ich erkläre, daß die sowjetischen Historiker daraus keineswegs ableiten, daß Deutschland allein schuld am Krieg gewesen sei. Wir unterscheiden diese Fragen nach den Kriegsschuldigen insgesamt und nach dem konkreten Moment seiner Entfesselung. Die sowjetischen Historiker vertreten den voll bestätigten Standpunkt Lenins, daß alle imperialistischen Regierungen den Ersten Weltkrieg vorbereiteten und daß sie alle dafür die Verantwortung tragen, obwohl es gerade für Deutschland günstiger war, den Kriegsbeginn nicht auf die lange Bank zu schieben, sondern den Krieg eben 1914 zu entfesseln.

Ich möchte zu den Punkten übergehen, bei denen der Zugang der sowjetischen Historiker sich von der Konzeption von Herrn Hillgruber unterscheidet. Im Grunde genommen habe ich bereits einen solchen Punkt aufgezeigt. Herr Hillgruber betont mit Recht die Bedeutung der Feindbilder, wenn militärisch-politische Beschlüsse gefaßt werden. Aber er bleibt dabei stehen. Die sowjetischen Historiker halten es für unerläßlich, die Wurzeln zu finden, weshalb die eine oder andere Ansicht siegt. Wir suchen diese Klärung sowohl in Verbindung mit den klassenmäßigen und politischen Kräften als auch in den internationalen Gegensätzen in einem objektiven Bild der Realität. Wir kennen aber auch die Bedeutung des subjektiven Moments.

Zu einigen Teilproblemen, die deshalb aber nicht weniger wichtig sind. Ich meine, daß im Vortrag von Professor Hillgruber wie auch im bereits erörterten Vortrag von Professor Böhme die Wechselbeziehung zwischen den ökonomischen und politischen Ursachen für die russisch-deutschen Gegensätze nicht hinreichend genau definiert ist. Während aber Professor Böhme seine ganze Darstellung auf die ökonomischen Fragen begrenzte, stellt Herr Hillgruber diese Probleme in den Hintergrund.

Professor Puhle (vgl. oben S. 235) erwähnte, daß es auch in der sowjetischen Historiographie Arbeiten gibt, in denen der Akzent entweder auf die eine oder die andere Seite des Problems gelegt wird. Ich schweife ein wenig ab und äußere mich dahingehend, daß augenscheinlich der Moment gekommen ist, daß die Historiker zusammenfassende Arbeiten über die russisch-deutschen Beziehungen in den letzten dreißig Jahren des 19. und zu Beginn des 20. Jahrhunderts vorbereiten können. Die Anhäufung von Publikationen und einzelnen Forschungen macht die Lösung einer solchen Aufgabe auf streng wissenschaftlicher Basis möglich. Es scheint mir, daß es ein solches Werk weder in der historischen Literatur der BRD noch in unserer historischen Literatur gibt.

Ich wende mich wieder dem Vortrag von Herr Hillgruber zu. Es scheint mir, daß Herr Hillgruber zwei Konzeptionen bei Bismarck als gleichbedeutend hinstellen will: die Konzeption des Sichstützens auf Österreich-Ungarn – den Kurs zur Schaffung und Festigung des österreichisch-deutschen Bündnisses und dann des Dreibundes –, und einige Gedanken darüber, ob man nicht mit Rußland Österreich-Ungarn teilen solle, Gedanken, denen Bismarck in den letzten Jahren seiner Kanzlerschaft Aufmerksamkeit schenkte. Dies sind vollkommen verschiedenwertige Fakten. Die Dokumente und Fakten zeigen, daß der Hauptkurs Bismarcks auf Österreich-Ungarn ausgerichtet war. Dies zeigte sich auch, als er das preußische Heer aufhielt und 1866 nicht bis Wien führte. Sicher haben alle hier die Schriften Bismarcks gelesen, seine „Gedanken und Erinnerungen", und wissen, wie er dies erklärt. Ebenfalls bekannt ist seine Haltung in den Jahren 1876–77, als er durch General Werder wissen ließ, daß Deutschland im Falle eines österreichisch-russischen Krieges eine Vernichtung Österreich-Ungarns nicht zulassen werde. So war es auch zur Zeit des Berliner Kongresses, als Bismarck, obwohl er sagte, er sei ein „ehrlicher Makler", doch vor allem Österreich-Ungarn unterstützte. So war es auch bei der Gründung des österreichisch-deutschen Bündnisses.

Der Hinweis auf die Tagebücher Riezlers kann hier niemanden überzeugen. Es handelt sich in der Tat um einige Varianten, die Bismarck Ende der 80er Jahre in den Sinn kamen, aber sie wurden niemals eine – sozusagen – praktische Konzeption seiner Politik. Es scheint mir, daß man der Haltung Bismarcks, solchen kleinen Zweifeln, ob man Österreich-Ungarn zwischen Deutschland und Rußland nicht aufteilen solle, keine große Bedeutung beimessen darf.

Weiter meine ich, daß Professor Hillgruber die Frage nach irgendeiner besonderen Bedrohung, die angeblich von Rußland für Deutschland ausgegangen sei, etwas widersprüchlich beleuchtet. Er meint, daß eine solche Vorstellung, die offensichtlich bei Bethmann Hollweg existierte, vollkommen aufrichtig gewesen sei, und berücksichtigt nicht, daß sie mehr für propagandistische Zwecke benutzt wurde. An anderer Stelle erkennt Professor Hillgruber selbst als richtig an, daß die öffentliche Meinung Rußland als „Koloß auf tönernen Füßen" betrachtete. Und hier wäre es gut, dies noch besser zu präzisieren.

Zum Schluß noch ein Punkt. Natürlich ist der Vortrag von Professor Hillgruber der Erörterung der Geschichte der russisch-deutschen Beziehungen gewidmet. Aber die internationalen Beziehungen erlauben es nicht, dieses Problem isoliert zu betrachten. Professor Hillgruber berücksichtigt die englisch-deutschen und deutsch-französischen Gegensätze kaum. Und so ergibt sich der Anschein, daß gleichsam die russisch-deutschen Gegensätze bei der Entstehung des Ersten Weltkrieges die Hauptrolle gespielt hätten.

Die sowjetische Historiographie, dies kann ich mit Bestimmtheit sagen und eine große Anzahl von Arbeiten nennen, unterstützt diesen Standpunkt nicht. Uns erscheint eher die Auffassung überzeugend, daß die englisch-deutschen Gegensätze sich ungefähr seit 1904–05 in die Hauptlinie der Gegensätze verwandelten und daß man die französisch-deutschen Gegensätze nicht unterschätzen darf. Die Gegensätze im Nahen Osten waren eines der wichtigsten Momente, aber nicht das entscheidende – ich habe die Gegensätze zwischen Deutschland und Rußland im Auge. Nach Ansicht der sowjetischen Historiker waren sie für die Entstehung des Ersten Weltkrieges kein entscheidender Faktor.

Natürlich ist es hier nicht möglich, dies alles im einzelnen mit Fakten zu belegen, aber augenscheinlich müssen wir uns hier vor allem gegenseitig mit unseren jeweiligen Konzeptionen bekanntmachen, und in diesem Zusammenhang scheint es mir, ich stelle es mit Bedauern fest, daß Professor Hillgruber nicht die sowjetischen historischen Arbeiten benutzt hat, wie sein wissenschaftlicher Apparat zeigt. Es muß hier hervorgehoben werden, daß der Vortrag von Professor Böhme sich in diesem Sinne positiv unterscheidet. Er stützt sich auf sowjetische Arbeiten, wenn er sie auch, wie ich bereits unterstreichen konnte (vgl. oben S. 204), bei weitem nicht vollständig kennt.

Es ist so, daß unsere Forschungen sich jetzt ganz und gar nicht mehr auf das beschränken, was in Moskau und Leningrad gedruckt wird. Die Geschichte Deutschlands, die russisch-deutschen und sowjetisch-deutschen Beziehungen werden jetzt bei uns von einer großen Zahl von Gelehrten in verschiedenen Zentren unseres Landes bearbeitet. Dabei werden ihre Arbeiten oft in regionalen Veröffentlichungen gedruckt, und in ihnen wurden gerade spezielle Forschungen über die russisch-deutschen Handelsbeziehungen veröffentlicht, die Professor Böhme einen bedeutenden Teil seiner Arbeit erspart hätten, die er, wie man sagen muß, in höchstem Maße gewinnbringend geleistet hat.

Leider gibt es nicht genügend gute bibliographische Hilfsmittel zu diesen Fragen. Ich glaube, daß die Erstellung von bibliographischen Nachschlagewerken über die Arbeiten der BRD zur Geschichte Rußlands und der russisch-deutschen Beziehungen und ähnlichen Hilfsmitteln den Austausch der Ergebnisse unserer Forschungen zwischen uns fördern würde und eine der weiteren Richtungen unserer Arbeit sein könnte.

BARBARA VOGEL, HAMBURG

Ich habe zwei allgemeine Fragen an Herrn Tupolev, dessen Vortrag uns sehr interessante und wichtige Informationen gegeben hat – zwei Fragen zum Stand der Erforschung der russischen Außenpolitik in der sowjetischen Historiographie:

1. Der Vortrag konzentriert sich im Rahmen der Geschichte der internationalen Beziehungen vor allem auf Arbeiten zur *deutschen* Außenpolitik gegenüber Rußland. Mich würde

interessieren, etwas über sowjetische Arbeiten zu erfahren, deren Schwerpunkt in der russischen Deutschlandpolitik liegt.

2. Dazu möchte ich einen Satz aus dem Vortrag von Herrn Tupolev zitieren (vgl. oben S. 221). Gleich zu Anfang wird dort über die Erforschung der Geschichte der internationalen Beziehungen und der Diplomatie in der zweiten Hälfte des 19. Jahrhunderts ausgeführt: „Es sind fast keine bedeutenden Probleme mehr verblieben, die nicht in irgendeiner Form durch die Geschichtswissenschaft untersucht worden wären.“ Ich möchte fragen, ob dieses Resümee nicht etwas zu optimistisch ist. So haben, um ein Beispiel zu nennen, die sowjetischen Historiker uns hier in überzeugender Weise vorgetragen, daß die Folgen des deutschen Industrie- und Kapitalexports für die wirtschaftliche Entwicklung Rußlands sehr differenziert betrachtet werden sollten, daß es nicht zutreffend sei, einseitig von einer Ausbeutung der russischen Volkswirtschaft durch den deutschen Kapitalismus zu sprechen. Diese neuen Forschungsergebnisse sind, wie mir scheint, in der sowjetischen Historiographie der internationalen bzw. der deutsch-russischen Beziehungen noch nicht rezipiert. Weiter könnte man daran erinnern, wieviel noch in der Erforschung der Geschichte der russischen Bourgeoisie zu leisten ist. Das sind offene Fragen, die die Darstellung der russischen Außenpolitik beeinflussen werden.

KARL DIETRICH ERDMANN, KIEL

Ich möchte zunächst einige kurze Bemerkungen machen zu einigen der Ausführungen, die Herr Kollege Naročnickij zu dem Referat von Herrn Hillgruber gemacht hat (vgl. oben S. 236–238).

1. Entgegen Herrn Hillgruber ist Herr Naročnickij der Meinung, daß die Politik Bismarcks doch im wesentlichen auf Österreich-Ungarn hin orientiert gewesen sei. Das ist insofern unbestreitbar, als für Bismarck die Existenz Österreich-Ungarns ein unabdingbares Element im europäischen Staatensystem war. Das von ihm gepflegte und erstrebte Dreierverhältnis zu Österreich-Ungarn und Rußland diente nicht zuletzt dem Zweck, einen Zusammenstoß zwischen Rußland und Österreich-Ungarn zu verhindern. Es kann andererseits aber kein Zweifel daran bestehen, daß in der Einschätzung des relativen politischen und militärischen Gewichts dieser beiden Mächte Rußland für Bismarck der unendlich viel bedeutendere Faktor war.

2. Herr Kollege Naročnickij stellte die Frage, inwieweit die Furcht vor dem immer stärker werdenden Rußland als propagandistisches Motiv zu werten sei. Wir wissen in der Tat, wie stark dieses Motiv vor 1914 und in der Julikrise ausgespielt worden ist, nicht zuletzt, um die Sozialdemokraten für den Krieg zu gewinnen. Auf der anderen Seite aber läßt sich nicht verkennen, daß die Furcht vor Rußland etwa bei Bethmann Hollweg nicht ein propagandistischer, sondern ein sehr ernst genommener und ihn zutiefst bedrückender Faktor gewesen ist. Ich glaube, das ist aus manchen deutschen Arbeiten der letzten Zeit deutlich geworden, nicht zuletzt aus dem vor einem Jahr veröffentlichten Tagebuch Kurt Riezlers, des nächsten Mitarbeiters von Bethmann Hollweg.[a] Erlauben Sie mir, daß ich in diesem Zusammenhang die wiederholte Empfehlung unserer sowjetischen Kollegen, die deutschen Historiker sollten sorgfältig Kenntnis nehmen von den Ergebnissen der sowjetischen Geschichtsforschung, dahingehend von mir aus mit der Bitte ergänze, das möge man in der sowjetischen Geschichtsforschung auch tun im Hinblick auf das, was in der deutschen Geschichtsforschung erarbeitet worden ist. Ich meine, wir sollten gegenseitig von dem Ergebnis unserer Forschungen besser, als es bisher geschieht, Kenntnis nehmen. Um uns instand zu setzen, die Forschungen der sowjetischen Geschichtswissenschaft in ihrer Breite kennenzulernen, möchte ich unterstreichen, was von verschiedenen Diskussionsrednern, zuletzt von Frau Dr. Vogel (vgl. oben S. 238 f.), gesagt worden ist. Ich habe den Eindruck und gestatten Sie mir, das auch in der Offenheit, mit der wir ja miteinander reden dürfen, zu sagen, daß das Referat von Herrn Tupolev wertvoll war in der Information, die es uns gab, aber doch eigentlich nur eine Seite beleuchtet hat. Ich kann mir nicht vorstellen, daß in der gegenwärtigen sowjetischen Forschung der russische Imperialismus und seine Bedeutung für die Herbeiführung des Ersten Weltkrieges nicht mehr behandelt würde. Es ist unsere Bitte, uns hierzu Informationen zu geben.

Und noch eine letzte Frage: Sie betrifft die Einschätzung des Gewichtes sozialökonomischer Faktoren im Gesamtzusammenhang der Verursachung des Krieges. Es ergab sich aus den bisherigen Diskussionen, daß der deutsche Kapitalexport nach Rußland und daß der Handelskrieg zwischen Rußland und Deutschland nicht unmittelbar verantwortlich gemacht werden können dafür, daß es zum Krieg kam. In dem Diskussionsbeitrag eines sowjetischen Kollegen wurde auf den Vorderen Orient hingewiesen (vgl. oben S. 195). Hier seien die ökonomischen Faktoren deutlicher greifbar. Wenn ich nun Herrn Naročnickij eben richtig verstanden habe, so sieht er Gegensätze zwischen Deutschland und Rußland im Nahen Osten aber auch nicht als eigentlich entscheidend für die Herbeiführung des Krieges an (vgl. oben S. 238). Was ist also das Entscheidende? Ich frage mich, ob ein genaueres Durchdenken der deutsch-russischen Beziehungen in ihrer relativen Gewichtung von ökonomischen und politisch-militärischen Faktoren zu einem Ergebnis führen wird, das dem ähnelt, zu dem der französische Forscher Poidevin im Hinblick auf die französisch-deutschen Wirtschaftsbeziehungen gelangt ist: daß nämlich das Verhältnis dieser beiden Staaten durch wirtschaftliche Rivalitäten zwar belastet war, daß aber in diesen Rivalitäten nicht der auslösende und bestimmende Faktor gesehen werden darf, der zum Krieg führte.[b] Natürlich steht dahinter die Frage nach dem Imperialismus-Begriff, oder besser nach den Imperialismus-Begriffen: Lenin hat eine bestimmte Definition von Imperialismus gegeben[c], sie ist uns mehrfach hier vorgeführt worden. Die äußerste Gegenposition ist formuliert worden von dem Nationalökonomen Schumpeter, der nun gerade das wirtschaftliche Moment sehr gering bewertet und den Imperialismus primär erklären möchte aus atavistischen, nationalistischen Vorstellungen, wie sie eigentlich nicht mehr in das Zeitalter der Industrie und des Welthandels hineinpaßten.[d] In der Beurteilung des Imperialismus zu empirisch begründeten Aussagen zu gelangen, unabhängig von vorgegebenen Theorien, wird sicherlich eine Aufgabe der Geschichtswissenschaft unserer Länder sein. Ich bin überzeugt, daß unsere Gespräche hier, die wir so freimütig miteinander führen, der klaren Herausarbeitung solcher Fragestellungen dienlich sind.

[a] *K. Riezler*, Tagebücher, Aufsätze, Dokumente, eingel. u. hrsg. von K. D. Erdmann, Göttingen 1972.

[b] *R. Poidevin*, Les relations économiques et financières entre la France et l'Allemagne de 1898 à 1914, Paris 1969; ders., Weltpolitik allemande et capitaux français (1898–1914), in: *I. Geiss*, *B.-J. Wendt* (Hrsg.), Deutschland in der Weltpolitik des 19. und 20. Jahrhunderts, Fritz Fischer zum 65. Geburtstag, Düsseldorf 1973, S. 237–249.

[c] *W. I. Lenin*, Der Imperialismus als höchstes Stadium des Kapitalismus. Gemeinverständlicher Abriß, in: Ders., Werke, Bd. 22, Berlin 1960, S. 189–309.

[d] *J. A. Schumpeter*, Zur Soziologie der Imperialismen (1918), in: Ders., Aufsätze zur Soziologie, Tübingen 1953, S. 73–146.

PETER SCHEIBERT, MARBURG

Imperialismus und Industrialisierung hängen zusammen; Industrialisierung heißt nicht nur Profite der Unternehmer, sondern auch das gemeinsame Interesse an der Erhaltung der Arbeitsplätze und der Ausweitung des Exports. Man kann vielleicht etwas kühn von einem Kapitalismus des ganzen Volkes reden.

Dieses gemeinsame Interesse band die Sozialpartner nur bis zu einem bestimmten Moment im Ersten Weltkrieg; dann haben sich die Verhältnisse für die Arbeiter so verschlechtert, daß dieses Interesse bis zu einem gewissen Grade wegfiel. Export von Kapital kann sehr Verschiedenes bedeuten, den Export des Kapitals als solchen, wie er auch in den sowjetischen Arbeiten beschrieben wird, und, im Sinne von Herrn Rhode, den Export von technischen Kenntnissen.

Zum Problem des Präventivkriegs: Aus der Arbeit von Herrn Jakobs über den Ursprung des russisch-französischen Zweibundes[a] ist hervorgegangen, daß der russische Generalstab ausschließlich daran interessiert war, möglichst schnell, möglichst in einem Überraschungsüberfall gegen Österreich-Ungarn mobilisieren zu können, ohne einen deutschen Druck befürchten zu müssen, während es den Franzosen mehr um den Schutz gegen die deutsche Seite ging.

Zum Einfluß der baltischen Deutschen am Hofe in Petersburg in den 80er Jahren: Ich halte das für etwas anachronistisch, weil zwar der Einfluß der baltischen Deutschen, wie bekannt, bei Nikolaus I. und Alexander II. sehr stark war, aber schon in den 70er Jahren mit der Russifizierungspolitik sehr schnell untergegangen ist.

Zwar ist die russische Literatur zur deutschen Außenpolitik in bezug auf Rußland hier nicht genügend bekannt, doch wurde eine ganze Reihe von Dissertationen zitiert, die aber, wenn sie nicht nachträglich veröffentlicht sind, als maschinenschriftliche Kopien in der Lenin-Bibliothek für Ausländer nicht zugänglich gemacht werden. Außerdem richtet sich unsere Arbeit nach dem Zugang zu den Archiven. Wenn Herr Hillgruber darauf hingewiesen wurde, daß er nicht genügend russische Literatur benutzt habe, so meine ich, daß es sich, im Rahmen einer sehr generellen Theorie, eigentlich um beschreibende Arbeiten handelt, welche zwar eine Menge neuen Materials bringen, aber Probleme, wie sie Herr Hillgruber anzugehen versucht hat, etwa die realer politischer Alternativen im gegebenen Moment, d. h. wirkliche historische Analyse, nur zu einem Teil versucht haben.

[a] *P. Jakobs,* Das Werden des französisch-russischen Zweibundes 1890–1894, Wiesbaden 1968.

VALERIJ I. BOVYKIN, MOSKAU

Die Zahl der im Lauf der Diskussion angeschnittenen Fragen wächst immer weiter, aber die uns verbleibende Zeit wird immer weniger. Daher kann natürlich nur über das Wichtigste gesprochen werden. Mir scheint, daß es Professor Hillgruber gelungen ist, eine überaus originale und fruchtbare zusammenfassende Darstellung des komplizierten Ganzen der politischen Beziehungen zwischen Rußland und Deutschland zu finden. Es wäre noch interessanter gewesen, wenn die Untersuchung der verschiedenen Konzeptionen der Außenpolitik Deutschlands gegenüber Rußland auf eine fundiertere Faktenbasis gestellt worden wäre. Vielleicht kann Professor Hillgruber dies in der Zukunft tun. Einige wichtige Fragen ließ er ungeklärt. Insbesondere ist nicht völlig klar, welche sozialen Gruppen die Träger der verschiedenen außenpolitischen Konzeptionen gewesen sind, welche Interessen diesen Konzeptionen zugrundelagen, anders gesagt: was den Unterschied der Konzeptionen, den Unterschied in der Auffassung von den Aufgaben der Außenpolitik bewirkte.

In diesem Zusammenhang gibt es eine grundlegende Frage, auf die sich die Aufmerksamkeit auch im Laufe unserer Diskussion konzentriert hat. Es ist die Frage, ob es möglich ist, die russisch-deutschen Beziehungen in jener Periode, die zum Ersten Weltkrieg führte, zu untersuchen, indem man das Blickfeld nur auf die russisch-deutschen Beziehungen beschränkt und den ganzen Komplex der internationalen Konflikte und internationalen Beziehungen in Europa und der ganzen Welt nicht in die Betrachtung einbezieht. Professor Hillgruber weist darauf hin, daß dies unmöglich zu leisten ist. Die Untersuchung der russisch-deutschen Beziehungen mit dem gesamten Komplex der internationalen Beziehungen zu verbinden, ist ihm jedoch nicht ganz gelungen. Das kann man verstehen. Er hatte sehr große, mit der Knappheit des Referates verbundene Schwierigkeiten. Aber nichtsdestoweniger ist eine solche Verbindung notwendig. Um die Bedeutung der russisch-deutschen Beziehungen zu verstehen, ist es unerläßlich, sie auf dem Hintergrund der europäischen Politik insgesamt und in engem Zusammenhang mit ihr zu untersuchen. Wenn wir dies tun, werden wir uns überzeugen, daß, obwohl dieser Hintergrund sich veränderte, die russisch-deutschen Gegensätze im Laufe der zweiten Hälfte des 19. Jahrhunderts und zu Beginn des 20. Jahrhunderts dennoch niemals die Hauptrolle in den Gegensätzen der europäischen Politik gespielt haben.

Bis zum Ende des 19. Jahrhunderts haben wir als wichtigste Faktoren, die für die Konstellation der politischen Kräfte in Europa bestimmend waren, auf der einen Seite die Gegensätze zwischen Deutschland und Frankreich und auf der anderen Seite die Gegensätze zwischen Rußland und Österreich-Ungarn. Und auf dieser Grundlage entstand jenes System, das sich Mitte der 90er Jahre herausbildete: Deutschland wollte nicht Österreich-Ungarn ohne Hilfe lassen, und Rußland konnte nicht die Zerstörung Frankreichs durch Deutschland zulassen. Als Ergebnis entstand ein System von zwei gegeneinander gerichteten Bündnissen, auf der einen Seite das Bündnis Deutschlands mit Österreich-Ungarn, das, wenn ich nicht irre, im Vortrag von Professor Hillgruber nicht einmal erwähnt wird, und auf der anderen Seite das französisch-russische Bündnis.

Fernerhin vollzieht sich eine Verlagerung der Kräfte. Nicht die kontinentalen, sondern die kolonialen Gegensätze gewinnen die Hauptbedeutung. Die Losung „Deutschlands Zukunft liegt auf den Meeren“ führte Deutschland zur Kollision mit England. Im Zusammenhang damit beginnt die Revision der früheren kontinentalen Beziehungen. Und die Frage, mit wem Rußland gehen werde, war lange nicht klar. Es gab einen Kampf um das Bündnis mit Rußland.

Man darf das englisch-russische Abkommen meiner Meinung nach nicht als endgültige Wende Rußlands betrachten. Als Ergebnis der Erforschung der Außenpolitik Rußlands anhand der Dokumente des Archivs des Außenministeriums – diese Ergebnisse wurden in dem kürzlich erschienenen Buch von Astaf'ev „Die russisch-deutschen Beziehungen 1905 bis 1911“ veröffentlicht[a] – wurde völlig klar, daß die Zarenregierung, als sie das Abkommen mit England traf, das – wie Ihnen bekannt ist – nur der Frage der Aufteilung der Einflußsphären in Persien gewidmet war, freie Hand zu behalten und eine mittlere Stellung zwischen den beiden Koalitionen einzunehmen suchte.

Dies zu realisieren, ist der Zarenregierung jedoch nicht gelungen. Der objektive Verlauf der Ereignisse vollendete die Bildung der zwei Koalitionen. In der Kette dieser Ereignisse war insbesondere die bosnische Krise ein Anlaß, daß sich im Zusammenhang mit der Verschärfung der Gegensätze zwischen Österreich-Ungarn und Rußland die Regierung Deutschlands entscheiden mußte, wem sie den Vorzug geben solle. Und die Wahl ging zugunsten Österreich-Ungarns aus. Dazu begannen die Interessen Deutschlands und Rußlands schon unmittelbar zu kollidieren. Die Ereignisse, die mit dem italienisch-türkischen Krieg, mit den Balkankriegen und der Mission von Liman von Sanders zusammenhingen, bilden eine sich stetig verlängernde Kette von Ereignissen, die die Stellung Rußlands vorherbestimmten.

Bedeutet dies aber, daß die Gegensätze zwischen Deutschland und Rußland im Nahen Osten den Weltkrieg bewirkt haben? Ich bin vom Gegenteil überzeugt. Die Hauptlinie der Gegensätze, die zum Weltkrieg führte, verlief nicht im Osten Europas, sondern im Westen. Es waren hauptsächlich die Gegensätze zwischen Deutschland und England, aber auch zwischen Deutschland und Frankreich im Kampf um die Weltherrschaft.

Einen sehr großen Raum nahm sowohl im Vortrag als auch in der Diskussion die Frage nach dem Vorhandensein eines Komplexes der russischen Gefahr, der Furcht vor Rußland ein, die, wie meine deutschen Kollegen versichern, eine wichtige Rolle am Vorabend des Krieges spielte und die den gegen Rußland gerichteten Präventivplänen zugrundelag (vgl. oben S. 211, 220, 235 f.). Ich muß Ihnen gegenüber gestehen, daß eine solche Fragestellung für mich eine Überraschung war. Ich habe mir nie vorgestellt, daß ein solcher Komplex in solchen Maßstäben tatsächlich existieren konnte. Ich bin kein Spezialist für die Geschichte Deutschlands und wage nicht, dies zu bestreiten. Aber wenn es auch so ist, scheint es mir sehr wichtig zu sein, die Frage zu lösen, ob reale Gründe für das Entstehen eines solchen Komplexes existierten. In einer Reihe von Beiträgen klang jene These an, daß dieser Komplex, wie auch immer er entstanden sein mochte, doch selbst eine Realität geworden ist. Dem ist schwer zu widersprechen. Und dennoch ist es wichtig zu klären, ob der genannte Komplex durch Desinformation der breiten Massen, durch eine im Frieden verbreitete Propaganda über die russische Bedrohung erzeugt wurde oder ob eine vermeintliche oder tatsächliche Bedrohung Deutschlands von seiten Rußlands existierte, die die Notwendigkeit einer speziellen psychologischen Vorbereitung der Bevölkerung bedingt hätte.

Es stellt sich auch die Frage, wann dieser Komplex entstanden ist. Aus dem Vortrag von Professor Hillgruber habe ich keine Antwort auf diese Frage erfahren können. Mir ist auch nicht klar, wann es hätte sein können. Die politische Lage bis zur Mitte der 90er Jahre konnte kaum die Entstehung eines solchen Komplexes bewirken. Danach waren die Interessen beider Länder, Rußlands und Deutschlands, ostwärts gerichtet. Es war vollkommen offensichtlich, daß in der zweiten Hälfte der 90er Jahre und in den ersten Jahren des 20. Jahrhunderts Rußland so sehr in die Angelegenheiten im Osten verstrickt war, daß es für den Westen keine reale Bedrohung darstellte. Und dann lähmte die Revolution der Jahre 1905–1907 lange die außenpolitische Aktivität des zaristischen Rußlands. Und ganz allgemein war das zaristische Rußland des 20. Jahrhunderts nicht mehr das zaristische Rußland des 19. Jahrhunderts. Es stellte einen Organismus dar, der durch die revolutionäre Unruhe immer stärker erschüttert wurde. Es bedurfte keines besonderen Scharfsinns, um dies zu bemerken. Unter den französischen Dokumenten, die in einer bekannten französischen Edition veröffentlicht wurden, befinden sich die Briefe der französischen Diplomaten aus Petersburg nach Paris, die zum Teil regelmäßige Berichte über den Stand der revolutionären Bewegung in Rußland darstellen.[b] Immer häufiger äußerten die französischen Diplomaten in ihren Berichten über die revolutionäre Bewegung die Befürchtung, daß die Entfaltung der revolutionären Bewegung Rußland als Verbündeten Frankreichs lähme.

Ich spreche davon nicht, um das zaristische Rußland zu rechtfertigen. Es ist meiner Meinung nach schwierig, einen sowjetischen Historiker dessen zu verdächtigen. Niemand hat die zaristische Diplomatie mehr entlarvt als die sowjetischen Historiker. Die Sache ist aber die, daß die aggressiven imperialistischen Pläne des Zarismus immer häufiger mit ihren realen Möglichkeiten in Widerspruch gerieten. Wie gern hätte der Zarismus die Meerengen erobert und ein für allemal das Problem der Sicherung des Getreideexports durch die Meerengen gelöst, das unter den Bedingungen der kapitalistischen Entwicklung des agrarischen Rußlands eine große Bedeutung hatte. Der Generalstab und das Kriegsmarineministerium arbeiteten die entsprechenden Pläne aus. Aber jedesmal, wenn die Gefahr einer Einnahme der Meerengen durch andere Länder drohte, z. B. im Zusammenhang mit den Balkankriegen, wurde die Frage nach der Position Rußlands auch in den Beratungen der obersten Reichsführung entschieden. Jedesmal wurde die Entscheidung gefällt, daß militärische Aktionen nicht möglich seien. Die Kräfte für die Verwirklichung der ausgearbeiteten Pläne waren einfach nicht vorhanden.

Herr Kolb vertrat in seinem Beitrag die Meinung, daß ein ebensolcher Komplex in Beziehung auf Deutschland in Rußland existiert habe. Er fragte, ob es bei uns nicht Forschungen zu dieser Frage gebe. Ich beschäftige mich mit der russischen Geschichte insbesondere in dieser Zeit und kann sagen, daß ein Komplex der deutschen Gefahr, entsprechend jenem, den es nach dem Vortrag von Professor Hillgruber in Deutschland gab, in Rußland nicht existierte. In diesem Sinn sind die Memoiren des Generals Brusilov ein sehr interessantes Dokument, weil er gerade hervorhebt, wie schlecht der Krieg von seiten Rußlands in psychologischer Hinsicht vorbereitet worden war.[c] Er schreibt, daß die russischen Truppen nicht wußten, wofür und gegen wen sie kämpften. Sie wußten nicht, warum die Deutschen getötet werden mußten.

In bestimmten Kreisen der russischen Bourgeoisie beginnt ungefähr seit 1908/09 die Ausarbeitung eines aggressiven außenpolitischen Programms. Eine Zeitung wie „Utro Rossii" („Der Morgen Rußlands") des Moskauer Millionärs Rjabušinskij schneidet diese Frage an. Aber nur ein kleiner Kreis von Personen des öffentlichen Lebens macht sie sich zu eigen. Was die Psychologie der breiten Massen angeht, so zeigen die ihr gewidmeten sowjetischen Forschungen recht deutlich, daß es den herrschenden Kreisen des zaristischen Rußlands – ungeachtet aller Anstrengungen, die von ihnen zu Beginn des Krieges unternommen wurden – nicht gelang, den breiten Volksmassen den Chauvinismus einzuimpfen. Daher wollten die Soldaten auch nicht an der europäischen Ostfront kämpfen. Dies war einerseits ein Mißerfolg der Propaganda der herrschenden Kreise, andererseits ein Erfolg der bolschewistischen Propaganda.

a *I. I. Astaf'ev,* Russko-germanskie diplomatičeskie otnošenija 1905–1911 gg. Ot portsmutskogo mira do potsdamskogo soglašenija, Moskau 1972.

b Documents diplomatiques français (1871–1914). 2e série (1901–1911), T. 1–14, Paris 1930–1955; 3e série (1911–1914), T. 1–11, Paris 1929–1936.

c *A. A. Brusilov,* Moi vospominanija, Moskau 1943.

HELMUT BÖHME, DARMSTADT

Ich möchte mich kurz fassen. Ich bin der Ansicht, daß die beiden Referate, die wir soeben gehört haben, die zentrale Frage unseres Kongresses noch einmal mit Deutlichkeit gestellt haben. Es ist das Problem wechselseitiger Abhängigkeit von sozialen und ökonomischen Faktoren und politischer Entwicklung. Das Referat von Herrn Tupolev hat deutlich gemacht, daß die Historiker unserer beiden Länder an dieser Aufgabe noch viel zu arbeiten haben.

Das interessante Referat von Herrn Hillgruber hat mit seinem Hinweis auf den „Rußland-Komplex" die Frage nach Entstehung, Interessenabsicherung und Einschätzung dieses Komplexes als politisches Datum gestellt. Herr Kollege Bovykin hat diesen Komplex als Mythos bezeichnet (vgl. oben S. 242 f.). Ich meine, es ist weniger die Frage, ob es ein „Mythos" ist, sondern wie dieser „Mythos" in der Politik verwandt wurde und mit welchen politischen Tendenzen er verbunden werden konnte. Damit stellt sich das alte Problem nach der direkten ökonomischen Abhängigkeit aller Politik.

Dies ist kritisch zu beurteilen. Die Suche nach der Monokausalität von Privatinitiative und -interesse und staatlicher Politik führt in eine Sackgasse. Monokausal-ökonomische Interpretation, das wird erkennbar im deutsch-russischen Verhältnis, hat keinen zureichenden Erklärungswert. Wir müssen dementsprechend unsere Frage tiefer ansetzen. Ich verweise dabei auf die vorangegangene Diskussion (vgl. oben S. 191–206), ich verweise auf die politisch-soziale Instabilität beider Staaten.

Im Jahre 1892 wurde Caprivi gefragt: „Exzellenz, wie wollen Sie die Massen befriedigen?" Er antwortete darauf: „Wenn ich mehr Brot gebe." Darauf antwortete der spätere Staatssekretär und Reichskanzler Bülow: „Exzellenz, das wird nicht genügen."

Im Jahre 1897 stellte Bülow fest: Wir müssen eine Politik führen, die die Gefühle der Nation durch ihre Beschäftigung mit auswärtigen Fragen begeistert auf einen gemeinsamen Boden bringt und die Probleme unserer Massen regelt. Sein Finanzminister Miquel stellte in demselben Jahr fest: Nur die Außenpolitik hilft uns, jene Maßregeln zu treffen, die uns die Ruhe der Massen einbringt und die sich der Zuneigung der besitzenden – im Konzept heißt es „produzierenden" – Klassen erfreut.

Beide Stellungnahmen machen deutlich, daß die Ausführungen von Herrn Hillgruber große Bedeutung haben, daß sie aber nach meiner Meinung noch mehr und intensiver verflochten werden sollten mit den Fragen der inneren Struktur sowohl des Deutschen Reiches als auch der des russischen. Wer die Verbindung herstellt zwischen der politisch-sozialen Instabilität seit dem Jahre 1879 und der auch von Herrn Bracher formulierten Beurteilung des Imperialismus als einer wesentlich propagandistischen, psychologischen Angelegenheit[a], dem wird deutlich, welches Gewicht dieser Rußland-Komplex gehabt hat. Dieser Komplex ist aber nicht ein Produkt der wirtschaftlichen Verhältnisse oder, kraß ausgedrückt, „der politischen Manipulation". Damit sind wir wieder bei der Grundfrage der Vermittlung von ökonomischen und politischen Faktoren.

Dieselben, das möchte ich zum Abschluß betonen, sind in ihrer direkten Verbindung nicht in der Lage, eine angemessene Erklärung der politischen Entwicklungen vor dem Ersten Weltkrieg zu geben.

[a] *K. D. Bracher*, Deutschland zwischen Demokratie und Diktatur. Beiträge zur neueren Politik und Geschichte, Bern/München/Wien 1964, S. 359.

GOTTHOLD RHODE, MAINZ

Was die Frage des deutschen Rußlandbildes bzw. des „Furchtkomplexes" betrifft, so glaube ich nicht, daß, wie Herr Bovykin meint (vgl. oben S. 242 f.), hier Ergebnisse einer Propaganda oder einer bewußten Irreführung vorliegen, denn dazu ist das Bild vor 1914 viel zu vielseitig und differenziert. Es ist sehr zu begrüßen, daß jetzt eine umfangreiche Untersuchung der Presse in Deutschland zu diesem „Furchtkomplex" begonnen wird. Man möchte sich jedoch wünschen, daß auch die Broschüren-Publizistik in diese Untersuchungen einbezogen wird und daß ähnliches auch auf russischer Seite geschieht. Wir haben vor einigen Jahren in Mainz versucht, das deutsche Rußlandbild im 19. Jahrhundert zu analysieren, und stellten dabei fest, daß in den 90er Jahren zunehmend das Gefühl in den Vordergrund tritt, man könne Rußland kaum verstehen. In der Bismarckzeit ist dies Bild noch relativ einfach, aber seit den 90er Jahren wird die „Rätselhaftigkeit" betont, wofür u. a. die große Verbreitung der Romane Dostojevskijs in Deutschland eine Ursache sein mag. Dieses Gefühl, es in Rußland mit etwas Schwerverständlichem, etwas Unheimlichem zu tun zu haben, wird gerade auch von der deutschen Linken genährt und verbreitet. Es sind auch deutsche Sozialdemokraten, es ist ein Mann wie Parvus-Helphand, der mehrere Bücher unter Pseudonym veröffentlicht hat, die mit Titeln wie „Russische Hungersnot“ die Zustände sehr negativ und drastisch schildern.[a] Das verstärkt sich dann in zwei Phasen, einmal 1905, als die Nachrichten, die man sowohl über die Revolution wie über die Judenpogrome und die Schwarzen Hundertschaften in den Zeitungen lesen kann, besonders erschreckend und furchterregend wirken. Und schließlich als zweite Phase das Wieder-Aktuell-Werden der polnischen Frage, die 1908 durch das berühmte Buch von Roman Dmowski „La question polonaise“ ins Bewußtsein gebracht wird.[b] Das Gefühl, daß ein deutsch-russisches Zusammengehen die polnische Frage katalysieren könne, wird jetzt abgelöst durch die Angst, daß nun, wie Dmowski es vorgeschlagen hat, russische Kraft mit polnischer Intelligenz zusammengehen und sich gegen Deutschland wenden könnten. Daß sich das in der Duma etwas anders gestaltet hat, ist eine andere Frage, aber man sieht doch diese bedrohliche Möglichkeit, die sich u. a. in der zeitweilig freundlichen Haltung Wilhelms II. gegenüber den Polen auswirkt. Es scheint demnach, daß noch sehr viel geforscht werden muß, um die wirkliche Rolle des „Furchtkomplexes“ feststellen zu können, daß aber von einer bewußten Propaganda kaum die Rede sein kann.

[a] *E. Lehmann, Parvus* (= A. L. Helphand), Das hungernde Rußland. Reiseeindrücke, Beobachtungen und Untersuchungen, Stuttgart 1900.

[b] *R. Dmowski*, Niemcy, Rosja i kwestia polska, Lwów (Lemberg) 1908, frz., überarb. Fassung: La question polonaise, Paris 1909.

FRITZ FISCHER, HAMBURG

Zunächst möchte ich Professor Hillgruber dafür danken, daß er sich nicht beschränkt hat auf einen chronologischen Abriß der deutsch-russischen Beziehungen im Rahmen des europäischen Mächtekonzerts, sondern einen systematischen Teil vorausgeschickt hat über mögliche Alternativen der Beziehungen zwischen beiden Ländern, von Deutschland her gesehen; und daß er in seine Darstellung der außenpolitischen Beziehungen eine Reihe ökonomischer und sozialer Aspekte aufgenommen hat. Ich würde allerdings, ebenso wie Herr Böhme (vgl. oben S. 243 f.), meinen, daß er darin weitergehen sollte. Aber es ist ja bekannt, daß es innerhalb der deutschen Historikerschaft in der Frage des Verhältnisses von Wirtschaft und Politik verschiedene Schulen und Gruppen gibt. Doch will ich mich über diese bekannte Tatsache nicht weiter verbreiten.

Aber zu einzelnen Punkten möchte ich Stellung nehmen. Wenn hier so viel von der „russischen Gefahr“ die Rede war, so ist sicher, daß von der Mitte des 19. Jahrhunderts an diese Vorstellung in Deutschland latent vorhanden war, wie Fritz Epstein nachgewiesen hat[a], und daß sie von Zeit zu Zeit in Krisensituationen akut werden konnte. Immerhin hat in den wenigen Krisen, die an den Rand eines Krieges zwischen Deutschland und Rußland führten, dieses Bild vor dem Jahre 1913 kaum eine Rolle gespielt, nicht 1887, nicht 1905 (wenn da eine Gefahr war), nicht 1909. Es war erst die Niederlage der Türkei im Oktober 1912, die in Deutschland als Katastrophe empfunden wurde, und die Veränderung der machtpolitischen Lage Deutschlands in Europa, was die Reichsleitung dazu brachte, die Vorstellung von der russischen Gefahr in der Öffentlichkeit hochzuspielen. Damit erreichte sie zugleich für den Fall eines europäischen Konfliktes das Mitgehen der deutschen Sozialdemokraten und der deutschen Katholiken. Für die Person des Kanzlers Bethmann Hollweg ist hier interessant, daß sein Großvater als Führer der ‚Wochenblattpartei‘ in Preußen während des Krimkrieges die Idee entwickelt hatte, man könne Rußland nur schwächen durch Revolutionierung der nicht-russischen Nationalitäten: der Finnen, Balten, Polen, Ukrainer usw.; ein Gedanke, den der Enkel 1914 wiederaufnahm. Zum Aufbau des ‚Feindbildes‘ darf ich hinweisen auf das Buch von Klaus-Dieter Wernecke über die deutsche Presse von 1911–1914[b] oder auf die einschlägigen Kapitel in meinem Buch über die deutsche Politik von 1911–1914.[c] Abschließend möchte ich sagen, daß mein Interesse nicht der Kriegs*schuld* galt – das ist m. E. ein Problem von 1919 und der Jahre danach. Ich würde mit den russischen Kollegen übereinstimmen, daß im Sinne Lenins alle imperialistischen Mächte in verschiedener Intensität und auf verschiedene Weise zu den großen Spannungen in der Welt vor 1914 beigetragen haben. Aber dieses zugegeben, bleibt doch eine Sonderstellung Deutschlands, und zwar durch die innere Antinomie zwischen der Dynamik des modernen Industriestaates, die nur noch mit der der USA verglichen werden konnte, und zwar nicht nur quantitativ in der Wachstumsgeschwindigkeit, sondern in der qualitativen Veränderung zu dem hin, was Lenin Monopolkapitalismus nannte, und der Statik des Agrarstaates mit seinem feudal-bürokratischen Charakter und seiner antidemokratischen und antiparlamentarischen Überlieferung – beide, der agrarische und der industrielle Bereich, zusammengekittet durch den schroffen Gegensatz zur Sozialdemokratie und durch die militärische Macht mit ihrem Gewicht im Staat. Diese Spannung im Deutschen Reich erzeugte eine besondere Aggressivität nach außen in Verbindung mit einer wachsenden Selbstüberschätzung.

Ich stimme Herrn Hillgruber zu, daß seit Beginn der 90er Jahre England und das Britische Weltreich für das deutsche politische Bewußtsein zum Hauptgegner wurden. Wenn 1904 im Verhältnis zu Rußland davon die Rede ist, daß Deutschland seine Basis in Europa verbreitern müsse, um in Zukunft den Kampf mit England bestehen zu können, dann zeigt das, daß der Faktor England primär geworden ist und das Verhältnis zu Rußland und Frankreich wirtschaftlich, handelspolitisch, politisch und militärisch nur noch den Charakter einer Funktion hatte, wie es Bethmann Hollweg auf die Vorkriegszeit zurückblickend in zwei großen Kriegsreden (2. 12. 1914 und 19. 8. 1915) ausgesprochen hat. Jedenfalls kann man nicht übersehen, daß das Deutsche Reich sehr spezifische Züge aufwies, die es in Konflikt mit drei oder, wenn man hinter England Nordamerika sieht, mit vier großen Mächten führten.

[a] *F. T. Epstein,* Der Komplex „Die russische Gefahr" und sein Einfluß auf die deutsch-russischen Beziehungen im 19. Jahrhundert, in: *I. Geiss, B.-J. Wendt* (Hrsg.), Deutschland in der Weltpolitik des 19. und 20. Jahrhunderts, Fritz Fischer zum 65. Geburtstag, Düsseldorf 1973, S. 143–159.

[b] *K. Wernecke,* Der Wille zur Weltgeltung. Außenpolitik und Öffentlichkeit im Kaiserreich am Vorabend des Ersten Weltkrieges, Düsseldorf 1970.

[c] *F. Fischer,* Krieg der Illusionen. Die deutsche Politik von 1911–1914, Düsseldorf 1969, 2. Aufl. 1971.

VASILIJ T. FOMIN, MOSKAU

Zu Beginn möchte ich dem verehrten Professor Hillgruber eine Frage stellen: In seinem Vortrag sagt er, daß die Archive, zu denen der Zugang in den 60er Jahren des 20. Jahrhunderts möglich wurde, es ermöglicht hätten, viele Probleme neu aufzuwerfen (vgl. S. 212). Ich möchte Professor Hillgruber bitten, soweit es möglich ist, uns hier zu sagen, was das Studium dieser Archive der Wissenschaft an neuem bringen kann. Es handelt sich um die erbeuteten, von den Vereinigten Staaten von Amerika zurückgegebenen Archive des deutschen Außenministeriums.

Wir kennen die Veröffentlichungen dieser Archive, die Serie D und die Serie C. Aber was an neuem bieten die Archive in den vergangenen Jahren im Vergleich mit solchen Veröffentlichungen wie „Die große Politik der europäischen Kabinette", im Vergleich mit den Veröffentlichungen der Dokumente der Archive des zaristischen Rußlands, im Vergleich mit den Büchern, die zur Zeit des Ersten Weltkriegs und nach dem Ersten Weltkrieg veröffentlicht wurden? Mir scheint, dies zu wissen, wäre für die sowjetischen Historiker sehr interessant.

Weiter. In einer Reihe von Beiträgen haben die Historiker der Bundesrepublik Deutschland und die sowjetischen Historiker auf die Rolle der Arbeiterklasse, der Sozialdemokratie, auf die Angst der bürgerlichen Regierungen vor der Möglichkeit einer Revolution und auf die Bedeutung dieses Problems in den internationalen Beziehungen in der zweiten Hälfte des 19. Jahrhunderts und zu Beginn des 20. Jahrhunderts hingewiesen.

In seinem Vortrag schenkt der verehrte Professor Hillgruber der Bedeutung, die die Bildung des deutschen Kaiserreichs für die internationalen Beziehungen hatte, große Aufmerksamkeit. Aber er hat leider einen anderen Faktor übergangen, der in diese Zeit fällt. Es handelt sich um die Pariser Kommune. Es muß gesagt werden, daß 1971 in Prag eine internationale Historikerkonferenz stattgefunden hat, die dem 100. Jahrestag der Pariser Kommune gewidmet war. Ich habe mich an dieser Konferenz beteiligt, auf der Historikern aus den verschiedenen europäischen Ländern die internationale Bedeutung dieser ersten proletarischen Revolution gezeigt wurde.[a]

Im Vortrag von Professor Hillgruber wird erwähnt (vgl. oben S. 215), daß die junge Historikerin Barbara Vogel in ihren Arbeiten das Problem der Bedeutung der dynastischen Bindungen für die gemeinsamen Aktionen gegen die Revolution bearbeitet hat.[b] Es ist eine Freude zu erwähnen, daß dieses – sozusagen – überaus progressive Thema von der einzigen Frau bearbeitet wird, die an unserer Konferenz teilnimmt.

Ich glaube, daß nach der Pariser Kommune die Befreiungsbewegungen des Proletariats ein wichtiger Faktor werden, ich möchte sogar sagen, in der Weltpolitik eine weitere Großmacht werden, die einen großen Einfluß auf das Verhalten der Regierungen Deutschlands und Rußlands ausüben sollte. In diesem Zusammenhang möchte ich die gewaltige Bedeutung betonen, die in den internationalen Beziehungen die Antikriegstätigkeit der deutschen Sozialdemokraten und der französischen Sozialisten, der Sozialisten in den besten Jahren der Tätigkeit der Zweiten Internationale, hat.

Es ist bekannt, daß sich seit dem Ende des 19. und dem Anfang des 20. Jahrhunderts das Zentrum der revolutionären Bewegung nach Rußland verlagerte. Dies hat, wie hier schon von vielen hervorgehoben wurde, die reaktionäre Rolle der russischen Selbstherrschaft in der Weltpolitik erheblich geschwächt. Der russische Zarismus trat zusammen mit den Regierungen Deutschlands, Frankreichs, Englands und Österreich-Ungarns in der Rolle des Unterdrückers der proletarischen Revolutionen und der nationalen Befreiungsbewegung auf. Der Auftritt des russischen Proletariats auf der Weltbühne bringt sehr starke Veränderungen in die Weltpolitik und die internationalen Beziehungen. Das hat sich in der Revolution von 1905 gezeigt, als z. B. die deutsche Regierung dem Zarismus für den Kampf gegen die Revolution ein Korps bereitstellte, und dies hat sich in anderen Fällen gezeigt, z. B. in denen, über die hier Professor Bovykin sprach, wobei er die Dokumente der französischen Diplomatie aus Petersburg zitierte (vgl. oben S. 243).

Mir scheint, daß man unbedingt auch die sich zu dieser Zeit entwickelnden nationalen Befreiungsbewegungen berücksichtigen muß: die Revolutionen in Persien, in der Türkei, in China – sie übten einen gewaltigen Einfluß auf die zwischenstaatlichen Beziehungen aus.

Ich glaube daher, daß man ohne Berücksichtigung des revolutionären Kampfes des Proletariats und der nationalen Befreiungsbewegungen keine richtige Vorstellung von den internationalen Beziehungen in der zweiten Hälfte des 19. und zu Beginn des 20. Jahrhunderts gewinnen kann. So war es angenehm zu hören, daß in den letzten Beiträgen auf der heutigen Sitzung, in den Beiträgen einer Reihe der verehrten Professoren, dieses Thema angeklungen ist.

[a] Die Pariser Kommune 1871–1971, in: Probleme des Friedens und des Sozialismus 14 (1971), S. 147–178.

[b] *B. Vogel*, Deutsche Rußlandpolitik. Das Scheitern der deutschen Weltpolitik unter Bülow 1900–1906, Düsseldorf 1973; dies., Die deutsche Regierung und die russische Revolution von 1905, in: *I. Geiss, B.-J. Wendt* (Hrsg.), Deutschland in der Weltpolitik des 19. und 20. Jahrhunderts, Fritz Fischer zum 65. Geburtstag, Düsseldorf 1973, S. 222–236.

ANDREAS HILLGRUBER, KÖLN

Ich möchte mein Schlußwort in drei Punkte zusammenfassen.

1. Ich bedanke mich für die wohlwollende Kritik und die zusätzlichen Gesichtspunkte, die von seiten der deutschen Kollegen zu meinem Referat vorgetragen wurden. Besonders wichtig erschien mir der Gesichtspunkt, den Herr Puhle ins Spiel brachte (vgl. oben S. 235), daß wir deutschen Historiker der verschiedenen „Schulen“, der sozial- und wirtschaftsgeschichtlich orientierten und der politischen Geschichte, uns einmal zusammensetzen sollten,

um an konkreten, begrenzten Beispielen zu durchdenken, welcher Stellenwert den verschiedenen Faktoren beizumessen ist, wie der Vermittlungsmechanismus verläuft u. a. Ich meine, daß wir dann fruchtbarer in die Diskussion mit den sowjetischen Kollegen eintreten können.

2. Wichtig schien mir auch, was Herr Kolb betonte (vgl. oben S. 235 f.), daß im Rahmen der Erforschung der deutschen Rußlandpolitik dem „Rußlandbild" – entsprechend aber auch für die russische Deutschlandpolitik dem „Deutschlandbild" – eine intensive Aufmerksamkeit geschenkt werden muß. Bei aller Würdigung der Beiträge der sowjetischen Kollegen zu diesem Thema meine ich, daß dieser wichtige Problemkomplex von ihnen allenfalls angerissen, aber nicht wirklich erörtert wurde.

3. Ich danke den sowjetischen Kollegen für die Kritik an meinem Vortrag, möchte jedoch bitten zu bedenken, daß ich mir nicht die Aufgabe gestellt hatte – die ich mir auch gar nicht stellen konnte –, einen diplomatiegeschichtlichen Überblick zu bieten. Vielmehr habe ich nur die neueste deutsche Literatur zu unserem Thema vorstellen und mit einem eigenen Zugriff die Alternativen in der deutschen Rußlandpolitik herausarbeiten wollen. Deshalb ist das Literaturverzeichnis auch hinsichtlich der deutschen Titel sehr beschränkt. In diesem Zusammenhang eine direkte Antwort an Herrn Fomin (vgl. oben S. 246): Die ungedruckten Akten des deutschen Auswärtigen Amtes und die Akten der anderen deutschen Zentralinstanzen sind die Grundlage aller von mir genannten Studien, so auch die der Arbeiten von Fritz Fischer. Verglichen mit diesen Quellenmassen ist die Auswahl in den Akteneditionen minimal. Arbeiten, die sich nur darauf stützen, sind heute in jeder Hinsicht überholt. Ich habe in meinem Referat nur die Grundzüge der deutschen Rußlandpolitik unter bestimmten Gesichtspunkten behandelt. Viele elementare Vorgänge und „Fakten" habe ich als selbstverständlich bekannt vorausgesetzt. Gewünscht hätte ich mir, ich darf es offen sagen, ein Korreferat, das mit ähnlichem Zugriff die russische Deutschlandpolitik im gleichen Zeitraum behandelt hätte. Ich hoffe, daß bei anderer Gelegenheit *diese* Seite unseres Themas, die ich vermißt habe, im Kreise deutscher und sowjetischer Historiker genauso freimütig erörtert werden kann wie heute die deutsche Rußlandpolitik.

BORIS M. TUPOLEV, MOSKAU

Ich werde jetzt sehr kurz auf die gestellten Fragen antworten, weil uns sehr wenig Zeit geblieben ist. Mir scheint, daß ich in meinem Vortrag versucht habe, nicht nur den wirtschaftlichen Widersprüchen, sondern auch den anderen Formen der inter-imperialistischen Widersprüche die gebührende Aufmerksamkeit zu schenken. Ich habe über die Klärung der verschiedenen Probleme der russisch-deutschen Beziehungen in der Sowjethistoriographie gesprochen. Allen Anwesenden ist diese Problematik wohlbekannt, und es ist wohl kaum nötig, diese recht große Anzahl von Problemen aufzuzählen, denen die Forschungen der sowjetischen Historiker gewidmet waren.

Ich kann nur sagen, daß in den Arbeiten der größten sowjetischen Historiker die Fragen der ökonomischen und der politischen Geschichte in enger Wechselbeziehung untersucht werden. Es sollte reichen, auf die in meinem Vortrag mehrfach erwähnte Arbeit von V. M. Chvostov „Geschichte der Diplomatie" oder das Buch von A. S. Erusalimskij „Die Außenpolitik und die Diplomatie des deutschen Imperialismus Ende des 19. Jahrhunderts" hinzuweisen.[a]

Es erscheint mir nicht möglich, bei dieser Frage jetzt ausführlicher zu verweilen. Selbst in Monographien ist, wie viele Teilnehmer der hier stattfindenden Diskussion erwähnt haben, oft eine gewisse Einseitigkeit zu bemerken. In einem so kurzen Beitrag ist es um so weniger möglich, derartige komplizierte Probleme von allen Seiten zu beleuchten. Auf der anderen Seite wird, wie hier Aleksej L. Naročnickij sagte (vgl. oben S. 237), in den historischen Forschungen die Proportion zwischen politischen und wirtschaftlichen Problemen tatsächlich oft gestört. Jetzt stehen die sowjetischen Historiker vor der Aufgabe, zur Durchführung von komplexeren Forschungen überzugehen, die die internationalen Beziehungen in ihrer ganzen Kompliziertheit, ihre politische und ihre wirtschaftliche Seite, beleuchten.

Die nächste Frage. Herr Erdmann sagte, daß er sich nicht vorstellen könne, daß die sowjetischen Historiker sich nicht mit der Erforschung der Aktivierung der Expansion Rußlands am Vorabend des Ersten Weltkrieges beschäftigt hätten (vgl. oben S. 239). Professor Erdmann sprach auch davon, daß in meinem Vortrag leider keine Arbeiten erwähnt worden seien, die den panslawistischen Tendenzen in diesen Jahren gewidmet sind.

Zum ersten muß ich darauf hinweisen, daß mein Vortrag der Periode bis 1900 gewidmet war, d. h. dies war noch nicht der Vorabend des Ersten Weltkrieges im eigentlichen Sinne des Wortes. Zum zweiten: Selbstverständlich haben sich die sowjetischen Historiker mit diesen Problemen beschäftigt, in diesem oder jenem Grade werden sie bearbeitet.

V. I. Bovykin hat in seinem Beitrag (vgl. oben S. 241–243) über diese Themen hinreichend ausführlich gesprochen, so daß ich in gewissem Maße der Notwendigkeit enthoben bin, noch einmal dasselbe zu sagen und über dasselbe Thema zu sprechen. Als Spezialist für allgemeine Geschichte bin ich in meinem Vortrag mehr auf die deutsch-russische Seite der Beziehungen als auf die russisch-deutsche eingegangen.

Der Mangel an Zeit erlaubt es mir nicht, nochmals ausführlich auf diese Fragen einzugehen, aber mit um so größerem Vergnügen erfülle ich die angenehme Pflicht, die Fragen von Frau Vogel ausführlicher zu beantworten. In ihrem Beitrag hat Frau Vogel eine Stelle aus meinem Referat zitiert (vgl. oben S. 238 f.), die folgendermaßen lautet: „Es sind fast keine bedeutenden Probleme mehr verblieben, die nicht in irgendeiner Form durch die Geschichtswissenschaft untersucht worden wären." Ich wäre Frau Vogel äußerst dankbar, wenn sie jetzt ein mehr oder weniger bedeutendes Problem der internationalen Beziehungen Ende des 19. Jahrhunderts nennen könnte, auf das in der Geschichtswissenschaft tatsächlich nicht eingegangen worden und das nicht in irgendeiner Form bearbeitet worden wäre. Damit wollte ich durchaus nicht sagen, daß alle diese Probleme gelöst sind; davon zeugt auch ganz klar der Schlußteil meines Vortrages, in dem ich einige Probleme aufgezählt habe, die einer gründlicheren Erforschung bedürfen (vgl. oben S. 233).

Gleichzeitig muß erwähnt werden, daß man sich in der sowjetischen Historiographie mit den zu erörternden Problemen recht intensiv beschäftigt, darunter auch mit den Problemen, die die russische Seite der deutsch-russischen Beziehungen betreffen, und mit den Problemen der expansionistischen Pläne und expansionistischen Aktionen des zaristischen Rußlands.

Ich habe die Titel dieser Arbeiten deshalb nicht erwähnt, weil sie in ihrer Mehrheit über den chronologischen Rahmen der mir gestellten Aufgabe einfach hinausgehen; sie beziehen sich überwiegend nämlich auf den Vorabend des Ersten Weltkrieges, den Anfang des 20. Jahrhunderts. Ich erlaube mir trotzdem, einige Arbeiten zu erwähnen, die sozusagen die russische Seite der russisch-deutschen Beziehungen erhellen. Hier sind unbedingt die Arbeit von M. L. Ostrecova, die dem Vertrag von Björkö von 1905 und dem Einfluß des russisch-japanischen Krieges und der Revolution von 1905 auf die Entwicklung der russisch-deutschen Beziehungen gewidmet ist, sowie ihr Aufsatz über den russisch-deutschen Handelsvertrag zu erwähnen.[b] Man kann auch die Arbeit von A. Zajončkovskij aus dem Jahre 1926 erwähnen: „Rußlands Vorbereitung zum Weltkrieg in den internationalen Beziehungen"[c], die Arbeiten von V. I. Bovykin: „Studien zur Geschichte der Außenpolitik Rußlands vom Ende des 19. Jahrhunderts bis 1917" und den Aufsatz „Die russisch-französischen Gegensätze auf dem Balkan und im Nahen Osten am Vorabend des Ersten Weltkriegs"[d], die Monographie von I. V. Bestužev aus dem Jahre 1961: „Der Kampf um die Fragen der Außenpolitik in Rußland 1906–1910"[e], die dem Vorabend des Ersten Weltkrieges gewidmet ist und die den Mechanismus der Formierung der Außenpolitik des zaristischen Rußlands aufdeckt.

Die sowjetischen Historiker sind der Meinung, daß die russisch-deutschen Gegensätze Ende des 19. und Anfang des 20. Jahrhunderts nicht die Hauptrolle im Gesamtsystem der internationalen Beziehungen gespielt haben. Ihre gründlichere Erforschung muß aber zu einer weiteren Aufklärung über den Stellenwert führen, den diese Gegensätze im Gesamtsystem der inter-imperialistischen Gegensätze, die zum Ersten Weltkrieg führten, eingenommen haben.

Ich danke allen, die meinen Vortrag gelesen, ihn sich angehört und an der Diskussion über ihn teilgenommen haben.

[a] *V. M. Chvostov*, Diplomatija v Novoe vremja, 1871–1914, Moskau 1963 (= Istorija diplomatii, 2-oe izd., T. 2); *A. S. Erusalimskij*, Vnešnjaja politika i diplomatija germanskogo imperializma v konce XIX veka, 2-oe izd. Moskau 1951; dt. Ausg.: *A. S. Jerussalim-*

ski, Die Außenpolitik und die Diplomatie des deutschen Imperialismus Ende des 19. Jahrhunderts, Berlin 1954.

[b] *M. L. Ostrecova*, Politika germanskogo imperializma v otnošenii Rossii vo vremja russko-japonskoj vojny (1904–1905), Kand.-Diss. Moskau 1950; dies., Russko-germanskij torgovyj dogovor 1904 g., in: Učenye zapiski Moskovskogo gorodskogo pedagogičeskogo instituta im. V. P. Potemkina T. 93 (1959), Kaf. istorii novogo vremeni, vyp. 5, S. 137–216.

[c] *A. Zajončkovskij*, Podgotovka Rossii k mirovoj vojne v meždunarodnom otnošenii, Moskau 1926.

[d] *V. I. Bovykin*, Očerki istorii vnešnej politiki Rossii (konec XIX v. – 1917 g.), Moskau 1960; ders., Russko-francuzskie protivorečija na Balkanach i Bližnem Vostoke nakanune Pervoj mirovoj vojny, in: Istoričeskie zapiski 59 (1957), S. 84–124.

[e] *I. V. Bestužev*, Bor'ba v Rossii po voprosam vnešnej politiki 1906–1910 gg., Moskau 1961.

ABSCHLUSSKOMMUNIQUÉ

Das Treffen von Historikern aus der Union der Sozialistischen Sowjetrepubliken und aus der Bundesrepublik Deutschland vom 14.–21. Oktober 1973 in Mainz wurde organisiert von dem „Verband der Historiker Deutschlands“ und dem „Nationalkomitee der Historiker der Union der Sozialistischen Sowjetrepubliken“.

Es hat in vier Arbeitstagen die Notwendigkeit und die Zweckmäßigkeit solcher Treffen erwiesen. Die Vorträge und Diskussionen waren vom Geiste gegenseitiger Achtung getragen. Trotz der prinzipiellen Differenzen in vielen Fragen war über eine Reihe von Problemen Übereinstimmung zu erzielen. Die von Sachlichkeit gekennzeichneten Diskussionen führten erheblich über die Vorträge hinaus und waren für beide Seiten äußerst fruchtbar. Die Themenstellung „Deutschland und Rußland im Zeitalter des Kapitalismus 1861–1914“ erwies sich als geeignet für eine erste Konferenz zwischen den Historikern beider Länder.

Es ist verabredet worden, die in Mainz aufgenommene Zusammenarbeit fortzusetzen und auszudehnen. In diesem Zusammenhang sind besonders zwei Anregungen gegeben worden, die den zuständigen oder interessierten Stellen in beiden Ländern weitergeleitet werden sollen:

1. gemeinsame Konferenzen zur Überprüfung der Darstellung der deutschen und der russischen bzw. sowjetischen Geschichte in den Schulbüchern und Lehrmitteln beider Länder zu veranstalten;
2. die Benutzung der archivalischen und anderen Quellen durch die Historiker des jeweils anderen Landes zu erleichtern.

Die beiden Organisationen beider Länder werden das nächste Treffen im Jahre 1975 in der Sowjetunion veranstalten.

Professor Dr. Werner Conze

Professor Dr. A. L. Naročnickij
Mitglied der Akademie der Wissenschaften der UdSSR

Mainz, den 18. 10. 1973

SCHLUSSWORTE

PROFESSOR DR. WERNER CONZE, HEIDELBERG
Vorsitzender des Verbandes der Historiker Deutschlands

Meine Damen und Herren!

Nach einer solchen Tagung, wie wir sie erlebt haben, möchte man eigentlich sehr viel sagen. Aber der Blick auf die Uhr verbietet mir eine allzu große Ausführlichkeit.

Zunächst möchte ich sehr vielfältig danken. Mein erster Dank gilt Ihnen, lieber Kollege Naročnickij, und den anderen Kollegen aus der Sowjetunion dafür, daß Sie an der Vorbereitung dieser Tagung einen so starken Anteil gehabt haben und daß Sie den Weg eingeschlagen haben, den wir beiderseits für gut halten. Der gleiche Dank gilt im gleichen Sinne den deutschen Kollegen. Ich glaube sagen zu dürfen, daß die gemeinsame Bemühung in diesen Tagen nicht vergeblich gewesen ist.

Darüber hinaus aber möchte ich allen denen danken, die in Mainz sich darum bemüht haben, daß wir in einer so befriedigenden Weise hier haben zusammensein können. Lieber Herr von Aretin, wenn ich Ihren Namen hier zuerst und stellvertretend für weitere nenne, so sind damit sowohl die Mitarbeiter Ihres Instituts wie aber auch diejenigen gemeint, die uns in der Akademie so liebenswürdig mit Kaffee und Tee bewirtet haben, schließlich und mit besonderer Betonung unsere Dolmetscher, die vielleicht die Hauptlast dieser Tage getragen haben.

Der Text, den wir hier oben verlesen haben, gibt kurz Auskunft über das, was wir getan haben.[a] Wir haben einen Plan gehabt, und wir haben diesen Plan, so glaube ich, erfüllt. Sicherlich sind noch Wünsche offen geblieben, und wenn wir nicht bis zum Schluß dessen gekommen sind, was erstrebenswert gewesen wäre, dann liegt das ganz gewiß nicht an uns, sondern an der zu knapp bemessenen Zeit. Wir glauben, daß wir Anregungen gegeben haben, die über die bloße Wiederholung einer Tagung hinausgehen. Wenn es nur alle ein bis zwei Jahre vier Tage wären, an denen einige Historiker unserer Länder offiziell zusammenkommen, dann wäre das zwar gewiß erfreulich, aber viel zu wenig. Wir hoffen vielmehr, daß von Tagungen dieser Art persönlich und wissenschaftlich Anstöße ausgehen werden, so daß die Zusammenarbeit und die gegenseitige Information gesteigert werden. Denn wenn wir ehrlich sind, müssen wir wohl auf beiden Seiten bekennen, daß der Informationsstand allzu gering ist und daß uns viel zu tun übrig bleibt.

Die Tagung hat in gewisser Weise einen Öffentlichkeitscharakter gehabt; wir haben uns gefreut darüber, daß das Interesse der Öffentlichkeit außerordentlich stark gewesen ist und vermutlich weiter sein wird. Wir haben es begrüßt, daß Vertreter einer Reihe von Zeitungen während der ganzen Tagung bei uns gewesen sind, und wir hoffen, daß wir in der folgenden Pressekonferenz auch noch die Gelegenheit haben werden, mit weiteren Vertretern der Presse – wie ich hoffe, auch der Pravda – zusammenzukommen. Wenn die Öffentlichkeit ein so starkes Interesse genommen hat, so ist m. E. damit deutlich geworden, daß diese Tagung, wenn auch nicht primär, aber ganz gewiß sekundär, einen hohen politischen Wert gehabt hat. Dessen müssen wir uns bewußt sein, gerade im Rückblick auf alles Schwere und Furchtbare, was uns getrennt hat. Ich glaube, daß die Arbeit, die wir hier leisten, relativ unabhängig sein sollte von Konjunkturschwankungen der Politik. Was wir hier geleistet haben und weiter leisten werden, liegt auf einer langen Welle; wir wissen, daß das Zeit braucht, wir wissen aber auch, daß wir die Zeit auskaufen müssen. Das Kommuniqué hat gezeigt, daß beide Seiten daran interessiert sind, so bald wie möglich wieder zusammenzukommen, damit die Beziehungen intensiviert werden können und das gegenseitige Verstehen weiterentwickelt wird. Wir hoffen auf einen guten Fortgang des – wie ich meine – guten Beginns.

[a] Vgl. Abschlußkommuniqué, S. 251.

AKADEMIEMITGLIED PROFESSOR DR. ALEKSEJ L. NAROČNICKIJ, MOSKAU
Leiter der Delegation des Nationalkomitees der Historiker der Sowjetunion

Sehr geehrter Herr Vorsitzender,
sehr geehrte Kollegen,
meine Damen und Herren!

Mit Genugtuung möchte ich feststellen, daß während unseres Kolloquiums ein inhaltsreicher und fruchtbringender Meinungsaustausch zu allen der hier aufgeworfenen Fragen stattfand. Wir haben viel Neues von den Arbeiten unserer Kollegen erfahren. Dabei kamen viele theoretische Differenzen und Unterschiede in der Methodologie sowie in der Behandlung von konkreten Problemen zwischen den sowjetischen Historikern und den Forschern aus der Bundesrepublik Deutschland zum Vorschein. Es stellte sich auch heraus, daß es Fragen gibt, zu denen beide Seiten sehr ähnliche Standpunkte vertreten, und außerdem, daß beide Seiten über wertvolles Tatsachenmaterial und über manche Forschungsergebnisse verfügen, die von gemeinsamem Interesse sind. Das Kolloquium bestätigte die Wichtigkeit, Nützlichkeit und Zeitgemäßheit unserer wissenschaftlichen Kontakte. Von beiden Seiten wurden zu den Arbeiten ihrer Kollegen sowohl positive als auch kritische Bemerkungen geäußert, die als Ausgangspunkt für zukünftige Überlegungen und wissenschaftliche Forschungen dienen können. Das führt uns zu der Perspektive der Entwicklung der wissenschaftlichen Kontakte und Treffen nicht nur auf dem Gebiet der Geschichtswissenschaft, sondern auch anderer Gesellschaftswissenschaften. Die Teilnehmer des Kolloquiums legten umfangreiche Kenntnisse und ein hohes wissenschaftliches Niveau bei der Behandlung aller gestellten Probleme an den Tag. Es ist wichtig, daß unsere Kontakte auch weiter fortgesetzt werden, daß die Fachzeitschriften und die bibliographisch-kritischen Übersichten ausführlicher über die Arbeit der Historiker in beiden Ländern informieren. Offenkundig ist die Zeit reif dafür, daß über die im Kolloquium behandelten Probleme zusammenfassende Arbeiten und neue spezielle Untersuchungen vorbereitet werden, damit sich die Atmosphäre der sachlichen grundsätzlichen Erörterung wissenschaftlich-historischer Fragen im Interesse eines besseren gegenseitigen Verständnisses weiter entwickelt.

Es ist zu wünschen, daß unser Treffen auch zur Verbesserung der Behandlung der Geschichte beider Länder in den Schulbüchern und anderen Lehrmitteln beiträgt; ich meine insbesondere die Interpretation der Geschichte der UdSSR in den zum Schulgebrauch in der Bundesrepublik zugelassenen Lehrbüchern.

Zum Schluß möchte ich im Namen aller sowjetischen Teilnehmer dieses Kolloquiums danken: dem Minister des Auswärtigen der Bundesrepublik Deutschland, Herrn Walter Scheel, für sein Grußwort, das im Programm unseres Treffens abgedruckt ist, den Historikern der Bundesrepublik, die das Kolloquium organisiert haben, besonders Herrn Werner Conze, und allen Teilnehmern, eingeschlossen die Dolmetscher und alle, die uns bei unserer Arbeit halfen.

Wir danken auch den Behörden der Stadt Mainz für ihre Gastfreundschaft, die freundliche Aufmerksamkeit und die Möglichkeit, die historischen Sehenswürdigkeiten dieser schönen Stadt kennenzulernen.

AUTORENREGISTER

Das Register dient vor allem dazu, die Auseinandersetzung der Verfasser mit der Forschung und die Diskussion zu erschließen. Die Beiträge der Teilnehmer des Kolloquiums sind durch kursive Ziffern gekennzeichnet.

WEITERE VERÖFFENTLICHUNGEN DES INSTITUTS FÜR EUROPÄISCHE GESCHICHTE

Abteilung Universalgeschichte · Beihefte

Beiheft 1

Jerzy Holzer

Parteien und Massen

Die politische Krise in Deutschland 1928–1930

1974. VIII, 106 Seiten. Kart. DM 24,–. ISBN 3-515-01874-3

In der vorliegenden Arbeit, die sich auf die Ergebnisse einer 1970 in Warschau erschienenen Untersuchung stützt, analysiert der Verfasser auf Grund der Wahlstatistik von Reich, Ländern und Gemeinden sowie der Volkszählung von 1925 und anderer hauptsächlich statistischer Quellen die politischen Willensäußerungen der Massen in den Wahlen der Jahre 1928 bis 1930. Insbesondere wird die soziale, konfessionelle und territoriale Herkunft der Wähler der einzelnen Parteien klar herausgearbeitet. Das Hauptinteresse gilt der Wählerschaft der NSDAP. Den Umschwung zugunsten der NSDAP datiert der Verfasser eindeutig vor den Beginn der Weltwirtschaftskrise. Während sich die Wählerschaft von KPD, SPD und Zentrum als widerstandsfähig gegen die NSDAP erwies, gelang den Nationalsozialisten ein Einbruch vor allem in den Einflußbereich von DVP, DNVP und den bürgerlichen Splitterparteien.

Beiheft 4

Claus Scharf und Hans-Jürgen Schröder (Hrsg.)

Politische und ökonomische Stabilisierung Westdeutschlands 1945—1949

Fünf Beiträge zur Deutschlandpolitik der westlichen Alliierten

1977. IX, 93 Seiten mit 2 Abbildungen. Kart. DM 18,–
ISBN 3-515-02696-7

Am 26. und 27. November 1976 fand im Institut für Europäische Geschichte in Mainz ein Kolloquium zu dem Thema „Politische und ökonomische Stabilisierung Westdeutschlands 1945–1949“ statt. Die aus diesem Anlaß gehaltenen Vorträge werden in diesem Sammelband in überarbeiteter Fassung vorgelegt: Werner Abelshauser (Bochum), Die Rekonstruktion der westdeutschen Wirtschaft und die Rolle der Besatzungspolitik; Manfred Knapp (Frankfurt), Deutschland und der Marshallplan: Zum Verhältnis zwischen politischer und ökonomischer Stabilisierung in der amerikanischen Deutschlandpolitik nach 1945; Werner Link (Trier), Die Mitwirkung amerikanischer Gewerkschafter und Geschäftsleute an der Stabilisierungspolitik in Westdeutschland 1945–1949; Gerhard Kiersch (Berlin), Die französische Deutschlandpolitik 1945–1949; James P. May (Manchester)/William E. Paterson (Warwick), Die Deutschlandkonzeptionen der britischen Labour Party 1945–1949.

FRANZ STEINER VERLAG GMBH · D-6200 WIESBADEN

WEITERE VERÖFFENTLICHUNGEN DES INSTITUTS FÜR EUROPÄISCHE GESCHICHTE

Abteilung Universalgeschichte · Vorträge

Nr. 54

Hans-Jürgen Puhle

Von der Agrarkrise zum Präfaschismus

Thesen zum Stellenwert der agrarischen Interessenverbände in der deutschen Politik am Ende des 19. Jahrhunderts

1972. 60 Seiten. Kart. DM 4,80. ISBN 3-515-01091-2

In diesem struktur- und sozialgeschichtlichen Essai wird versucht, die bisher vernachlässigte Frage nach dem Stellenwert agrarischer Interessenpolitik und der sie tragenden Gruppen und Verbände in der ersten Hälfte des Wilhelminischen Reiches (1890–1902) innerhalb der spezifischen ökonomischen, sozialen und politischen Gesamtkonstellationen ausdrücklich zu thematisieren und damit in paradigmatischer Weise und sektoral bezogen zur Erklärung der deutschen Sonderentwicklung zu präfaschistischen Strukturen und Ideologien politischer Verhaltens- und Koalitionsmuster beizutragen. Nach einem Überblick über die politischen und ökonomischen Voraussetzungen und Bedingungen organisierter agrarischer Interessenvertretung und die drei Stufen der Verbandsbildung im 19. Jh. wird in 12 Thesen der Ort der agrarischen Interessenpolitik im System des Wilhelminischen Reiches angesichts der in ihrer Kombination spezifischen Verspätungen von Nationalstaatsbildung, Industrialisierung und Parlamentarisierung und in ihrer Bedeutung für die zunehmende Polarisierung der Gesellschaft des „preußisch-deutschen Kapitalismus“ genauer bestimmt, wobei der Verf. besonders die Rolle präkapitalistischer Faktoren unterstreicht und sich kritisch gegen die vereinfachten Thesen von der „bürgerlichen Einheitsfront“ der sog. „Sammlungspolitik“ wendet.

Nr. 65

Andreas Hillgruber

Der Zenit des Zweiten Weltkrieges: Juli 1941

1977. 44 Seiten. Kart. DM 5,80. ISBN 3-515-02614-2

Abweichend von anderen, am äußeren Kriegsverlauf orientierten Auffassungen sieht der Kölner Historiker Andreas Hillgruber den Zenit des Zweiten Weltkrieges im Juli 1941. Damals gingen – für wenige Wochen – sowohl Hitler als auch Roosevelt davon aus, daß die Sowjetunion bereits besiegt und als Machtfaktor ausgefallen sei. Die Kriegsentscheidung vermuteten sie daher in einem globalen Ringen zwischen den beiden „Hemisphären“, der westlichen unter der Führung der USA und der östlichen unter der Herrschaft Deutschlands und Japans. Der Verfasser skizziert die sich inhaltlich und qualitativ stark voneinander unterscheidenden Ziele der beiden Hauptgegenspieler und zeigt, wie die Selbstbehauptung der Sowjetunion seit der Schlacht von Smolensk sowohl Hitlers Anspruch auf eine Weltherrschaft zunichte machte, als auch die von Roosevelt anvisierte weltweite „Pax Americana“ in Frage stellte. Die Perspektiven dieses Vortrages schließen die Genesis des „Kalten Krieges“ im Zenit des Zweiten Weltkrieges mit ein.

FRANZ STEINER VERLAG GMBH · D-6200 WIESBADEN